国家出版基金项目
NATIONAL PUBLICATION FOUNDATION

"十三五"国家重点出版物出版规划项目
国家自然科学基金重大项目

应对老龄社会的基础科学问题研究丛书
主编 彭希哲

中国老龄社会的社会支持体系研究

何文炯 等/著

科学出版社
龍門書局
北京

内 容 简 介

本书力图反映国家自然科学基金重大项目“代际均衡与多元共治——老龄社会的社会支持体系研究”的主要研究成果。以老龄社会的社会特征和社会支持需求分析为基础，就老龄社会中老年人的收入保障、医疗保障、照护保障、养老服务、精神支持和中青幼群体的社会支持以及老龄社会的数字化治理进行了专题讨论，提出了老龄社会的多元共治体系。本书认为，人口老龄化将是未来社会的常态，唯有改变现行社会政策体系方能适应。应对人口老龄化，必须改变以老年人为中心的思维，注重代际均衡，实行多元共治，保障老年人基本权益，有效支持中青幼群体，优化资源配置，促进社会持续健康发展，实现我国老龄社会治理现代化。

本书适合对老龄问题感兴趣的学者、学生、政府官员和社会公众阅读参考。

图书在版编目（CIP）数据

中国老龄社会的社会支持体系研究/何文炯等著. —北京：龙门书局，2021.8

（应对老龄社会的基础科学问题研究丛书 / 彭希哲主编）

“十三五”国家重点出版物出版规划项目 国家出版基金项目 国家自然科学基金重大项目

ISBN 978-7-5088-5879-1

Ⅰ. ①中… Ⅱ. ①何… Ⅲ. ①人口老龄化-研究-中国 Ⅳ. ①C924.24

中国版本图书馆 CIP 数据核字（2020）第 232771 号

责任编辑：魏如萍 陈会迎 / 责任校对：贾娜娜

责任印制：霍 兵 / 封面设计：无极书装

科 学 出 版 社
龍 門 書 局 出版

北京东黄城根北街 16 号

邮政编码：100717

http://www.sciencep.com

三河市春园印刷有限公司 印刷

科学出版社发行 各地新华书店经销

*

2021 年 8 月第 一 版 开本：720 × 1000 1/16

2021 年 8 月第一次印刷 印张：18

字数：380 000

定价：180.00 元

（如有印装质量问题，我社负责调换）

丛书编委会

第一作者简介

何文炯，国家自然科学基金重大项目“应对老龄社会的基础科学问题研究”第三课题“代际均衡与多元共治——老龄社会的社会支持体系研究”负责人，浙江大学公共管理学院教授，浙江大学社会科学学部副主任，浙江大学民生保障与公共治理研究中心主任，浙江大学老龄和健康研究中心主任，中国社会保障学会副会长兼养老金分会会长，中国残疾人事业发展研究会副会长兼社会保障专业委员会主任，中国保险学会第八届、第九届副会长。

“应对老龄社会的基础科学问题研究丛书”序

人口老龄化是一个世界性议题，它是人口再生产模式从传统型向现代型转变的必然结果，也是当今社会经济发展和社会现代化的一个重要趋势，并已成为中国社会的常态。在目前的社会经济制度安排下，我们仍对这种前所未有的人口学变化及其所带来的影响缺乏必要和及时的反应、适应和调整，中国人口老龄化的特殊进程亦使得这种挑战更显严峻。

人口老龄化首先表现为人口问题，我们不仅要对人口进行更深入的研究与调控，更要考虑到社会、经济、环境等多元要素对老龄化进程的制约。老龄化的影响已经逐渐渗透到中国社会的各个方面，并与各种历史的、当前的和未来的社会发展要素不断地相互影响，形成一个超复杂的经济社会系统问题。因此，应对老龄社会需要统筹中国社会的各种资源以形成合力，对整个社会的组织和运行进行改革和再设计，以使中国社会在老龄化的背景下继续健康、协调地运行和发展。

为此，国家自然科学基金委员会经过两年的论证，于 2014 年启动了重大项目“应对老龄社会的基础科学问题研究”（71490730）的招标工作。其主要目标有两方面。

其一，立足中国经济、社会和环境的现实，针对中国老龄社会的自身特征，在全球化、市场化、信息化的时代背景下，充分考虑中国人口转变和社会转型的进程，响应城乡统筹、代际和谐发展的时代要求，深入研究面向社会整合和可持续发展的应对中国老龄社会的重大基础科学问题，进行理论创新和前瞻性研究，提出符合中国实践的新理论和新方法。

其二，根据我国转变经济发展方式、保障和改善民生的重大需求，针对老龄化的发生发展规律、现在及未来老年人群体的新特征、老龄社会的社会支持系统与经济形态，以及相关制度安排和政策重构等科学问题展开系统研究，支撑国家宏观决策和治理实践需求，并造就一支在国内外有影响的跨学科研究队伍。

最终，经过选拔和评审，以复旦大学作为牵头单位并联合中国人民大学、北京大学、浙江大学、上海社会科学院所组成的跨学科研究团队承担了这一重大项目，首席科学家为复旦大学的彭希哲教授，经费量 1800 万元，执行期自 2015 年起至 2019 年止。项目涵括 5 个相互独立却又紧密关联的专项课题：

课题一“特征、规律与前景——老龄社会的人口学基础研究”（71490731）由中国人民大学承担，负责人为翟振武教授；课题二“健康老龄化——老年人口健康影响因素及有效干预的基础科学问题研究”（71490732）由北京大学承担，负责人为曾毅教授；课题三“代际均衡与多元共治——老龄社会的社会支持体系研究”（71490733）由浙江大学承担，负责人为何文炯教授；课题四“公平、活力与可持续——老龄社会的经济特征及支持体系研究”（71490734）由上海社会科学院承担，负责人为左学金研究员；课题五“整体性治理——应对老龄社会的公共政策和公共管理体系重构研究”（71490735）由复旦大学承担，负责人为彭希哲教授。整个项目的核心团队成员超过 50 人，聚集了一批人口学、管理学、经济学、社会学、心理学、医学、生物学、数学、环境科学、信息科学、政治学等领域的一流专家学者，其中不乏教育部长江学者、新世纪百千万人才工程专家等顶尖人才。经过团队成员五年多的鼎力合作，产生了一大批高质量的科研成果，在《中国社会科学》、*The Lancet*、*Demography*、*Governance* 等国内外重要学术期刊发表论文近 400 篇，由其形成的决策咨询报告多次得到国家领导人批示，获得第八届中华人口奖、第七届高等学校科学研究优秀成果奖（人文社会科学）、第八届高等学校科学研究优秀成果奖（人文社会科学）、第七届中国人口科学优秀成果奖、第三届中国老年学奖、第七届钱学森城市学金奖等各类国家及省部级奖项近 60 种，并参与资助了两项大型老龄社会追踪调查：CLASS（China Longitudinal Aging Social Survey，中国老年社会追踪调查）和 CLHLS（Chinese Longitudinal Healthy Longevity Survey，中国老年健康影响因素跟踪调查）。

为了推动这些成果在更大的范围内共享，促进相关学科领域的发展和高水平研究队伍的建设，为老龄社会相关的制度、政策与法规的设计、制定和运行提供理论指导与方法支撑，项目组和科学出版社合作，论证设计了“应对老龄社会的基础科学问题研究丛书”出版计划，并于 2018 年入选“十三五”国家重点出版物出版规划项目，2020 年获得国家出版基金支持。丛书计划持续出版系列老龄科学研究领域的学术专著，并于 2021～2022 年推出第一批 17 部。

作为国家自然科学基金重大项目“应对老龄社会的基础科学问题研究”的重要研究成果集群，本丛书的出版是多方通力合作、协同努力的结果。我们首先衷心感谢国家自然科学基金委员会的大力支持，感谢吴启迪、何鸣鸿、李一军、高自友、杨列勋、刘作仪等基金委时任领导的鼓励与指导，感谢于景元、辜胜阻、汪寿阳、李善同、李树茁、杨泽等学术领导小组专家的指点与建议，感谢吴刚、霍红、方德斌、卢启程、杜少甫、张江华等基金委工作人员的细致工作和周到服务，感谢原新、丁金宏、李娟、林义、黄鲁成、凌亢、冯帅章等专家学者的帮助，感谢复旦大学、中国人民大学、北京大学、浙江大学、上海社会科学院的支持及在管理上提供的便利，感谢复旦大学公共管理与公共政策研究国家哲学社会科学创新基地、复旦大学人口与发展政策研究中心、中国人民大学人口与发展研究中心、北京大学国家发展研究院、浙江大学老龄和健康研究中心、上海社会科学院经济研究所的团队支持，感谢全国老龄工作委员会、中国老龄协会、国家卫生健康委员会、民政部、人力资源和社会保障部、国家统计局及各级政府部门的帮助，感谢兄弟院校和合作科研机构及团队的帮助，感谢项目组全体成员和参与项目工作的博士后及研究生们的辛勤劳动。此外还要感谢科学出版社的认可及支持，尤其是马跃和魏如萍老师对于我们申报"十三五"国家重点出版物出版规划项目和国家出版基金的鼎力协助。我们将再接再厉，为推动建设一个"不分年龄人人共建共治共享"的社会而奋斗。

"应对老龄社会的基础科学问题研究"项目组

2020年12月

前　言

20多年前，中国从整体上进入了老年型国家的行列，此后人口老龄化程度日益加深。对此，全社会予以高度重视，各方人士从不同的角度解读这一现象并提出相关建议，国家则颁布了一系列法律、法规、制度和政策，旨在有效地应对人口老龄化。然而，各种人口预测表明，我国人口老龄化趋势在短期内难以有根本性的转变，因而老龄化是未来社会的一种常态性特征。我们必须看到，人口老龄化本身并没有好坏之分，但在人口老龄化进程中，社会形态、社会关系和社会心态等都随之发生变化，社会矛盾与冲突发生的可能性会加大，由此产生的一系列社会问题需要回应。虽然各主体的行为会随社会变迁而理性地做出调整，但仅有这种个体行为的调整不足以适应社会的变化，因而必须调整我们的社会政策。

中国是世界上人口最多的国家，也是老年人口最多的国家。如何构建新的社会政策体系以适应人口老龄化趋势？过去的研究更多的是关注老年人的需求以及如何满足老年人的这些需求。但事实上，人口老龄化对于整个社会都有重要影响，对全人群、全生命周期都有影响，老中青幼各群体都需要有相应的社会支持。为此，必须改变以老年人为中心的人口老龄化应对思维，注重代际均衡，实行多元共治，优化资源配置，在切实保障老年人基本权益的同时，对中青幼群体提供有效的支持，保持社会持续健康发展的活力，实现我国老龄社会治理现代化。

基于这样的理解，我们组织了国家自然科学基金重大项目“代际均衡与多元共治——老龄社会的社会支持体系研究”（71490733）。此项研究过程中，浙江大学何文炯、刘晓婷、杨一心、张翔、姚引妹、杨廷忠、林卡、柴效武、米红老师，复旦大学周怡、胡安宁、赵德余、陈虹霖老师，澳大利亚新南威尔士大学John Piggott、鲁蓓老师，美国布朗大学钱震超老师，浙江外国语学院董红亚老师，浙江工业大学张晖老师等，为本课题的研究做出了重要贡献。浙江大学和复旦大学的多位研究生参与了本项目的研究。浙江大学社会保障专业博士生胡晓毅、侯雨薇、黄成、嵇舒卉、陈铂麟同学等参与了大量的资料收集、数据分析、成果整理和组织协调等工作。浙江大学老龄和健康研究中心陈策、王盈盈、汤兆涵老师等承担了大量的管理服务工作。

以此项研究为基础，形成了本专著，全书共十章。第一章“引论”由何文炯、杨一心执笔；第二章“老龄社会的社会特征”由刘晓婷、姚引妹、胡安宁、周怡执笔；第三章“老年收入保障”由杨一心、何文炯执笔；第四章“老年医疗保障”

由杨一心、胡晓毅、侯雨薇执笔；第五章“老年照护保障”由刘晓婷、何文炯、杨一心执笔；第六章“养老服务支持”由何文炯、赵德余、蒋潮鑫执笔；第七章“老年精神支持”由陈树林、王佳宇、魏艳萍执笔；第八章“中青幼群体社会支持”由何文炯、蒋潮鑫、王中汉、鲍晨、施依莹执笔；第九章“老龄社会的数字化支持”由陈虹霖执笔；第十章“老龄社会多元共治体系”由何文炯、王中汉执笔。浙江大学杨一心老师和博士生蒋潮鑫、硕士生施依莹同学等协助第一作者完成了书稿整理和文字润色工作。

值此本书付梓之际，我们特别鸣谢国家自然科学基金委员会管理科学部的高度信任和鼎力支持，诚挚感谢有关专家的悉心指导，衷心感谢复旦大学、中国人民大学、北京大学、上海社会科学院课题组的热忱帮助和精诚合作。感谢各级老龄工作部门、发展改革部门、财政部门、卫生健康部门、民政部门、人力资源和社会保障部门、医疗保障部门等的无私帮助，感谢兄弟院校和科研机构的大力支持，感谢课题组全体成员的辛勤劳动和卓有成效的工作，感谢国家出版基金对本书的资助，感谢科学出版社为本书出版提供的优质服务！

目　录

第一章　引　　论

中国是世界上老年人口最多的国家。根据《中华人民共和国2019年国民经济和社会发展统计公报》，2019年60周岁及以上人口达到2.54亿人，占比达到18.1%；而人均预期寿命已经达到77.3岁，比2010年第六次全国人口普查提高了4.8岁。根据《国家人口发展规划（2016—2030年）》，预计2030年人均预期寿命将提升到79岁，在一个相当长的时期内，中国人口老龄化程度将不断加深，2030年60岁及以上人口占比将达到25%左右，80岁及以上高龄人口总量还将不断增加，0～14岁少儿比重将持续下降，2030年达到17%左右。随着人口老龄化程度的加深，社会形态发生着变化，社会矛盾与冲突发生的可能性加大。虽然各主体的行为会随社会变迁而调整，但仅有这种自行调整不足以有效应对老龄社会的变化，这就需要调整社会政策，建立健全老龄社会的社会支持体系。本书以国家自然科学基金重大项目"代际均衡与多元共治——老龄社会的社会支持体系研究"（71490733）成果为依托，聚焦中国老龄社会的社会支持体系研究，以老龄社会的社会特征分析为背景，以代际均衡为视角，阐述老年收入保障、老年医疗保障、老年照护保障、养老服务支持和老年精神支持等内容，同时改变老龄社会以老年人为中心的研究视角，重视对中年人、青年人和未成年人的社会支持，探究老龄社会的数字化支持实现。以多元共治为视角，分析政府、市场、社会组织、社区、家庭等主体在老龄社会治理中扮演的角色，为形成老龄社会的整体性治理提供学理性依据和操作性工具。

第一节　人口老龄化与老龄社会情境视域

一个国家或地区的人口老龄化程度一般以人口中60岁或65岁及以上老年人口所占比重来表示。中国于1999年进入老年型社会，之后老年人口规模迅速增加，老年人口占比呈上升趋势（表1-1）。统计资料显示，2000年，全国60岁及以上老年人口约为1.3亿人，占比为10.3%；到2010年，全国60岁及以上老年人口达到1.78亿人，占比上升到13.3%。根据全国老龄委的预测，到2030年，全国60岁及以上老年人口将达到3.63亿人，占比约为25.1%；到2050年，老年人口将达到4.68亿人，占比提高到33.3%；到2054年，老年人口规模将达到峰值4.72亿人，2058年，老龄化水平达到峰值34.5%，之后直到21世纪末，老龄化水平仍将在33%上下浮动。如果以65岁作为老龄衡量标准，老年人口规模将在2030年达到2.49亿人，人口占比达到17.2%；2040年达到3.38亿人，占比达到23.5%；2050年达到3.54亿人，占比达到25.2%。

表1-1 中国历次人口普查各年龄组人口情况（单位：%）

年龄组	1953年	1964年	1982年	1990年	2000年	2010年
0～14岁	36.28	40.69	33.59	27.69	22.89	16.60
15～64岁	59.31	55.75	61.50	66.74	70.15	74.53
65岁及以上	4.41	3.56	4.91	5.57	6.96	8.87

资料来源：《中国统计年鉴2011》

与此同时，高龄老人数量将保持一段时间增长。80岁以上高龄老年人口在2030年将达到4132万人，占老年人口的11.4%；到2040年增加到6416万人，占老年人口的15.1%；2050年将达到1.06亿人，占老年人口的22.7%。20世纪90年代以来，人口平均预期寿命增长较快，到2015年，男性达到73.64岁，女性达到79.43岁，平均达到76.34岁（表1-2）。预计到2030年，人均预期寿命将达到79岁。

表1-2 部分年份的平均预期寿命（单位：岁）

性别	1981年	1990年	1996年	2000年	2005年	2010年	2015年
男	66.28	66.84	—	69.63	70.83	72.38	73.64
女	69.27	70.47	—	73.33	75.25	77.37	79.43
平均	67.77	68.55	70.80	71.40	72.95	74.83	76.34

资料来源：《中国统计年鉴2020》

在人口老龄化背景下，社会形态将会随之发生相应变化。本书以老年人广场舞社会参与和老年人自我效能提升为例，尝试探讨人口老龄化背景下的老龄社会情境视域。

一、广场舞与老年社会参与

本书以“老年人广场舞社会参与”为视角，分析老年群体亚文化和价值观念。将老年人作为构建社会支持体系的积极因素，需要刻画老年群体积极进行社会参与的路径与特征，关注老年群体的亚文化对老年人的生活方式、社会支持需求等产生的深刻影响。本书尝试以亚文化风格的理论视角为分析框架，从表意、拼贴和同构三个维度，探讨了最近20年来遍布中国街头的初老龄广场舞群体的文化实践。广场舞群体明显属于一种职业外群众自组织起来的社会团体，她们借助集体舞蹈表达自己追求集体文化的价值观念。动作齐刷刷是舞者自身追寻集体理念、心甘情愿顺从集体的标识。

经历表意实际上是舞者的身份表意。上海广场舞成员基本为出生于20世纪50～60年代的初老龄女性。“50后”这代人有过三段受政策影响的集体性人生经历：①从小学或中学起开始经历“文化大革命”，中学期间学工学农，此后走上“上山下乡”的道路；这代人一般仅具有初中或高中的教育程度。②改革开放初期她们又遭遇整体性下岗、自谋生路的市场转型冲击，退休前她们大多为白领和普通工人，目前退休金收入每月在2000～4000元。③受“独生子女政策”影响，她们是独生子女的母亲，因此与上一两代老人相比，她们是退休后相对有闲的一代。理论上，由这三段社会因素建构起来的整整一代人的集体经历不免会带给她们某些文化创伤和集体记忆，进而衍生出她们今天的非比寻常的集体意识和集体表意。如果特殊的时代背景和下岗经历对她们来说具有某些集体创伤的话，独生子女政策带给这代人的“一孩家庭经历”却使得她们退休后得以有充分的闲暇时间。

广场舞群体基本循着三个目标方向：健身、交往和文化娱乐。而共同的人生经历无形中强化了她们的集体意识，同后一代人相比，这代人更热衷于集体表征，更乐于在整体中体现一致性。在跳广场舞的过程中，首先，一套（相对另类的）价值体系，诸如“退出工作、旅游休闲、解放自己、珍惜生命”的呼声与喧嚣的广场舞间发生的同构，让这拨初老龄广场舞者的在职与退休后的集体文化连贯一致起来。其次，身体体验、渴望兴奋形成了广场舞与初老龄退休女性之间的亲密同构。最后，街坊邻里间的本土认同也是“广场舞”与这些初老龄女性群体之间形成契合的重要原因之一。

广场舞现象体现了出生于20世纪五六十年代的中国城市女性经历中的某些核心价值，也反映了她们退出职场后转而对另类替代性共同体的期盼和参与。近些年遍布我国城乡街头的初老龄广场舞群体及其成员，显然他们是一拨积极老龄化的具体实践者。研究他们在理论和实践意义上与既有的老龄社会支持理论、与传统的居家养老实践形成了有力量的对话。因为既有的代际支持理论基本聚焦在家庭亲子间的情感关系、经济互惠关系等，而传统中国的居家养老现实较多与以往多子女的大家庭居民模式相配合，但这项研究启发我们要更加侧重老年群体本身的自我、自觉意识和自组织的活力，强调了初老龄者作为生活主体的自主安排，揭示了他们并非弱者而采用同辈群体间积极交往实现自主养老的现实。而研究中强调的两个机制解释——制度背景下的“集体经历及独生子女政策”，对我国当下年轻人理解其年长一代的价值观与行为具有现实意义。

二、性别观念视域下的老年人自我效能感

在积极人口老龄化的观念下，老年期仍然可以是有作为、有进步、有快乐的重要人生阶段。而在积极应对老龄化的过程中，自我效能感是影响老年人主观生活质量的一个重要因素，它指的是一个人在进行某项活动前，对于自己能否有效地做出此行为的主观判断。男性老年群体和女性老年群体之间存在着生理、心理及适用社会制度等诸多方面的差异。个体在进入老年期后开始越来越回归家庭，性别观念将如何影响老年人的自我效能感，相关的家庭政策和社会政策应当如何引导，是本书所关心的重要议题。

本书从性别差异的视角出发，考虑到男性和女性老年群体在生理、心理及适用的社会制度等诸多方面存在的差异，研究性别观念视域下老年人的自我效能感。研究基于第三期中国妇女社会地位调查（老年专卷）数据，对男性老年人和女性老年人的性别观念与自我效能感的关系进行了分析。其中，性别观念分为性别角色分工观念和性别能力平等观念两个方面。传统的性别观念强调“男主外，女主内”的性别分工模式，相信两性间存在特定的性别、气质和社会分工。但“男主外，女主内”的传统观念对于男性老年人在家庭中的表现并无过多要求，家庭事务主要由女性老年人负责。而女性在进入老年期之后，则面临着一系列生理、心理机能的下降，然而文化中“女主内”的性别观念仍旧对女性老年人保持着较高的要求，个体由于达不到对应的性别角色要求就会体验到挫败感和失落感，从而降低自身的自我效能感。相比较之下，男性老年人较少面临着这种性别观念之下来自家庭事务的压力，其自我效能感受到的影响较小。

现代性别观念主张打破领域界限，男性可进入家庭领域，女性也可进入公共生活领域，双方共同承担家庭和社会责任。秉持着性别平等观念的老年人，能够更加客观地看待并评估对方及自身的状况和能力，既不过分贬低自己，也不过分高估自己，力所能及地做出自己的贡献，从完成的事务当中获得积极的个人体验，增强自我效能感。此外，研究发现，性别能力平等观念对于男性老年人和女性老年人的自我效能感均有显著的正向作用，而传统的性别角色分工观念对于男性老年人的自我效能感影响不显著，对于女性老年人的自我效能感则有显著的负面影响。研究还发现，性别观念对于老年人的自我效能感起着一定的调节作用和中介作用。性别角色分工观念越是传统的男性老年人，经济收入对其自我效能感水平的影响越弱；性别角色分工观念越是传统的女性老年人，受教育程度对其自我效能感水平的影响越弱。

因而，我们认为，从社会政策的角度促进性别观念的平等化，是对不同性别老年群体的共同解放，这对于男性老年人和女性老年人自我效能感的提升都有积极的影响，有利于老年群体积极参与社会活动，充分发挥个体潜能。此外，这也

提醒我们，在社会政策角度要回应促进性别观念平等化的理念，增强老年人自我效能感。第一，从法律法规上保障女性在受教育、就业、参政等多方面的公共权利，鼓励女性进入公共领域，积极参与社会活动。第二，制定家庭福利政策，鼓励男性更多地参与家庭生活，比如给予父亲产假、提供高额替代补贴等。男性参与家庭生活和性别平等观念的增强，能够构成一种良性循环。男性对于家庭生活的参与，减轻了女性在家庭照料中的负担，使得其能够更多地参与到公共领域的生活中去；而女性在公共生活领域参与度的提升，能够反过来促进性别平等观念的进一步发展。第三，广泛宣传平等化的性别观念，鼓励不同性别群体都能够不受领域限制，积极发挥个体潜能。

三、老龄社会理念再认识

老龄化本身是一个社会现象，以往的研究较多地将老龄化视作一个社会问题，将老年人视为社会负担，而将老年人作为积极因素参与社会支持体系建设的研究不多。在未来的老龄社会，我们要逐渐转变观念，将老年人作为一种资源。

面对老龄化导致的社会变化所带来的各方压力，我们需要思考应该采取怎样的发展理念来应对社会的挑战，并在此基础上采取相应的政策措施。在各种有关老龄化问题的讨论中，健康老龄化、成功老龄化、生产性老龄化和积极老龄化是四种基本理念。每种理念都有其独特的理论背景和政策含义，都能形成独特的政策指向，成为政策制定的理论前提和基础。

在对老龄化理念展开深入探讨的基础上，我们也要寻找实现这些理念的政策手段和途径。本书通过对养老服务社会创新案例和项目的研究，为我们探索养老服务政策的发展途径拓宽思路，也为我们探索老龄社会支持体系构建提供新手段、新思路。浙江省兰溪市的“网络养老院”，一座“没有围墙的养老院”，不仅方便了百姓，而且是健康老龄化的重要体现。浙江省杭州市转塘街道的“颐乐养老”项目通过文化养老，回应了成功老龄化的理念，使老年人保持积极的心态，乐观面对晚年生活，追求晚年生活幸福，实现成功人生。浙江省金华市的“时间银行”案例，是互助养老和生产性老龄化的重要体现，浙江省的“银龄行动”是社会参与和积极老龄化的典型案例。这些理念的践行，都从整体上推进着老龄事业的发展，并衍生出一系列创新的政策和服务方式。倡导四种老龄化理念，可以为发展老年友好型社会指出四种可能的途径。它要求政府、社区、市场和个人都发挥作用，沿着不同的路径去实现“老年友好型社会”这一目标。在以往的研究中，许多学者从改善生活条件和发展公共服务体系的角度来探讨建设老年友好型社会的问题。然而，在这些讨论中，我们注意到社会环境的改造、社会参与和社会质量的提升这些方面的内容相对缺乏。研究四种老龄化理念也有助于我们明确各方社会主体在推进老龄事业发展的不同路径中所发挥的作用。

对四种老龄化理念的讨论可以为推进老龄化事业的发展提供政策启示。这些理念可以反映在各类政策上，对引导老年人健康生活、提高生活质量、进行社会参与提出了更高要求。这不仅仅是为建设老年友好型社会提供物质条件和社会基础，也为提升老人群体的幸福感、满意度、生产性、互助性和参与度提供了驱动力。本书把关于老龄化的问题放到更为广阔的视野中，将人们关注的议题引向老年照顾之外的参与和增能等方面，进而丰富老龄社会政策的内容及其内涵。

第二节　人口老龄化与社会支持需求

在人口老龄化背景下，满足社会支持需求，是建设老龄社会支持体系的出发点。随着人口老龄化程度的加深，不仅老年人各方面的需求满足会受到影响，中青年人和未成年人的需求满足也会受到影响。因此，研究老龄社会支持体系，不仅要研究老年人的社会支持需求，还要研究其他人口群体（包括中青年人、未成年人）的社会支持需求。

一、老年人社会支持需求分析

随着人口老龄化程度的加深，我们将首先直面老年群体。因此，在老龄社会的社会支持需求中，本书将重点关注老年人的社会支持需求。老年人有基本生活支持、服务支持、精神支持和社会参与支持的需求。

一是老年贫困风险与收入保障。在按劳分配的基本原则之下，凡有劳动能力的社会成员均应通过诚实劳动与合法经营获得生活资料和财富，社会根据其劳动的数量和质量及对社会的贡献进行分配。一般情况下，劳动者达到一定年龄之后，其劳动能力随年龄增长而下降，其对社会的贡献随之减小，因而老年人的收入会逐渐下降最终为零。无论是农耕时代、工业时代，还是信息时代，都是如此，只是变化速度不同而已。所以，老年人如果没有足够的资金积累或其他来源，则可能生活无着，陷入贫困。这就需要一套制度来保障老年人的基本生活，或者持续提供生活资料，或者给予一笔稳定的资金，保障其购买基本生活资料的能力。传统的家庭保障，即由老年人的亲属负责提供生活资料；五保供养制度，即由农村集体经济为孤寡老人提供生活资料；基本养老金制度是国家为老年人提供稳定收入以确保其具有购买基本生活资料能力的一种制度安排；各类补充性养老金则是社会成员自主安排的一种老年收入保障机制。

二是疾病风险与健康保障。疾病风险是每一个人都会面临的基本风险，但老年人的患病概率更高。进入老年期后，人体组织结构逐步老化，器官功能逐步出现障碍，身体抵抗力逐步衰弱，活动能力降低，协同功能也开始减弱，老年人特有的疾病即老年病随之出现，因而老年人需要更多的医药服务。所以，老年人更担心患病，更担心无钱治病。据此，世界上多数国家有关于老年人的医疗保障制度，有的国家为老年人单独设置医疗保障制度，有的国家在面向全民的医疗保障制度中给老年人以优惠，有的国家则向包括老年人在内的全体国民提供统一的免费医疗服务。

三是老年失能风险与照护保障。由于生理机能变化，老年人的生活自理能力往往随年龄增长而逐步下降，其中部分老人处于失能或半失能的状态，与残疾人类似，其生活需要他人照顾。随着人口老龄化，尤其是高龄化，失能老人的数量和比重持续提高，老年照护的需求不断增长，又由于家庭小型化，失能老人需要更多有效的社会化照护服务，因而老年照护保障变得越来越重要。同时，为降低老年人的失能风险并为失能老人提供便利的生活条件，无障碍环境建设成为一个重要的社会问题。这里既要有“硬件”，也要有“软件”，如年轻人对待老人的态度。硬件建设中，既有户外公共设施，也有居家生活设施。所以，老年无障碍环境建设是发达国家的一项重要社会工程。

四是老年孤独风险与精神慰藉。社会交往是人的基本需求。但随着年龄增加，老年人的社会交往会逐渐减少。第一，因为退出劳动力市场，与同事和业务伙伴交往的机会减少；第二，由于生理机能变化，老年人的社会交往能力下降，尤其是面对新的社会环境和人际交往方式，一些老年人不会用、不适应，直接减少其社会交往的广度和深度。因而老年人常常会有不同程度的孤独和失落之感。在基本生活满足之后，孤独比贫穷更可怕。因此，老年人更需要热闹，需要更多的陪伴、更多的尊重。这与经济社会发展阶段有关，与人口结构、家庭规模和家庭结构相关。对此，各国都有相应的制度安排，各民族都有独特的文化传统。当前，我国实现全面脱贫，需要更多地防止孤独，尤其是老年人的孤独。

二、中青幼群体社会支持需求分析

本书在分析老年人社会支持的同时，还将分析其他人口群体的社会支持需求，研究老年人与其他社会群体的代际协调问题，这是促进整个社会在老龄化状况下持续健康运行与和谐发展的必要条件。事实上，无论在什么特征形态下的社会，中青年人都有就业创业支持和基本生活等方面支持的需求。

随着人口老龄化加剧，劳动力资源的重要性日益显现，因而需要通过有效的社会政策予以保护，其中重要的是为中青年的就业创业营造良好的环境，否则整个社会就难以持续发展。事实上，就我国现实的情况看，自从进入老年型社会以来，中青年人所感受到的家庭和社会负担正在逐渐加重，代际矛盾已经初现端倪。然而，从应对未来人口老龄化趋势的要求来看，现行就业创业支持体系还存在诸多缺陷。因此，要通过建立更有效的教育培训机制，积累更丰厚的人力资本；通过优化社会保障制度，保障劳动者的合法权益并维持中青年一代的适度负担；通过营造就业创业环境，增强社会成员的创业意识和创新能力。

在对中青年人基本生活支持方面，本书重点关注税收支持。考虑到税负与家庭实际负担能力的对应性，我国于2018年修订了个人所得税法，在标准扣除和专项扣除的基础上，增加了子女教育和赡养老人等专项附加扣除。这一法律的修订是从所得中去掉不能反映纳税人真实赋税能力的为取得所得所发生的必要的成本与费用的那部分补偿，将纳税人需要赡养父母和抚养子女的支出考虑在内，更好地体现了纳税人的真实赋税能力，缓解了纳税人的家庭负担，并力图推进个人所得税税制公平建设。然而，这一新规则是一项探索性的措施，在充分肯定其积极效应的同时，我们应当看到其存在的缺陷，尤其是在专项附加扣除方面的规定还比较粗放，缺乏差异性，在缓解中青年人养老育儿负担方面的作用还远远没有充分发挥，因而有完善的空间。为此，本书从扣除对象和项目、扣除标准、扣除单位三个方面来讨论税制的改进，旨在增强税制的公平性，使之更好地体现纳税人的真实赋税能力，并发挥减轻中青年人养老育儿负担、保持其适度税收负担、提增家庭功能等积极作用。

与老年人和中青年人相比，未成年人的社会支持需求更加单一，主要包括生活支持、受教育支持和照料支持。本书提出加快构建普惠型的儿童福利制度，尤其是建立普惠型的儿童津贴制度，以降低家庭的儿童养育成本，缓解中青年群体的抚育压力。儿童津贴作为一种最直接、最主要的儿童福利，在儿童福利体系中占据着重要的地位，应在儿童福利体系转型中率先得到回应。我国当前面向儿童的福利津贴制度针对特定儿童群体，是一项选择型的福利政策，已经无法满足现实需求和政策体系需要。本书提出应单独建立一项普惠型的儿童津贴制度，通过政府财政预算筹集资金，对全体有儿童的家庭提供一定的现金补助。

此外，本书还提出了生育保障制度改革的思路。从历史发展的过程看，中国生育保障制度的改革和建设是有成效的。企业职工生育保障制度实现了由单位生育保障向社会生育保险的转变；《中华人民共和国社会保险法》（以下简称《社会保险法》）颁布以来，正在进行机关事业单位与企业生育保障制度的并轨，同时将社会团体、民办非企业单位等其他各类社会组织纳入职工生育保险范围；农村居民和城镇非工薪居民也开始可以从基本医疗保险中获得低水平的生育保障。但是，应该看到，现行生育保障制度主要针对工薪劳动者，并没有充分考虑工薪劳动者以外社会成员的生育保障问题，也就是说，制度设计者还没有将生育保障权作为全体社会成员的一项基本权益。在这样的理念指导之下，生育保障制度虽历经改革，但依然没有实质性突破，其推进速度缓慢，惠及面狭窄，运行效率不高，亟待改革。具体来说，分拆现行生育保险制度，将其中生育医疗费用纳入基本医疗保险制度，同时建立生育津贴制度，补偿其因生育而中断劳动的基本收入，并将其覆盖范围由工薪劳动者扩展到全体国民。通过生育保障制度的改革，能够更好地减轻生育负担，推动育龄人群相关社会支持需求的满足。

第三节 代际矛盾与代际均衡

在对老龄社会各人口群体社会支持需求的分析中，我们可以发现在资源有限的条件下，势必会存在代际冲突的问题。以老年收入保障制度为例，我国的职工基本养老保险是现收现付和个人积累制相结合的制度，其中现收现付制部分，年轻人缴纳养老保险费供养当期老年人，因此老年人的养老保险待遇和年轻人的当期收入存在协调的问题。如果一味强调提高老年人养老金待遇，就会出现养老金的“倒挂”现象。不仅在经济保障领域，在其他领域也会存在代际冲突的问题。本书引入“代际均衡”的理念，强调不但要处理好同一时点老年人、中青年人和未成年人的代际协调问题（所谓的“横向均衡”），还要处理好不同时点各代人的关系协调问题（所谓的“纵向均衡”）。

人口老龄化是人类文明进步的重要成果，而且在相当长一个时期内我国人口老龄化将是一种常态。作为一种必然出现的现象，人口老龄化已经无法改变。需要改变的是我们的社会政策。已有的研究文献和政策设计，一般以老年人为中心，即主张以满足老年人口的需要来设计各项公共政策，包括老年保障制度，其基本目标是提高老年人福利。但事实上，这样的思路难以全面反映人口老龄化问题的复杂性和深刻性，因为人口老龄化对于各人群都有影响，不仅仅是老年人受影响，中年人、青年人和少年儿童都受其影响。所以，需要改变以老年人为中心的思维，从老龄社会的安全、和谐与可持续运行这一目标出发，统筹考虑老年人群与其他人群的关系，兼顾各类人群的利益，制定更加合理而有效的老年保障制度和政策，建立“代际均衡”的有效机制。

每一代人所处的历史阶段不同，因而有不同的任务、不同的机遇和不同的风险，这就意味着每一代人的幸福程度可能不同。但作为政府依法实施的基本保障项目，必须致力于追求代际公平，即努力实现基本保障权益在代与代之间的均等。为此，基本保障项目的待遇水平要充分论证，一旦确定，长期不变。任何改变的影响都是深远的。要避免“吃子孙饭”式的制度和政策，不能把老年人福利建基于年轻人的痛苦，更不能让尚未出生的孩子背上沉重的包袱，当然，也不能将年轻人的幸福建基于老年人的牺牲。这就需要有长远的考虑，并建立有效的机制。比较典型的例子是，基本养老金待遇越高，则在职一代人的税费负担就越重，反之则越低。所以，老年保障待遇的适度性是一个十分重要的命题。

本书关注的代际关系问题如下。

一是老年收入保障的代际均衡问题。经过多年的改革探索，我国逐步建立健全老年收入保障体系，满足广大老年人收入保障需要。随着人口老龄化程度加深，完善老年收入保障体系的任务将更加繁重。本书力图在代际均衡视角下，分析老年收入保障体系现状和存在的问题，在此基础上提出改革和完善的政策建议。本书回顾了职工基本养老保险制度、城乡居民基本养老保险制度建设和改革历史，介绍了高龄津贴制度和补充性养老保险制度建设存在的问题。重点基于代际均衡视角，构建了职工基本养老保险缴费年限精算分析模型，通过“缴费年限”这一核心变量，评估缴费年限增加对基金财务平衡的影响；引入“标准参保人”的概念，分析其一生实现缴费与待遇平衡的缴费年限，探讨缴费年限增加对基金纵向平衡的影响，从而为进一步完善制度提供依据。在揭示存在问题基础上，就完善老年收入保障体系，提出了“坚守保”基本原则并正确引导舆论、优化基本养老保险制度设计、强化各方责任分担、建立健全多渠道筹资的体制机制、建立健全精算报告制度等一系列政策建议，从而促进老年收入保障制度更加公平、更可持续、更有效率。

二是老年医疗保障的代际均衡问题。20 世纪 80 年代以来，实现社会医疗保险制度转型，建立了职工基本医疗保险和城乡居民基本医疗保险制度。这套制度体系已经基本覆盖全体国民，且待遇保障水平逐年提升。21 世纪以来，国家面向困难群体，建立医疗救助制度，对低保家庭、特困供养家庭等提供兜底性帮扶。近几年随着各级医疗保障局的建立，国家不断完善基本医疗保险、大病保险和医疗救助三重保障功能，推动建立健全以基本医疗保险为主体，医疗救助为托底，补充医疗保险、商业健康保险、慈善捐赠、医疗互助共同发展的医疗保障制度体系。事实上，老年人更担心患病，更担心无钱治病。本书回顾了老年医疗保障体系改革发展进程，重点回顾了职工基本医疗保险、城乡居民基本医疗保险、医疗救助等制度建设历史和现状。研究发现，由于现行职工基本医疗保险制度规定退休者及其原单位不需要缴纳医疗保险费，在现收现付制筹资模式下，假定其他因素不变，则随着系统老龄化程度加深，为了实现基金平衡，必然要求逐步提高基本医疗保险的费率。而提高费率将受到种种限制，其空间不大。因此，本书引入寿险精算方法，建立分析模型，揭示系统老龄化对于基本医疗保险基金长期平衡的影响，对职工基本医疗保险基金全国未来的收支平衡做出分析。在分析医疗保障领域存在问题的基础上，就优化基本医疗保险制度设计、建立健全医药服务价格谈判机制、强化管理服务的规范性、增强管理服务的科学化程度和加快发展互助合作型和商业型医疗保险等提出了意见建议。

三是退休年龄及其相关政策的调整问题。法定退休年龄的调整，直接影响到退休者和在职人员两代人的权益。中共十八届三中全会提出，研究制定渐进式延迟退休年龄政策。2020 年印发的《中共中央关于制定国民经济和社会发展第十四个五年规划和二〇三五年远景目标的建议》进一步指出：实施渐进式延迟法定退休年龄。提高法定退休年龄对年轻人就业的影响有多大，不同延长方式和程度对年轻人就业产生哪些不同的影响，对社会保险基金平衡有怎样的影响，这些都是需要回答的现实问题。中央已经明确了要渐进式延迟退休年龄，本书基于现行基本养老保险制度，重点研究退休年龄调整对基本养老保险基金运行的效果。研究发现，如果现行职工基本养老保险制度设计不改变，延迟退休虽然可能在政策实施的初期内使缴费人数增加、养老金领取人数减少，从而通过增收减支改善基金状况，但从长期来看，制度不可持续的问题依然存在，对基本养老保险基金状况改善的效果有限。

四是精神文化生活的代际和谐。随着生活质量的提高，老年人对精神文化生活的需求逐步提高。由于老年人和年轻人生活方式的不同，老年人对精神文化生活的需求引发了一些冲突（比如年轻人对广场舞的反感）。而精神需求无法满足，不仅会降低老年人的生活满意度，更可能导致孤独感、社交隔离等情况，进而导致阿尔茨海默病、老年抑郁症等疾病。本书提出了老年精神需求测度，分析了老年精神需求现状及其影响因素，并基于积极老龄化理念，提出建设老年精神支持网络。本书所提出的社区老年朋辈支持服务模型，基于行为活化疗法和怀旧疗法确定了满足老年人需求的不同领域，并根据社会现实提出了可以尝试的关键活动，具有良好的指导作用。

五是家庭内代际关系问题。代际关系不仅包括宏观层面的社会代际关系，还包括微观层面的家庭代际关系。在对传统议题（如子女支持对老年人生活质量的影响等）进一步深入研究的基础上，本书重点关注对我国家庭发展模式的趋势研究，对未来家庭代际关系（如老年人隔代养育）进行研判，研究旨在提升家庭功能的相关社会政策。本书针对“差序格局”这一反映中国社会人际交往模式的本土社会学概念进行探索性的经验测量，以求能够将个体差序程度与养老选择模式结合起来，导引出关于代际支持经验研究的方法论工具；以观念和行为为研究抓手，区分权威型孝道和相互型孝道，探讨老龄化背景下子女对父母的多样化支持，研究发现对于男性而言，权威型孝道与对父母的劳动力支持之间存在边际显著的正向关系。本书还探究了家庭内部子女经济支持对失能老人居家照料及其费用产生的影响，研究发现子女经济支持对照料支持并未呈现挤出效应，需要关注代际支持，实现家庭资源的优化配置。

第四节 多元共治与资源配置

人口老龄化是未来社会的一种常态，面向实现国家治理体系和治理能力现代化的目标，要通过有效的制度安排和机制设计实现更有效的治理。社会保障是老龄社会的社会支持体系中非常重要的制度安排，本书以社会保障制度研究为突破口，研究了国家治理与社会保障制度建设这个主题，提出社会保障是化解风险并给予公众稳定预期的重要机制，是国家认同的重要基础，在化解社会矛盾和危机中发挥了重要作用。从老龄社会治理现代化目标出发，提出了优化社会保障制度的政策建议。进一步以基本医疗保险这一涉及众多主体的社会保障项目为例，分析多元共治的实现路径。本书还分析了老龄社会多个主体（如政府、市场主体、社会组织、社区、家庭等）的应有功能，政府要加强基本公共服务供给机制创新、完善各项涉老公共政策，市场要尽可能通过挖掘老年群体的需求繁荣老年消费市场，要更加重视家庭和社区在提供老年服务中的作用。构建一个多元共治的老龄社会支持体系，是未来实现老龄社会治理现代化的政策取向。

一、社会保险整体性治理

从“多元共治”的角度出发，提高社会保险整体性治理水平有着重要意义。本书发现中国社会保险制度改革和建设虽然取得了重大进展，但仍面临一些问题，主要体现在：项目设置与保障需求不完全匹配；资源的代际分配不均衡；资源的空间配置不平衡；行动主体缺乏有效协调，揭示了社会保险目前面临问题的症结在于碎片化。

自 20 世纪 80 年代开始的社会保险改革在很大程度上是由经济体制改革推动的，具有典型的“生产型福利”特征；进入 21 世纪后，国家对民生保障的重视，进一步推动了社会保险事业的发展。这与其他国家和我国某地区社会保险发展的驱动因素并不完全一致（以韩国和我国台湾地区为例，政治民主化在健康保险的蓬勃发展中起了重要作用）。这是造成社会保险治理碎片化的重要原因。事实上，单纯讨论某项社会保险制度的某个问题具有明显的工具主义色彩，难以揭示社会保险制度的复杂性。要实现社会保险的整体性治理，需重新认识民众的基本风险保障需求，科学定位社会保险各险种及其功能，努力解决行政体制、财税体制与社会保险全国统一性要求之间的矛盾。

因此，建议以整体性视角审视中国社会保险问题，更加注重险种间的协调，要从参保人员生命周期出发，动态匹配其风险保障需求组合；统筹协调各险种，重点是联动优化养老、医疗、长期照护等保障项目。重视其他风险保障方式的作用，单纯增加社会保险资源供给，超越基本保障水平，只会拖垮社会保险制度，最终带来参保群体整体利益的下降。从中国目前所处的经济社会发展阶段来看，在社会保险领域亟须树立底线公平的理念，强调国民在底线面前所具有权利的一致性。协调好社会保险与其他经济社会政策之间的关系，加强各行动主体的整合，通过深化改革使社会保险制度更加公平、可持续和有效率。强化"人人享有"与"人人尽力"并重的政策取向，特别是要让广大参保人员增强责任意识，在"参与"和"共享"这两个角色中找到平衡。尤其是过去在讨论基本养老保险问题时，常把老年人与"被供养的人"画等号，现在需转换思路，重新定位老年人的社会角色，使其树立自立自强的观念，帮助其更好地参与社会发展，降低制度运行成本。

二、基本医疗保险多元共治机制

疾病风险是每一个社会成员的基本风险，基本医疗保险是保障社会成员"病有所医"的基础性制度安排，是国家治理体系的组成部分。经过20多年的改革探索，我国已经建立了一套新的基本医疗保险制度并覆盖95%以上的国民，人民群众的医疗保障水平显著提高，但现行制度公平性不足、可持续性令人担忧、运行效率不高。从制度框架、保障待遇、基金风险、协同机制等视角，可以发现基本医疗保险治理机制存在诸多缺陷。

与基本养老保险制度不同，基本医疗保险制度要通过参保病人得到有效的基本医疗服务，才能实现其政策目标，因而基本医疗保险经办机构与医药服务提供者之间的合作非常重要。从治理的角度看，必须建立医疗保险经办机构、医疗服务机构和药品供应机构三者之间有效的合作机制。这里的关键是要理解和把握参保者与基本医疗保险经办机构之间、经办机构与医药服务提供者之间的两层委托代理关系。在每一层委托代理关系中，委托人和代理人的利益诉求都不同。这是多方博弈的复杂系统，要设法形成良性互动格局，而价格是调解利益关系的重要杠杆。为满足各方的利益诉求，找到各方的利益平衡点，其核心在于构建各方公认的、合理的医药服务价格形成机制。

这就需要建立一种谈判机制，即医药服务供求各方的价格谈判机制。这种谈判与一般的价格谈判不同，因为这里涉及多个供求主体。从需求方看，有基本医疗保险经办机构和参保者等；从供给方看，有医疗机构、医务人员、药品制造商和销售商等。为了这种谈判能够有效进行，基础信息和基础数据是必不可少的，而基本医疗保险所涉及的数据资料往往是海量的，所以需要有先进的分析方法。同时，为了使谈判结果能够得到有效落实，必须依靠行业自律，因为谈判的参与者往往是行业的代表，而谈判的结果需要每一个主体来执行。医师协会、医院协会、药商协会以及基本医疗保险经办机构的自律组织，都必须遵循谈判结果，并要求其会员按照行规执行谈判结果。只有这样，医药服务价格才能回归正常、回归理性。也只有这样，医疗机构和医务人员才能真正回归公益性，从疾病治疗的本身出发提出治疗方案，参保者才能够理性地在不同的就诊地和治疗方案中进行选择，基本医疗保险经办机构才能以真实的医疗过程数据为基础进行费用结算。

此外，本书提出基本医疗保险治理机制建设还有三个关键：基于权责清晰的基本医疗保险制度定位和设计，基于规范管理的基金长期平衡机制。据此，完善基本医疗保险治理机制的重点是：优化基本医疗保险制度设计，建立健全医药服务价格谈判机制，强化管理服务的规范性，增强管理服务的科学化程度。

三、老龄社会的政府与市场关系

在市场经济条件下，供求关系由市场决定，政府负责监管和适当的调控。政府该管的事情必须管好，不该管的事情一概不管。以老年照护服务为例，该服务并不是由政府部门直接提供，而应当由市场和社会提供，这里包括民间各类营利性和非营利性组织。因此，要明晰政府职责，尊重市场规律。在为老服务领域，政府主要应做三件事：一是培育为老服务市场，让民间各种资源能够自由、安全地进入本领域，使其能够根据老年人的需要，提供有效的为老服务。比如，对于民办老年照护服务机构（包括营利性和非营利性）及其从业人员，给予积极的扶持政策。至于服务规范，由行业协会制定，并由他们自律，政府只负责监管。二是建立有效的筹资机制，使广大老年人有能力购买社会化的老年服务，这里包括通过转移支付和养老金结构调整等方式。因此，要研究老年照护保障制度，并积极创造条件适时推进。同时，要加快建立家庭经济困难、失能老年人照护服务补助制度，提高最困难人群对社会化照护服务的购买能力。三是逐步推进公办为老服务机构转型。比如，从学理上讲，公办养老机构只负责收养经济困难或作为优抚对象的失能老人，因而政府今后一般不再新办养老机构，甚至可以将现有公办养老机构逐步改为民营。对于经济困难或作为优抚对象的失能老人，政府可以通过向民营养老机构购买服务的方式，履行政府基本公共服务的职责。总之，老龄社会要处理好政府与市场的关系，适当引入竞争机制，大力推行政府购买、管理合同外包、特许经营、优惠政策等方式，逐步建立政府主导、市场引导、社会充分参与的基本公共服务供给机制。要鼓励社会力量参与，按照政事分开、管办分离的原则，完善治理结构，要积极鼓励基本公共服务的社会化提供。

四、老龄社会的社区治理

社区治理也是未来老龄社会支持体系的重要组成部分。本书系统地介绍和总结了杨浦区睦邻中心的运转逻辑及其对中国社区服务与治理实验区建设的示范性意义，考察上海市杨浦区睦邻中心建设、运作及其在社会服务提供方面积累的雄厚实践经验，以期不断推进和深化社会服务供给系统的建立和完善。通过社会公益服务的供给系统的建立和完善，杨浦模式在一定程度上有效地弥补了个性化社会服务供给中政府缺位的问题，在很大程度上满足了居民多样化的社会服务需求。

在对延吉新村街道4个睦邻中心进行深度调研和分析的基础上结合公共管理和公共政策的理论知识构建延吉睦邻中心运作的系统动力学模型，并分析得出，政府、社区、社会组织以及专业社会工作相互影响、相互协调，四大主体共同作用支撑睦邻中心的运作。“社区项目”与“社区活动参与人数”作为睦邻中心赖以生存的基础受到多方因素影响的同时也对其他因素起着作用。各种因素在运作系统当中互相影响、互相作用，形成多个循环，共同推动睦邻中心的协调和良性运行。延吉睦邻中心的建设以及运作是在杨浦区进行政府职能转变、推行“四社联动”社区治理以及服务创新理念的大环境下产生和发展的，延吉的实践经验有力地证明了“四社联动”理念的正确性及其现实价值。政府、社区、社工与社会组织构成了驱动社会新型治理关系的4个关键的动力“轮子”。其中，政府职能的转变以社会政策驱动的形式促进社区平台建设、政府购买服务支出以及对社会组织发展的支持。睦邻中心的运作在很大程度上拓展并提升了社区自治平台的范围与内涵。虽然，从直观角度来看，社区平台的建设主要体现在4个睦邻中心空间建构、社区文化活动中心与老年活动室的布局及其功能的提升上，但实际上社区组织（居委会以及各类组织）等子网络也是社区运作的重要社会文化基因。在“四轮驱动”的社区治理与创新模式中，社会组织是社会治理创新至关重要的引导者以及提供社区生活和养老服务的主体。社会组织的发展无论从数量规模还是组织能力建设上来看，对于社区生活和养老服务需求的响应都是至关重要的。不过，考虑到社区睦邻中心的主要参与者还是老年人，其显著拓宽了对老年人的社会生活、文化精神和养老照料等的服务范围。对于提高社区服务项目的服务影响力与公众满意度而言，相对于社会服务尤其是养老服务组织的数量与规模来说，社会组织的服务能力建设较为重要。

五、家庭内部的代际支持

在世界范围内，隔代照顾是一个普遍现象。在老龄社会中，这一议题更是代际关系的重要研究内容。隔代照顾所涉及的领域十分广泛，包括儿童福利、养老照顾、代际关系、女性主义、家庭与工作平衡问题，也包括家庭政策以及其他社会政策等。欧美学者对此现象进行了深入研究，并基于调查数据展开对儿童的生活状况及照顾提供者参与社会活动和健康等方面状况的探讨，得出一些具有启发性的结论。

广义上来讲，隔代照顾具有双重含义，既包括祖辈照顾孙辈的活动，也包括孙辈照顾祖辈的活动。但在实际运用中，多数研究都把隔代照顾主要看成祖辈照顾孙辈的活动，即由爷爷奶奶或外公外婆等上一辈老人参与照顾孙辈的服务，包括祖辈对孙辈的经济支持、生活照顾及精神支持等。在目前中国的儿童照顾服务方面，发展机构照顾常常被看成是目前发展儿童照顾体系的基本方向，而隔代照顾被认为是一种不得已的家庭照顾方式，会随着公共服务体系和照顾机构（托儿所、幼儿园、学前班、小学等）的发展而弱化或被替代。但根据欧洲国家特别是北欧国家的经验，隔代照顾与儿童入学、入托、入园的权利并行不悖。采取社会政策手段尤其是家庭政策手段（包括提供育婴补贴、儿童照顾津贴、单亲母亲社会救助津贴等）来支持隔代照顾，可以强化对隔代照顾和非正式照顾体系的支持，也可以缓解照顾者的压力，鼓励他们积极参与。

在效果的评估上，学者们关于隔代照顾对儿童身心发展影响的看法是模糊的。有的强调父母缺位对子女发展的不利影响，有的则讨论祖辈照顾对儿童发展的积极影响。至于对老人的身心影响，一些研究主张隔代照顾对老人健康的影响是积极的还是消极的，取决于隔代照顾的频率和强度。这启示我们要把隔代照顾的影响与其强度和参与率联系起来考察。同时，隔代照顾对社会生产和再生产体系运作具有重要作用。它可以在一定程度上影响人们的生育决策和照顾行为，为子辈多生孩子、提高生育率提供了有利条件。在面对目前老龄化程度不断加深，劳动力老化和不足的问题时，我们有必要鼓励发展隔代照顾以缓解工作父母的照顾压力，支持市场上的劳动力供给，使年轻父母在制订多生孩子的计划时无后顾之忧，从而推动生育率的提升。这些结论启示我们要通过各种社会支持政策来提高老年人参与隔代照顾的频率并降低强度，使隔代照顾取得积极成效；探索通过社会津贴、补助等方式给予隔代照顾的提供者一定的回报，充分肯定从事隔代照顾的老年人对社会所做贡献的价值；通过发展社会政策项目，促进非正式照顾体系的发展。

本章小结

在工业化、信息化、新型城镇化、市场化、国际化深入发展的时代背景下，人口老龄化将会改变社会利益格局，对公共政策调整和社会治理能力提升提出了更高的要求。建立健全社会支持体系，满足老龄社会的社会支持需求，处理好代际关系，对于构建安全、和谐、充满活力的老龄社会具有重要作用。因此，本书力图突破现有研究范式，致力于从老龄社会治理的视角出发，充分研究不同人口群体多方面、多层次的社会支持需求，统筹各代人的利益关系，以多元共治为基本手段，建立老龄社会的社会支持体系分析框架。研究意义主要体现在以下几个方面。

一是兼顾需求与代际均衡的理念，有助于改变以老年人为中心构建社会支持体系的思维。强调为老年人提供更多的社会支持，是以往老龄问题研究的主流。将人口老龄化作为社会的常态，就必须跳出这一思维定式。本书在分析老年人社会支持的同时，还将分析其他人口群体的社会支持需求，研究老年人与其他社会群体的代际协调问题，这是促进整个社会在老龄化状况下持续健康运行与和谐发展的必要条件。引入“代际均衡”的思想研究社会支持问题，这是老龄问题研究的思维创新。

二是以代际均衡和多元共治理念构建的社会支持体系，将是国家现代化社会治理体系中不可或缺的组成部分。人口老龄化是我国社会转型的重要特征之一，将成为社会领域的新常态。推进国家治理体系和治理能力现代化，就必须构建有效的老龄社会支持体系。这一体系必须能够保障各人群的基本权益，逐步提高其生活质量，并能均衡老年人与其他群体的利益。通过家庭、政府、社区、社会组织和企业的合理分工、有效合作，实现资源优化配置，促进社会安全、和谐运行，并使其充满活力。

三是对各群体社会支持需求的分析，能够为组织、动员和有效配置各种资源提供依据。构建老龄社会的社会支持体系，并使之有效运行，需要充分了解老年人等各人口群体的社会支持需求，同时又要摸清家底，组织资源。本书运用有效的技术和方法，对老龄社会的社会支持需求及其变化趋势进行研判，对若干重要项目的需求量进行预测分析和政策模拟，为政府制订规划、优化制度、完善政策服务提供依据，也可供其他社会主体参考。

四是回应老龄社会治理的重大现实问题，将为老龄社会的安全和谐、可持续发展和国家宏观决策提供科学依据。老龄社会的社会特征将会发生新的变化，产生新的社会问题与矛盾。本书重点围绕老龄社会的现实问题，如家庭功能弱化、照护服务需求激增、社会保险制度可持续运行面临压力等，从老龄社会安全、和谐和可持续发展的目标出发，提出协调社会关系、规范社会行为、解决社会问题、化解社会矛盾、应对社会风险、保持社会稳定、促进社会公正的对策建议。本书共十章内容。具体安排如下：第一章为引论；第二章介绍老龄社会的社会特征；第三章至第七章分别阐述老年收入保障、老年医疗保障、老年照护保障、养老服务支持和老年精神支持等内容；第八章分析中年人、青年人和儿童等群体的社会支持内容；第九章聚焦老龄社会的数字化支持；第十章以老龄社会的多元共治为主题。希望通过本书多学科交叉的综合研究优势，构建老龄社会的社会支持体系分析框架，为建立健全适应人口老龄化的社会支持体系提供理论与方法支撑，为老龄社会的整体性治理提供决策依据。

第二章　老龄社会的社会特征

人口老龄化是指老年人口占总人口的比率上升的人口结构变化过程①，这是人类文明进步的重要标志，是经济社会发展的必然产物，也是21世纪人类共同面临的重大课题。老龄社会是在人口老龄化的持续影响和推动下，人类社会的社会结构、形态、关系、特征发生的整体性、持久性和不可逆转的变化，是一种从年轻社会发展而来的新型社会形态②。老龄社会起源于人口的结构性变化，给社会带来的变化是全领域和多方面的，其不仅涉及老年人口规模增长以及由此带来的养老保障问题，更影响着所有年龄群体，涉及社会结构的变化和代际利益分配格局的重新塑造，需要采用全人口与全生命周期的视角重新审视老龄社会形态。要想积极应对老龄社会带来的机遇和挑战，必须拥有先进的理念、科学的理论和有效的制度与政策设计和施行。尤其是中国社会经济发展正进入新阶段，经济运行状况由高速增长向中高速增长转变（林卡，2013），经济下行压力增大。但是，随着经济发展和人民生活水平的提高，老龄社会各群体的诉求提高，其内容也呈现出多样化的特点。构建满足代际均衡的、公平的老龄社会支持体系，需要建立在对老龄社会特征和形态准确刻画与精准把握的基础之上，分析包括人口特征、社会关系和文化心理各个层面的变化。

第一节　人口特征

根据人口统计资料，2019年底我国65周岁及以上人口已达17 603万人（约1.76亿人），较上年（2018年约为1.67亿人）新增945万人；占总人口的12.6%，较上年（2018年约为11.9%）新增0.7个百分点③。长远来看，中国老年人口总量将经历先增后降的过程，而在这一过程中，老龄化带来了社会人口结构从“橄榄”形到“倒梯”形的转变。而城乡经济水平的差异也将对地区间的老龄化水平产生重要影响。

传统中国人口年龄结构呈“橄榄”形分布，劳动年龄人口居中，且占比最大，少儿人口与老年人口居于两端，同时，少儿人口数高于老年人口数。然而，随着

① 引自2018年华龄出版社出版的《新时代积极应对人口老龄化发展报告2018》。

② 引自老龄社会30人论坛与盘古智库老龄社会研究中心2019年联合发布的《大转折：从民生、经济到社会——老龄社会研究报告》。

③ 资料来源：《中华人民共和国2019年国民经济和社会发展统计公报》：表1，国家统计局。

中国社会老龄化程度的加深，老年人口将逐渐增长并超过逐步减少的少儿人口，使人口结构向“倒梯”形发展。根据预测，2035 年，老龄人口将达到少年儿童人口数量的 1 倍以上①。

一、我国人口老龄化特征及未来变化趋势

我国人口老龄化的特征主要为人口规模大、发展速度快、高龄化显著、发展不均衡与波动幅度大。长远来看，未来中国老龄人口总量将先升后降，而社会老龄化程度将逐步上升，并保持在稳定水平。与此同时，高龄老年人的占比将不断上升。

在总量方面，我国老年人口呈现出先增后降的趋势。自 20 世纪 90 年代起，中国老龄人口快速上升。2019 年，全国 60 岁及以上老年人口达到 2.54 亿人，预计 2033 年，老龄人口将达到 4 亿人，而在达到 2053 年的 4.87 亿人的峰值后，中国老龄人口将进入负增长，2100 年将降至 3.82 亿人。2019 年，浙江省 60 岁及以上老年人口数为 1205.1 万人，根据预测，浙江省 60 岁及以上老年人口数量的峰值将出现在 2050 年，将达到 2258 万～2634 万人，随后将有所回落。

我国人口老龄化程度经历过一段时间的增长后，将逐渐趋于稳定。2019 年，全国 60 岁及以上老年人口占总人口的 18.1%，未来 30 年我国人口老龄化程度将保持高速度增长，根据全国老龄委的预测，到 2030 年，全国 60 岁及以上老年人口占总人口的比重为 25.1%；到 2050 年，比重提高到 33.3%，2058 年，老龄化水平达到峰值 34.5%，之后直到 21 世纪末，老龄化水平将有轻微回落，在 33%上下浮动。浙江省的变化趋势与全国的趋势略有不同，2019 年浙江省常住人口中，60 岁及以上老年人占总人口的比重为 19.3%，未来将呈现单边上升的趋势。根据预测，浙江省 60 岁及以上常住老年人口比重将于 2033 年上升到 33.2%，到 2050 年提高到 44.1%，即每 5 个人中就有两人年龄在 60 岁及以上。

而如果以 65 岁作为老龄的衡量标准，我国老年人口规模在 2030 年将达到 2.49 亿人，占总人口的比重为 17.2%；到 2040 年达到 3.38 亿人，比重提高到 23.5%；到 2050 年为 3.54 亿人，比重提高到 25.2%，2058 年，将达到峰值 3.78 亿人，随后缓慢下降，老龄化水平将在 2063 年达到峰值 28.4%，之后在 26.3%～28.5%变动。虽然相比 60 岁口径，数据层面的老龄化程度将相对降低，但是老龄化趋势仍将保持一致，即先上升，后逐渐趋平。

高龄化显著是我国人口老龄化的又一特点，未来我国高龄老人的数量仍将保持一段时间的增长。截至 2017 年，我国 80 岁及以上高龄老年人口数量为 2600

① 本节使用的老年人口预测资料，均来自国家应对人口老龄化战略研究总课题组所编、2014 年 3 月华龄出版社出版的《国家应对人口老龄化战略研究总报告》。

万人，未来30年，我国高龄人口将经历迅速增长的过程，2030年将增加到4132万人，占老年人口的11.4%；到2040年将增加到6416万人，占老年人口的15.1%；2050年将增加到1.06亿人，占老年人口的22.7%；预计到2073年将达到峰值1.28亿人，占老年人口的31.1%，也就是说每10位60岁及以上老年人中就有3位年龄超过80岁的。

二、我国老年人口的城乡分布

我国人口老龄化的城乡发展不均衡问题突出，农村老龄化水平和速度均高于城镇，城乡老龄化水平的差异先扩大后缩小，但农村老龄化程度始终高于城镇。

我国城镇60岁及以上老年人口在2030年将达到2.02亿人，占城镇总人口的21.2%；2040年将增加到2.67亿人，比重上升到26.2%；2050年将提高到3.28亿人，比重超过30%，达到31.1%；2058年将达到峰值3.44亿人，随后缓慢下降；比重在2059年达到峰值32.9%，随后在上下一个百分点内变动。农村60岁及以上老年人口2030年将达到1.62亿人，占比为21.2%；2034年将达到峰值1.67亿人，随后缓慢下降，到2040年减少到1.58亿人，但比重不降反升，占比提高到38.2%；到2050年进一步减少到1.40亿人，比重将超过40%，达到40.2%；到2055年农村老龄化水平达到峰值40.6%后下降。

城乡经济发展水平以及就业机会等因素的差异，导致了农村劳动人口不断向城市迁移，在加速农村老龄化发展的同时，缓解了城镇的老龄化水平。预计2030年起，随着中国老龄化进程加速，城乡人口老龄化程度差距也将达到最高。虽然2053年后，城乡老龄化水平差异会逐步减小，但农村老龄化水平始终高于城镇。

三、我国老年人口的健康状况

随着社会经济发展和医疗卫生技术进步，人口的预期寿命在不断延长。2015年中国人口的平均预期寿命达到76.34岁，其中男性73.64岁，女性为79.43岁[①]。2018年中国65岁男性老年人平均余命为15年，女性为17年。根据联合国预测资料，未来人均预期寿命仍将持续提高。到2030～2035年，中国人口平均预期寿命将达到78.83岁，其中女性超过80岁，达到80.35岁，到2045～2050年，中国人口平均预期寿命将超过81岁，其中女性将达到82.35岁。但中国的人口平均预期寿命与世界前10位国家和地区的预期寿命差异依然显著（表2-1）。

① 资料来源：《中国统计年鉴2018》（电子版）：表1-4，国家统计局。

表 2-1　主要年份中国人口平均预期寿命与世界前 10 国家及地区比较（单位：岁）

国家及地区	2030～2035 年			国家及地区	2045～2050 年		
	平均	男	女		平均	男	女
中国	78.83	77.38	80.35	中国	81.07	79.84	82.35
中国香港	86.39	83.33	89.24	中国香港	88.56	85.30	91.22
中国澳门	86.26	83.28	89.17	中国澳门	88.42	85.31	91.21
日本	86.00	82.78	89.24	日本	87.91	84.71	91.17
瑞士	85.57	83.79	87.33	新加坡	87.49	85.62	89.32
新加坡	85.52	83.67	87.34	瑞士	87.42	85.67	89.19
西班牙	85.41	82.71	88.09	西班牙	87.31	84.62	89.99
意大利	85.36	83.32	87.37	意大利	87.23	85.21	89.25
澳大利亚	85.30	83.67	86.91	澳大利亚	87.13	85.52	88.74
冰岛	85.18	84.16	86.21	韩国	87.11	85.69	90.03
以色列	85.03	83.80	86.21	冰岛	86.92	85.92	87.94

资料来源：Population Division of the Department of Economic and Social Affairs of the United Nations Secretariat, World Population Prospects: The 2017 Revision, https://www.un.org/development/desa/publications/world-population-prospects-the-2017-revision.html

伴随着人口老龄化和高龄化发展，失能老年人口数及所占比重快速增长。中国老龄科学研究中心 2011 年的数据显示，2010 年底，全国部分失能和完全失能的城乡老年人约 3300 万人，占老年人口的 19%。其中完全失能人口 1080 万人，占老年人口的 6.23%（黄匡时和陆杰华，2014）。截至 2016 年，中国部分或完全失能的老年人群约有 4063 万人，到 2030 年，这一数字预计将飙升至 6168 万人（庄绪荣和张丽萍，2016）。同时，中国的认知功能障碍老年人数也将快速增长，到 2024 年，中国 65 岁以上认知功能障碍老年人将有 2785 万人（刘晓婷和陈铂麟，2020）。

由此可见，未来老龄时期在个体的生命周期中占比将不断上升，逐步接近 1/4。面对不断延长的老龄期，如何为老年人口提供相应的社会保障，建立全生命周期的健康管理体系，将是未来医疗卫生体系建设的重点。与此同时，老年人个体也需要适时调试心态，合理规划老年生活，通过积极的社会参与来实现健康老龄化的目标（林卡和吕浩然，2016）。近 20 年来，健康老龄化的理念在发达国家十分流行。这一概念最初是 1990 年由世界卫生组织提出，被定义为达成老年人群的健康长寿，以及身体、心理和社会功能的完美状态的目标。2001 年，联合国大会进一步将健康老龄化界定为从整体上促进老年人的健康，使老年人在体力、才能、社会、感情、脑力和精神等方面平衡发展。在政策层面，这一理念倡导发展和改善老年人生活保障及医疗服务，与《中国老龄工作七年发展纲要（1994-2000 年）》提出的“老有所养、老有所医”相互呼应。健康老龄化理念的核心内容包含两方面：一是为需求老人群体提供医疗和养老服务；二是通过完善养老服务体系和相关政策来满足普通老人的福利需求。

生命周期的转变也带来了个体生活方式的变化。未来，面向老年群体的健康以及文化等软性需求将不断增加。与此同时，互联网、人工智能等新兴科技的进步发展重塑了传统行业与个体生活方式，而这对于老年人群将产生重大影响①。

第二节　社 会 关 系

从社会关系的层面看，未来中国家庭少子化、核心化的趋势将会进一步加强，削弱了传统家庭养老模式的基础。老龄化程度的加深，进一步使越来越多的老年人在晚年面临独居和空巢的风险。但是，中国传统家庭伦理和家庭文化构筑起来的强大凝聚力依然存在，现代科技对日常生活方式的影响扩展了家庭的空间联系，使得代际关系以新的形式联结（胡湛和彭希哲，2018）。此外，在老龄社会，由于劳动力数量的减少和劳动力成本的提高，资本和技术的转移升级以及信息化的发展将带来产业结构的变革，个体参与社会生产的方式将更加多样化，形成新的社会关系。

一、家庭关系

（一）家庭结构与婚姻关系

中国的家庭关系正经历着深刻的变革，我国面临高风险的独居和空巢老年人家庭持续增加的问题。全国无配偶老年人口占全部老年人口的比率将长期维持在 30%以上，2010 年为 5023.39 万人，2030 年将翻一番，达到 1.02 亿人，2050 年将增长到 1.52 亿人，2055 年左右达到峰值，接近 1.57 亿人。其中，丧偶老年人也不断增加，2010 年全国丧偶老人为 4652 万人，到 2030 年将翻一番达到 9478 万人，到 2035 年增长到 1.17 亿人，在 2055 年达到 1.55 亿人的峰值后下降。从丧偶老年人口的性别构成来看，女性老年人口丧偶占全部丧偶老年人口的 70%以上。

---

① 引自老龄社会 30 人论坛与盘古智库老龄社会研究中心 2019 年联合发布的《大转折：从民生、经济到社会——老龄社会研究报告》。

此外，我国独生子女夫妇或无子女夫妇增多，家庭少子化、小型化及核心化趋势不断加强，进而导致家庭内部养老支持力不断减弱，削弱了传统家庭养老模式的基础。一方面，终生未生育老年夫妇数量及比重上升，2015 年到 2030 年在 170 万到 200 万人之间，占全部老年人口的比率为 5‰～6‰。2035 年以后，终生未生育老年夫妇人口总量和占全部老年人口比率开始持续上升，到 2040 年终生未生育老年夫妇数量为 200 万到 300 万人之间。另一方面，终生只生一个孩子的老年夫妇大幅增长，2010 年有 622.18 万人，占全国老年人口的 3.58%；2020 年，这一数字继续急剧上升到 3101 万人，是 5 年前的 1.8 倍；到 2025 年，终生只生育一个孩子的老年夫妇增长到 4785 万人，到 2040 年将达到 9612 万人，达到高峰时接近 1 亿人口，占全国老年人口的比率也将上升到 22.6%左右。

与此同时，65 岁及以上老年人的空巢比率也持续增加，尤其是高龄、空巢老年人的比率增幅更大。2050 年时，有 13 个省份（省、自治区、直辖市，下同）的 65 岁及以上空巢老年人占总人口的比率为 2000 年相应比率的 5～10 倍；有 18 个省份为 3～5 倍。较高的 6 个省份 80 岁以上空巢、高龄老年人口比率等于 2000 年的 22.4～35.7 倍；另外有 18 个省份提高了 10～20 倍；其余较低的 7 个省份也提高了 6～10 倍。

家庭规模、结构和类型的变化既是社会和经济发展的结果，也会给社会发展带来影响，主要体现在对家庭功能替代品社会需求的迅速增长，以及养老、子女教育等方面的问题上。单亲家庭、隔代家庭和空巢家庭面临着一些特殊问题，也会给其家庭成员及社会造成负面影响。家庭关系的变化将会对中国社会公共部门产生巨大的需求。由于家庭代际关系简化，两代户成为主体，家庭的养老职能日益减弱。传统的养老方式和观念应向社会养老转变，而当前社会养老和社区服务都还较为薄弱。家庭状况的变化对中国社会化养老提出了新的要求。随着家庭日趋小型化，老年人的家庭生活照料问题日渐突出。发展社区养老照料体系、兴办适量的养老院、护理院等机构养老设施，设法满足生活不能自理同时家庭又无力承担照料义务的老年人的需求是解决中国养老问题的重大战略性选择。

（二）差序格局与家庭养老责任

差序格局这一概念是理解中国社会本土人际关系特征的重要工具，也是费孝通先生最具影响力的理论遗产之一。差序格局理论不仅启发了后续关于人际交往模式（如“人情”与“面子”理论）、人际群体划分（如对自己人、外人的区分）等诸多重要社会学研究（杨宜音，1999；杨中芳，2001；罗家德，2007），而且被大量的经验研究用来解释各种具体的社会现象（阮荣平和王兵，2011；熊万胜，2011；童泽林等，2015）。虽然《乡土中国》学术散记式的行文风格采用了一种比喻的方式来阐释差序格局的含义（孙立平，1996），但是这种“模糊性”恰恰成为后人对差序格局的内涵进行进一步阐述与发展的契机（翟学伟，2009）。无论是立足于社会学与人类学的理论源流，还是立足于本土文化传统伦理和家庭制度，已有的理论研究极大深化和拓展了我们对于差序格局内涵的理解（马戎，2007；廉如鉴，2010；张江华，2010；吴飞，2011；周飞舟，2015；阎明，2016）。差序格局中的“差”重在描述个体社会网络的结构特点，即以个体为中心，向外辐射出不同的圈层。圈层越远，个体与圈层中特定对象的距离也就越远。故而，所谓的“差”，针对的是一种静态的人际关系网络结构，与目前社会网络分析中的同心圆模型（张江华，2010）有异曲同工之妙（罗家德，2007）。与“差”相比，“序”则强调在这一社会网络结构下，个体动态的行为模式，即处于中心位置的个体如何对待不同圈层中的对象。

基于差序格局本身与中国传统孝道观念之间的联系，胡安宁（2018）区分了差序格局中“差”与“序”的不同内涵，利用项目反应理论的相关模型和线性回归模型进行“厘差定序”，建构了个人层面上的差序程度测量。基于这一分析路径，进一步分析了 2010 年中国综合社会调查中一组信任问题的测量变量，展示了当代中国差序程度的基本社会学——人口学特征以及差序程度如何影响个体在不同类型的养老主体之间的选择模式。因为差序格局是与中国家庭本位主义文化一致的，甚至是后者在人际关系特征上的体现。具体到养老问题，这种与差序格局相一致的“私德”又是和传统孝道伦理结合起来的，因此，如果一个人差序程度强，该个体会倾向于传统的以子女为主体的家庭养老模式，而更难接受政府提供的机构性养老模式（胡安宁和周怡，2013）。实证研究结果也进一步证明了这一结论，差序程度都能够显著提高个体支持子女养老的可能性。基于老龄社会家庭结构的变化，我们不仅应当关注制度性因素，还应关注诸如差序格局这样的文化因素对于人们选择养老模式的影响。

二、代际关系

在老龄化社会，代际关系的变迁与冲突既存在于家庭内部，也是全社会面临的新挑战。在家庭层面，家庭结构变化、大规模人口流动和社会保障制度改革而带来的子女与老年父母之间传统代际关系的转型，包括亲情关系的重新审视与代际资源配置的新模式。子女由为老年人提供经济支持和照料支持的传统角色转变为从亲代获得更多支持的新角色，但传统差序格局下的情感支持依然是联结代际关系的重要纽带（刘晓婷和侯雨薇，2016）。同时，当家庭内嵌于社会转型中，必然带来代际间的冲突与矛盾，而在家庭养老功能不断弱化的背景下，在政府和市场之外，“找回家庭”应该成为重要的制度安排，而目前我国对于家庭的代际支持政策却非常有限（胡湛和彭希哲，2012b）。

在全社会层面，老龄社会需要改变传统的代际利益分配格局，以应对不同代际的利益冲突。对老年人而言，信息化、数字化的迅速发展会形成新的电子鸿沟，造成进一步的社会隔离。以往的社会政策强调为老年人提供更多的社会支持，但是当人口老龄化成为社会的常态时，就需要跳出这一思维定式，还要强化其他代际群体的代际支持需求，统筹各代人的利益关系，才能促进整个社会在老龄化状态下持续健康运行。

（一）家庭内部的代际支持

在老龄社会，家庭内部的代际支持需求因经济社会发展、人口流动、家庭结构、社会关系等要素的变化而发生了变迁，但失能老年人的照护需求所折射出来的代际关系变化可以被理解成刚需，也是社会政策所必须回应的家庭社会关系改变所带来的需求变化。长寿不等于健康，寿命延长与自理能力的下降并存（杜鹏和武超，2006），高龄往往和失能相生相伴。2010 年我国高龄老人数为 1930 万人，并将在 2050 年迅速提高到 1.07 亿～1.50 亿人（Zeng and George，2010）。伴随着人口高龄化，失能老年人口数及所占比重快速上升。根据中国老龄科学研究中心 2011 年的数据，2010 年底全国部分失能和完全失能的城乡老年人约 3300 万人，占老年人口的 19%。其中完全失能人口 1080 万人，占老年人口的 6.22%（黄匡时和陆杰华，2014）。根据中国健康与养老追踪调查（China health and retirement longitudinal study，CHARLS）的 2011 年数据分析，预计到 2030 年，19.1%以上的老年人将出现基本生活能力或者工具性基本生活能力有 1 项及以上受损，其中 9.94%的老年人出现 1 项及以上工具性基本生活能力受损，9.16%的老年人出现 1 项及以上基本生活能力受损；由于失能受到教育程度、城镇化比率等因素影响，随着九年制义务教育制度的落实和城镇化的建设与推进，老年失能人口规模下降，到 2050 年，16.92%以上的老年人将出现基本生活能力或者工具性基本生活能力有 1 项及以上受损，其中 8.18%的老年人出现 1 项及以上工具性基本生活能力受损，8.73%的老年人出现 1 项及以上基本生活能力受损（Lu et al.，2017）。

父母和子女的代际关系处在家庭非正式支持的核心位置，奠定了亲情关系和资源供给的基础（姚远，2003）。子女是失能老人获得照料支持的重要提供者，老年人不断提升的照护需求成为子女经济支持供给增加的重要原因。当家庭内嵌于社会转型中，受到家庭结构变迁、人口流动、社会保障制度完善等宏观与微观因素的影响，子女赡养老人，既提供经济支持又提供照料支持的传统代际关系是否也经历了相应改变？根据群体合作模式（Becker，1993；宋健和黄菲，2011），为了实现个人和家庭利益的最大化，子女提供经济支持是否降低了子女提供照料支持的可能性？同时，子女为失能老人提供经济支持是否提高了失能老人购买非正式照料的支付能力？刘晓婷和侯雨薇（2016）运用 2008 年和 2011 年中国老年人口健康长寿影响因素跟踪调查数据，讨论子女对父母的经济支持与照料时间的关系，进一步探讨目前中国老龄社会背景下家庭内部的代际支持特征。

实证研究表明，子女经济支持对失能老人的居家照料及其费用具有重要影响。增加子女经济支持，老年人接受子女照料和社会照料的可能性会显著提高；子女经济支持从无到有，会使子女照料的可能性提高 5.36%；子女经济支持每增加 1 万元，配偶照料的可能性将提高 4.29%。子女经济支持每增加 1 万元，照料费用增加 125 元；子女经济支持从无到有，照料费用提高 58 元。因此，子女经济支持对照料支持并未呈现挤出效应，而是进一步强化了子代对亲代的双重赡养责任。在相关政策的制定和调整中，需要关注代际支持，实现家庭资源的优化配置。

（二）社会代际关系

老龄社会将给中国社会代际关系产生重要的影响，社会公共资源的代际分配格局也会因此而改变；虽然中国代际之间的政治、经济和社会利益应该是基本一致的，但是，还仍然存在着不和谐或者不协调的问题，特别是在劳动力市场的竞争、收入的代际转移、公共财政支出结构等方面，矛盾表现得更为突出。解决好这些矛盾应该成为中国协调代际关系政策的重点领域（何文炯等，2011）。

一个社会的人口可以分为不同的世代，社会是在世代更替中发展的。世代的划分可以基于年龄，或基于赡养与抚养关系，也可以基于共同经历，即把经历了某一共同事件、在社会特征上具有同质性并且在心理上产生认同感的一批人划分为一个世代。不同世代的人由于成长的环境不同，经历不同，在社会观念和态度方面会产生一定的分歧，对社会事件的体验和反应可能会迥然不同。各世代人口的相对规模大小是反映该世代在公共资源分配中的份额和在社会中的作用与影响力的指标之一。由于历史上的生育率波动和 20 世纪 70 年代以来实行计划生育政策，中国各世代人口的相对规模相差很大，0～19 岁的人口占总人口的比重直线下降，20～39 岁的人口比重在 20 世纪 80 年代显著上升，90 年代略有提高，40 岁以上人口的比重在 90 年代上升很快，2000 年已达到总人口的 1/3，到 2009 年则已经高达 46%。40 岁以上人口的比重上升意味着，中老年人口在中国未来社会的资源分配和利益表达方面会显示出越来越大的影响。2009 年后，中国 40 岁以上的人口比重继续上升，2030 年后将会超过总人口的半数，特别是 60 岁及以上人口比重直线上升，相反，40 岁以下的人口比重持续降低。这种反向变化预示着世代间在公共资源分配和发挥社会影响力方面的关系将会面临新的调整。

不同世代在受教育水平和职业构成方面的差别会加大代际间的隔阂。在中国，由于改革开放以来经历了高速的经济增长和急剧的社会经济转型，代际差异呈扩大趋势。40 岁以下人口的平均受教育水平比上一世代显著提高。在就业方面，中青年人口从经济发展中受益最大，职业上行流动率较高。相反，40 岁以上人口出现职业下行流动的趋势。受教育水平和职业的上述差别及其变化，必然会对不同世代人口的生活状况和社会态度产生深刻的影响。随着教育特别是高等教育的超常规发展和经济结构的不断转型升级，世代之间在受教育水平和职业方面的差别在未来相当长的时期里还会呈扩大趋势，这是正常现象，也是社会进步的表现，但对其可能产生的后果需要客观地进行评估。世代之间一方面在赡养、抚养过程中形成和谐共存关系，这是社会存在和发展的基础；另一方面，在价值观和资源分配上也不可避免地存在冲突，冲突的程度受到世代间相对规模和差异大小的影响。中国的代际冲突主要表现为劳动力市场上的竞争和公共资源分配方面，比如社会保障的代际均衡问题十分突出。我们应该以公平的原则协调社会代际关系，通过对各年龄群体社会支持体系的构建实现不同代际间更加公平的利益分配格局。

三、社会参与

（一）劳动力市场参与

在老龄社会，老年人仍然是追求自我实现的能动的社会主体，通过社会创新，创建多种新型老年社会组织形式，吸引老年人进入，形成新的生产力，既可能创造通常意义上的社会物质财富和社会精神财富，更多的可能是产生爱心、温暖、真情并有助于社会和谐。老年人不仅是需要社会关照的被动客体，更是一个能动的劳动力供给主体，劳动力市场参与也是生产性老龄化理念所秉持的重要原则（林卡和吕浩然，2016）。

生产性老龄化理念强调老龄群体是一种社会资源，可以在生产和生活中发挥重要作用，并鼓励老年人积极参与到经济和社会生活中去。对这一理念的深入讨论势必会涉及劳动力市场和服务市场。正如一些学者所倡导的，老年群体的生产性参与能够缓解劳动力市场的压力，也有助于保持老年人健康。这些生产性活动可以发生在社会经济领域中，也可以体现在社会服务和社会产出（志愿服务、照顾和教养孙辈）方面。从根本上说，生产性老龄化将老年群体视为家庭的支持者和社会经济的参与者，而不仅仅是依赖者、消费者或服务的对象。

由于社会资本的潜在力量，老年人群具有很大的社会价值（Coleman，1995）。西方社会进行了大量调查研究来检验年龄和各种生产活动之间的关系。综合其结果可知，尽管很多生产创造活动的参与率与年龄的相关关系并不成正比，但是也有很多老人即使在高龄依旧保持着积极的状态（O’Reilly and Caro，1994）。老年人在多个领域，如志愿服务、健康照料、政治舞台、社区建设、家庭照顾以及家庭以外的领域，所做出的杰出贡献都得到了广泛的认可。

到2030年后，中国进入深度老龄社会，劳动年龄人口减少，劳动力短缺，企业用工成本增加。同时，科技发展、信息化、互联网技术的发展，使得参与经济活动的方式得以改变，就业方式、工作标准等发生变化，适合老年人参与经济活动的可能性也增加。因此，我们需要重新设计适合老年人的工作岗位和工作内容，打破大龄劳工就业带来的社会保障和相关政策壁垒，也减少全社会对老年人的就业歧视，创造一个适应老龄社会的公平社会环境。

（二）社会活动参与

积极老龄化理念将健康、保障和参与看成一体，强调老年人社会参与的重要性和必要性。在一些国际组织的文件中，积极老龄化被理解为老年人"享有充实、健康和具有保障的生活，并能积极参与经济、文化和政治活动"。基于这一认识，老年人积极参与社会生活具有如下效应：对老年人幸福感的影响、对缓解老化的积极贡献、对老年人晚年幸福的影响等。积极老龄化的理念应落实到政策实践中，需要讨论老年人各种社会参与的情况，包括社区参与、文体活动组织以及公益活动参与。

老年人积极的社会参与对社区福祉和他们自身的生活质量有所裨益。有大量的文献表明，在东、西方社会，老年人的社区参与和志愿活动对社区发展和积聚人民福祉都极为重要。老年人社会参与的过程创造了为社会所珍视的极大贡献。与其他年龄层的人相比，老年人拥有更牢固、更广泛的社会网络，在离退休后更加持之以恒地进行志愿服务，他们也更有空闲积极地投身于各种形式的公民参与。老年人的社会参与、他们所加入的社会网络、在参与中形成的价值与规范，以及他们在参与互动中构建起的交流与信任，是老年人个人层面社会资本以及社区社会资本的重要组成部分。

政策制定者以及社区的社会服务从业人员应当发现并调动社区内老年群体中的潜在社会资本。这些人需要创造性地发展多样化的服务方案来平衡社会资本，使它成为不同群体的可期待福利。在社区中，特别是在高流动性的社区，他们应该充分利用传统型社会资本并对创新型社会资本持开放态度。那些旨在将社会资本的积极方面进行整合并使之成为社区资产的创新型政策将会使社区成为一个更适合老年人居住的地方。这是一个长远的目标，追求这一目标需要共同努力。一个通过社区交流和整合而形成的社区共同体也会推动政策制定，并使得政府和不同生活方式的个体保持密切的联系①。

① 此小节部分观点来自复旦大学陈虹霖的研究报告：《整合与提升：老年人社会资本对老年人需求以及社会支持研究》。

第三节　文 化 心 理

老龄社会需要面对文化心理的变化，这种变化首先意味着家庭传统孝道观念的转型，由于受到传统文化的影响，中国的家庭始终是老年人最为重要的社会支持体系之一。随着经济、社会、文化等变迁，传统的孝道观念和代际支持的特征均发生了改变。孝道观念传承受到的冲击不言而喻，子女对父母的多样化支持诠释了新型孝道形态。在家庭之外的社会领域，包括广场舞在内的新老年文化形态逐渐产生，老年人日益增长的文化需求同供给之间的矛盾，将成为我国公共文化服务体系建设面临的新矛盾，公共文化服务体系的结构和功能都需要对此做出适应性调整。这也意味着我国公共文化服务体系需要转型，增加满足老年人需求的公共文化服务产品供给，对现有的公共文化服务进行结构化调整（全国老龄工作委员会办公室总报告起草组和李志宏，2015）。“重物质、轻精神”一直是我国老年社会支持体系的显著特点，随着老龄社会的到来，老年人心理健康问题日益突出，但老年精神支持体系一直是社会支持体系的薄弱环节。因此，加强切实满足老年人需求的精神支持与专业的心理健康服务是当务之急，也是践行积极老龄化的内在要求。

一、孝道观念的转型

由于工业化发展、社会文化的变迁以及家庭结构的转变，传统孝道遭受冲击，伴随着社会转型，孝道观念也随之发生变化。工业化带来的经济与科技发展，削弱了老年人在知识和生产层面的权威，而社会养老保障体系的建设与完善，降低了老年人对于家庭赡养的依赖。而现代社会子代面对的多重角色压力也进一步弱化了其在家庭养老上的支持。民主化进程则消解了传统扩展家庭内的等级制度与相联系的父系家长制，强调父母与子女之间的辈分关系以及子女对父母意愿遵从的权威型孝道也受到了冲击，子女不再对父母唯命是从，而崇尚平等相处，互利互惠的相互型孝道逐渐发展（胡安宁，2017）。经济社会发展同时丰富了老年人的文化形态，推动了老年人的社会参与，深刻影响着老年人的身心健康。城市化的快速推进加速了中国人口的流动，基于共同居住的传统家庭养老模式难以维系，并且时空的隔断也降低了传统熟人社会对于个人赡养行为的约束力。与此同时，单纯的经济赡养存在效率不高等弊端，并且难以满足老人在生活照料与精神慰藉方面的需求，对其个人福祉带来了负面影响。

进入到 21 世纪，中国社会家庭结构的一个重要变化是老龄化程度日益加剧。

庞大的老龄人口规模带来了巨大的家庭养老压力，也对子女的孝道与孝行提出新的要求。在家庭人口结构日益老龄化的今天，作为家教重要组成部分的孝道体现出多个维度，不同维度反映了不同类型的孝行。社会转型时期，当代中国社会传统孝道由于难以抵挡转型期的冲击而渐趋式微。更重要的是，孝道的内涵随社会的变迁而改变。例如，人口迁徙，尤其是大量农村中青年人口进城务工使得农村地区难以维持传统意义上的“事亲”孝道，更多的孝行或需通过物质支持的方式（如给父母寄钱）得以实现（Cai et al.，2012）。物质型孝行在城市居民中日渐流行（邓希泉和风笑天，2003）。义务教育的普及，以及高中教育、大学教育的扩招，极大地提升了当代中国社会青年群体的教育水平，而教育水平的提升往往伴随着个体化价值观念的兴起以及传统集体性家族观念的淡化（Cheung and Kwan，2009）。相应地，孝道的实践范围也日渐从传统“多代同堂”的大家族转向以父母-子女关系为核心的“两代”家庭。此外，教育机会分配过程中性别差异逐渐缩小，夫妻之间经济地位的对称化和日渐兴起的性别平等思潮冲击着以父权制为特征的传统孝文化。相比过去，今天孝行中的性别差异日渐淡化（Shi，2009）。自20世纪80年代以来所实行的计划生育政策动摇了传统意义上的传宗接代、多子多福观念（Deutsch，2006）。职业分工的日益专业化、全职工作的普及以及人口居住模式的城镇化使得人们越发难以有足够的时间、空间来组织大规模的“丧亲”仪式（Cheung and Kwan，2009）。因此，相比“事死”，今天的孝道更加强调“事生”，即在父母健在时对父母的照顾。

不难发现，孝道作为一套伦理价值体系并非一成不变，如果说传统社会的孝道在儒家文化的影响下体现出了子女无条件顺从父母的严苛辈分关系，那么今天社会转型期的孝道则在辈分关系之外增添了亲情沟通和亲子地位对等等新元素。一方面是辈分关系与代际义务，另一方面是对等关系与亲密情感，孝道的这两个维度构成了叶光辉等所提出的孝道双元模型（Yeh and Bedford，2003）。

当代中国社会人们的孝道体现出两个基本维度。其中一个维度强调父母与子女之间的辈分关系以及子女对父母意愿的遵从。这个维度的孝道重视的是传统社会中父母对子女的伦理期待，体现出的是父母长辈相对于子女所具有的辈分权威。因此，这一维度的孝道可称为权威型孝道（曹惟纯和叶光辉，2014）。与权威型孝道相比，双元孝道模型中的另外一元称为相互型孝道。这一孝道维度的基础在于亲子之间自然产生的情感和亲和状态。子女因为这种情感基础的存在而自发地表现出对父母的关心和支持。显然，相互型孝道体现出的是代际之间在情感关系上的对等性。虽然权威型孝道和相互型孝道代表了孝道伦理的两个不同维度，但在实际生活中，具体的子女的孝道实践往往是这两个维度的结合。因此，这一对概念并不是对现实的简单概括，而是代表了韦伯意义上的理想类型。

与孝道相关的另外一个因素是子女对父母的孝行。按照社会支持理论，子女对父母可能存在多种类型的支持。通常而言，学者将其归为劳动力支持、经济支持和情感支持三类（Gottlieb，1983）。所谓劳动力支持，是指子女帮助父母料理家务等劳动力付出。经济支持，顾名思义，意指子女在金钱上对父母的资助。最后，情感支持重视的是父母在亲情上得到满足。通常而言，这一类支持有多种具体的形式，但一个被普遍认可的方式便是与父母定期交谈，听取父母的心事。

已有的研究表明，无论是劳动力支持、经济支持还是情感支持都能够显著地提高老年人的健康水平（张震，2004；李建新，2007）。但是，这三种支持类型之间却存在一定的差异。例如，在时间与精力的付出方面，情感支持因为需要持续性的亲情投入而居于第一位，劳动力支持因为家务本身的弹性（可多可少）而居其次，经济支持排在第三位。另外，如果从经济付出的角度出发，这三种支持类型的排序则正好相反。经济支持是最直接的金钱支出。劳动力支持则因为购买日常生活用品而涉及小额的经济支出。最后，按照常规的测量，情感支持专注于感情交流，因此财务上的照顾通常不是其考量因素。实证研究表明，子女权威型孝道得分越高，其对父母的经济支持的可能性就越高。此外，相互型孝道则与子女对父母的情感支持显著正向相关。

二、老年文化形态的变迁

老年文化是以年龄为标准划分的亚文化的一种类型。老年亚文化是老年群体共享的文化，反映的是老年群体特有的生活方式、思维方式、行为模式、理念和价值观。随着老龄社会的到来，新的老年人观，新的老龄社会理念，新的养老文化，新的孝道文化，老年人新的社会参与文化，老年人新的文化活动样式，老年人新的生活方式等被主文化接受，并成为主文化的一部分进而上升为主文化时，老年亚文化对主文化的作用影响就实现了。老年人口不同于成年劳动人口和未成年人特殊的生存方式与生活方式，老年人口的精神面貌、行为模式和语言表达等，都构成老年人影响文化发展的媒介。因为老年人的言行、精神面貌和生活方式表现或反映着他们的信仰倾向、价值观念、情感特征，而这些文化要素对非老年人口，特别是未成年人不仅具有示范效应，更具有不可估量的潜移默化的影响。

作为一种新的文化形态，最近20年来的广场舞已成为中国普通百姓尤其是初老龄女性积极参与的一种大众文化现象，并因此备受学界的关注。作为初老龄群体亚文化的实践，广场舞群体呈现出以下特点：在表意实践中，她们的亚文化表征明显带有不同时代特征的主文化因素，具体体现为共存于不同“世代意识”下的传统与现代、反叛与顺从、健身与艺术之间的拼贴，而拼贴的基础在于同构。其中，价值理念、身体体验、渴望兴奋以及群体认同是广场舞与初老龄女性群体发生亲密同构的基础性机制。广场舞现象体现了出生于20世纪五六十年代的中国城市女性经历中的某些核心价值，也反映了她们退出职场后转而对另类替代性共同体的期盼和参与。制度背景造成的集体经历以及20世纪80年代起实施的“独生子女政策”，是两个引发广场舞亚文化群体兴衰的掣肘因素（周怡，2018）。

基于建构主义的理论立场来研究广场舞，通过将公共领域视为“想象共同体”讨论舆论中的意义生成逻辑。广场舞群体被视为“简单共同体”成员，公共领域对广场舞的理解发生过“从正面到负面”的转向。其中的原因在于作为一种“想象的共同体”，公共领域的意义理解往往围绕着社会所共享的文化结构而展开。在不同的时间段，公共领域中的评论者采用了中国社会的文化结构中不同的道德话语来对其进行解释，因此人们对于广场舞这一活动的理解就产生了相应的转向。在2013年以前，人们对广场舞的评价较为正面。而自2013年11月起，当它的形象与潜在文化结构的负面道德话语相联结时，其公众形象也就随之发生转变。但广场舞参与者对广场舞的理解始终是绝对正面的。由于她们在广场上已经通过共享的场地、互动和经历形成了新的简单共同体及相应的新的身份认同，因此，广场舞对她们来说也更是新的集体价值（如健康、友谊和团结）形成的场所。两种共同体当中的意义理解机制差异导致了公共领域和广场舞群体对同一种事物（广场舞）产生了不同的理解（于佳煖，2017）。

三、老年心理健康问题

随着国家经济的快速发展和社会养老保障体系的不断完善，老年人对物质需求的满足程度提高，相比之下，精神需求不能满足的问题越来越突出，老年人的心理健康问题备受关注。进入老年期，老年人会面临诸多的变化，一方面是老化带来的身体功能衰退，丧失感越来越重，另一方面是退休等引起的社会角色和地位的剧变，这些变化都会对老年人心理产生重大影响。研究表明，对老年人精神关怀不足，会威胁到老年人的精神健康和身体健康，最终使其生活质量下降（周绍斌，2005；张晓华，2014）。

老化态度作为老年心理健康的一个重要指标，指的是老年人变老过程中的体验感受和对老年的认知及评价，包括积极和消极两个方面。老化的积极方面是指有关老年期的正向感受和体验，如年龄增长带来的智慧或成长等；老化的消极方面是指对由年龄增长而带来的生理、心理和社会等方面丧失的负面感受和体验（Laidlaw et al.，2007）。对老年人心理健康进行关注，也要加强对包括老化态度在内的老年人主体感受的重视，识别老化态度的影响因素，如不同性别、不同受教育水平的老年人的老化态度有着显著差异（Cusack，2006）。更为重要的是，社会支持是影响老化态度的重要因素，老年人从他人那里获得的实际支持质量越高，老化态度越积极（张明妍等，2011）。

老年心理健康主要存在的问题包括：首先，老年人心理健康问题得不到重视，当前的养老观念和养老保障存在“重物质、轻精神”的问题；其次，老年人获取精神支持的途径单一，伴随着家庭结构变化而带来的老年人精神需求得不到家庭外的社会支持；再次，社会提供心理慰藉的内容单一，老年人基于尊重、自我实现的需求得不到满足；最后，心理健康和精神支持服务缺乏专业人员的提供，服务提供者缺乏心理学、社会工作等专业知识与技能，而且从业人员由于学历层次偏低、年龄偏大、专业知识缺乏、工作待遇偏低、发展空间受限等流失率较高。

如何为老年人提供足够的精神支持和专业的心理健康服务，是我国老龄社会亟待解决的问题。目前我国尚未形成成熟的老年精神支持网络。而构建老年精神支持网络以保障老年人的生活质量是社会支持体系中的关键部分。为老年人提供精神支持首先要改变传统的消极观念，以积极的态度看待老年人，认可他们的社会价值，感恩他们的辛勤付出，这是为老年人提供精神支持的基点。其次，要基于积极老龄化理念构建老年精神支持服务网络，提供同伴支持，为老年人进行心理赋权，在实践中构建基于社区老年朋辈支持的心理健康服务模型[①]。

本章小结

老龄社会作为一种新的社会形态，不仅意味着老年人口规模扩张、比重提高以及由此带来的老年人保障与服务问题，更意味着人口结构变动带来的社会结构、社会关系和文化心理的变化，以及相关利益格局和利益关系的变化。在积极应对人口老龄化的国家战略背景下，为了有效地制定相关经济社会政策，需要对我国老龄社会的人口结构和社会特征进行科学研判和精准把握，妥善处理代际之间存在的各类矛盾和问题，构建代际均衡的老龄社会支持体系。

首先，在人口老龄化进程中，中国的人口结构将进一步发生变化，尤其是以下几点值得重视。一是随着人口老龄化程度的加深，我国老年人口将逐渐增长并超过少儿人口，使人口结构由“金字塔”形向“倒梯”形转变；二是随着城镇化的进程加快，人口在城乡之间的分布发生变化，农村的老龄化水平和速度均高于城镇；三是随着人口预期寿命的不断延长，失能老年人口数及其所占比重快速增长，老年照护服务的需求不断增加。

其次，随着人口结构的变化，社会关系也相应变化。一是在人口老龄化进程中，家庭少子化、核心化的趋势将进一步加强，独居和空巢老人家庭数量增多，传统家庭养老模式面临新的挑战；二是随着人口结构变化，家庭结构和差序格局

---

① 本节部分观点来自陈树林：老年精神支持。见本书第七章。

随之变化，而差序格局与中国传统孝道观念之间有重要联系，其变化必然影响家庭养老模式的选择；三是在老年人口与中青幼人口比例关系变化的过程中，无论是家庭还是社会，代际之间的矛盾和冲突必然出现，这就需要调整社会政策以适应这种变化；四是随着人口老龄化加剧，劳动力供求关系变化，劳动力市场随之变化，其他各种类型的社会活动也是如此，而老年人的社会性劳动和社会化活动参与，无论是对老年人的健康还是对社会的发展都有积极的作用，这就需要有积极的公共政策与之相适应。

最后，随着人口老龄化水平的提高，整个社会的文化心理都会相应变化。一是随着社会转型，中国传统的孝道观念也随之发生变化，如果说传统社会的孝道在儒家文化的影响下体现出子女无条件顺从父母的严苛辈分关系，那么老龄化社会中的孝道则在辈分关系之外增添了亲情沟通、亲子地位对等和代际交换等新元素；二是在老龄化进程中，老年人观念、老龄社会理念、养老文化都在变化，老年人的社会参与、文化活动、生活方式等也会发生变化，老年亚文化成为主文化的重要组成部分，如最近几年流行的广场舞；三是进入老年期，老年人自身与社会关系会面临诸多的变化，比如身体功能衰退会使得老年人的丧失感越来越重，又如退休等引起老年人社会角色和地位剧变，在老年人口数量持续增多的背景下，整个社会的心理状态也相应变化，需要社会的积极干预与调适。

第三章　老年收入保障

社会成员在年老、退出劳动力市场之后，需要有持续、稳定的收入，以保障其生活的需要，这就是老年收入保障制度，是一个基本的社会支持项目。在摆脱贫困后，人们对晚年生活有更高的期待，比如要有更多的养老金，并且随着生活水平的提高，期待值也会越来越高。从社会化的制度安排来看，养老金主要有两种类型：基本养老金和补充养老金。前者由政府主办的公共养老金制度负责提供，比较常见的有基本养老保险制度、老年津贴制度等；后者通过市场或民间机构举办的养老金计划提供，如商业型养老保险、职业年金、互助合作型养老保险等。通常认为，政府主办的公共养老保险等属于基本保障，称为第一层次，而市场或民间举办的养老金计划属于补充性保障，称为第二层次。也有人把职业年金独立出来作为第二层次，把商业养老保险等作为第三层次。当前，“基本保障+补充保障”构成多层次老年收入保障体系，也可以称为多层次养老保险体系。其中，中国现行基本养老保险是覆盖面广、资金量大、受社会关注程度高的社会保险项目，经过 30 多年来的改革发展，养老保险制度覆盖单位实现从国有单位向其他所有制单位扩展，覆盖人员实现从单位就业者向全民扩展，责任主体实现从单一化向多方分担的历史性转变。但是，近年来，随着基金支出不断增加，同时用人单位普遍反映缴费负担过重而要求减费，职工基本养老保险基金结余可支付月数在不断减少，制度保持可持续运行难度越来越大。事实上，基本养老保险制度可持续运行的核心在于基金能否保持长期平衡。本部分将以职工基本养老保险为例，基于“缴费年限”这一核心变量刻画养老金制度的同代自养和代际赡养模型，提出促进基金长期收支平衡的政策建议。

第一节　老年收入保障体系现状

一、职工基本养老保险制度

职工基本养老保险制度是老年收入保障体系的重要组成部分。1951 年，国家颁布《中华人民共和国劳动保险条例》（以下简称《劳动保险条例》），并据此建立职工退休金制度。1984 年开始，我国实行城市经济体制改革，企业逐步成为自主经营、自负盈亏的市场主体，退休金负担畸轻畸重矛盾逐渐暴露出来，迫切要求进行退休金制度改革。各地区探索以退休费用社会统筹为主要内容的改革，以适应经济体制改革的需要。1991 年，国务院颁布《关于企业职工养老保险制度改革的决定》（国发〔1991〕33 号），明确了建立多层次养老保险体系的目标，养老保险由国家、企业、个人三方共同负担。1997 年，国务院颁布《关于建立统一的企业职工基本养老保险制度的决定》（国发〔1997〕26 号），明确了社会统筹与个人账户相结合的养老保险模式，覆盖企业的统一的职工基本养老保险制度建立起来。2005 年，为了解决制度运行中存在的个人账户没有做实、计发办法不尽合理和覆盖范围不够广泛等问题，国务院在总结东北三省完善城镇社会保障体系试点经验的基础上，发布了《关于完善企业职工基本养老保险制度的决定》（国发〔2005〕38 号）。这一决定核心的改革措施包括：将非公有制企业、城镇个体工商户和灵活就业人员作为扩大覆盖面的重点；逐步做实个人账户；改革基本养老金计发办法等。2005 年以后，为了更好地保障离退休人员基本生活，养老金已实现“十六连增”。2018 年，为了均衡地区间基金负担，实现制度可持续发展，国家建立了养老保险基金中央调剂制度。2019 年，国家出台了降低社会保险费率综合方案，大部分地区企业职工基本养老保险用人单位缴费率降至 16%。从 2020 年 2 月到 12 月，受新冠肺炎疫情影响，为纾解企业困难，国家免征中小微企业基本养老保险、失业保险、工伤保险单位缴费部分。经过这些年的持续建设，职工基本养老保险制度在保障退休人员基本生活方面发挥了重要作用。

（一）覆盖面持续扩大

从 1997 年建立统一制度以来，职工基本养老保险覆盖面持续扩大。本书统计了 2010～2019 年参保覆盖面扩大情况（表 3-1）。参保人数由 2010 年的 25 707 万人增长到 2019 年的 43 488 万人，年平均增长率达到 6.02%。到 2019 年底，在职职工 31 178 万人，离退休人员 12 310 万人。可以看到，虽然参保覆盖面不断扩大，但职退比（在职职工人数与离退休人数之比）在不断下降，已由 2010 年的 3.08 降低到 2019 年的 2.53。职退比的降低，意味着该项制度赡养负担逐步加重；而随着未来人口老龄化趋势进一步加深，职工基本养老保险制度系统老龄化的速度还会加快，这将成为影响基金长期平衡的一个重要因素。

表 3-1　2010～2019 年全国职工基本养老保险参保人数

年份	参保人数/万人			职退比
	总人数	在职职工	离退休人员	
2010	25 707	19 402	6 305	3.08
2011	28 391	21 565	6 826	3.16
2012	30 427	22 981	7 446	3.09

续表

年份	参保人数/万人			职退比
	总人数	在职职工	离退休人员	
2013	32 218	24 177	8 041	3.01
2014	34 124	25 531	8 593	2.97
2015	35 361	26 219	9 142	2.87
2016	37 929	27 826	10 103	2.75
2017	40 293	29 268	11 025	2.65
2018	41 902	30 104	11 798	2.55
2019	43 488	31 178	12 310	2.53

资料来源：《中国统计年鉴 2020》

而从近几年来看，参保在职职工中，实际缴费人数所占比重还在不断下降。《中国社会保险发展年度报告 2016》曾披露企业缴费人员占参保职工的比重。数据显示，这一比重由 2011 年的 85.2%下降至 2016 年的 79.7%。实际缴费人数比重下降，"挂账"人数增多，意味着筹资规模的进一步下降，对制度可持续运行也会带来一定的影响。

（二）保障待遇增长较快

自 2005 年以来，离退休人员养老金实现了"十六连增"，为保障老年人基本生活发挥了积极作用，其中 2005～2015 年，年人均养老金增长维持在 10%以上的增长速度。近年来，虽然增幅有所下降（2016 年、2017 年增幅下降至 6.5%、5.5%，2018～2020 年增幅进一步下降至 5%[①]），但是由于养老金绝对基数的增加，人均养老金净增加额度一直保持在较高的水平。如果按人均养老金与人均缴费工资之比计算，2016 年职工基本养老保险离退休人员养老金替代率达到 65.5%。而与城乡居民基本养老保险相比，待遇差距在不断拉大。2016 年，企业退休人员月人均养老金差距达到 2362 元，是城乡居民基本养老保险月人均养老金（117.2 元）的 20.2 倍[②]。养老金待遇的持续提高，造成基金支付压力增大，基金保持平衡的难度将进一步加大。

（三）基金规模持续增大

随着参保覆盖面持续扩大，职工基本养老保险基金收支规模持续增加（表 3-2）。2019 年，基金收支规模达到 102 147 亿元，比 2010 年增加 78 172 亿

① 企业退休人员和机关事业单位退休人员养老金待遇调整同步进行，在绝大部分地区，企业退休人员养老金增幅高于机关事业单位退休人员。以 2018～2019 年为例，企业退休人员养老金事实上增幅要高于 5%。

② 资料来源：《中国社会保险年度发展报告 2016》。

元，年均增长 17.5%。其中，基金总收入 52 919 亿元，比 2010 年增加 39 499 亿元，年均增长 16.5%；基金总支出 49 228 亿元，比 2010 年增加 38 673 亿元，年均增长 18.7%。基金累计结余 54 623 亿元，比 2010 年增加 39 258 亿元，年均增长 15.1%。可以看到，尽管基金累计结余规模在不断增加，年度基金收支比从 2010 年以来呈现下降趋势。基金结余可支付月数从 2010 年的 17.47 个月下降到 2019 年的 13.32 个月。从地区来看，基金状况好坏有较大差异，基金状况好的地区集中在广东、北京、江苏、浙江、山东等东部沿海省市，而东北、中西部等地区基金状况普遍不容乐观。

表 3-2　2010～2019 年职工基本养老保险基金收支情况

年份	总收入/亿元	总支出/亿元	累计结余/亿元	可支付月数
2010	13 420	10 555	15 365	17.47
2011	16 895	12 765	19 497	18.33
2012	20 001	15 562	23 491	18.11
2013	22 680	18 470	28 269	18.37
2014	25 310	21 755	31 800	17.54
2015	29 341	25 813	35 345	16.43
2016	35 058	31 854	38 580	14.53
2017	43 310	38 052	43 885	13.84
2018	51 168	44 645	50 901	13.68
2019	52 919	49 228	54 623	13.32

注：这里的可支付月数根据“累计结余”和“总支出”两列计算得到

为了保证基金困难地区养老金按时足额发放，中央、地方各级财政对基本养老保险加大了投入力度。从学理上看，社会保险制度应尽可能实现征缴收入和基金支出的平衡。为考察制度自身保持可持续运行的能力，我们需要分析基金收入结构。职工基本养老保险基金收入由征缴收入、财政补贴收入、利息收入和其他收入构成。2010～2016 年企业养老保险基金收入构成见表 3-3。2016 年企业养老保险基金收入构成中，征缴收入为 22 345 亿元（77.9%），财政补贴为 4630 亿元（16.1%）。可见，近年来，无论是财政补贴投入占比还是绝对规模，都呈现上升趋势[①]，这也意味着，基金自我平衡能力在下降。今后一个时期，随着社会保险降费方案的出台实施，企业缴费规模进一步减小，在待遇保持一定增幅的前提下，需要更多的财政补贴维持制度运行。

① 这里可与城乡居民基本养老保险制度做比较。过去一般认为，城乡居民基本养老保险制度主要依靠财政补贴投入，但事实上对职工基本养老保险制度的投入已经大大高于城乡居民基本养老保险制度。

表 3-3　2010～2016 年企业养老保险基金收入构成情况（单位：亿元）

年份	总收入	征缴收入	财政补贴	利息收入	其他收入
2010	12 218	10 067	1 815	260	76
2011	15 485	12 750	2 096	423	216
2012	18 363	15 086	2 430	546	301
2013	20 849	17 050	2 817	605	377
2014	23 305	18 720	3 309	845	431
2015	26 613	21 093	3 970	1 019	531
2016	28 692	22 345	4 630	1 032	685

二、城乡居民基本养老保险制度

在我国，普遍实施社会养老保险制度的历史不长，且保障范围是逐步扩展的。20 世纪 90 年代以前，以农民为主体的其他社会成员一直没有享受到公共养老金权利。

20 世纪 90 年代初，部分地区开始探索面向农民的社会养老保险制度。1992 年，民政部出台《县级农村社会养老保险基本方案（试行）》（民办发〔1992〕2 号），农村社会养老保险试点工作进一步展开。但由于制度设计缺陷和运行环境变化，实践中出现了许多问题。1999 年，国家决定暂停发展新业务并要求有关部门进行整顿。2008 年，中共十七届三中全会决定，按照个人缴费、集体补助、政府补贴相结合的要求，建立新型农村社会养老保险制度。据此，2009 年国务院出台了《关于开展新型农村社会养老保险试点的指导意见》（国发〔2009〕32 号），决定从 2009 年起开展新型农村社会养老保险试点，当年覆盖全国 10%的地区，2010 年又扩大到 23%的县。到 2011 年 5 月，全国已有 1.9 亿人参保，60 岁以上老年人中领取基础养老金的达到了 5170 万人[①]。2011 年，国务院出台《关于开展城镇居民社会养老保险试点的指导意见》（国发〔2011〕18 号），决定在全国范围内启动城镇居民基本养老保险试点，目标是在 2012 年基本实现城镇居民基本养老保险制度全覆盖。2014 年，依据《社会保险法》有关规定，在总结新型农村社会养老保险制度和城镇居民基本养老保险试点经验的基础上，国务院决定将这两项制度合并实施，在全国范围内建立统一的城乡居民基本养老保险制度。

① 《在全国城镇居民社会养老保险试点工作部署暨新型农村社会养老保险试点经验交流会议上的讲话》，http://roll.sohu.com/20110622/n311203198.shtml。

这些年来，城乡居民基本养老保险制度已经在全国各地普遍实施，参保人数持续增长（表 3-4）。截至 2019 年底，全国城乡居民基本养老保险参保人数达 53 266 万人。其中，60 岁以下参保人数为 37 234 万人（占 69.9%），60 岁以上领取养老金人数为 16 032 万人（占 30.1%）[①]。从各省的情况看，河南、山东、河北、安徽、四川、湖南等省份参保人数均超过 3000 万人，这项制度成为当地参保人数最多的社会养老保险制度。

表 3-4　2012～2019 年全国城乡居民基本养老保险参保人数（单位：万人）

年份	参保人数		
	总人数	60 岁以下参保人数	实际领取待遇人数
2012	48 370	34 988	13 382
2013	49 750	35 628	14 122
2014	50 108	35 366	14 742
2015	50 472	35 672	14 800
2016	50 847	35 577	15 270
2017	51 255	35 657	15 598
2018	52 392	36 494	15 898
2019	53 266	37 234	16 032

资料来源：《中国统计年鉴 2020》

城乡居民基本养老保险制度采取社会统筹与个人账户相结合的模式。制度实施以来，基金运行平稳（表 3-5）。2019 年，基金总收入达到 4107 亿元，比上年增长 7%。基金总支出达到 3114 亿元，比上年增长 7.2%。基金累计结余约 8249 亿元。2019 年全国城乡居民基本养老保险月人均基金支出[②]为 161.9 元，约为企业离退休人员月人均基金支出（3332.5 元）的 1/20。

表 3-5　2011～2019 年城乡居民基本养老保险基金收支（单位：亿元）

年份	基金收入	基金支出	累计结余
2011	1110	598	1231
2012	1829	1150	2302
2013	2052	1348	3006
2014	2310	1571	3845

① 数据来源于《中国统计年鉴 2020》。

② 月人均基金支出=当年基金支出/领取待遇人数/12，可近似代表月人均养老金水平。

续表

年份	基金收入	基金支出	累计结余
2015	2855	2117	4592
2016	2933	2151	5385
2017	3304	2372	6318
2018	3838	2906	7250
2019	4107	3114	8249

城乡居民基本养老保险在实现从制度全覆盖到人员全覆盖方面已经迈出了坚实的步伐，为广大城乡居民的老年生活提供了一定保障，在保障城乡老年居民基本生活、调节收入分配、促进社会和谐稳定等方面发挥了积极作用。

城乡居民基本养老保险制度先在农民中实施，后来扩展到城市非工薪居民。惠及人群范围不断扩大的同时，待遇水平也有所提高。2015 年，人力资源和社会保障部与财政部共同印发了《关于提高全国城乡居民基本养老保险基础养老金最低标准的通知》（人社部发〔2015〕5 号），从 2014 年 7 月 1 日起，全国城乡居民基本养老保险基础养老金最低标准从每人每月 55 元提高至 70 元，这是我国首次统一提高城乡居民基础养老金最低标准。2016 年和 2017 年，各地继续按照这一原则执行，多个省份也根据具体情况提高了本地区基础养老金标准，这一标准全国平均超过 105 元，比 2014 年总体增幅超过 20 元/月。

2018 年，人力资源和社会保障部、财政部共同印发了《关于建立城乡居民基本养老保险待遇确定和基础养老金正常调整机制的指导意见》（人社部发〔2018〕21 号），要求完善待遇确定机制、建立基础养老金正常调整机制、建立个人缴费标准调整机制、建立缴费补贴调整机制等。同时，自 2018 年 1 月 1 日起，全国城乡居民基本养老保险基础养老金最低标准提高至每人每月 88 元，即在原每人每月 70 元的基础上增加 18 元，这是我国第二次统一提高城乡居民基础养老金最低标准。

应该看到，国家对于城乡居民基本养老保险的投入一直在增加，包括基础养老金和个人账户的缴费补贴等，并积极建立待遇调整机制，各地也有不同程度的财政投入，城乡老年居民实际得到的养老金有一定提高。

三、其他老年收入保障制度

除了职工基本养老保险制度和城乡居民基本养老保险制度，从 2014 年 10 月起，我国启动机关事业单位工作人员养老保险制度改革。面向机关事业单位在编人员，建立了统账结合的缴费型保险制度，同时建立了职业年金。

政府提供的老年收入保障项目还包括高龄津贴制度等。自 2008 年起，部分省市陆续出台了高龄津贴制度或政策，但是这些制度或政策有较大的差异。从政策目标看，大体上可以分成三类：一是以保障高龄老人基本生活为目标，以宁夏、黑龙江、吉林等为代表地区，这些地区的高龄津贴重点发给低收入高龄老人（80 岁以上），也有一部分发给特别高龄的老年人（如 90 岁以上），其目的主要是保障高龄老人的基本生活；二是以帮助高龄老人购买养老服务为目的，以深圳为代表地区；三是以体现尊老敬老、共享社会发展成果为目的，以北京、陕西、江苏等为代表地区，这些地区所发高龄津贴不以保障高龄老人基本生活或服务需求为政策目标，而主要是体现社会对于老年人的尊重，使他们共享经济社会发展成果。

现行老年收入保障体系中，由于各保障项目在各地的进展不平衡，高龄津贴制度在某些地区、某些领域发挥着重要作用，而在另外一些地区和领域发挥的作用则稍弱一些，但从发展趋势看，尤其是在老年保障体系逐步完善、各保障项目分工日益清晰并实施到位之后，高龄津贴制度需要重新定位。高龄津贴制度应当逐步定位于“尊老、共享”，即体现全社会对于高龄老年人的尊重，体现他们对于经济社会发展成果的共享。他们得到高龄津贴之后，可以获得更好的营养，心情更加愉快，生活质量更高。基于这样的理解，高龄津贴的发放对象是高龄老人，一般定在 80 周岁及以上为宜；给付标准宜控制在一个适度的水平上，以体现尊老为原则；发放的时间，可以每月一次，也可以一年发一次，当然也可以每季发一次，或半年发一次。

近年来，企业年金的发展速度并不快。人力资源和社会保障部发布的 2019 年全国企业年金数据显示，企业年金基金规模约为 1.8 万亿元，建立年金的企业约为 9.8 万家，参加企业年金职工约为 2548 万人。2019 年，企业年金领取人数约为 180 万人，领取金额达到 492 亿元，这样的覆盖规模还不大。

为了推动商业养老保险发展，近年来国家出台了一系列鼓励措施，比如试点开展个人税收递延型商业养老保险等。2019 年，全国各地区寿险保费收入达到 22 754 亿元，比上年增长 9.8%。事实上，商业型养老保险的市场空间还很大，关键在于需求的创造。我国商业型养老保险领域存在严重的结构性矛盾：买得起的人不想买，想买的人买不起。养老金体系是一个整体。我们不能孤立地讨论商业型养老保险，更不能为发展商业型养老保险而发展商业型养老保险，而是要从优化养老金体系结构的高度来讨论这一问题。当前，以农民为主体的城乡居民的基本养老金过低，他们有补充性养老金的强烈需求，但他们当中的大部分人缺乏购买商业型养老保险的能力。只有先富起来的小部分农民具有这种购买能力。以工薪劳动者为主体的中高收入群体，他们大多数已经具有能够保障基本生活的养老金，如果这类养老金不断提高，则他们购买商业型养老保险的内在动力就下降；

如果保持适度的水平并且稳定之，则这一人群购买商业型养老保险的有效需求会持续增加。因此，关键在于通过深化基本养老金制度改革，以增加对商业型养老保险的真实需求。

第二节　基于养老保险缴费年限的代际关系分析

一、问题的提出

职工基本养老保险制度建立以来，其可持续性一直是学界关注的热点（姜向群，2006）。近年来，从全国总体情况看，该制度的基金收入增长率低于基金支出增长率，累计收支结余增长率也开始下降[①]，因而其可持续性再度成为学界乃至社会各界所关注的焦点（王晓军和任文东，2013；郑伟等，2013；曹冬梅等，2015）。有学者认为，通过提高领取养老金的最低缴费年限或者延迟退休来增加参保者的缴费年限，可弥补基金缺口或有效改善基金状况（徐晓华，2012；Wang et al.，2014；周成刚，2015）。2013 年，关于是否延长养老保险最低缴费年限或者提高法定退休年龄曾引发过激烈讨论[②]。尤其是在中共十八届三中全会提出"研究制定渐进式延迟退休年龄政策"之后，关于通过提高法定退休年龄并延长缴费年限来促进基金财务平衡的讨论和建议越来越多[③]。

缴费年限虽由参保人自主选择，但无论实行提高最低缴费年限还是延迟退休的改革，都会在一定程度上提高参保人员的平均缴费年限水平。从直觉上说，缴费年限增加，有助于增加基金收入，能够推动制度可持续运行。在国际上，相关研究表明，较低的退休年龄加大了基金支付压力（Sin，2005），延迟退休能够降低养老保险费率（Fenge and Werding，2005），是弥补基金财务缺口有效的措施（Cremer and Pestieau，2003；Galasso，2008；Peinado and Serrano，2012），实践证明也是可行的。但在中国特定的制度背景下，需要对这一问题进行冷静分析和科学评估，探究国际上促进基金长期收支平衡的手段是否可以直接植入中国制度。事实上，根据现行制度，基本养老保险待遇与缴费年限挂钩，参保者缴费年限越长，月养老金领取额越大，因而提高最低缴费年限或延迟退休对于基金状况的影

① 根据《中国社会保险发展年度报告（2014）》的统计，2014 年的基金征缴收入为 18 720 亿元，基金支出为 19 847 亿元。因此，如果扣除财政补贴后，当年基金实际已有 1127 亿元的缺口。

② 参见《多部委就养老方案达成多项共识，延长缴费年限已定》，http://finance.sina.com.cn/china/20131019/001117041681.shtml。

③ 参见《人社部：渐进延迟退休年龄 延长缴费年限缩短领取养老金年限》，http://lianghui.people.com.cn/2015npc/n/2015/0310/c394467-26668479.html。

响具有不确定性。我们可以运用精算分析方法评估这一效应。

依据现行基本养老保险制度（包括筹资和待遇计发的具体办法），我们构建了缴费年限精算分析模型，通过“缴费年限”这一核心变量，重新评估缴费年限增加对基金财务平衡的影响。当前，基本养老保险基金按照“坚持收支平衡、适当留有结余”的原则运行①。因而，我们首先基于基金横向平衡视角，测算使基金收支平衡的平均缴费年限。横向平衡所对应的基金运作模式是现收现付制，体现代际赡养关系。考虑到基本养老保险所处置风险的特征，我们不仅要关注基金收支的短期平衡，还要关注基金收支的中长期平衡。因此，考察基本养老保险可持续性的另一个维度是纵向平衡，即同代自养模式。以同代自养的视角研究现行“统账结合”式基本养老保险制度，能够更加深入分析影响制度可持续的因素。这里引入“标准参保人”的概念，分析其一生实现缴费与待遇平衡的缴费年限，探讨缴费年限增加对基金纵向平衡的影响，从而为进一步完善制度提供依据。

本书的潜在贡献在于，刻画了“缴费年限”这一核心变量，从而把最低缴费年限政策和退休年龄政策纳入同一个分析框架中去，为量化识别缴费年限政策与基金平衡之间的关系提供了分析工具。本书与已有文献研究相比，在研究内容和方法上还有以下不同。首先，在已有文献的基础上，将“缴费年限”和参保者的“缴费”“待遇”同时关联起来。过去很多研究主要关注基金收入，把缴费年限增加作为改善制度可持续性的措施；或者主要关注基金支出，分析延迟退休对于替代率的影响。事实上，每个参保者的待遇都与缴费水平紧密关联，缴费年限又是影响缴费水平的重要因素之一。本书建立的基金纵向平衡模型，将缴费决定待遇的这一内在关系在精算模型中表征出来，这样的尝试将为研究养老保险基金测算分析提供新的思路。其次，在构建基金纵向平衡模型时，引入了“标准参保人”这一理念，从而将基金预测这一宏观问题转化为对参保人的微观行为分析，这样的抽象既能够简化预测时出现的不确定性问题（比如对参保人口数量等的预测），也能够直观地表征基金收支长期平衡、制度可持续运行的程度。

二、政策回顾与文献述评

本书对养老保险缴费年限政策的理解进行了拓展。过去一般认为，基本养老保险缴费年限政策就是指最低缴费年限政策，即规定有资格领取养老金的最低缴费年限，如果缴费年限不足则不能领取基本养老金或者需要补缴相应保费。虽然参保者可在最低缴费年限之上自主选择缴费年限，但事实上，法定退休年龄框定了参保者可选择的最长缴费年限。比如，政策规定领取基本养老金的最低缴费年

① 参见《国务院关于试行社会保险基金预算的意见》（国发〔2010〕2号）。

限为 t 年，法定退休年龄为 R 岁。假设职工从 x 岁开始就业并参保，要领取养老金待遇，则实际缴费年限在 $t\sim(R-x)$ 年内变动。因此，本书所指的养老保险缴费年限政策包含最低缴费年限和法定退休年龄两大要素。

按照现行规定，国家法定的职工退休年龄是男职工年满 60 周岁，女职工年满 50 周岁[①]。关于最低缴费年限的规定，参见《国务院关于建立统一的企业职工基本养老保险制度的决定》（国发〔1997〕26 号），即“新人”缴费年限累计满 15 年的，退休后按月领取基本养老金；“中人”则是实际缴费年限与视同缴费年限之和累计满 15 年的，退休后按月发给基础养老金、个人账户养老金以及过渡性养老金。2005 年国务院做出了关于完善职工基本养老保险制度的决定，其中 15 年的最低缴费年限政策不变，但将缴费年限与月养老金领取标准更紧密挂钩，即退休时基础养老金月标准以当地上年度在岗职工月平均工资和本人指数化月平均缴费工资的平均值为基数，缴费每满 1 年发给 1%（以下简称“一年工龄，一个百分点”政策），从而建立了“长缴多得”的机制。2011 年开始施行的《社会保险法》又以法律的形式明确了养老保险参保者领取基本养老金所需达到的最低缴费年限。

近年来，基本养老保险缴费年限政策相关问题引起了学界广泛关注。退休年龄政策与社会保险基金状况关系密切。社会保障对提前退休有激励作用（Feldstein，1974；Cremer et al.，2004；Gustman and Steinmeier，2005），而提前退休也是导致基金状况不佳的重要原因（封进和胡岩，2008；盖根路等，2014）。Lacomba 和 Lagos（2010）研究了推迟退休年龄和促进养老保险可持续运行的问题。柳清瑞和苗红军（2004）的研究表明，提高退休年龄可以从多收和少支两条渠道来改善养老金的收支均衡状况（需要指出，该研究是基于 1997 年制度所做出的判断）。对于延迟退休的研究，部分学者关注对职工个体待遇影响的变化。根据 2005 年制度规定的待遇办法，延迟退休能够提高养老金替代率（邓大松和李琳，2009），但对“是否能够增加职工养老金终生财富”观点不一（彭浩然，2012；阳义南等，2014；余桔云，2014）；余立人（2012）认为虽然领取养老金时间缩短，但由于每年领取的养老金数额增加，整个退休期间领取养老金总额不确定。延迟退休能否改善养老保险基金状况，基于不同的方法、基础数据和研究视角，学界的观点差异较大。部分学者认为，延迟退休能够扩大基金的资金来源，缓解支付压力（王晓军和赵明，2015；于洪和曾益，2015），甚至可以实现资金盈余（林宝，2014）；而部分学者则认为虽然能够缓解压力，但是制度要实现可持续运行不能仅仅依靠延迟退休（原新和万能，2006；袁磊，2014）；还有学者认为提高法定退休年龄带来的效应是多元化的，未必能降低养老保险财务负担（张熠，

---

① 关于法定退休年龄的现行规定，参见《国务院关于安置老弱病残干部的暂行办法》和《国务院关于工人退休、退职的暂行办法》（国发〔1978〕104 号）。

2011）。

相较于对退休年龄问题的研究，对最低缴费年限的研究并不多。从已有文献来看，实行最低缴费年限政策，归纳起来主要有两个功能：维护参保者之间的公平；维持基金的平衡。针对完善养老保险的缴费年限政策，也有两种观点。一是延长最低缴费年限。建议将其提高至 20 年以上，最低缴费年限的延长能够改善制度赡养率，促进制度的财务平衡（尹文耀和叶宁，2009；李珍和王海东，2013）。二是适当降低最低缴费年限。降低最低缴费年限有助于降低参保门槛，提高农民工的养老保障水平（刘传江和程建林，2008）。而专门针对养老保险最低缴费年限测算的研究还不多。何文炯等（2011）曾提出职工基本医疗保险最低缴费年限的测算方法，其研究方法和思路对于本书的研究具有借鉴作用。

三、基于代际赡养的应缴费年限测算

现收现付是建立在代际赡养模式基础上的基金运作模式，本质上由年轻一代供养年老一代。显然，当人口老龄化程度加深时，年轻人负担就比较重，反之则较轻。按照社会保险基金预算编制的原则，现行制度事实上接近于现收现付制。基于代际赡养的视角，本书构建了养老保险应缴费年限测算模型，并基于历史数据估计了使基金平衡的职工平均缴费年限。

（一）基本模型

为了简化测算思路，本书假定某一统筹地区参保系统封闭，由在职职工 L_n 人和退休人员 L_o 人组成，即由 L_n 人供养 L_o 人（而这 L_n 人退休以后由下一代供养）。假定退休人员年人均养老金水平为 b（不考虑物价上涨等因素），职工退休后平均还能生存 e 年，则这批退休人员的养老金总支出为 $b\cdot e\cdot L_o$。从基金筹集看，假设在职职工年人均缴纳基本养老保险费为 c，应缴费年限为 r 年，则这批在职职工从开始参保到退休缴纳的养老保险费总额为 $c\cdot r\cdot L_n$。

要实现这个参保系统基金的收支平衡，则需要保证 $b\cdot e\cdot L_o=c\cdot r\cdot L_n$。因此，职工基本养老保险应缴费年限为

$$r=\frac{b\cdot e\cdot L_o}{c\cdot L_n}=\frac{L_o}{L_n}\cdot\frac{b}{c}\cdot e \tag{3-1}$$

从这个意义上说，本书所谓的应缴费年限，是指精算意义上能够保证基金收入与支出平衡的缴费年限。在横向平衡的视角下，其决定因素包括：退休在职人数比（L_o/L_n）、人均待遇缴费比（b/c）和退休后平均余命（e）。通过式（3-1）可以得出下列性质：①退休在职人数比（L_o/L_n）越大，即参保人口结构老化程

度越高，应缴费年限越长；相反，参保人口结构越年轻，参保人员应缴费年限越短。②人均待遇缴费比（ b/c ）越大，应缴费年限越长，这里的人均待遇缴费比是同期退休人员人均养老金与在职职工人均缴费工资之比。在费率一定的情况下，全社会养老金替代率越高，应缴费年限就越长。③退休后平均余命（ e ）越长，养老金支付压力越大，应缴费年限也就越长。

（二）退休余命的估计

要测算职工基本养老保险应缴费年限，需要获取基金年收入（ $c \cdot L_n$ ）、基金年支出（ $b \cdot L_o$ ）和退休后平均余命（ e ）等数据。基金收支数据可以通过相关年鉴资料直接获得，而职工退休后人均余命则要通过测算估计获得。

在利用人口普查资料编制生命表计算退休人员人均生存余命时，由于人口（特别是婴儿）死亡的漏报，所估计得到的人口平均预期寿命会被高估。因此，需要借鉴权威机构发布的报告结果进行调整。本书参考了世界银行和国家统计局发布的相关报告。世界银行每年都会公布中国的平均预期寿命；国务院第六次全国人口普查领导小组办公室也发表了关于人口平均预期寿命的报告（表 3-6）。

表 3-6　中国平均预期寿命报告以及测算结果（单位：岁）

年份	世界银行		国家统计局		本书初算	
	男性	女性	男性	女性	男性	女性
1995	68.74	72.00	—	—	69.47	73.25
2000	70.73	73.62	69.63	73.33	70.63	73.33
2005	72.83	75.34	—	—	73.42	77.37
2010	73.63	76.21	72.38	77.37	75.39	80.36

资料来源：世界银行数据库和国家统计局，http://www.stats.gov.cn/tjsj/tjgb/rkpcgb/qgrkpcgb/201209/t20120921_30330.html

从表 3-6 可以看到，国家统计局与世界银行报告的结果较为接近。除了 2000 年，本书测算得到的平均预期寿命结果均比世界银行公布的数据略高。由于国家统计局只公布了 1981 年、1990 年、2000 年和 2010 年的数据，而世界银行会发布各国每年的人均预期寿命，因此，本书利用世界银行的数据对初算结果进行修正。具体办法是，先利用 1995 年、2000 年、2005 年和 2010 年普查（或抽样调查）死亡统计资料（城镇）编制生命表，得到这四个年份的各年龄平均余命；将 0 岁组余命与世界银行报告结果比对，得到差异程度；根据差异程度对四个年份的 60 岁男性、50 岁女性平均余命做调整；再利用插值法（假定 5 年内预期寿命稳步增长），得到 1995～2010 年各年 60 岁男性和 50 岁女性平均余命；最后根据城镇男女人数比例对男女退休后平均余命进行加权，得到职工退休后平均余命（表 3-7）。

表 3-7　1998～2013 年职工退休后平均余命测算结果（单位：年）

年份	60 岁男性平均余命		50 岁女性平均余命		加权的退休后平均余命
	测算值	调整后	测算值	调整后	
1998	18.44	18.38	30.51	30.37	25.34
1999	18.66	18.64	30.73	30.72	25.65
2000	18.87	18.90	30.95	31.07	25.97
2001	19.23	19.22	31.32	31.26	26.28
2002	19.60	19.55	31.70	31.44	26.60
2003	19.97	19.89	32.09	31.63	26.93
2004	20.35	20.23	32.48	31.82	27.20
2005	20.74	20.57	32.87	32.01	27.48
2006	20.94	20.69	33.08	32.04	27.76
2007	21.14	20.82	33.29	32.07	28.04
2008	21.34	20.94	33.50	32.11	28.32
2009	21.54	21.06	33.72	32.14	28.37
2010	21.75	21.18	33.93	32.18	28.43
2011	21.96	21.31	34.15	32.21	28.48
2012	22.17	21.43	34.36	32.24	28.53
2013	22.38	21.56	34.58	32.27	28.59

资料来源：利用世界银行数据库和国家统计局公布的数据测算

见表 3-7，根据调整结果，2010 年城镇 60 岁男性、50 岁女性的平均余命分别为 21.18 年和 32.18 年，即平均大约能生存至 81.18 岁和 82.18 岁，这比公布的 0 岁组平均预期寿命（74.83 岁）要高出 7～8 岁。从 1998 年到 2013 年，城镇人口退休后平均生存年数增加了 3.25 年。

（三）测算结果及分析

利用以上对退休后平均余命的估计结果和历年基金收支状况数据[①]，可以测算 1998～2013 年使基金平衡的应缴费年限（图 3-1）。需要说明的是，为了按不同性别估算应缴费年限，本书根据人口普查数据的年龄结构对在职和退休男、女人

① 历年职工基本养老保险基金总收入和总支出数据来源：历年《人力资源和社会保障事业发展统计公报》《劳动和社会保障事业发展统计公报》。

数进行了估算[①]，然后按照这一比例对基金收支进行了分解。

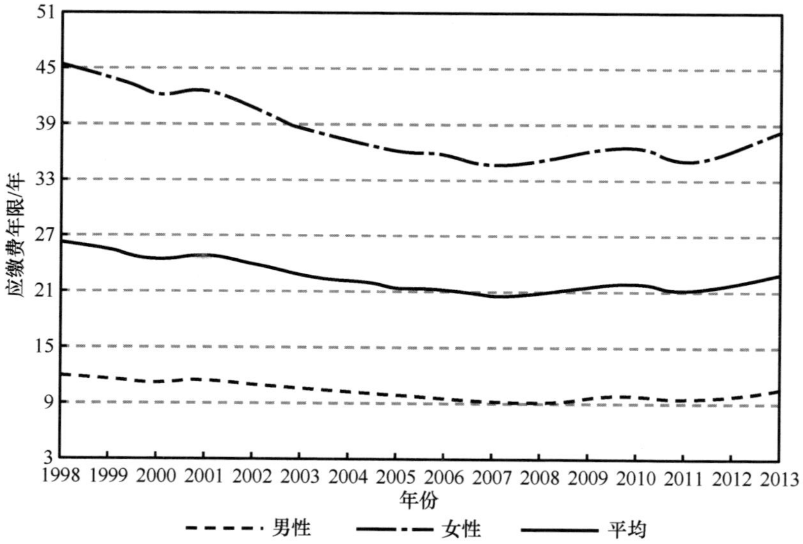

图 3-1　1998～2013 年职工基本养老保险应缴费年限测算结果

根据测算结果，主要有以下发现。

（1）1998～2004 年，男、女应缴费年限水平都在稳步下降。在退休后平均余命幅度变动不大的情况下，究其原因，主要得益于基金收支状况的逐步好转。养老保险制度的快速扩面，使系统老龄化[②]程度明显减轻；经济持续的快速发展，使缴费收入来源较为稳定。除此以外，在这一阶段，政府严格控制养老金水平增长[③]，并加大财政补助力度。在这些原因综合作用下，部分统筹地区开始出现基金结余，使平均应缴费年限水平降低了 6～7 年。

（2）2005～2011 年，应缴费年限水平进入平稳期，男女混合平均应缴费年限为 21 年左右。在这一阶段，随着国发〔2005〕38 号文的发布，职工基本养老保险制度参保覆盖范围进一步扩大。虽然从 2005 年开始，按照 10%的平均增长速度连续提高退休人员基本养老金水平，但是由于各地扩面工作持续推进，基金收入的增长速度也较快。因此，基金的收支状况稳定，使应缴费年限处在稳定的水平。

（3）2012 年以后，应缴费年限有抬升的趋势。根据统计，基金收支结余自 2012

① 事实上，男女混合参保，并不单独建立基金。这里人为区分只是分析的需要，以深入剖析缴费年限的影响因素。

② 系统老龄化是指保险系统本身的老龄化现象，即在基本养老保险制度覆盖的参保人员中，实际缴费人员相对减少，而养老金领取人员相对增多。

③ 参见《国务院办公厅关于各地不得自行提高企业基本养老金待遇水平的通知》（国办发〔2001〕50 号）。

年以来出现明显下降。特别是到2014年，扣除财政补贴，基金征缴收入已经小于基金支出。出现入不敷出的原因主要是，经济发展速度放缓，基金收入增速放缓，基金征缴难度不断增大，而人均养老金的增速依然维持在10%左右，且不断有大量参保人员进入退休期，这些原因造成了应缴费年限变长。

（4）女性的应缴费年限明显长于男性。根据测算结果，2005年以后，女性的应缴费年限维持在35年左右，而男性在10年左右。这主要是因为，男性退休时间晚，享受待遇时间较女性短；而女性退休早、余命长，制度赡养率高于男性，因而加重了缴费负担。

因此，从测算结果来看，按照现在的基金收支状况和人口结构状况，要实现基金的横向平衡，职工基本养老保险参保者的平均缴费年限应在20年以上。如果参保人员每个人都选择只缴满15年，就难以实现基金的平衡。更为严峻的现实是，随着参保人口结构老化的速度加快以及经济增速放缓，20年的平均缴费年限也难以保证基金的横向平衡。

四、基于同代自养的缴费年限政策分析

前文已基于代际赡养的视角对基金横向平衡下的平均缴费年限水平进行了估计，那么需要进一步研究，通过缴费年限的增加能否改善基金状况。本书将从基金长期平衡出发，依据筹资和待遇计发办法，分析参保人员一生缴费与待遇的纵向平衡状况。为了表征全社会参保人员的信息特征，本书引入“标准参保人”作为分析对象。“标准参保人”即指缴费工资、退休后的平均余命等为全社会参保人员平均值的参保者。如果“标准参保人”的缴费与待遇在精算意义下相等，那么就能实现全社会制度的长期财务平衡。

（一）基本模型

假设x岁的在职职工从基年（$k=1$）开始参保缴费，到退休总缴费现值为${}_xP$；退休后开始领取基本养老保险待遇至身故，总待遇现值为${}_xB$。那么，我们的目标就是需要测算令${}_xB={}_xP$的缴费年限${}_xr$。假设职工法定退休年龄为π，个人账户记账利率为i [则折现因子$v=1/(1+i)$]。

根据现行制度，有雇主的参保个人按照缴费工资的8%缴费，缴费额全部记入个人账户，用人单位按照缴费工资的20%缴费，形成统筹基金。因此，参保职工总缴费现值为

$$ {}_xP = 0.28 \cdot \sum_{k=1}^{{}_xr}\left(W_k v^{k-1}\right) \tag{3-2} $$

其中，W_k 为第 k 年该参保职工的缴费工资。

参保者将从第 $k=\pi-x+1$ 年开始获取基本养老保险待遇。职工基本养老保险的待遇主要包括基础养老金、个人账户养老金、丧葬补助金和抚恤金等。这里只考虑作为主要组成部分的基础养老金和个人账户养老金。现行制度规定，退休时的基础养老金月标准以当地上年度在岗职工月平均工资和本人指数化月平均缴费工资的平均值为基数，缴费每满 1 年发给 1%；而个人账户养老金标准为个人账户储存额除以实际退休年龄对应的计发月数。假设个人缴费基数工资与在岗职工平均工资之比为 δ①，即第 k 年在岗职工平均工资为 W_k/δ，退休后平均余命为 e_π，因此，基础养老金现值为

$$_xB_1=\frac{1}{2}\left(W_{\pi-x}+\frac{W_{\pi-x}}{\delta}\right)\cdot\frac{_xr}{100}\sum_{k=\pi-x+1}^{\pi-x+e_\pi}\left[(1+\beta)^{k-(\pi-x+1)}v^{k-1}\right] \quad (3\text{-}3)$$

其中，β 为基础养老金年均增长值。个人账户养老金现值为

$$_xB_2=12\times0.08\frac{(1+i)^{\pi-x}}{_\pi D}\sum_{k=1}^{_xr}\left(W_kv^{k-1}\right)\sum_{k=\pi-x-1}^{\pi-x+e_\pi}v^{k-1} \quad (3\text{-}4)$$

其中，$_\pi D$ 为退休年龄 π 对应的计发月数。那么，总待遇现值为

$$_xB={}_xB_1+{}_xB_2 \quad (3\text{-}5)$$

那么，令 $_xB={}_xP$，可以计算得到不同起始参保年龄 x 对应的应缴费年限 $_xr$。如果待遇缴费比 $_xB/{}_xP=1$，则基金收入与支出能够保持平衡，如果 $_xB/{}_xP>1$，基金支出大于收入，基金将面临收不抵支的压力。由于难以得到 $_xr$ 的闭合解，本书在参数假设的基础上，通过代入不同的缴费年限试算基金平衡情况，并考察缴费年限增加对待遇缴费比变化的影响。

（二）参数假设

根据上述模型，需要对部分参数做出假设，进而测算同代自养视角下的应缴费年限。首先，假设参保人员的预期寿命为 79 周岁，即如果男性 60 周岁退休，养老金领取年限（e_{60}）为 20 年，如果女性 50 周岁退休，养老金领取年限（e_{50}）为 30 年②。其次，考虑到经济增长的速度逐步放缓，对未来缴费工资（W_k）的增

① 这里假设职工缴费工资始终与在岗职工平均工资保持一定比例，是为了简化计算指数化月平均工资。我们可把这一比例看作在职期间的平均值。

② 根据前文分析，男、女退休后的余命已分别超过 20 年和 30 年。为了测算方便，我们做了取整处理，这在一定程度上会低估基金支出。因此，要保持基金平衡，缴费年限会更长。

长假设采用 Song 等（2012）的估计值：2015～2040 年年均增长 6.5%；而本书假设 2041～2050 年增速再放慢 1 个百分点。假设未来基础养老金的增长率（β）为 5%，个人账户记账利率为 $i = 3.5\%$[①]。

退休年龄π对应的计发月数（${}_{\pi}D$）依据国发〔2005〕38 号文的规定，即 60 岁退休的，个人账户养老金计发月数为 139 个月；50 岁退休的，个人账户养老金计发月数为 195 个月。根据现行养老保险办法，个人缴费基数工资与在岗职工平均工资之比δ在 60%～300%范围内变动。

（三）测算结果及分析

利用养老保险基金纵向平衡模型，可以测算“标准参保人”在不同缴费年限和不同退休年龄下的基金收支情况。假设起始参保年龄为 25 岁，通过测算主要有以下发现。

（1）虽然待遇缴费比随着实际缴费年限上升而下降，但是缴费年限增加依然不能实现基金的纵向平衡。本书首先考察了待遇缴费比和缴费年限两个变量之间的关系。以 60 岁退休的男职工为例，假设该“标准参保人”按全社会在岗职工平均工资缴费（即δ=100%）。可以发现，随着缴费年限的上升，待遇缴费比不断下降（测算结果见图 3-2）。如果其仅缴费 15 年，待遇现值将是缴费现值的 1.928 倍；而如果其缴满 35 年，这个比值将是 1.52 倍。也就是说，在其他因素不变的情况下，参保人员缴费时间越长，越能够改善基金状况。但同时我们也发现，按照现行制度规定及其参数假设，即使男性缴满 35 年，待遇缴费比都大于 1，基金也难以实现纵向平衡，缴费年限增加对基金状况改善的效果并不是很显著。

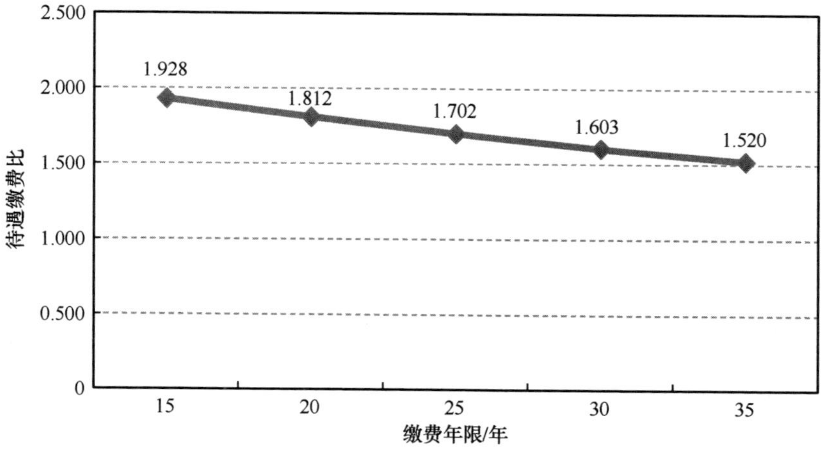

图 3-2 60 岁退休的男职工缴费年限与待遇缴费比

① 2015 年 8 月，国务院已印发《基本养老保险基金投资管理办法》，养老保险基金投资政策得到进一步完善。

（2）相比男职工，女职工更难实现基金纵向平衡。与基金横向平衡的分析结果类似，要实现基金纵向平衡，女性的缴费年限更长，测算结果见表 3-8。同样缴费 25 年，女职工的待遇缴费比比男性高了约 23.9%。除了上文分析的原因，我们认为个人账户养老金计发机制也是促进女职工待遇缴费比更高的原因。现行制度规定，当个人账户养老金余额支付完毕，由统筹基金继续支付个人账户养老金。因此，尽管女职工领取养老金时间长，但标准一直不会降低。需要说明的是，在测算中假设男女职工都生存至 79 周岁，事实上，女职工的余命更长，其待遇缴费比更高。

表 3-8 实际缴费年限提高与待遇缴费比变化

实际缴费年限	男职工待遇缴费比	女职工待遇缴费比
15 年	1.928	2.408
20 年	1.812	2.254
25 年	1.702	2.108
30 年	1.603	—
35 年	1.520	—

（3）从长期来看，提高退休年龄对基金状况改善的效果有限。本书假设参保人员从 25 岁开始参保缴费直至退休，退休后余命不变，基于现行养老金计发办法分别考察提高退休年龄对基金状况的影响。这就意味着，缴费年限变长，个人账户养老金计发月数降低，领取养老金时间变短，测算结果见表 3-9。以男性为例，如果提高 1 岁（即 61 岁退休），待遇缴费比下降到 1.466（下降约 3.55%），即便提高至 65 岁，待遇缴费比下降至 1.266，仍然大于 1。根据国际经验，很难将退休年龄提高至 65 岁以上，因此缴费 40 年几乎已经达到极限。即使在极限情况下，基金仍然难以实现纵向平衡。对女职工的测算结果与之类似，即使全部 55 岁退休，待遇缴费比仍然高达 1.857。因此，延迟退休虽然可能在政策实施的初期内使缴费人数增加、养老金领取人数减少，从而通过增收减支改善基金状况，但从长期来看，制度不可持续的问题依然存在。

表 3-9 退休年龄提高与待遇缴费比变化

退休年龄	男职工待遇缴费比	女职工待遇缴费比
不提高	1.520	2.108
提高 1 岁	1.466	2.059
提高 2 岁	1.412	2.010

续表

退休年龄	男职工待遇缴费比	女职工待遇缴费比
提高 3 岁	1.362	1.960
提高 4 岁	1.313	1.909
提高 5 岁	1.266	1.857

综上所述，基于同代自养的视角，结合一定的参数假设，通过测算发现，即使缴费年限增加，现行职工基本养老保险制度仍然难以实现纵向平衡。造成这一结果的原因，一是基础养老金待遇与缴费年限挂钩，缴费时间越长，月基础养老金标准相对越高；二是个人账户养老金与规定的计发月数挂钩，退休时间越晚，计发月数越小，月个人账户养老金领取额就相对越高；三是退休时间越晚，退休前的工资越高，也会使养老金水平相应提高。

五、结论与政策含义

在现行社会保险各项制度中，职工基本养老保险制度建立较早，其设计思路和具体政策，不仅对城乡居民基本养老保险制度和机关事业单位工作人员养老保险制度设计和完善有直接影响，对基本医疗保险和工伤保险等其他险种制度设计和完善也有影响。因此，需要对基本养老保险各项政策的设计初衷进行准确把握，对政策效应进行科学评估，为进一步深化社会保险制度改革奠定基础。本书关注其中的缴费年限政策。鉴于职工基本养老保险缴费年限政策包含最低缴费年限和法定退休年龄两大要素，本书通过“缴费年限”这一核心变量，基于代际赡养和同代自养的精算分析，考察了缴费年限政策对于促进制度可持续运行的影响。研究发现，如果维持目前的基金收支比和人口年龄结构不变，则要实现基金年度平衡，职工平均缴费年限不得低于 20 年；考虑到经济增速放缓，如果继续沿用现行制度和政策，则即使缴费年限增加，也难以有效改善基金状况，更难以扭转制度不可持续的趋势。

经过自 20 世纪 80 年代以来的改革探索，职工基本养老保险制度逐步完善。但是，现行制度存在明显缺陷，特别是公平性不足，可持续性令人担忧，建立更加公平、可持续的养老保险制度已经成为共识。完善缴费年限相关政策，也要围绕这一目标，在其中发挥应有作用。本书的研究结论具有以下几点政策启示。

第一，提高最低缴费年限或者延迟退休虽然可对基金状况有所改善，但从长期来看，制度可持续运行的难度依然不小。诚然，实施这两项政策，特别是延迟退休政策，能够在政策实施初期收到立竿见影的效果，在国际上这也是促进制度可持续运行的通行办法，但在中国，这一办法效果却有限，根本原因在于制度设计的不同。缴费年限越长，则月养老金标准相应越高，缴费年限的增加虽然能够增加基金收入，但是基金支出也会随之增加。因此，实施这两项政策虽能延缓基金出现缺口的时间，但是从长远来看，基金支付压力并没有得到根本性缓解。

第二，2005 年的职工基本养老保险制度改革虽然提高了参保激励，但弱化了缴费年限政策的两大功能。最低缴费年限设置的目标本来是让参保者积累足够的权益以保证退休后享受待遇，从而尽可能保障参保者之间的公平。而国发〔2005〕38 号文改革的核心之一是将缴费年限与养老金待遇挂钩，"一年工龄，一个百分点"的政策固然能够提高参保激励，促使基本养老保险参保覆盖面迅速扩大，但是"长缴多得"的机制使缴费年限增加促进制度可持续的效果大打折扣。因此，这项改革使长缴者和短缴者的待遇差距进一步拉开，一定程度上弱化了养老保险制度的公平性。

第三，完善基本养老保险缴费年限相关政策，要继续围绕提高制度公平性和可持续性的目标。缴费年限是体现受益资格与保障水平关系的政策变量，无论完善最低缴费年限政策还是实行延迟退休政策，都要维护基本养老保险制度的公平性与共济性。建议适度降低参保与领取养老金的门槛，改革缴费年限与待遇挂钩的机制，在维护基金平衡的基础上，处理好长缴者和短缴者的互助共济问题。

第四，促进制度可持续运行，应在坚持长期精算平衡的基础上综合施策。任何一项保险制度，都必须坚守精算平衡的原则，并据此设计制度和政策。从分析中可见，影响基本养老保险基金长期平衡的因素还有很多。事实上，目前制度设计和运行过程中的诸多问题违背了精算平衡原则，如待遇调整机制不够科学（何文炯等，2012）、个人账户养老金计发月数不合理等。因此，要在参量式调整的基础上，通过综合施策建立有利于基金长期精算平衡的体制机制，以实现长寿风险的科学管理，促进制度永续健康运行。

第三节　深化老年收入保障制度改革的思路和建议

未来职工基本养老保险基金面临较大支付压力，特别是由于制度设计不科学、人口老龄化程度加深、经济增速放缓、历史欠账尚未完全消化、基本养老金待遇正常机制尚未建立等因素，基金保持可持续运行的难度将持续加大。必须认识到，基本养老保险是老年收入保障体系中的基础性制度安排，以保障社会成员年老之后具有购买基本生活资料的能力为目标，因而是最重要的社会保障项目之一。但目前这一领域不平衡、不充分的现象很严重，现行制度公平性不足，可持续性令人担忧。党的十九大报告指出，要“按照兜底线、织密网、建机制的要求，全面建成覆盖全民、城乡统筹、权责清晰、保障适度、可持续的多层次社会保障体系”[①]。这对老年收入保障制度改革与建设具有很强的指导性。基本养老保险制度是国家的重大制度安排，深化基本养老保险制度改革应在推进国家治理体系和治理能力现代化中做出示范。因此，要按照党的十九大提出的要求，积极推进基本养老保险制度改革，促进基金开源节流，确保基金收支平衡。据此，提出以下五点政策建议。

一、坚守“保基本”原则并正确引导舆论

当前，在基本养老保险方面存在一些模糊认识，亟待厘清。明确制度定位、坚守“保基本”原则，这是深化改革、引导预期的基础。关键是要立足社会主义初级阶段基本国情，坚持以人民为中心的发展思想，落实“坚守底线、突出重点、完善制度、引导预期”的精神，在确保人民群众基本养老金权益的基础上，合理控制基金支出，正确引导社会舆论。一是要把基本养老金与补充性养老金区分开来。强化基本养老金“保基本”职责，按照多层次体系建设思路，为职业年金和商业养老保险发展腾出空间。二是要在社会上大力宣传“幸福生活是奋斗出来的”，承认地区之间、人与人之间、行业之间有差别，尤其是要让年轻一代明白，国家有责任保障每一个社会成员年老之后的基本生活和基本尊严，但要想过上更好的生活，则需个人的努力。三是要通过完善医疗保障、照护保障制度为基本养老保险制度“减负”，逐步消除医疗和照护费用发生时间与数量的不确定性所带来的养老金过高需求，优化老年保障资源配置。

二、优化基本养老保险制度设计

基本养老保险制度涉及面广、影响范围大，关乎人民群众切身利益，能否保持长期持续健康运行，直接关系到国家长治久安。鉴于这一制度存在缺陷，需要重新定位、优化设计，而这需要全国通盘考虑。建议：一是按照权责清晰的原则，完善多层次养老保险体系，即保障国民基本权益的基本养老保险、体现职业贡献的职业年金、社会成员个人自主自费的商业型养老保险。二是改革制度框架。职工基本养老保险在制度设计之初就确立了“统账结合”的模式。事实上，这一模式存在明显的缺陷，严格意义上的个人账户不具备互助共济功能，而在实际运行过程中，个人账户保值增值难，面临长寿风险。个人账户与统筹基金混合运行导

① 《习近平在中国共产党第十九次全国代表大会上的报告》，http://cpc.people.com.cn/n1/2017/1028/c64094-29613660.html。

致基金产权不清晰，所谓的空账运行又容易给参保人造成误解。而一般性的改革已经无法从根本上解决问题。应按照“统账分离”的原则，改造现行职工基本养老保险制度，将统筹基金对应的基础养老金这部分改造成一个统收统支、现收现付、互助共济的基本养老保险制度（国民年金制度），将个人账户所对应的那部分转变为职业年金（含企业年金）。在过渡期，个人账户继续作为基本养老保险制度的一部分，但不再扩大。由此形成合理的“基本”与“补充”两个部分，使统筹基金所对应的部分承担“保基本”之责，个人账户所对应的部分往职业年金发展。与此同时，根据人口统计资料，结合投资回报率等因素，建立个人账户养老金计发月数的动态调整机制。三是建立完善基本养老金调整机制。基于保持养老金购买力不下降、适度分享社会发展成果的原则，综合考虑物价水平、经济发展、工资增长等因素提出科学合理的基本养老金正常调整机制，以形成全社会对基本养老金稳定而合理的预期。同时建立现行基本养老保险制度间待遇调整的协调机制，努力控制不同基本养老保险项目待遇差距。对基本养老金待遇调整时，区分基础养老金和个人账户养老金，严格控制个人账户养老金标准增幅，努力使基本养老金回到“保基本”轨道。

三、强化各方责任分担

在深化职工基本养老保险制度改革进程中，要尽量处理好政府、单位、家庭和个人等各方的责任关系，明晰各方责任边界，由各方合理承担改革的成本。一是合理确定单位缴费责任。单位缴费是养老保险基金收入的重要来源。单位的劳动力成本主要有三个方面——工资、社会保险费、职工福利，其中工资是由劳资双方谈判决定的，但不得低于国家规定的最低标准，职工福利也是由谈判决定的，而社会保险费是由国家法律规定的，并非由劳资双方谈判决定。因此，社会保险费是一种法定的劳动力基础成本。目前五项社会保险中，养老保险费率最高。从国际上看，我国的养老保险费率是偏高的。确定合理的单位费率，对于提高企业竞争力具有重要意义。因此，要以不降低企业发展活力和实现基本养老保险“保基本”为双重目标，合理划定单位缴费责任。在做实缴费基数的基础上，进一步适度降低单位缴费率。二是树立有限财政意识。财政具有资源配置、收入分配、促进经济稳定与发展的功能。基本养老保险本身独立于财政之外，基金追求自我收支平衡。因此，从这个意义上来说，财政与基本养老保险是一种相互独立的关系，财政主要应当承担对制度支持的作用，既包括对基金补贴的投入，还包括对基金管理运行与监督的责任。在改革过程中，要充分考虑经济发展进入新常态，财政收入难以维持高增长的态势，树立有限财政意识，清晰界定财政责任范围，处理好中央与地方的关系。老年人的收入保障有基本和非基本两部分，而对于“保基本”，财政责无旁贷，要全面负起兜底责任。对于由制度转轨造成的历史欠账，财政也要承担相应的责任。三是支持老年人自强自立。“积极老龄化”是对过去过度强调保护、保障和照顾的养老模式的主动调整，这是国际社会应对人口老龄化达成的共识。在我国，实现老有所为的理念与积极老龄化是一脉相承的。改革基本养老保险制度，要充分激发老年人自立自强的精神，在“保基本”的基础上，通过自身挖潜摆脱福利依赖，不断提高生活质量和水平。

四、建立健全多渠道筹资的体制机制

随着经济增速放缓和外部经济环境的变化，企业经营面临诸多困难，养老保险缴费率提升的空间不大（2019 年国家已明确将用人单位缴费率由 20%下降至16%），基本养老保险缴费基数进一步夯实的难度也不小。因而今后一段时期，基本养老保险费征缴的工作重点，主要是规范缴费行为，优化缴费结构，均衡各方负担。基于这样的理解，需要转换思路，加大政府筹资的力度，重点是通过增加公共预算投入、划转国有资本、转入国有资产收益、转入土地有偿使用收入、转入彩票公益金等手段充实社会保险基金，积极发挥全国社会保障基金作为战略储备金的作用，逐步解决历史欠账问题，提高养老保险基金保值增值水平。当然，随着经济增长速度趋缓，财政收入增幅也会相应下降，因而未来财政可用于社会保险补助的资金也将受到限制。因此，一方面，需要健全基本养老保险基金自求平衡机制，把财政责任限制在一定的范围之内；另一方面，财政自身需要尽早打算，主动、及时地调整支出结构，适当增加财政对社会保险基金的投入。

五、建立健全精算报告制度

坚持精算平衡原则，是实现基本养老保险制度科学发展、永续运行的基本前提。精算是运用数学、统计学、财务管理等方法和技术，解决保险险种设计、保险费率厘定、责任准备金计提、风险评估等问题的科学理论。要科学确定基本养老保险精算的工作内容和质量要求，定期编制基本养老保险长期精算平衡报告，尊重精算分析的结果，增强精算分析结果对于政策制定、完善的影响力。要建立长期核算机制，在科学合理的精算假设下估计出中长期基本养老保险的年度收支和长期精算平衡状态，减少代际矛盾，实现代际平衡。要建立基金的自平衡机制，根据预期余命、老龄化程度、投资回报率变化等，自动调整养老保险的缴费和给付水平，使缴费与给付保持动态平衡。

许多发达国家都已经建立了精算报告制度，实时监测本国基本养老保险基金精算平衡情况。而在我国，从全国到地方，还没有建立精算报告制度的实践。从制度可持续运行的角度来看，加快建立健全基本养老保险精算制度十分必要，进而可以实现制度设计、待遇调整、费率厘定、基金结余及其风险评估等方面的科学化管理。同时，要规范基本养老保险统计工作，对统计数据进行科学管理并加强分析。因此，建议在全国建立基本养老保险精算报告制度，待时机成熟向国务院乃至全国人大报告。

本章小结

经过多年的改革探索，我国逐步建立健全老年收入保障体系，满足广大老年人收入保障需要。随着人口老龄化程度加深，完善老年收入保障体系的任务将更加繁重。本章力图在代际均衡视角下，分析老年收入保障体系现状和存在的问题，在此基础上提出改革完善的政策建议。

一般情况下，劳动者达到一定年龄之后，其劳动能力随年龄增长而下降，其对社会的贡献随之减小，因而老年人的收入会逐渐下降最终为零。无论是农耕时代、工业时代，还是信息时代，都是如此，只是变化速度不同而已。所以，老年人如果没有足够的资金积累或其他来源，则可能生活无着，陷入贫困。这就需要一套制度来保障老年人的基本生活，或者持续提供生活资料，或者给予一笔稳定的资金，保障其购买基本生活资料的能力。新中国成立以来，通过建立退休养老制度，保障退休人员的基本生活。20 世纪 80 年代以来，实现养老金制度转型，建立健全“统账结合”的职工基本养老保险制度，覆盖人数逐步扩大，保障水平逐年增长；进入 21 世纪后，建立新型农村社会保险制度和城镇居民社会保险制度，并实现这两项制度整合，从而建立起覆盖全民的基本养老保险制度。本章回顾了职工基本养老保险制度、城乡居民基本养老保险制度建设和改革历史，介绍了高龄津贴制度和补充性养老保险制度建设存在的问题。重点基于代际均衡视角，构建了职工基本养老保险缴费年限精算分析模型，通过“缴费年限”这一核心变量，评估缴费年限增加对基金财务平衡的影响；引入“标准参保人”的概念，分析其一生实现缴费与待遇平衡的缴费年限，探讨缴费年限增加对基金纵向平衡的影响，从而为进一步完善制度提供依据。在揭示存在问题的基础上，就完善老年收入保障体系，提出了坚守“保基本”原则并正确引导舆论、优化基本养老保险制度设计、强化各方责任分担、建立健全多渠道筹资的体制机制、建立健全精算报告制度等一系列政策建议，从而促进老年收入保障制度更加公平、持续、有效率。

第四章　老年医疗保障

疾病风险是每一个社会成员所面临的基本风险，因而医疗保障是社会保障体系中的重要项目，也是老龄社会支持体系的重要组成部分。从国际上看，医疗保障模式主要有救助型、保险型和福利型等类型。经过 20 多年的改革探索，我国实现了社会医疗保险制度转型，建立了一套新的社会医疗保险制度体系，包括职工基本医疗保险制度（简称职工医保）和城乡居民基本医疗保险制度（简称居民医保）。这套制度体系目前已经基本覆盖全体国民，标志着我国社会医疗保险事业进入了一个新阶段。在人口老龄化程度日益加深、经济发展进入新常态和医药卫生体制改革逐步深化的背景下，基本医疗保险制度可持续问题的重要性逐渐显现。特别是根据现行职工基本医疗保险制度的设计，退休人员不缴费，用人单位和在职职工的缴费用于所有参保人员医疗保险基金的支付，这样处理好医疗保障制度的代际均衡问题需要引起高度重视。

本书从代际均衡的视角出发，以职工基本医疗保险制度为例，分析医疗保障系统老龄化问题，提出社会医疗保险纵向平衡费率的测算方法。从制度框架、保障待遇、基金风险、协同机制等视角，发现基本医疗保险治理机制存在的诸多缺陷，并在优化基本医疗保险制度设计，建立健全医药服务价格谈判机制，强化管理服务的规范性，增强管理服务的科学化程度，加快发展互助合作型和商业型医疗保险方面等提出了完善医疗保障治理机制的政策建议。

第一节　老年医疗保障体系现状

一、职工基本医疗保险制度

职工基本医疗保险制度是医疗保障体系的重要组成部分。中华人民共和国成立后，我国逐步建立了劳保医疗和公费医疗制度，覆盖全民所有制部门的职工及其直系亲属。1953 年以前经费由企业行政负担，1953 年改为根据行业性质按工资总额的 5%～7%提取；1969 年，按工资总额的 11%提取职工福利基金，用于医疗卫生费和福利费开支。

20 世纪 80 年代，各地陆续开始改进劳保医疗和公费医疗，探索个人适当承担少量医疗费用的方法，旨在控制和减少浪费。1993 年，党的十四届三中全会提出，城镇职工养老和医疗保险金由单位和个人共同负担，实行社会统筹和个人账户相结合。部分地区开始探索企业职工大病医疗费用的社会统筹，旨在建立与企业经营状况无关的社会化医疗保障制度。1994 年，国家选择江苏镇江市和江西九江市进行医疗保障制度改革试点（即“两江试点”），就职工基本医疗保险费用筹集、建立医疗费用制约机制、完善统账结合等方面开展试点。1996 年，医疗保险制度改革试点扩大到全国其他城市。1998 年 12 月，国务院发布《关于建立城镇职工基本医疗保险制度的决定》，明确了职工医疗保障制度改革的方向和新制度的模式，即社会统筹与个人账户相结合的职工基本医疗保险制度，明确国家机关、企事业单位和社会团体等所有城镇用人单位及其职工均须参加这一制度。由此，劳保医疗和公费医疗制度逐步废止。2020 年，中共中央、国务院印发《关于深化医疗保障制度改革的意见》，就加快建成覆盖全民、城乡统筹、权责清晰、保障适度、可持续的多层次医疗保障体系提出了一系列意见建议，包括完善待遇保障、筹资运行、医保支付、基金监管等重要机制和完成医药服务供给、医保管理服务等关键领域的改革任务。

近年来，职工基本医疗保险参保覆盖面逐步扩大（表 4-1）。到 2019 年，职工医保参保人数约达到 3.29 亿人，其中在职职工约为 2.42 亿人，退休人员 8700 万人，在职退休比为 2.78：1。需要指出的是，根据现行职工基本医疗保险制度设计，退休人员不缴费，且待遇水平比在职职工略高，那么在职退休比越低，就意味着在相同待遇水平下，在职人员缴费负担越重。

表 4-1　2010～2019 年职工基本医疗保险参保情况

年份	在职参保人数/万人	退休参保人数/万人	在职退休比
2010	17 791	5 944	2.99：1
2011	18 948	6 279	3.02：1
2012	19 861	6 624	3.00：1
2013	20 501	6 942	2.95：1
2014	21 041	7 255	2.90：1
2015	21 362	7 531	2.84：1
2016	21 720	7 812	2.78：1
2017	22 288	8 034	2.77：1
2018	23 308	8 373	2.78：1
2019	24 224	8 700	2.78：1

2019 年，职工医保基金收入 15 845 亿元，比上年增长 10.7%，基金支出 12 663

亿元，比上年增长 10.4%。其中，统筹基金收入 10 005 亿元，统筹基金支出 7939 亿元，累计结存 14 128 亿元；个人账户基金收入 5840 亿元，个人账户基金支出 4724 亿元，累计结存 8426 亿元。虽然各地职工医保政策还有较大差异，但近年来各地普遍提高保障待遇。2019 年，政策范围内住院费用基金支付比率达到 85.8%，实际住院费用基金支付比率为 75.6%，个人负担 24.4%。

二、城乡居民基本医疗保险制度

城乡居民基本医疗保险制度的保障范围主要是，除了职工基本医疗保险参保人员之外的城镇或农村地区非工薪群体（包括老年人、少年儿童等）。这一制度起源于 20 世纪 50 年代开始探索的农村合作医疗制度。1955 年，在山西、河南、河北等省份农村出现了由农业生产合作社举办的保健站。1959 年，卫生部在山西省召开全国农村卫生会议，正式肯定了农村合作医疗制度。1965 年，毛泽东发出“六二六”指示后，进一步推动了合作医疗制度的普及化。到 20 世纪 70 年代末期开始，由于家庭联产承包责任制的推广，农业合作医疗制度由于失去赖以生存的经济物质基础而开始瓦解，广大农民医疗保障问题开始凸显。

2002 年，中共中央、国务院印发《关于进一步加强农村卫生工作的决定》，提出逐步建立新型农村合作医疗制度。2003 年，《关于建立新型农村合作医疗制度的意见》提出在浙江、湖北等省份开展新型农村合作医疗试点。制度的模式主要是个人缴费与财政补助相结合，重点保障住院等大病费用。从 2005 年开始，新型农村合作医疗开始从试点走向全面普及。2007 年，国务院印发《关于开展城镇居民基本医疗保险试点的指导意见》，决定面向广大城镇居民开展基本医疗保险试点，城镇居民基本医疗保险制度模式基本与新型农村合作医疗一致。到 2009 年，城镇居民基本医疗保险制度基本实现全覆盖。至此，基本医疗保险制度实现制度全覆盖。2016 年，国务院印发《关于整合城乡居民基本医疗保险制度的意见》，推动各地实现两项制度整合。

当前，城乡居民基本医疗保险制度覆盖范围包括除覆盖职工基本医疗保险应参保人员以外的其他所有城乡居民，在各地一般分为少儿医保、大学生医保和其他城乡居民医保（重点是老年人）。截至 2019 年，参保人数达到 10.25 亿人，其中成年人参保人数为 7.69 亿人，占比达到 75%。筹资模式采用个人缴费和财政补助相结合，图 4-1 反映了 2012～2019 年城乡居民基本医疗保险筹资情况。到 2019 年，居民人均个人缴费为 235 元，人均财政补助达到 546 元，财政补贴与个人缴费之比为 2.32∶1。按照制度设计规定，与职工基本医疗保险不同的是，实行终生缴费，且不建立个人账户。2019 年，居民医保参保人员共享受待遇 21.7 亿人次，政策范围内住院费用基金支付比率达到 68.8%，实际住院费用基金支付比率达到

59.7%。

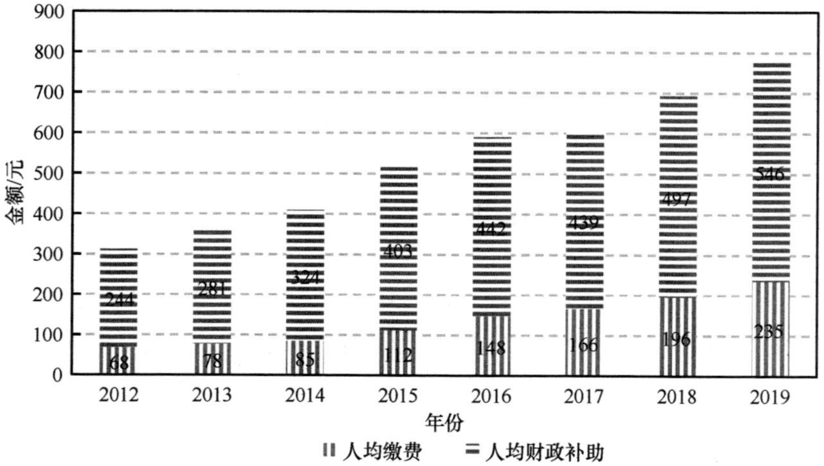

图 4-1　城乡居民基本医疗保险筹资情况

三、其他医疗保障项目

老年医疗保障体系中，除了职工基本医疗保险制度和城乡居民基本医疗保险制度，还有大病保险、承担兜底功能的医疗救助制度，以及商业健康保险、互助合作医疗保险等补充性医疗保险。

大病保险是国务院深化医药卫生体制改革领导小组办公室在总结若干地区经验基础上形成的一项医疗保险政策。2012 年，部分地区开展大病保险试点。2015 年，国务院办公厅印发《关于全面实施城乡居民大病保险的意见》，明确定位为基本医疗保险制度的延伸。根据国家医疗保障局会同财政部制定的《关于做好 2019 年城乡居民基本医疗保障工作的通知》，大病保险筹资标准进一步提高，政策范围内报销比率由 50%提高至 60%。但大病保险的职能定位并没有完全清晰，与基本医疗保险和医疗救助的衔接关系还需要进一步优化。

根据《社会救助暂行办法》，最低生活保障家庭成员、特困供养人员和其他特殊困难人员可以申请医疗救助。医疗救助的主要方式包括，给予救助对象个人缴费部分参保补贴；对基本医疗自负费用给予补助等。通过强化基本医疗保险、大病保险和医疗救助三重保障功能，减轻大额医疗费用负担。2019 年，全国医疗救助基金支出 502.2 亿元，资助参加基本医疗保险 8751 万人，实施门诊和住院救助 7050 万人次，全国次均住院救助、门诊救助分别为 1123 元、93 元。

近几十年来，商业型健康保险取得了一定的发展，但总体来看，与老百姓的需求相比，与其他国家相比，我国商业型健康保险的发展仍相对滞后。社会成员中拥有商业型健康保险的比重不高，即商业型健康保险的普及率还很低。医疗费用报销型的健康保险产品的销售量很小，而销售相对较多的重大疾病保险，其技术原理与人寿保险相同，属于非典型性医疗保险，因而医疗保险经营管理技术水平提高缓慢。可以说，健康保险对整个保险业的发展贡献不多，保险业在整个医疗保障体系中所发挥的作用不够，保险业对“健康中国”战略和对国民健康水平提高的贡献不够，健康保险业需要有一个大发展。

第二节　基本医疗保险系统老龄化

一、问题的提出

众所周知，医疗消费有年龄差异。一般成人组的人均医疗消费随着年龄的提高而增加，相应地，医疗保险基金的人均支出额也随年龄提高而增多。根据人力资源和社会保障部社会保险事业管理中心提供的统计资料，退休人员基本医疗保险基金人均支出额是在职参保职工的 4 倍以上。现行城镇职工基本医疗保险制度规定，退休后的参保者及其原单位不再缴纳医疗保险费。因此，某一统筹地区基本医疗保险退休人数占总参保人数之比重对该地区医疗保险基金有重要影响，即退休人数所占比重越高，则基金支付压力越大。

在中国，由于出生率下降和预期寿命的延长，人口老龄化已经成为一种不可逆转的趋势。如果退休年龄不变，并且继续执行退休后不缴费的政策，在基本医疗保险制度覆盖的人群中，出现缴费人群相对缩小、享受人群相对扩大的趋势，我们将其称为系统老龄化。

国外学者较早关注医疗保险基金的可持续性。Blomqvist 和 Carter（1997）选取 1960～1991 年 18 个 OECD 国家的数据，指出了医疗支出与经济增长、人口老龄化之间存在协整关系。Zweifel 等（1999）通过使用时间序列数据对医疗费用支出与年龄的关系进行了研究，对在 1983～1992 年去世的人生前最后 8 年医疗费用支出的计量分析后发现，医疗费用支出的大小取决于他们的剩余寿命而非他们的实际年龄（至少对于那些大于 65 岁的人来说）。在发现人口老龄化对社会医疗保险基金的重要影响后，许多国家开始研究增加自负比率、改变给付方式、调整待遇支付、推迟退休年龄等措施。Eichneri（1998）分析了由于人们自负比率的变化而带来的医疗服务需求的变化，通过计量模型的分析得出：医疗保险的参保人自负比率每增加 1%，导致其医疗服务费用支出下降 0.62%。

最近几年，国内学者开始关注这一问题。邓大松和杨红燕（2006）在利用近 20 年来人均工资与人均医疗费用实际数据等资料的基础上，分别考虑人均医疗费用占人均工资比率不变和增长两种情况，对 2000～2050 年基本医疗保险制度费率增长状况进行了测算，得出的结论是：若随时间推移，人均医疗费用支出工资率系数持续上升，即相对人均工资而言，人均医疗费用支出以较快速度增长时，人口老龄化将导致医疗费率的急剧上升。王晓燕和宋学锋（2004）通过对在职职工人均医疗费用增长率、年平均工资增长率、人口负担比、基金投资率等参数做出假定，分别推断出了基金不平衡的年度及整个基金入不敷出的年度。朱文华（2004）研究了基本医疗保险基金收支监测预测预警系统，设计出了一套标准的基础数据指标体系，确定了统筹基金收支监测内容、指标与方法，确定了影响统筹基金收支关键因素的分析方法，其中涉及老龄化对于医疗保险基金的影响问题。李雯和温小霓（2006）通过建立宏观经济中实现稳态的模型，得出了社会医疗保险统筹基金的最优化水平模型，从而得出在不同的人口自然增长率下，需要的医疗保险统筹基金的大小是不同的结论。人口自然增长率如果为负，也就是说人口年龄结构趋于老龄化，需要的基金量增加；相应地，如果人口自然增长率为正，即年轻人的比重增加，所需基金的量减少。何平平（2006）依据我国 1978～2003 年的统计数据，使用协整分析考察了经济增长、人口老龄化与我国医疗费用增长之间的关系，并建立了误差修正模型。分析发现：我国医疗费用增长不仅受经济增长的影响，而且也受人口老龄化的影响，并且人口老龄化对我国医疗费用增长的影响明显高于经济增长对我国医疗费用增长的影响。基于计量回归得出的结论的作用往往在于可以为老龄化对医疗费用支出以及医疗保险制度的运营是否形成冲击提供理论支撑，而通过运用精算学等方法进行测算，可以就人口老龄化对当前医疗保险制度平稳运营形成的压力和冲击进行判断和预测。彭俊等（2006）通过运用精算方法研究了医疗保险基金的收支平衡测算方法，在此基础上，对广东省珠海市社会医疗保险统筹基金的运行状况进行了测算分析，得出了在目前的老龄化趋势下，按现行的医疗保险制度体系，珠海市的基本医疗保险基金将在 2020～2025 年产生入不敷出的结果。在此基础上提出了改进个人账户的划拨比率，加强基本医疗保险“扩面”和征缴工作等建议。

事实上，以非寿险精算理论为基础设计的基本医疗保险制度，其统筹基金采用现收现付制筹资模式，基金只求当年平衡：根据本年度医疗保险待遇支付的需要，确定医疗保险费率，据以收取保险费，建立医疗保险统筹基金。由于现行制度规定退休者及其原单位不需要缴纳医疗保险费，在现收现付制筹资模式下，假定其他因素不变，则随着系统老龄化程度加深，为了实现基金平衡，必然要求逐步提高基本医疗保险的费率。而提高费率将受到种种限制，其空间不大。因此，基本医疗保险制度与长期的养老保险制度具有某种相似性，我们不能简单地视这一制度为一般的短期保险制度。本书改变传统思路，引入寿险精算方法，建立分析模型，揭示系统老龄化对于基本医疗保险基金长期平衡的影响，并以某市医疗保险数据为基础进行模拟分析。

二、实例分析和测算

为了揭示系统老龄化对于基本医疗保险基金的影响，我们建立了精算模型，并进行实证分析。根据现行制度的设计，我们只需重点关注基本医疗保险统筹基金的变化趋势，不必讨论个人账户基金。为此我们构建如下预测模型：

$$\begin{aligned}&\text{预测期末基金余额}(F^N)\\&=\text{预测期初基金余额}(F^o)\\&+\sum_{k=1}^{N}\left\{\text{第}k\text{年基金收入}(Y^k)-\text{第}k\text{年基金支出}(B^k)\right\}\end{aligned} \tag{4-1}$$

即 $F^N=F^o+\sum_{k=1}^{N}(Y^k-B^k)$，$N$ 为预测期的长度（年数）。

第 k 年统筹基金收入 $Y^k=Y_1^K+Y_2^K+Y_3^K+Y_4^K+Y_5^K+Y_6^K$，其中：$Y_1^K$ = 第 k 年单位缴费进入统筹基金部分；Y_2^K = 第 k 年灵活就业人员（含个体工商户）缴费进入统筹基金部分；Y_3^K = 第 k 年协缴人员所缴医疗保险费进入统筹基金部分；Y_4^K = 第 k 年补缴医疗保险费的收入；Y_5^K = 第 k–1 年基金余额的利息收入；Y_6^K = 第 k 年财政对于医疗保险基金的投入。由于篇幅限制，这些变量的具体算法从略。

第 k 年统筹基金支出 $B^k=B_{1m}^k+B_{1f}^k$，其具体算法为

男性：
$$B_{1m}^k=\sum_{j=16}^{\omega}\frac{L_{mj}^k}{L_{m(j-1)}^{k-1}}l_{m(j-1)}^{k-1}b_{mj}^{k-1}(1+\varphi_{Bmj}{}^k) \tag{4-2}$$

女性：
$$B_{1f}^k=\sum_{j=16}^{\omega}\frac{L_{fj}^k}{L_{f(j-1)}^{k-1}}l_{f(j-1)}^{k-1}b_{fj}^{k-1}(1+\varphi_{Bfj}{}^k) \tag{4-3}$$

这里的 ω 为极限年龄。其中，B_{1m}^k 为第 k 年所有参保男性的大病统筹基金支出总和；B_{1f}^k 为第 k 年所有参保女性的大病统筹基金支出总和；b_{mj}^k 为第 k 年 j 岁男性的平均统筹基金支出额；b_{fj}^k 为第 k 年 j 岁女性的平均统筹基金支出额；φ_{Bmj}^k 为第 k 年 j 岁男性的统筹基金支出增长率；φ_{Bfj}^k 为第 k 年 j 岁女性的统筹基金支出增长率。按照上述模型，运用某市医疗保险运行数据，进行了拟分析。

（一）参保人数与结构

2014～2019 年 Z 市基本医疗保险参保人数逐年扩大。到 2019 年底，该市职工基本医疗保险参保人数为 671.12 万人，其中男性 387.48 万人，女性 283.64 万人；在职职工 554.65 万人，退休人员 116.47 万人，退休与在职参保人数比率为 0.21。

为了分析参保人群结构的变化趋势，我们对于 Z 市 2019 年底参保人群的结构状况进行了统计分析（图 4-2、图 4-3）。从中我们可以看到，参保人群的年龄高峰出现在 20～45 岁，再过 30 年该年龄段的人群将步入老龄阶段。因此 30 年后参保人群的老龄化问题将十分突出，并将给统筹基金带来很大压力。

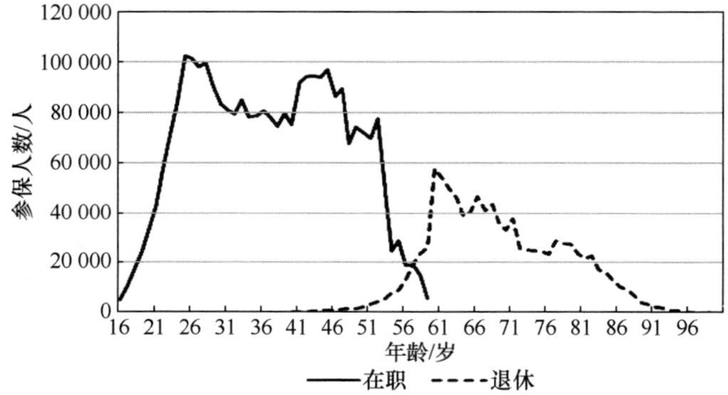

图 4-2　2019 年 Z 市基本医疗保险参保人群（男）分布

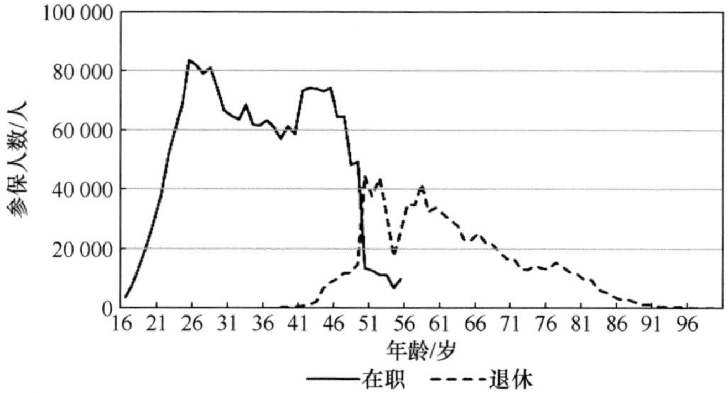

图 4-3　2019 年 Z 市基本医疗保险参保人群（女）分布

（二）人均基金支出水平与结构

我们进行统计分析，得到了基本医疗保险月人均基金支出状况（图 4-4 和表 4-2）。由此看到，基本医疗保险月人均基金支出具有随年龄增加而增加的趋势，且在 16～85 岁，男性月人均基金支出水平与女性月人均基金支出水平相当。

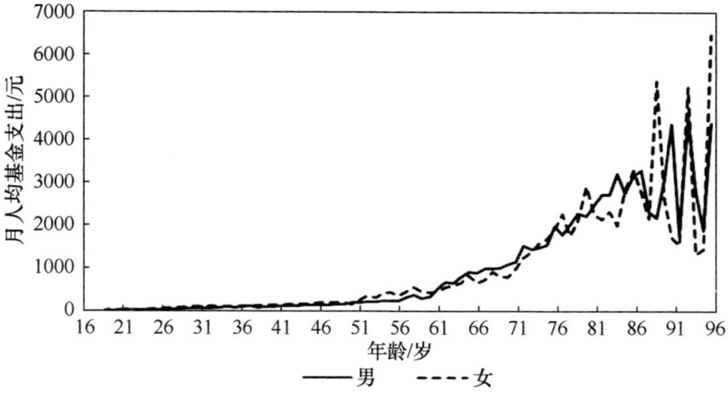

图 4-4　2019 年 Z 市基本医疗保险月人均基金支出（按年龄、性别）

表 4-2　2019 年 Z 市基本医疗保险月人均基金支出（按性别、年龄）

年龄/岁	男性支出/元	女性支出/元	年龄/岁	男性支出/元	女性支出/元	年龄/岁	男性支出/元	女性支出/元
17	0.0	1.9	38	102.8	143.3	59	318.1	471.9
18	2.4	6.1	39	116.7	152.7	60	351.0	457.0
19	20.9	63.0	40	113.3	157.6	61	563.2	473.4
20	40.1	23.0	41	142.7	159.5	62	690.0	576.0
21	56.9	37.5	42	140.8	172.6	63	670.9	609.6
22	37.0	39.3	43	141.7	183.1	64	807.6	678.9
23	44.6	44.7	44	149.3	185.7	65	930.1	847.3
24	41.6	66.5	45	157.7	193.5	66	906.8	674.0
25	44.6	78.7	46	163.5	210.2	67	1002.4	751.8
26	50.5	86.5	47	167.2	208.5	68	1004.4	922.5
27	60.9	94.0	48	170.2	224.2	69	1036.1	823.1
28	60.4	103.7	49	179.9	209.9	70	1116.0	816.6
29	74.3	114.4	50	215.4	175.3	71	1164.4	999.8
30	77.4	120.8	51	213.1	281.6	72	1545.8	1264.2
31	78.5	119.1	52	238.7	369.4	73	1477.1	398.1
32	84.4	134.4	53	242.8	338.3	74	1508.5	1612.3
33	91.5	120.4	54	253.9	426.6	75	1564.3	1706.7
34	118.9	126.2	55	261.5	451.5	76	2009.3	1941.2
35	107.5	124.3	56	252.9	371.3	77	1800.7	2278.9
36	122.7	141.8	57	339.0	466.1	78	2038.7	1781.0
37	138.0	131.6	58	394.0	583.0	79	2309.3	2112.4

续表

年龄/岁	男性支出/元	女性支出/元	年龄/岁	男性支出/元	女性支出/元	年龄/岁	男性支出/元	女性支出/元
80	2237.1	2936.9	85	2771.1	2831.3	90	3087.1	2640.0
81	2498.6	2274.2	86	3201.5	3313.7	91	4398.3	1732.5
82	2744.7	2163.5	87	3310.6	2780.7	92	1792.0	1569.7
83	2728.2	2340.9	88	2343.9	2177.7	93	4580.6	5265.4
84	3233.4	2019.2	89	2195.1	5403.3	94	2809.1	1342.0

（三）参数假设

（1）参保人数及其结构和趋势。根据 Z 市经济社会发展的情况和近几年基本医疗保险参保人数增加的实际状况，我们假定未来若干年在职参保人员保持基本稳定。在这一假定下，基本医疗保险参保人群中，退休人数与在职人数之比呈逐渐上升趋势，见图 4-5。

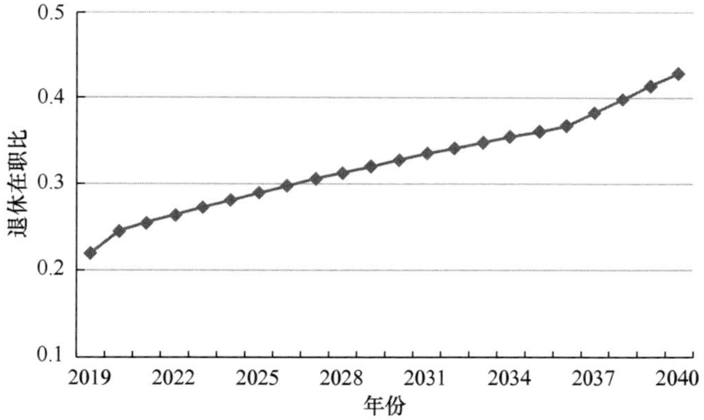

图 4-5　2019～2040 年 Z 市基本医疗保险参保退休在职比变化趋势

（2）生命表。依据 2010 年第六次全国人口普查该市的有关资料编制。

（3）统筹基金筹资率。通过对该市基础数据的计算分析，确定用人单位缴费进入统筹基金的比率为 5%。

（4）缴费工资及其增长率。参保人员缴费工资基数及其年龄、性别结构由该市社会医疗保险中心提供。通过当地缴费工资增长的经验数据，预测未来缴费工资基数增长率为 5%。

（5）统筹基金支出及其增长率。根据该市的经验数据，结合未来趋势分析，假定 2019～2022 年统筹基金支出增长率为 8%，以后每年均为 6%。

（6）投资回报率。假定基金结余的投资回报率为 4%，当基金出现亏空时，投资回报率为零，不显示负数。这是考虑到出现此类情况时，政府采取措施填补基金，而不是通过贷款来给付医疗保险金。

（四）结果分析

1. 现行制度政策不变假定下基金趋势分析

在现行基本医疗保险制度和政策不变的假定下，该市基金结余在2008～2026年呈现缓慢增长趋势，到2026年基金累计结余最高达688.72亿元，此时退职比约为0.30，退休支出约占总支出的52.12%。从2027年开始，统筹基金结余递减，在2035～2040年，统筹基金结余开始出现赤字，2040年的基金余额为−1366.07亿元，此时退职比约为0.42，退休支出约占总支出的65.37%（图4-6）。这表明，受系统老龄化的影响，如果制度和政策维持现状，则从长远看，该城市基本医疗保险基金存在严重的支付风险。

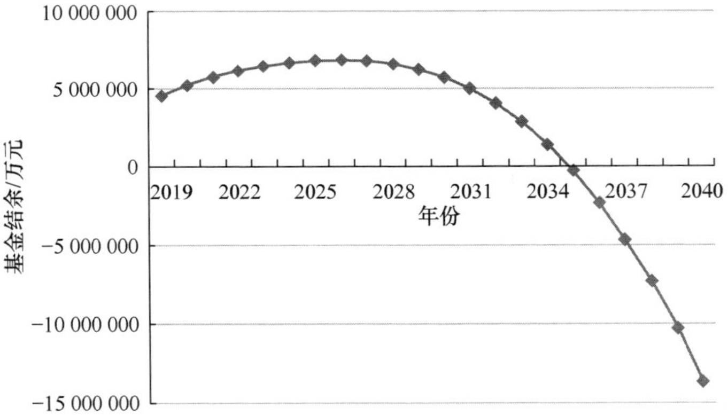

图4-6　现行制度政策不变假定下Z市基金趋势分析

2. 假设退休年龄适当提高后的统筹基金趋势分析

退休年龄是影响基本医疗保险系统老龄化程度的重要因素。事实上，由于用人单位不再缴费，则统筹基金无此项收入；同时，由于退休人员本人不缴费，而其个人账户仍然需要资金注入，这笔资金来源于用人单位所缴费用，统筹基金收入因此减少。另外，退休人员这个群体的医疗保险基金支出水平大大高于在职参保职工群体的医疗保险基金支出水平。因而，退休年龄提高，会增加统筹基金收入；退休年龄降低，则会减少统筹基金收入。所以，在其他条件不变的假定下，退休年龄越高，则统筹基金支付能力越强；反之，退休年龄越低，则统筹基金支付能力越弱。

据此，我们假设退休年龄适当提高，而其他因素不变，模拟统筹基金的变化趋势（图4-7）。结果显示：①如果男、女退休年龄均提高2岁，即男性退休年龄为 62 岁，而女性退休年龄为 52 岁，则统筹基余额在 2037～2038 年出现负值，2040 年末的基金余额为–1004.47 亿元。此时退职比约为 0.40，退休支出约占总支出的 64.50%。我们注意到，由于退休年龄提高 2 岁，基金余额变负的时间将往后推迟 2 年多。②如果男、女退休年龄均提高 4 岁，即男性退休年龄为 64 岁，而女性退休年龄为 54 岁，则统筹基金余额在 2039～2040 年出现负值，2040 年末基金余额为–351.43 亿元。此时退职比约为 0.37，退休支出约占总支出的 62.78%。同时我们看到，由于退休年龄提高 4 岁，统筹基金余额变负的时间将往后推迟近 4 年。这说明，退休年龄对于统筹基金的影响是比较敏感的，从图 4-7 可以看出，调整退休政策，有利于降低系统老龄化程度，从而有利于降低基金支付风险。

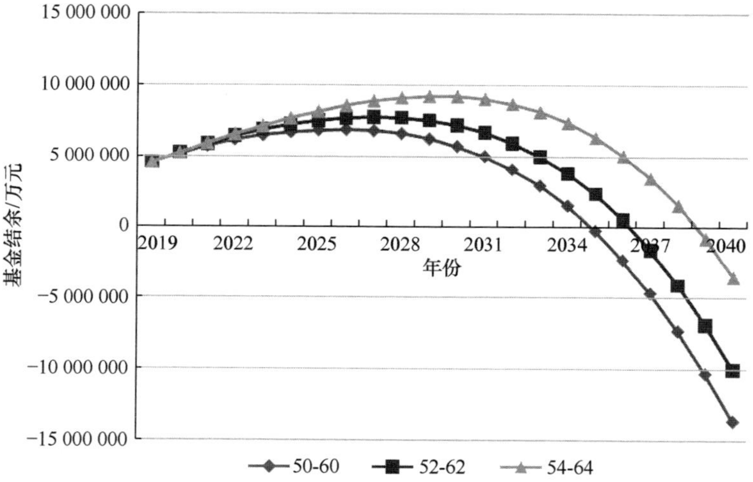

图 4-7 退休年龄提高而其他因素不变假定下 Z 市基金趋势分析

3. 假设退休缴费政策调整后的统筹基金趋势分析

即使退休年龄有所提高，参保人群的年龄结构本身未发生变化，退休在职比也会提升到很高的水平，而退休人员不缴费，退休人员支出占总支出的较高比率会使统筹基金收支失衡。如果采取退休人员缴费政策（至于如何筹资，可以根据不同情况，通过多种渠道筹集，如个人缴费或财政注资等），就会增加统筹基金收入，提高统筹基金支付能力。

假设其他因素不变的情况下，调整退休缴费政策，考察统筹基金的变化趋势。由于不考虑个人账户，退休人员缴费费率即为缴费进入统筹基金的比率。模拟结果显示：①如果退休人员缴费费率为 1%时，基金余额在 2039～2040 年出现赤字，2040 年末的基金余额为–461.78 亿元。此时退职比约为 0.45，退休支出约占总支出的 65.37%。因此，由于退休人员以 1%的费率缴费，统筹基金余额出现赤字的时间将往后推迟 4 年多。②如果退休人员缴费费率为 3%时，统筹基金余额在2049～2050年出现负值，2050年末基金余额为−332.11亿元。此时退职比约为0.63，退休支出约占总支出的 78.89%。那么，由于退休人员以 3%的费率缴费，统筹基金余额变负的时间将往后推迟近 15 年。这也说明，退休缴费政策对于统筹基金的影响比退休年龄延长更加敏感，如图 4-8 所示。

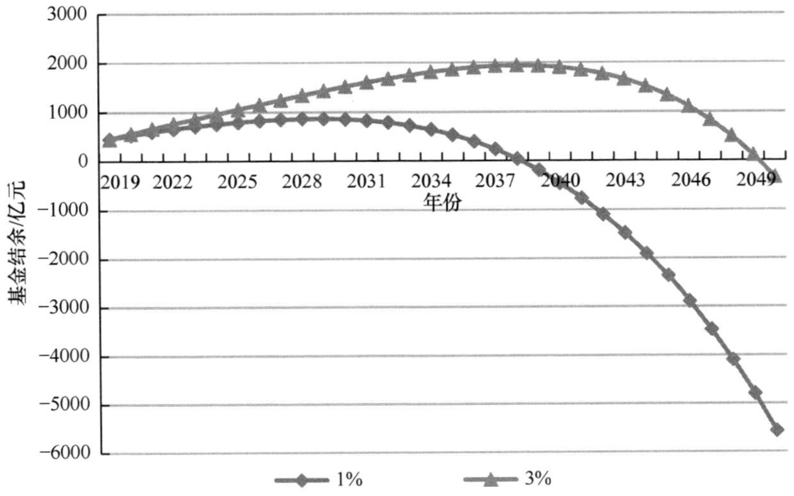

图 4-8　调整退休人员缴费费率而其他因素不变假定下 Z 市基金趋势分析

第三节　基本医疗保险基金长期平衡分析

一、基本医疗保险基金风险分析

基本医疗保险制度可持续性的研究，必须基于风险分析，且离不开定量分析，一般从两个视角讨论：一是静态分析，也就是短期分析，基于医疗保险当期平衡的传统观点，仅考察一个会计年度内的基金平衡问题，假定基本医疗保险制度（筹资和待遇规则）、参保人群结构、疾病谱、病人就医方式和医生诊治方式不变，资金一般不考虑投资因素，即不计利息。二是动态分析，即一种长期性的分析，考虑基金长期平衡。

事实上，基本医疗保险制度运行过程中，制度、政策可能有调整。即使制度本身不变，其运行环境也会出现变化，经济发展会有波动，财政能力会有起伏，疾病谱、病人的就医方式和医务人员的诊治方式也会发生改变，尤其是新技术、新设备、新器械、新药品、新材料的引入，将对基金平衡产生影响，另外，还需要考虑投资因素，即资金必须考虑计算利息。本书重点考虑了如下几个因素。

（1）医药服务成本提高。基本医疗保险是以提供医药服务为基本方式的社会保险，并非像基本养老保险那样仅提供资金。这种服务需要医药服务机构提供，服务的成本存在很强的不确定性，因而基金支出具有很大的不稳定性。尤其是物价上涨、劳动力成本提高、新技术、新药的采用等，都构成基本医疗保险基金的风险因素。从国际上看，医药服务成本一般以高于国内生产总值（gross domestic product，GDP）增幅的速度增长。即便是前些年我国以控制医药费用为目的、以药品零差率和医疗服务价格适度提高为核心内容的公立医院改革，其结果也是增加了基本医疗保险基金支出，并加重了参保病人的实际负担。

（2）缴费收入不足。基本医疗保险基金主要来自缴费，尤其是职工医保基金主要是用人单位和参保职工缴纳。根据课题组的调查和有关部门提供的数据，各地用人单位瞒报缴费基数的现象普遍存在。在费率一定的情况下，缩小缴费基数，意味着少缴保险费，从而导致基金收入不足，直接影响基本医疗保险基金平衡。

（3）基本医疗保险待遇提高。一般来说，基本医疗保险待遇由三个方面的因素确定：一是基本医疗保险目录（简称医保目录），其中包括病种目录、诊疗目录、药品目录、辅料目录、住院待遇标准等；二是医药服务机构定点规则，包括医疗服务机构、药品销售机构等定点、结算方面的协议；三是报销规则，包括起付线、封顶线和报销比率等。从最近几年的情况看，这三者都在放开，尤其是定点医院、定点药店大幅度增加。本书对于异地就医对基本医疗保险基金的影响做了深入研究，发现这种便捷化直接导致基金累计结余逐年减少，形成基本医疗保险的基金风险。此外，起付线降低、封顶线提高、报销比率提高等，都直接影响了基本医疗保险的基金平衡。

（4）参保人群结构改变。前面几个因素的讨论，并没有考虑参保人群结构的改变。事实上，参保人群结构在不断变化，尤其是在人口老龄化、高龄化的背景下，缴纳保险费做贡献的人群相对减少，对于基金不做贡献而享受待遇的人群规模不断扩大，这就是基本医疗保险系统老龄化现象。随着人口老龄化加剧，尤其是在退休人员不需要缴费这一规则之下，这种系统老龄化现象将不断加剧。

二、模型构建和参数假设

本书以职工医保基金为重点，针对现行制度和相关政策，运用精算技术建立基金支付能力评估模型，刻画基金风险，据此也可以估计相应的政府财政责任。

（一）基本模型

根据职工医保现行制度设计原理，个人账户基金与统筹基金是完全独立的（与职工基本养老保险制度不同），因而我们重点关注统筹基金的收支结余情况，不必讨论个人账户基金的收支结余问题。按照会计学原理，职工医保统筹基金收支结余的基本模型为

期末统筹基金余额=期初统筹基金余额（上年末统筹基金余额）+本年统筹基金收入–本年统筹基金支出。

其中，统筹基金收入额主要根据单位缴费基数总额①和缴费费率计算得到，并包括投资回报收入、财政补助收入等；统筹基金支出额主要根据参保人数、费用发生率、保障待遇水平计算得到。

决定统筹基金收入的主要因素有缴费人数、缴费基数、统筹基金缴费费率、工资增长率、投资回报率等；决定统筹基金支出的主要因素包括参保人数、医疗支出发生率、医疗费用增长率、医疗费用报销比率等。事实上，由于法定退休年龄的差别，男性和女性的平均缴费年限不一，缴费基数和疾病发生率客观上也有差距；即便是同一性别、不同年龄参保人员的缴费基数、疾病发生率、医疗支出水平也存在差异。为了更加精确地刻画这些差异，我们采用生命表技术，采取分年龄（每一岁为一组）、分性别的方法估算各年龄参保人数，在对未来分性别各年龄组缴费基数和人均工资增长率、医疗费用和人均医疗保险基金支出增长率假设，以及参保扩面假设的基础上，预测未来医疗保险基金收支结余情况。

在精算平衡目标期间的选择上，我们测算了35年，即2016～2050年的基金收支情况。主要考虑：一是与“两个一百年”奋斗目标相衔接；二是我国正处于从中高收入国家向高收入国家迈进阶段，测算时间越长，不确定、不可控因素越多；三是2050年后我国老龄化程度趋于稳定，在此之前，实现职工医保制度可持续难度最大。

（二）参数假设

为了预测未来统筹基金收支状况，需要对参数进行假设。本模型中涉及人口参数、经济参数和制度参数。本书将设计多套参数假设方案。

1. 人口参数假设

职工医保制度的覆盖对象主要是城镇单位职工、自雇的个体工商户、灵活就业人员等。为了估计未来新增参保人员数量，需要对人口总量及结构、城镇化率、劳动参与率等做出预测。

在估算城镇从业人口总量时，我们假设在现行生育政策下，结合新型城镇化

① 从各地政策执行状况来看，缴费基数总额的确定，可以是单位工资总额，也可以是个人缴费基数总额。

规划确定的城镇化水平目标，基于 Logit 函数模型估算城镇化率，假设各年龄组的劳动参与率与第六次全国人口普查水平相当。需要说明的是，在预测人口时各类妇女生育水平不是主观设定、固定不变的输入变量，而是一个因生育政策规定的终生政策生育率和群众的生育意愿、地区的城市化水平、独生子女及非独生子女家庭年龄分布及所占比重变化而变化的一个输出变量。在此基础上，我们可以得到人口预测的主要结果（表 4-3）。

表 4-3　人口预测主要结果

年份	人口总量/亿人	城镇化率/%	城镇人口平均预期寿命/岁	
			男性	女性
2015	13.78	54.72		
2020	14.11	59.13	79.70	83.89
2025	14.28	63.15		
2030	14.30	66.72	80.43	84.67
2035	14.19	69.92		
2040	13.98	72.81	80.95	85.20
2045	13.68	75.46		
2050	13.27	77.85	81.35	85.62

2. 经济参数假设

未来经济增长不确定的因素有很多，国内外有一系列相关研究和预测。我们对职工医保的经济参数假设主要涉及三个方面：一是人均缴费基数增长率；二是人均医疗保险基金支出增长率；三是投资回报率。

1）人均缴费基数增长率

缴费基数的增长规律相对比较容易把握，与工资增长相挂钩，通常我们可以假定缴费基数与名义 GDP 保持同步增长。根据国内外权威机构的研究和预测结论，结合国家战略规划目标，我们能够对人均缴费基数增长率提出两种比较可靠的假设。

（1）假设 1（收入增长较快，相对乐观假设）。根据世界银行、国务院发展研究中心、中国社会科学院等对中国经济中长期发展的研究，2015～2050 年我国经济将从中高速增长阶段进入中低速增长阶段，且增速逐渐放缓。我们假定实际 GDP 增长率从“十三五”时期的 6.5%逐步下降到 2041～2050 年的 3.5%，通胀率为 2%，见表 4-4。

表 4-4　人均缴费基数增长率假设

年份	假设 1 的增长率/%	假设 2 的增长率/%
2016	8.5	5.0
2017	8.3	5.0
2018	8.4	5.0
2019	8.6	5.0
2020	8.5	5.0
2021～2025	8.0	4.5
2026～2030	7.5	4.0
2031～2040	6.5	3.5
2041～2050	5.5	3.0

（2）假设 2（收入增长较慢，相对悲观假设）。考虑到全面建成小康社会提出的 2020 年收入倍增计划目标（即到 2020 年居民收入比 2010 年翻一番），基于 2010～2015 年已完成情况，假设从 2016 年到 2020 年收入每年增长 5%即可完成收入倍增计划，并且 2020 年以后平均每五到十年下降 0.5 个百分点，见表 4-4。

2）人均医疗保险基金支出增长率

人均医疗保险基金支出增长规律相对复杂，不仅会受到经济增长规律的影响，同时与医疗技术进步、疾病谱改变、医疗费用增长、医疗保险报销规则等一系列因素密切相关。考虑到现行制度的目标和惯性，并结合研究需要，我们可以对人均医疗保险基金支出增长率做出两种假设。

假设 1（控费效果不佳，相对悲观假设）：根据 2010～2015 年职工医保全国参保人数、统筹基金支出等数据[1]，计算得到这些年份人均医疗保险统筹基金支出增长率为 9.6%到 19.4%。根据 2010～2015 年基金支出增长规律，结合各地已经开始实行的医疗保险控费方式和措施，我们假设 2016 年人均医疗保险支出增长率为 9.0%，未来若干年缓慢匀速下降，直到 2050 年降至 5.0%，见表 4-5。

表 4-5　人均医疗保险基金支出增长率假设

年份	假设 1 的增长率/%	假设 2 的增长率/%	
2016	9.0	8.5	5.0
2020	8.5	8.5	5.0
2025	7.9	8.0	4.5
2030	7.4	7.5	4.0

① 数据源自 2014 年和 2015 年的《中国社会保险发展年度报告》，人力资源和社会保障部社会保险事业管理中心。

续表

年份	假设 1 的增长率/%	假设 2 的增长率/%	
2035	6.8	6.5	3.5
2040	6.2	6.5	3.5
2045	5.6	5.5	3.0
2050	5.0	5.5	3.0

注：2014 年和 2015 年人均医疗保险基金支出增长率为实际增长率，2016～2050 年的增长率为本书假设的不同增长方案

假设 2 包含两列数据，是因为人均缴费基数增长率有两种假设。

假设 2（控费效果显著，相对乐观假设）：考虑到全国很多地方和部门已经意识到基本医疗保险基金的支付压力与风险，改变以往按项目付费的传统方式，在总额预算下积极探索按病种付费、按人头付费等多种付费方式改革，一定程度上控制了医疗费用过度增长的趋势。未来有可能采取更为严格、高效的手段，有效遏制医疗保险基金支出增长幅度，使之与经济收入保持在同步增长水平。因此我们不妨假设，从 2016 年开始，人均医疗保险基金支出增长率等于人均缴费基数增长率，见表 4-5。

3）投资回报率

投资回报率的影响因素主要包括产业结构、所有制结构、人力资本构成和政府干预等。根据已有统计数据和研究结论①，最近若干年我国投资回报率下降趋势明显。早期受经济全球化和入市等因素影响，2000～2008 年投资回报率始终稳定在 8%～10%的较高水平。然而 2009 年以后，受全球金融危机影响，我国投资率大幅攀升，第二产业比重不断下降，对同期资本回报率产生较大的负面冲击。从 2012 年开始，我国投资回报率已经下降至 3%以下，预计未来中长期内难以提升。结合已有研究成果以及对未来经济环境的预期，我们假定投资回报率在 2020 年以前保持在 2%，2021～2050 年有所回升，稳定在 3%的水平，见表 4-6。

表 4-6 投资回报率假设

年份	投资回报率/%
2016	2.0
2017	2.0
2018	2.0
2019	2.0
2020	2.0

① 此处引用结论主要来自清华大学经济管理学院白重恩教授的《中国的资本回报率及其影响因素分析》。

续表

年份	投资回报率/%
2021～2025	3.0
2026～2030	3.0
2031～2040	3.0
2041～2050	3.0

3. 制度参数假设

制度参数包括职工医保参保率（符合参保条件的城镇从业人口中在职参保人员的比重）、法定退休年龄等。利用参保率假设，可以推算每年新增在职参保人数和退休人数。

2015 年，作为职工医保应参保对象的全国城镇从业人口约 36 439 万人，而职工医保的实际在职参保人数仅 21 362 万人，参保率约 58.6%。导致参保率较低的原因有很多，主要包括：第一，尚有很多从业人员没有加入任何基本医疗保险制度；第二，很多应该加入职工医保的从业人员实际上仍在参加城乡居民基本医疗保险。上述数据表明，职工医保制度尚有很大的扩面空间，预计在 2050 年之前将 90%的城镇从业人口纳入职工医保制度，我们考虑参保扩面的推进有快速和慢速两套方案（表 4-7）。

表 4-7　制度参数假设

年份	慢速覆盖（假设 1）	快速覆盖（假设 2）
	参保率/%	参保率/%
2016	59.52	60.19
2020	63.11	66.47
2025	67.59	74.31
2030	72.07	82.16
2035	76.55	90.00
2040	81.04	90.00
2045	85.52	90.00
2050	90.00	90.00

三、测算结果分析

根据以上对人口、经济、制度参数的合理假设，通过两两组合的方式，我们能够得到多套测算方案。但是根据研究需要，以免混淆结论，我们不需要对全部方案展开测算与分析，只需选取若干典型方案，通过方案之间结果比较，探讨可能影响职工医保基金可持续性的原因即可。

（一）测算方案选取

根据研究需要，我们选取的测算方案见表 4-8。

表 4-8　参数假设与典型方案选取

控费假设	慢速扩面（假设 1）		快速扩面（假设 2）	
	人均缴费基数增长较快（假设 1）	人均缴费基数增长较慢（假设 2）	人均缴费基数增长较快（假设 1）	人均缴费基数增长较慢（假设 2）
控费不佳（假设 1）	方案一	方案三	方案二	方案四
控费显著（假设 2）	略	方案五	略	方案六

注：在人均缴费基数保持乐观快速增长的假设下，人均基金支出的两种假设差异很小（均从 9%降至 5%左右），基本上均与缴费基数保持同步增长，为避免赘述，故省略其中两套方案，这不影响测算结果和趋势分析的完整性

通过以上六套方案的选取及测算结果对比分析，可以得出相关因素对医保基金可持续性的影响方向和影响强度。

首先，分析人口结构（职工退休比）对医保基金可持续性的影响。方案一与方案二、方案三与方案四建立在人均缴费基数增长率同步、人均医疗保险基金支出增长率同步的基础上，可分析人口结构（职工退休比）对医保基金可持续性的影响。

其次，分析收入增长率对医保基金可持续性的影响。通过方案一与方案三、方案二与方案四的比较，可以在人均医疗保险基金支出增长率同步、扩面速度同步的基础上，分析收入增长率对医保基金可持续性的影响。

最后，分析支出增长率对医保基金可持续性的影响。方案三与方案五、方案四与方案六的比较，建立在人均缴费基数增长率同步、扩面速度同步的基础上，对比分析可得支出增长率对医保基金可持续性的影响。

（二）不同参数方案比较

基于前述精算模型和参数假设，我们以 2015 年统计报表数据、浙江省某统筹地区样本数据以及未来全国从业人口预测数据为基础，测算了 2016～2050 年全国职工医保统筹基金收支状况。

需要说明的是，本书测算结果仅反映全国宏观情况。由于全国各地对于职工医保的具体实施政策有所区别，经济运行趋势和人口规模结构也不尽相同，导致

各地统筹基金收支状况和可持续性差异较大。2015 年，全国职工医保职退比 2.84，统筹基金收入 5686 亿元，统筹基金支出 4654 亿元，统筹基金累计结存 6568 亿元，对于职退比较高的省份，基金收支状况好于全国总体水平，而对于很多职退比较低的省份，基金收支状况相对较差（表 4-9）。因而从基金可持续性预测结果的角度来看，未来全国有些省份的基金情况可能好于全国平均水平，但是也有很多省份的基金状况可能比本书预测的全国宏观状况更加严重。

表 4-9　2015 年全国若干省份职工医保统筹基金收支情况

地区	职退比	基金收入/亿元	基金支出/亿元	累计结存/亿元
北京	4.48	786	719	293
浙江	4.63	687	503	746
福建	4.17	244	184	184
山东	3.33	563	507	458
江苏	2.98	782	666	538
河南	2.57	268	227	162
海南	2.53	49	40	58
云南	2.33	179	157	91
湖北	2.20	266	236	82
陕西	2.10	184	150	129
甘肃	2.08	91	81	50
湖南	2.07	231	187	104

资料来源：《中国社会保险年度发展报告 2015》

方案一：在假设缴费基数快速增长、医疗支出控费效果不佳、参保扩面速度较慢的情况下，预计从 2015 年到 2050 年，全国统筹基金收入将从 5868 亿元逐步增加至 87 631 亿元，年均增长 8.03%；基金支出从 4654 亿元增加至 121 192 亿元，年均增长 9.76%；年度基金收支缺口从 2032 年的 31.55 亿元（占名义 GDP 的 0.001%）逐步扩大至 33 560.49 亿元（占名义 GDP 的 0.477%）。2015 年底基金滚存结余 6570 亿元，按上述基金收支趋势，预计于 2040 年将不再有滚存结余，且累计收支缺口呈现快速扩大趋势，至 2050 年预计增至 213 629 亿元，约占 2050 年财政收入的 11.60%（图 4-9）。赤字水平和债务规模较高。

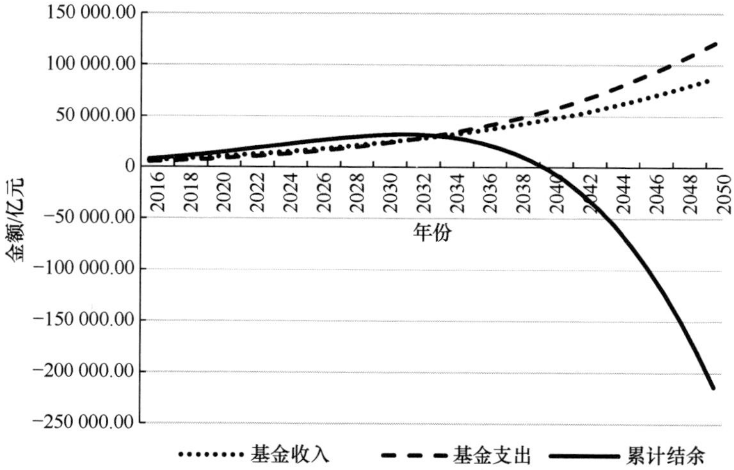

图 4-9　2016～2050 年全国职工基本医疗保险基金状况（方案一）

方案二：在假设缴费基数快速增长、医疗支出控费效果不佳、参保扩面速度较快的情况下，预计从 2015 年到 2050 年，全国统筹基金收入将从 5868 亿元逐步增加至 87 631 亿元，年均增长 8.03%；基金支出从 4654 亿元增加至 129 778 亿元，年均增长 9.98%；年度基金收支缺口从 2037 年的 814.76 亿元逐步扩大至 42 146.39 亿元（图 4-10），年度收支缺口占名义 GDP 的比重由 2037 年的 0.024%逐步扩大至 0.598%。特别是 2037 年以后，基金支出增长呈加速上升态势，年度收支缺口占名义 GDP 的比重每五年大约提高 0.15 个百分点。2015 年底基金滚存结余 6570

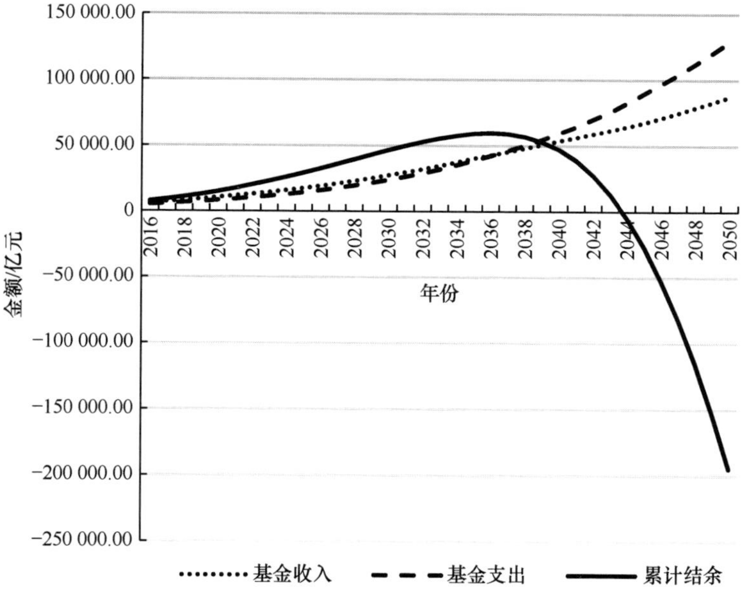

图 4-10　2016～2050 年全国职工基本医疗保险基金状况（方案二）

亿元，按上述基金收支趋势，预计于2044年将不再有滚存结余，且累计收支缺口呈现快速扩大趋势，至2050年预计增至194 675亿元，约占2050年财政收入的12.54%。

方案三：在假设缴费基数慢速增长、医疗支出控费效果不佳、参保扩面速度较慢的情况下，预计从2015年到2050年，全国统筹基金收入将从5868亿元逐步增加至31 667亿元，年均增长4.93%；基金支出从4654亿元增加至121 192亿元，年均增长9.76%；年度基金收支缺口从2021年的92.17亿元逐步扩大至89 525亿元（图4-11），年度收支缺口占名义GDP的比重由2021年的0.01%逐步扩大至3.52%。特别是2021年以后，基金支出增长呈加速上升态势，年度收支缺口占名义GDP的比重每五年大约提高0.63个百分点。2015年底基金滚存结余6570亿元，按上述基金收支趋势，预计于2026年将不再有滚存结余，且累计收支缺口呈现快速扩大趋势，至2050年预计增至854 803亿元，约占2050年名义GDP的33.59%，赤字水平和债务规模很高，政府和经济都恐将难以承受。

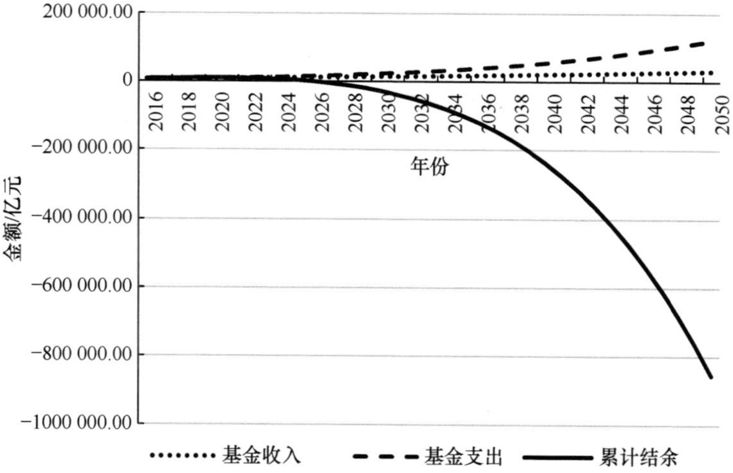

图4-11　2016～2050年全国职工基本医疗保险基金状况（方案三）

方案四：在假设缴费基数慢速增长、医疗支出控费效果不佳、参保扩面速度较快的情况下，预计从2015年到2050年，全国统筹基金收入将从5868亿元逐步增加至31 667亿元，年均增长4.93%；基金支出从4654亿元增加至129 778亿元，年均增长9.98%；年度基金收支缺口从2022年的69.80亿元逐步扩大至98 111亿元（图4-12），年度收支缺口占名义GDP的比重由2020年的0.007%逐步扩大至3.86%。特别是2022年以后，基金支出增长呈加速上升态势，年度收支缺口占名义GDP的比重每五年大约提高0.71个百分点。2015年底基金滚存结余6570亿元，按上述基金收支趋势，预计于2028年将不再有滚存结余，且累计收支缺口呈现快速扩大趋势，至2050年预计增至896 987亿元，约占2050年名义GDP的35.24%，赤字水平和债务规模很高，政府和经济都将难以承受。

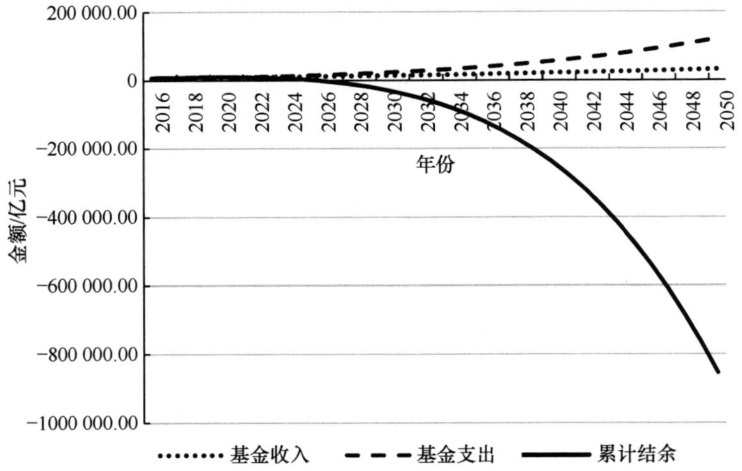

图 4-12　2016～2050 年全国职工基本医疗保险基金状况（方案四）

方案五：在假设缴费基数慢速增长、医疗支出控费效果显著、参保扩面速度较慢的情况下，预计从 2015 年到 2050 年，全国统筹基金收入将从 5868 亿元逐步增加至 31 667 亿元，年均增长 4.93%；基金支出从 4654 亿元增加至 41 730 亿元，年均增长 6.47%；年度基金收支缺口从 2036 年的 164.25 亿元逐步扩大至 10 060 亿元（图 4-13），年度收支缺口占名义 GDP 的比重由 2036 年的 0.01%逐步扩大至 0.40%。

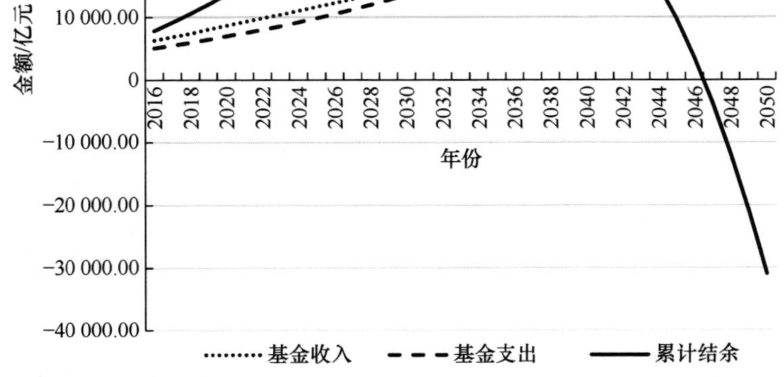

图 4-13　2016～2050 年全国职工基本医疗保险基金状况（方案五）

特别是 2036 年以后，基金支出增长呈加速上升态势，年度收支缺口占名义 GDP 的比重每五年大约提高 0.13 个百分点。2015 年底基金滚存结余 6570 亿元，按上述基金收支趋势，预计于 2047 年将不再有滚存结余，且累计收支缺口呈现快速扩大趋势，至 2050 年预计增至 30 970 亿元，约占 2050 年财政收入的 5.52%。

方案六：在假设缴费基数慢速增长、医疗支出控费效果显著、参保扩面速度较快的情况下，预计从 2015 年到 2050 年，全国统筹基金收入将从 5868 亿元逐步增加至 31 955 亿元，年均增长 4.96%；基金支出从 4654 亿元增加至 44 687 亿元，年均增长 6.68%；年度基金收支缺口从 2040 年的 357.48 亿元逐步扩大至 12 731 亿元（图 4-14），年度收支缺口占名义 GDP 的比重由 2040 年的 0.019%逐步扩大至 0.50%。特别是 2040 年以后，基金支出增长呈加速上升态势，年度收支缺口占名义 GDP 的比重每五年大约提高 0.23 个百分点。2015 年底基金滚存结余 6570 亿元，按上述基金收支趋势，预计于 2050 年将不再有滚存结余，累计缺口约占 2050 年财政收入的 2.27%。

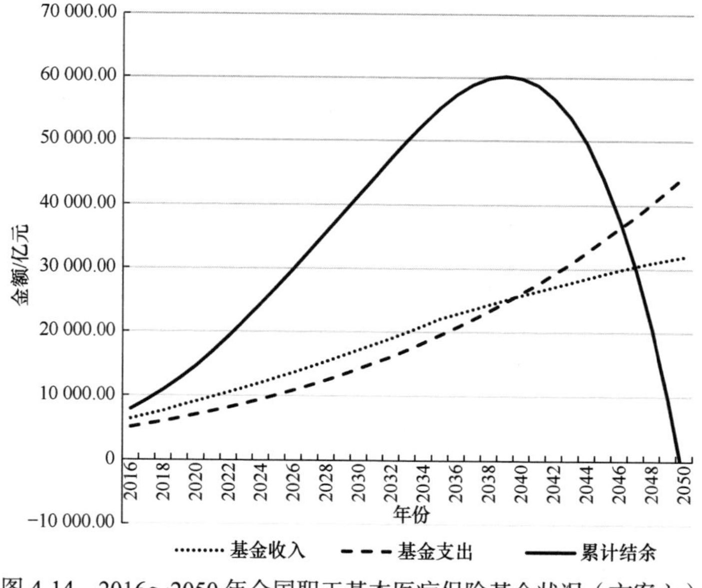

图 4-14　2016～2050 年全国职工基本医疗保险基金状况（方案六）

测算结果表明，在以上六套方案下，不论对未来经济增长幅度、医疗保险控费效果以及职工医保制度扩面速度等持有乐观还是悲观的态度，统筹基金滚存结余最终都将耗尽。在最乐观的情况下，缴费基数保持快速增长，医保控费效果显著，人均基金支出增长幅度控制在收入同等水平，且制度覆盖面快速扩大，统筹基金仍然会在 2040 年出现当期赤字，在 2050 年耗尽滚存结余；而在最悲观的假设下，缴费基数保持缓慢增长，医保控费效果不佳使得人均基金支出明显快于收入增长，且制度扩面速度较慢，统筹基金在 2021 年就会出现当期赤字，2026 年耗尽滚存结余，2050 年累计缺口为 854 803 亿元。实际上，受人口老龄化影响，制度职退比逐年下降，在以上任何一种方案假设下，统筹基金支出总体增长率均会高于统筹基金收入总体增长率，滚存结余均呈现先增长后下降的倒“U”形趋势。由此我们可以得到一个基本结论：尽管目前职工医保统筹基金尚有较大规模的滚存结余，并且还会呈现逐年增加的趋势，但是存在拐点，拐点之后滚存结余呈现迅速下降的趋势，甚至出现巨额的亏空，即从长期来看，滚存结余终将耗尽，基金将出现严重的支付危机。

第四节　医疗保障治理机制完善

一、现行医疗保障领域存在的主要问题

（一）部分人群医疗保障不足

由于历史的原因和改革过程中理念的偏差，我国现行基本医疗保险制度依然是人群分等、制度分设、待遇悬殊，其中有两个人群的保障严重不足。一是以农民为主体的工薪劳动者之外的城乡居民。我们应当充分肯定十多年来因居民医保制度实施而使这个人群保障水平提高，但绝不能因此而满足。以 2015 年数据为例：职工医保人均基金支出 2600 多元，而居民医保人均基金支出是 450 元，二者相差 2150 元。这一指标不仅反映了群体之间的基本医疗保险待遇差距，更重要的是让我们看到城乡居民，尤其是农民基本医疗保障程度之低。二是重大疾病患者。从现行制度安排看，虽然有基本医疗保险和医疗救助，但目前依然存在大量因病致贫、因病返贫的现象。从基本医疗保险制度看，通过医保目录将一部分重要疾病或其医药费用排除在外，这就使得一部分患者需要自己承担巨额的医药费用。而且，前些年医疗保障政策重点是加强小病的医疗保障，大量的医保资源被用于小病治疗①。此外，医疗救助力度不够。虽然，最近这些年政府财政在医疗救助方面每年都增加投入，但由于需要救助的对象较多，救助资金得不到充分保证。2015 年，全国医疗救助直接补助力度仅人均 819.63 元，与救助对象所需有较大差距。2012 年有关部门试图在重大疾病费用保障方面有所突破，试行城乡居民大病保险，但由于其定位不清晰，实施过程中遇到许多问题，实际效果有限。

① 以浙江省为例，2015 年职工医保普通门诊支出 306.6 亿元，占比 44.42%，已经超过了住院支出占比（41.49%）。

（二）基本医疗保险基金潜在危机

为保障国民的健康，需要有一套可靠的医疗费用保障机制，这就要求基本医疗保险制度是长期可持续的。然而，现行制度令人担忧。先看职工医保基金。前些年每年有一定的基金结余，但最近几年，基金支出增长快于基金收入增长，基金当年收支结余逐渐下降，部分地区表现得很明显。事实上，这些年来职工工资稳步增长，有力地保障了职工医保基金收入的增长，但这种增长仍然无法抵消支出的增长。根据笔者长期的精算评估分析，职工医保基金潜在危机，需要引起高度重视。这里既有支付机制问题，也有筹资机制问题，还有基本医疗保险系统老龄化问题。居民医保基金的状况更是令人担忧，由于大部分中青年人进入职工基本医疗保险体系，居民医保制度的参保人群年龄结构更加老化，尤其是城镇居民基本医疗保险的保障对象中，老年人占比较高。结构状况相对好一些的是新型农村合作医疗制度，但多数地区的基金一直是勉强平衡。而随着城市化推进，青壮年劳动力参加职工基本医疗保险制度，其参保人群年龄结构也将进一步老化。前些年，新型农村合作医疗和城居保的保障待遇也一直在提高，尽管各地政府财政每年增加投入，但基金收支平衡的压力依然越来越大。由此可见，基本医疗保险基金状况不容乐观，将是需要高度重视并妥善解决的一个重大问题。

（三）医疗保障资源使用效率不高

总体上看，我国用于基本医疗保障的资源不足，但值得注意的是，这有限的资源，也存在不合理使用甚至浪费等现象。这就会使得社会成员的健康福利受到损耗。这种损耗既来自参保病人，也来自医药服务机构。从参保方看，有人基于个人利益导致了种种违规行为：有人通过提前退休获得更有益于自己的医疗保险利益；有人通过伪造涂改处方、费用单据、住院记录等凭证，将非医保基金支付费用篡改成基金支付费用，骗取医疗保险基金；还有的伪造虚假病案、小病大治、违规配药、超量购药，甚至伪造假发票等，前些年各地查处了大量违规违法的行为。另外，传统的医疗保险付费方式以按项目付费为主。在提供医疗服务后，经办机构向医疗机构支付每个服务项目的费用。按项目付费的方式刺激了医疗机构增加服务量，在一定程度上激励了医务人员使用新的技术和产品，但也导致了过度医疗和过度使用药物等问题，造成医疗资源的浪费和医疗费用的大幅增长。此时，医保机构只是消极的付费者，被动地对已发生的医疗费用进行支付，对医疗行为和服务质量无从监督，医保基金浪费严重。目前，医保机构已经探索多种付费方式的改革，各地的探索尚未形成系统的经验，医保机构有意向“积极的购买者”角色转型，但改革路径尚未明晰。

（四）医疗保障服务能力不足

医疗保障是直接面向全民的“窗口服务”，特别是在基本医疗保险制度中，医疗保障经办服务机构承担着从参保缴费到待遇给付的全过程服务。随着基本医疗保险参保人数激增，社会流动性增强，参保人员的身份变换和地域流动频繁，各地普遍地表现出种种不适应的现象。尤其是医疗保障相关主体在医疗保障活动中各种复杂的行为，要求医疗保障经办服务机构不仅要有良好的服务态度，更需要专业的能力，但是，现行机构定位和人员及经费配置与之不相适应。制度运行过程中，过度诊疗、重复用药等过度医疗服务行为，冒名、虚假就医、挂床、分解住院、刷卡套现、倒卖药品等违法违规行为，在各地层出不穷。经办服务机构的能力亟待提升。

二、现行医疗保障治理机制缺陷

随着经济发展进入新常态，社会成员对于医疗保障需求增加和对基本医疗保险公平性的诉求提高，现行制度能否应对未来的挑战，是值得重视的。所以，这里从基本医疗保险制度及其运行过程中面临的问题入手，分析现行医疗保障治理机制的缺陷（胡晓毅等，2018）。

（一）从制度框架看医疗保障治理机制缺陷

回顾医疗保障制度改革发展历史，我们可以看到我国基本医疗保障制度的演进和社会成员医疗保障状况的改善，但也可以看到制度框架设计的缺陷，尤其是制度迟迟未能定型，这是医疗保障治理机制的重要缺陷，集中表现在两个方面。一是国民基本医疗保险权益之不公平。现行制度按人群设置，不同人群适用不同制度，享受不同的保障待遇。虽然，最近十多年来保障程度较低的居民医保待遇持续提高，但与职工医保相比，其保障待遇差距依然不小。以 2016 年为例，假设两类人群疾病规律基本一致，工薪劳动者发生医疗费用支出能够获得人均 2806.11 元的医疗费用补偿，而城乡居民在发生基本相当的医疗费用支出后，仅能够获得人均 552.83 元的费用补偿[①]。二是城乡居民大病保险制度的定位不清晰。根据有关部门的解释，大病保险是以居民医保制度为基础而延伸的医疗保险政策。然而，无论是职工医保，还是新型农村合作医疗和城居保，这三项基本医疗保险制度均以解决参保者大病医疗费用为主要任务。也就是说，现有制度已经有了关于重特大疾病医疗费用的基本医疗保险机制，加上 2005 年开始实施的医疗救助制度，就构成了一个完整的大病医药费用保障体系。新设的这个“大病保险”，在基本医

① 数据来源：人力资源和社会保障部社会保险事业管理中心：《中国社会保险发展年度报告 2016》。

疗保障体系担当何种职责并不清晰。

（二）从待遇设定的规范性看医疗保障治理机制缺陷

保障待遇直接体现基本医疗保险的制度定位和政策目标，与参保者的医疗保险权益息息相关，因而需要以疾病风险损失分布为基础，按照医疗保障领域的国民权益和政府职责，以及全社会的经济承受能力，通过法定的程序确定。一旦确定，不可随意改变。然而，现行基本医疗保险两项制度的保障待遇规则一直处于变动之中。这就难以给社会成员以稳定的预期。这些年来基本医疗保险待遇水平一直在提高，尽管社会公众几乎没有反对意见，而且常常会赞扬。但这表现出初始规则的不合理性和改变的随意性。这是医保治理机制的一个缺陷。

按照现行制度设计，基本医疗保险待遇主要由医保目录、医药服务定点规则和费用报销规则三个方面的因素决定。但是，这些规则不仅在制度之间有差别，而且同一制度在不同地区之间也有较大的差别。目前，基本医疗保险实行地方统筹，尽管基本医疗保险制度框架全国统一，但具体的医保目录、定点规则和报销规则在各统筹地区之间存在差异，这就导致了地区间的参保者基本医疗保险待遇差别。现行医保目录有病种之限制，由于入选规则缺陷，部分罹患重病的参保者无法得到保障，其高昂的医疗费用只能由自己承担。又如，以药代病的保障模式，也使得即使患同一种疾病，但因为疾病亚型或是个人体质等的不同，需要采取不同的药物治疗方式，却会面临保障程度迥异的怪异现象。

前些年，在缺乏充分论证的情况下，基本医疗保险的报销规则时常变化，起付线降低，封顶线提高，报销比率逐渐提高。某些地区的医保目录也有变化。虽然均基于提高保障待遇之目的，但表现出待遇规则之不稳定，难以给民众以合理而稳定的预期。值得指出的是，在提高医药费用报销水平的同时，医保目录并没有及时调整，使得待遇规则难以适应医疗技术水平提高、药品创新及其带来的医药服务需求变化，导致保障水平不仅未能提高，反而在某种程度上有所降低。因而，一些旨在提高保障待遇的政策未能相应地提高参保者的获得感。

（三）从“三医联动”情况看医疗保障治理机制缺陷

基本医疗保险制度的政策目标是为参保者提供购买基本医药服务的能力，即通过这一制度，参保病人能够到指定的医药机构接受制度规定的服务，从而实现身体之康复。因而，只有医药机构及其工作人员的有效服务，才能保证基本医疗保险制度政策目标的实现。也就是说，基本医疗保险制度运行需要医和药两个方面的合作。事实上，“三医联动”喊了多年，但收效甚微。

医疗服务机构与医疗保险经办机构之间存在着严重的信息不对称，后者无法介入医疗服务过程，监督其质量和费用的合理性。医药改革滞后于医保改革，协议管理难以从根本上消除医疗机构不合理服务行为的动机。尤其是公立医院改革的实质性进展不多，滞后于医保制度运行的需要。近年来各地实施“药品零差率”改革，即公立医院的医药价格结构调整，并没有降低医疗服务的总成本，也没有降低参保病人的负担，更没有减少医保基金的支出。这些年来，财政对公立医院的补偿方式逐步由直接投入转变为补需方的间接补偿，基本医疗保险基金成为医疗服务的最大购买者和日常运营补偿来源的核心。公立医院的运行补偿机制不健全，强化了过度医疗倾向，加剧了基本医疗保险资源浪费。又如，基本医疗保险相关的医疗服务和药品耗材服务定价与付费机制不健全，导致这类费用居高不下，再加上流通环节烦琐，高昂的交易成本通过层层加价最终体现在零售价中并转嫁给购买者。尽管基本医疗保险资源投入量不断增加，但却不见患者个人负担明显降低，严重地降低了制度运行的效率。此外，药品耗材定价不能适应成本变化，药品成本上涨而价格未变，导致低价药供应无法保证，甚至出现医保目录中许多低价药品断供的现象。

（四）从基金风险看医疗保障治理机制缺陷

从现行制度设计看，居民医保的资金主要来自各级财政，且贯彻“量入为出”原则确定保障待遇，因而其基金风险基本可控。但从职工医保的情况看，前些年基金有大量结余，形成很多误解。误解之一是将制度规定的个人账户累计结余额误认为是现收现付式资金结余。误解之二是认为统筹基金结余过多，应该尽快用掉。基于这样的理解，部分地区出台了旨在减少基金结余的若干政策，致使基金结余迅速下降，出现了当年基金收不抵支、依靠使用历年结余或财政补助实现基金平衡的状况。尽管这些年来职工工资稳步增长，有力地保障了职工医保基金收入的增长，但这种增长仍然无法抵消支出的增长。由此可以看到，这一制度中，关于基金平衡缺乏有效的治理机制。

而且，现行制度无法应对系统老龄化，即在基本医疗保险制度覆盖的人群中，缴费人群相对缩小、享受人群相对扩大的趋势（何文炯等，2009）。现行制度通常被认为是一项基金短期平衡的保险计划，其统筹基金采用现收现付筹资模式，基金只求当年收支平衡，这存在一定的设计缺陷。在贯彻退休人员不缴费政策之下，系统老龄化现象变得更为严重。如果不改进制度设计，基本医疗保险基金难以实现长期平衡。

在基本医疗保险制度运作中，经办机构扮演着保险人的角色，但这个机构并不对医保基金盈亏承担最终责任，一旦出现亏空，则由财政承担兜底责任。这就在一定程度上弱化了经办机构对基本医疗保险基金的责任意识。当然，各地经办机构还是很努力的，他们采用各种不同的手段，且不断创新，加强了对医药费用的审核，努力进行精细化监控，但医疗和药品服务中依然有大量不合规、不合理行为无法识别，导致医保基金浪费。

三、基本医疗保险治理机制建设的关键

基本医疗保险制度的长期持续健康运行，有赖于科学的治理机制。基于整体性治理的思维，我国现行基本医疗保险治理机制建设需要着重注意以下三点（胡晓毅等，2018）。

（一）基于权责清晰的基本医疗保险制度定位和设计

现代社会中，享受基本医疗保障是每一个社会成员的基本权益。在保险型医疗保障模式之下，参加并享有基本医疗保险是社会成员的基本权益。这里的重点是明确界定社会成员与各级政府的权利义务关系，并体现于具体的制度设计之中。

一是制度的政策目标。这里的重点是要明确基本医疗保险在疾病风险管理中的职责。按照风险管理的理论，处理风险的基本手段有两大类：一类是基于减少损失需要的风险控制；另一类是基于恢复生产生活需要的损失补偿。医疗保险属于后者，因为从疾病风险的特点出发，采用互助共济的保险方式，比其他补偿方式更有效率。基本医疗保险以保险的方式为社会成员提供医药费用保障，使其在罹患疾病时具有购买基本医药服务的能力。

二是在多层次医疗保障体系中的职责。在疾病风险管理的各个环节，需要明确各主体的职责，疾病风险控制是全社会各主体的共同职责，包括个人的自我管理和一系列公共卫生服务，而不是主要用保险的方式。在疾病风险损失补偿体系中，有救助、慈善、公共福利和保险等方式，其中保险又有基本保险与补充保险之分。因而关键是要明确基本医疗保险中“基本”的含义和标准，即基本医疗保险的保障程度。

三是制度的保障范围、保障程度及其决策机制。基本医疗保险涉及每一个社会成员的切身利益和社会各主体的权利义务关系，因而其决策需要全社会共同参与，协商确定。这些内容主要体现在医保目录、定点规则和报销规则之中。这就需要以社会成员的疾病风险保障需求分析为基础，根据全社会的筹资能力，按照有限资源发挥最大效用的原则加以确定。参与协商讨论的，主要是立法机关、社会公众、政府部门、经办机构等。就我国的现实而言，前述内容往往主要由政府部门和经办机构决定，因此，要设法提高社会公众的参与度，更好地发挥立法机关的作用。社会保障的稳健政治功能是国家治理必需的政治杠杆（郑功成和郭林，

2017），基本医疗保险制度设计与改革必须经过合理的程序，并形成稳定的预期。无论是待遇确定，还是待遇调整，都必须普遍征求社会公众的意见，必须经过法定的程序。对于公众意见，需要有可行的机制和有效的渠道。此外，要防止某些政府官员为捞取个人政治资本而操控这个过程。

四是明确各社会主体的职责。基本医疗保险制度的正常运行，需要全社会各主体各尽其职，按规则行事：社会成员和用人单位参加保险，经办机构提供经办服务，参保病人求医求药，医药机构提供医药服务，政府部门实施监管服务。同时，参保者个人及其用人单位需要承担缴费责任，各级政府需要承担经办服务费用、保险费补助和基金兜底责任。这就需要以疾病风险损失分布为基础，按照各自职责，建立合理的分担机制，尤其是缴费规则。

（二）基于谈判和自律的医药服务价格形成机制

与基本养老保险制度不同，基本医疗保险制度要通过参保病人得到有效的基本医疗服务，才能实现其政策目标，因而基本医疗保险经办机构与医药服务提供者之间的合作非常重要。从治理的角度看，必须建立医保经办机构、医疗服务机构和药品供应机构三者之间有效的合作机制。这里的关键是要理解和把握参保者与基本医疗保险经办机构之间、经办机构与医药服务提供者之间的两层委托代理关系。在每一层委托代理关系中，委托人和代理人的利益诉求都不同。这是多方博弈的复杂系统，要设法形成良性互动格局，而价格是调节利益关系的重要杠杆。满足各方的利益诉求，找到各方的利益平衡点，其核心在于构建各方公认的、合理的医药服务价格形成机制。

一般地说，合理的医药服务价格是由医药服务成本（包括物耗成本和人力成本）、健康产出共同决定的。过去的较长一个时期，我国的医疗服务价格和药品价格都由政府制定。前些年，国家放开了药品定价，实现药品零售价格的市场化，但医疗服务价格依然由政府物价部门制定。在公立医院改革深入推进的背景下，财政投入的范围进一步明确，药品、耗材逐步实行零差率销售，医疗服务收入必然成为维持医疗机构日常运营的主要渠道。其中，医疗服务收入主要分为诊疗收入、检查收入、药品耗材收入。医疗服务定价应当承认并充分体现医药服务者的劳务价值，医疗机构可以通过提高服务的质量获得诊疗收入，这样医疗机构通过增加大型设备检查数量和销售高值药品耗材获得收益补偿的动机就会削弱。药品定价和招标采购充分根据药物经济学一致性评价进行，医药服务工作者的隐性回扣也会降低。

在这样的背景下，就需要建立一种谈判机制，即医药服务供求各方的价格谈判机制。这种谈判与一般的价格谈判不同，因为这里涉及多个供求主体。从需求方看，有基本医疗保险经办机构和参保者等；从供给方看，有医疗机构、医务人员、药品制造商和销售商等。虽然，某项具体谈判并不涉及这些主体中的全部，但仍然是比较复杂的，这就需要有一种特殊的方式。为了这种谈判能够有效进行，基础信息和基础数据是必不可少的，而基本医疗保险所涉及的数据资料往往是海量的，所以需要有先进的分析方法。同时，为了使谈判的结果能够得到有效的落实，必须依靠行业自律，因为谈判的参与者往往是行业的代表，而谈判的结果需要每一个主体来执行。医师协会、医院协会、药商协会，以及基本医疗保险经办机构的自律组织，都必须遵循谈判结果，并要求其会员按照行规执行谈判结果。只有这样，医药服务价格才能回归正常、回归理性。也只有这样，医疗机构和医务人员才能真正回归公益性，从疾病治疗的本身出发提出治疗方案，参保者才能够理性地在不同的就诊地和治疗方案中进行选择，基本医疗保险经办机构才能以真实的医疗过程数据为基础进行费用结算。

（三）基于规范管理的基金长期平衡机制

一是确立以支定收的筹资原则。基本医疗保险权是一项基本人权，其保障范围和保障水平由法定程序确定，不能随意改变。基本医疗保险制度设计时，要根据制度设定的保障范围和保障水平，估计所需要的资金量，再设法筹集与之相应的资金，以实现制度目标。当然，在确定制度保障范围和保障水平之前，需要评估筹资能力，即全社会对基本医疗保险制度的经济承受能力。关于基本医疗保险基金管理，也有人主张采用“以收定支”的原则，但这难以保障参保者的权益。

二是确立基金长期平衡的原则。一般认为，医疗保险是一个短期保险项目，其基金收支只要一年一平衡即可，据此有人推定基本医疗保险基金贯彻短期平衡原则。事实上，基本医疗保险是面向全体国民的社会保险项目，社会成员参保后，只要持续缴费，均受终生保障，且无论是否罹患疾病，均可续保。由于不同年龄阶段人的疾病及其医药费用不同，在同样的保障待遇和筹资规则之下，参保人群的年龄结构对于基金收支平衡有重要影响。因此，不能简单地视这一制度为短期制度而设计基金收支平衡规则。此外，现行职工基本医疗保险制度规定退休职工不缴费，在职职工及其单位缴费不仅为了享受当期的保障待遇，也为退休后继续享受待遇积累权益。这就更需要基本医疗保险制度有长远的考虑。事实上，代际均衡是制度实现长期持续运行的重要基础，也是坚持社会保障互助共济性的重要表现（何文炯，2017a）。

三是建立规范的待遇给付与筹资规则。保持基本医疗保险基金平衡，不仅需要基金收支匹配的机制，更需要在待遇给付和筹资过程中能够有效地贯彻，因此，需要在收和支两个环节建立科学的规范。在支付环节，需要遵循医药服务价格形成机制，建立并严格执行待遇支付规则；在筹资环节，基于科学方法寻求疾病发生规律和医药费用损失分布，按照以支定收的原则，科学确定参保人员和用人单位缴费规则，做实缴费基数，规范缴费行为。同时，要建立各级财政对于基本医疗保险基金的投入机制，包括经办服务经费、保费补助、基金兜底责任，以及由制度转轨引起的历史债务处理机制。

四、完善基本医疗保险治理机制的重点

作为老年医疗保障领域的基础性制度安排，基本医疗保险的地位日益重要，因而迫切需要完善其治理机制。

（一）优化基本医疗保险制度设计

制度设计是有效治理的基础，现行制度缺陷是影响治理绩效的重要因素。要通过优化制度设计，增强基本医疗保险制度的公平性、可持续性和运行效率，促进其逐步定型。

一是积极创造条件推进基本医疗保险制度一体化。由于历史的原因，不同人群适用不同制度且待遇悬殊，这是基本医疗保险制度公平性不足的典型表现。前些年，国家通过建立新型农村合作医疗、城居保，为过去没有基本医疗保障的人群建立制度，这项从无到有的工作，是一种质的变化，显著地增强了基本医疗保险制度的公平性。2016 年，中央决定将新型农村合作医疗和城居保制度整合成为居民医保制度，进一步增强了公平性。目前，还有一些地区尚未落实这一决定，需要加快推进，真正实现统一制度、统一政策、统一管理。下一步的工作，是要积极创造条件，把职工医保与居民医保整合成为一个制度，广东省的部分地区已经有了探索，值得重视和推广。

二是控制和缩小基本医疗保险群体间的待遇差距。国家通过建立实施居民医保制度，改变了以农民为重点的非工薪社会成员基本医疗保险制度缺失的局面，但群体间的保障待遇差距依然存在。进入新时代之后，人民群众不仅对医疗保障有更高的要求，而且对于基本医疗保险的公平性有更高的诉求。因此，要着力解决“不平衡、不充分”的问题。在制度一体化实现之前，需要建立居民医保与职工医保的待遇协调机制，制定一个缩小待遇差距的计划，这就需要稳定职工医保的待遇水平，提高居民医保的待遇水平，这里的关键是增加居民医保筹资，包括适度增加参保居民的个人缴费。

三是增强基本医疗保险对重大疾病医疗费用的保障能力。遵循保险基本原理，按照互助共济的原则，把更多的基本医疗保险资源用于医药费用较高的那些疾病和医疗行为，更好地发挥其在防止“因病致贫、因病返贫”方面的作用。为此，需要扭转基本医疗保险制度福利化倾向，稳定乃至逐步降低门诊费用在基本医疗

保险基金中支出的比重。在此基础上，将城乡居民大病保险明确为补充性保险由商业保险公司经营，不再通过基本医疗保险基金转拨，而建立单独的筹资渠道。此外，建议逐步取消职工医保个人账户，将职工所缴纳的医疗保险费全部纳入统筹基金，以增强重大疾病医疗费用的保障能力。

四是研究退休人员医疗费用筹措机制。研究表明，退休人员适当缴费，有助于改善医疗保险基金状况，提高基金支付能力。同时还有减轻在职职工负担、降低代际矛盾、促进不同社会群体之间的公平等优点。因此，需要建立退休人员医疗保险费筹措机制。这种机制可以通过多种渠道来实现，比如实行医疗保险终身缴费制，由退休人员从养老金中提取一定比例作为医疗保险费，或者采用社会平均工资作为基数来征收。对于部分特殊的群体，可以通过财政注入资金的办法来解决。例如，德国在提高退休年龄的同时，实行退休人员缴费制度，缴费基数为其养老保险金，费用的一半由老年人负担，另外一半直接从养老保险金中扣除。

五是进一步明确财政的医疗保险责任。从社会医疗保险的基本原理出发，医疗保险基金由政府、用人单位和劳动者本人共同筹集。同时，各级政府对于同级社会医疗保险基金承担最后的责任。由于财政体制和干部管理体制等的缺陷，目前各级政府对于社会医疗保险的责任尚不清晰，以致医疗保险制度缺乏国家财政的保障，导致地区之间、人群之间存在种种不公平。其中与基本医疗保险系统老龄化有直接关系的是历史债务和提前退休。目前，需要尽快落实的财政责任主要有：社会医疗保险制度转轨而显性化的历史债务；关闭、破产和困难企业及其职工的医疗保险费用；转制企业的有关医疗保险成本；部分政策性提前退休者的医疗保险成本。

六是建立基本医疗保险基金储备。传统的社会医疗保险以非寿险精算理论为基础，基金只求当年平衡。然而，现行的制度安排必然导致基本医疗保险系统老龄化，从而要求提高费率，但费率存在上限。因此，我们不能简单地视基本医疗保险制度为一般的短期保险制度。所以，在完善退休政策和基本医疗保险制度的同时，需要把寿险精算与非寿险精算的方法结合起来，建立适度的医疗保险基金储备，并制定基金投资的相关政策。

（二）建立健全医药服务价格谈判机制

有效的医保治理应当能够规范医疗行为，引导医疗费用合理增长，让国民在享受医疗技术进步的同时不因巨额医疗支出背负沉重的负担。要提高医保治理水平，不仅需要完善基本医疗保险制度，同时需要形成社会共治的体系，着力调整利益冲突。为此，需要建立“多方参与、开放型”的治理平台（申曙光，2017）。

一是完善医药服务定价机制。逐步放开医疗服务和药品定价政府管制，实行医疗服务分档定价，探索市场化的医疗服务价格形成机制，逐步形成医疗服务价格的劳务价值部分反映市场价格的灵活定价机制。同时，降低大型医用设备检查价格，在药品零差率的基础上稳步实行耗材零差率，进一步削弱医疗服务机构对高值耗材使用的偏好。

完善药品、耗材流通体系，通过分类采购和带量采购等探索，逐步形成降低药品、耗材流通的中间成本的流通机制。根据药品、耗材成本和健康产出合理定价，促进同类药品、耗材竞争。切断医务工作者和药品、耗材流通及使用的利益链条，保持医务工作者用药（耗材）中立。

二是建立医疗保险经办机构同医药服务供给机构的平等谈判机制。推进医疗保险经办机构改革，进一步剥离医疗保险经办机构的行政色彩，落实医疗保险“管办分离”。赋予医疗保险经办机构独立法人地位，使得经办机构得以独立发挥其积极购买者职能，增强经办体制为参保方服务、向参保方负责的意识。

改革基本医疗保险付费机制，实行精细化、智能化管理，从外部约束和规范医疗机构的行为。同时，引导医疗服务提供系统进行内部改革，强化成本管理意识，避免医疗服务机构诱导需求和过度浪费，监督医务工作者的服务行为，引导医疗服务资源合理配置，提高医疗服务质量。

建立平等谈判机制。改革医疗服务政府定价机制，医药服务供给机构能够同医疗保险经办机构就服务定价和费用结算展开充分的谈判，通过允许医疗机构联合谈判等机制增强医疗机构的谈判力量，逐步形成医药服务供给机构和医疗保险经办机构的平等谈判机制，增进谈判共识。保障医药服务供给机构的参与权、表达权，创新监督机制，增进医药服务供给机构的履约激励。

（三）强化管理服务的规范性

有效的治理机制，必然要求制度实施过程中的每一个环节是规范的，否则会影响大局。因此，要进一步强化基本医疗保险管理服务的规范性。

一是规范制度修改和待遇调整机制。健全基本医疗保险制度和政策的制定与修改的法定程序，明确基本医疗保险制度和政策颁布的职能部门，引导民众对基本医疗保险待遇的合理预期。经过多次调整之后，现行职工医保制度的保障待遇已经不低，今后宜相对稳定。同时，可以根据医药卫生体制改革的总体要求，配合分级诊疗、资源优化配置等工作，适度完善医保目录、定点规则和报销规则，坚守基本医疗保险“保基本”的原则。

二是建立医保目录完善机制。医保目录是该项制度保障范围的具体化，是影响保障待遇的重要因素。既要相对稳定，又要与时俱进。对于实践中反映较多的若干项目，要根据项目或者药品的成本和健康产出进行评价，充分考虑其对临床和生命质量的影响，将通过经济学一致性评价的药品和治疗项目，纳入医保目录范围。

三是保障参保机会公平。深度实施全民参保计划，加大参保帮扶力度，提高低收入人群基本医疗保险参保率，实现真正意义上的全民覆盖。为此，要完善用人单位的参保服务职责，改进参保登记流程和用人单位保费代缴机制，强化用人单位申报监督机制，做实缴费基数。健全参保者对用人单位的参保缴费监督权，逐步在参保方中形成缴费自觉。

四是增强就医机会公平性。适时提高基本医疗保险统筹层次，完善定点规则，健全基本医疗保险关系转移机制，适应劳动力流动和人口流动趋势。实施异地即时结算，保障不同地区的人群就医机会公平，为技术落后地区参保者享受医疗技术发达地区的医疗服务提供机会。

五是有效控制医疗卫生费用的不合理增长。第一，要充分发挥医疗保障管理部门的控费作用。适当赋予医疗保障管理部门职能，在近几年探索实践的基础上，综合运用总额、按病种等多种付费方法，利用大数据引导医疗服务合理定价，根据药品需求规模合理确定集中招标采购范围，强化医疗服务过程和行为监管，降低药品耗材采购价格，有效遏制不规范、高耗费的医疗服务行为。第二，要督促医疗服务机构主动控制医疗服务成本。在医疗保障管理部门强化医疗服务监管和改进拨款机制的基础上，激励与约束措施相结合，着力调动医疗服务机构降低成本的积极性，建立科学、合理、有效的医务服务规范，努力减少直至杜绝小病大治、重复检查、使用无效药、联合患者骗保等问题。第三，要强化药品和医用耗材流通管理。在鼓励药品研发的同时，采取激励措施加大力度保护传统低价、高效药物的生产和供应，杜绝高价、无效、无害的“神药”，通过规范性评价、“两票制”、流通领域监督和反腐、竞争性规模采购等措施，着力降低医药耗材生产、销售和制度性交易成本。第四，要引导患者科学就医，减少不合理医疗消费。以大健康理念为指导，强化健康宣传，倡导健康生活方式，引导居民进行合理的健康投资，增强民众体质，降低发病率。针对行业、区域、人群的不同疾病谱，采取针对性的体检和健康维护等多种有效措施，着力控制高发慢性病、流行病、职业病、传染病。通过建立签约服务等，指导民众合理就医、科学用药、有效康复。同时，还要坚决打击恶意治疗、骗保等行为。

（四）增强管理服务的科学化程度

虽然我们已经进入现代信息化社会，但在基本医疗保险管理服务的某些领域，不仅互联网、大数据分析这类最新的技术跟不上，而且传统的科学方法也没有得到有效运用。此种局面必须尽快改变。

一是建立基本医疗保险精算报告制度。精算是一门技术，更是一种机制。任何保险制度都离不开精算技术，更离不开精算机制。现行制度并没有建立并有效运用精算技术，致使基金时而结余过多，时而收不抵支，既影响制度的可持续性，又降低了基金运行效率。因此，要加快建立基本医疗保险精算制度，在制度设计、待遇调整、费率厘定、基金结余及其风险评估等方面进行科学化管理。第一，建立医疗保险精算制度法律法规保障。修订《社会保险法》，充分体现包括医疗保险在内的社会保险精算平衡的原则，在社会保险及基金的管理、监督各个环节，明确规定精算工作职责、目标、内容和程序，从体制上突出精算在社会保险政策制定和经办管理中的重要地位。第二，加强医疗保险精算管理条件建设。依托财政部门和新组建的国家和地方医疗保障局，组建国家和地方医疗保险精算中心，加快建设医疗保险精算专业队伍。同时，在有关部门业已积累医疗保险相关数据的基础上，进一步规范管理，明确要求，建设能够支撑精算业务所需要的高质量数据库。第三，明确医疗保险精算制度操作规范。尽快建立符合国情的基本医疗保险精算评估与报告制度，编制医疗保险年度精算报告，适时推动将精算报告作为医疗保险基金预算的必要附件提交各级人大常委会审议，并向社会公开，以充分发挥精算管理在风险预警、制度完善、预算管理、引导舆论中的作用。

二是积极推进智能监控体系建设。前些年，许多地区探索实施医保智能监控系统，不仅节约了基本医疗保险基金支出，而且有效提高了医药服务的规范化程度。建议在总结各地经验的基础上，明确医保智能监控系统的基本框架，加强统筹协调，循序渐进，同时要重视和提升医保智能监控系统的安全性。

三是强化大数据分析。在互联网时代，社会保障的信息化提升和服务体系完善迫在眉睫（童星，2017），基本医疗保险也是如此。有效的大数据运用，能够实现资源优化配置，提高制度运行乃至整个社会运行的效率，从而进一步解放生产力。大数据与医疗服务和医保治理都有密切的关系，有着广阔的应用前景。通过大数据分析，可以促进医药费用规律研究和基本医疗保险服务水平的提高，还可以促进基本医疗保险系统与医药服务系统之间的有效合作。为此，要积极推进数据标准化，加强数据来源管理，破除阻碍信息共享的藩篱，同时建立有效的信息保密机制。

（五）加快发展互助合作型和商业型医疗保险

一是适时制定出台促进商业型医疗保险发展的政策，规范商业保险机构承办大病保险的行为，鼓励保险公司为用人单位、个人和家庭提供团体健康保险和个人健康保险服务，发展医疗执业责任保险；二是引导社会成员和用人单位在依法参加基本医疗保险的同时，根据自身条件选择并适当参与商业型医疗保险和互助合作型医疗保险；三是制定促进补充性商业医疗保险发展的税收优惠政策，加强保险监管和行业自律，规范相关人员的保险行为；四要支持各级工会和基层工会组织开展职工医疗互助保障，并逐步提高专业化程度。

本章小结

老年医疗保障是老龄社会支持体系的重要组成部分。经过多年的改革探索，我国已逐步建立健全老年医疗保障体系。20 世纪 80 年代以来，我国实现了社会医疗保险制度转型，建立了职工基本医疗保险和城乡居民基本医疗保险制度。这套制度体系已经基本覆盖全体国民，且待遇保障水平逐年提升。21 世纪以来，国家面向困难群体，建立医疗救助制度，对低保家庭、特困供养家庭等提供兜底性帮扶。近几年随着各级医疗保障局的建立，国家不断完善基本医疗保险、大病保险和医疗救助三重保障功能，推动建立健全以基本医疗保险为主体，医疗救助为托底，补充医疗保险、商业健康保险、慈善捐赠、医疗互助共同发展的医疗保障制度体系。

事实上，疾病风险是每一个人面临的基本风险，但老年人的患病概率更高。进入老年期后，人体组织结构逐步老化，器官功能逐步出现障碍，身体抵抗力逐步衰弱，活动能力逐步降低，协同功能也开始逐步减弱，老年人特有的疾病即老年病随之出现，因而老年人需要更多的医药服务。所以，老年人更担心患病，更担心无钱治病。本章回顾了老年医疗保障体系改革发展进程，重点回顾了职工基本医疗保险、城乡居民基本医疗保险、医疗救助等制度建设历史和现状。本书认为，由于现行职工基本医疗保险制度规定退休者及其原单位不需要缴纳医疗保险费，在现收现付制筹资模式下，假定其他因素不变，则随着系统老龄化程度加深，为了实现基金平衡，必然要求逐步提高基本医疗保险的费率。而提高费率将受到种种限制，其空间不大。因此，引入寿险精算方法，建立分析模型，揭示系统老龄化对于基本医疗保险基金长期平衡的影响，并以某市医疗保险数据为基础进行模拟分析，对全国未来医疗保险基金收支平衡做出分析。本章分析了现行医疗保障领域存在的主要问题，就优化基本医疗保险制度设计、建立健全医药服务价格谈判机制、强化管理服务的规范性、增强管理服务的科学化程度和加快发展互助合作型和商业型医疗保险等提出了意见建议。

第五章　老年照护保障

随着人口老龄化、高龄化和家庭小型化，老年照护服务与保障需求不断增长，人口老龄化也对长期照护保障制度构成了巨大的挑战。因为长寿不等于健康，寿命延长与自理能力的下降并存，高龄往往与失能失智相生相伴。失能失智风险也是老年人面临的最为严峻的风险，是人口老龄化过程中最复杂、最难解决的问题。我国失能失智老年人规模庞大，长期照护保障负担较重，面临的压力超出其他国家，应对长期照护保障挑战的任务十分艰巨（全国老龄工作委员会办公室总报告起草组和李志宏，2015）。我国老年保障体系建设的重点也由经济保障为主转向经济保障与服务保障并重的阶段。国家日益重视老年照护保障制度体系建设，从长期照护补贴制度的探索到长期照护保险制度的试点，政府和社会以各种方式投入了大量资源。但是，在老年保障体系中，相对于老年收入保障和医疗保障而言，老年照护保障制度体系尚不健全，整体呈现出总量不足，结构不合理、可持续性欠缺的特点，不仅现实矛盾突出，未来的发展趋势也令人担忧。

长期照护保障制度主要包含资金保障和服务保障两个系统。其中，资金保障是长期照护的主要筹资和给付制度，为长期照护服务提供所需的资金，其形式包括社会保险、商业保险、社会救助、慈善捐赠等，由政府、市场、个人、社会等筹措资金。服务保障是为失能失智老年人提供的一系列满足日常生活活动能力需求的服务和支持，其服务场域可以在居家社区，也可以在专业的照护机构，服务的提供者可以是家属也可以是专业的照护者。足够的资金是长期照护服务满足有效需求的基本保障，也是长期照护服务供给的内生动力。只有建立健全长期照护资金保障制度，才可以切实保障长期照护需求的满足，提高长期照护服务的供给能力，因此本章主要关注长期照护的资金保障，服务保障将在第六章重点阐述。本章将梳理我国长期照护保障制度的发展脉络，分析老年人失能失智状态转移规律，并基于老年人的身体功能能力和认知能力进行长期照护补助制度的成本分析，构建长期护理保险制度的精算模型，并进一步提出建立长期照护保障制度的基本思路。

第一节　长期照护保障制度探索

中国进入老龄社会已经超过 20 年。在过去 20 多年中，我国老年人的长期照护支持政策也逐渐从非正式的制度安排走向正式的制度安排，近年来国家进一步加快了长期照护保障制度的建设步伐。从国际上看，长期照护经费保障制度建设主要有两种模式：一是税收或者财政给付方式；二是保险方式，包括商业保险办法和社会保险办法。我国的长期照护保障制度也是围绕这两大模式进行争论和制度建设的。2014 年，财政部、民政部、全国老龄工作委员会办公室（以下简称全国老龄办）联合发布的《关于建立健全经济困难的高龄失能等老年人补贴制度的通知》（财社〔2014〕113 号）开启了全国性建制进程。根据民政部有关方面的信息，到 2018 年，全国有 30 个省份建立了养老服务补贴制度。截至 2018 年底，享受养老服务补贴的老年人有 521.7 万人(参见《2018 年民政事业发展统计公报》)（何文炯和杨一心，2020）。在中共十八届五中全会提出探索建立长期护理保险的任务之前，我国各地先后进行了有关长期护理保险的探索。2016 年，人力资源和社会保障部办公厅发布《关于开展长期护理保险制度试点的指导意见》（人社厅发〔2016〕80 号），首批试点 15 个，为上海市、河北省承德市、吉林省长春市、黑龙江省齐齐哈尔市、江苏省南通市和苏州市、浙江省宁波市、安徽省安庆市、江西省上饶市、山东省青岛市、湖北省荆门市、广东省广州市、重庆市、四川省成都市、新疆生产建设兵团石河子市。2020 年 10 月，中共十九届五中全会通过《中共中央关于制定国民经济和社会发展第十四个五年规划和二〇三五年远景目标的建议》，提出要“稳步建立长期护理保险制度”。

一、养老服务补贴制度的探索

我国养老服务补贴制度起始于居家养老服务补贴。居家养老服务的发展与机构养老不同，最初没有实体支撑，起源于社区服务，由社区居委会承担，在政府部门的主导下推进，一直带有很强的行政色彩。政府可以出钱建设施，却难以直接提供服务，尤其是专业化的照护服务。面对居家失能、高龄、独居等困难老年人，政府只能通过购买服务，由专业组织运作，提供相应的照护服务，产生了居家养老服务补贴制度（董红亚，2019）。总体来说，养老服务补贴制度发展可分为两个阶段：居家养老服务补贴阶段和覆盖居家和机构的基本养老服务补贴制度建立阶段。

20 世纪 90 年代末，我国开始进入人口老龄化社会，居家养老服务补贴制度探索伴随着居家养老服务模式而发展。特别是从 2001 年民政部开始实施社区老年福利服务“星光计划”，上海市民政局发布《关于全面开展居家养老服务的意见》（沪民事发〔2001〕23 号），要求以政府购买服务的方式全面推广居家养老服务，标志着上海成为全国最早实行养老服务补贴制度的城市。2003 年，规定老年人获得服务后，以居家养老服务券的形式对上门服务人员进行支付[①]。值得一提的是始于 2004 年的浙江省宁波市“海曙模式”，被概括为“政府扶持、非营利组织运营、社会参与”的模式，在得到中央肯定之后在全国推广。国务院办公厅转发全国老龄办与国家发展和改革委员会（以下简称国家发改委）等部门《关于加快发展养老服务业意见的通知》（国办发〔2006〕6 号），要求建立专项资金，大力推进居家养老服务。2008 年 1 月，全国老龄办等有关部门在《关于全面推进居家养老服务工作的意见》（全国老龄办发〔2008〕4 号）中进一步提出，有条件的地区可针对性地设立专项资金，开设资助项目，探索适应当地特点的居家养老服务模式。北京、天津等地都出台了为符合条件的老年人发放居家养老服务券等相应政策。

2010 年 10 月，民政部在江苏省无锡市召开全国社会养老服务体系建设推进会，明确要求建立养老服务补贴制度，开始了全国统一建制的过程。2011 年，浙江省率先对养老服务补贴进行城乡统筹，覆盖居家和机构，在全国引起极大反响[②]。2012 年 7 月，国务院印发《国家基本公共服务体系“十二五”规划》（国发〔2012〕29 号），提出“有条件的地方可发放高龄老年人生活补贴和家庭经济困难的老年人养老服务补贴”，没有区分机构和居家。2012 年 12 月，《中华人民共和国老年人权益保障法》修订并颁布，明确“对经济困难的老年人，地方各级政府应当逐步给予养老服务补贴”。2013 年 9 月，国务院印发《关于加快发展养老服务业的若干意见》（国发〔2013〕35 号），进一步强调要建立针对困难老人的养老服务补贴制度。2014 年《财政部 民政部 全国老龄工作委员会办公室关于建立健全经济困难的高龄 失能等老年人补贴制度的通知》（财社〔2014〕113 号）明确要求将“建立健全经济困难的高龄、失能等老年人补贴制度的要求细化为具体的政策措施”[③]，帮助经济困难的高龄、失能等老年人提高购买能力，减轻其经济压力。

目前，我国的养老服务补贴还处于初级阶段，制度的定位还不清晰，制度的内容和实施更是五花八门。何文炯（2014a）认为养老服务补贴的对象应界定为低保低收入的失能老人，我国应先行建立救助性质的老年照护服务补助制度，基于此制度设计进行了财政支出分析，并进一步提出了减少供方补贴等配套政策。在照护服务补贴金额方面，也应该以发生的长期照护费用为标准，不应该与低保标准挂钩。

---

① 《关于进一步规范居家养老服务补贴经费管理和使用的通知》（沪民福〔2003〕28 号）。

② 《关于深化完善社会养老服务体系建设的意见》（浙政发〔2011〕101 号）。

③ 《财政部 民政部 全国老龄工作委员会办公室关于建立健全经济困难的高龄 失能等老年人补贴制度的通知》，http://www.mof.gov.cn/gkml/caizhengwengao/wg2014/wg2014010/201504/t20150401_1211568.htm。

二、长期护理保险制度的争论

虽然从2016年开始有关部门开始部署开展长期护理保险试点工作，但至今为止关于我国是否开展社会保险性质的长期护理保险一直存在争议。各地现行的长期护理保险制度碎片化十分严重，也缺乏科学的制度设计，可持续性堪忧。许多学者基于商业长期护理保险的高成本和逆向选择问题，建议我国实施社会保险性质的长期护理保险（戴卫东，2012；吕国营和韩丽，2014；王东进，2015）。胡晓义（2016）认为我国现有的“五险”制度难以满足老年人的长期护理需求，为打破传统养老保险、医疗保险的界限，建议将“长期护理保险”设为独立险种。也有学者提出以社会保险为主体、商业保险为补充的模式更符合中国国情（鲁於和杨翠迎，2016）。在具体的制度安排方面，学者针对筹资机制、给付标准、评估方法、服务供给、质量监管、风险控制和实施步骤等维度提出了不同的观点。

基于长期护理保险各试点地区在实践中暴露出的问题，学者针对社会性质的长期护理保险制度设计提出了相应建议：第一，需要明确长期护理保险定位，完善相关法律法规。第二，要拓展筹资渠道，建立多渠道的独立的筹资机制，逐渐从医疗保险体系中独立。第三，要建立科学的评估标准和适度的补偿标准，确保基金可持续运行。第四，要提高护理人员素质，提高长期护理的服务质量。第五，要完善信息系统，实现信息服务平台与养老护理机构、医疗卫生机构等相关机构的信息共享和互联互通（刘晓婷，2018）。

第二节　老年人失能失智状态转移规律

世界卫生组织将失能定义为“个人在日常生活中主要活动能力或生活能力丧失或受限”。随着年龄增长，老年人身体机能逐渐退化，生理器官功能逐渐丧失，这时失能便可能发生。研究我国老年人长期照护保障需求，需要先评估老年人的失能状况。基本生活自理能力（ADL）量表和工具性日常生活自理能力（IADL）量表是被最广泛应用的衡量老年人失能状况的指标，它们可以较为全面、科学地衡量老年人身体机能状况（刘晓婷，2018）。此外，MDS-COGS量表和精神病态（PS）量表是老年人认知状态的评估工具，能全面地评估老年人认知能力与精神状况。而InterRAI长期照护机构评估（LTCF）量表则可以对老年人疾病、心理及功能进行多维度的鉴定评估（李玮彤和徐桂华，2018）。

无论是全球还是中国，失智老年人口的规模之巨、增速之快，是老龄社会的严峻挑战。截至2015年，世界痴呆症患者高达4680万人，比2009年增长12%～

13%（Alzheimer's Disease international, 2015）。随着人口老龄化程度的加深，高龄老人数量不断增加，认知能力下降将会成为更加普遍的社会问题。除了痴呆症外，大部分老年人经历着不同程度的认知能力下降，包括正常的认知老化和轻度认知障碍。认知障碍是指获得性的、持续的智能减退，包括记忆功能显著损害，至少另一领域的精神活动功能损害和基本日常生活能力受损的一组疾病（丁玎和洪震，2013）。认知障碍的最典型状况便是阿尔茨海默病，即我们常说的老年痴呆症。阿尔茨海默病在 60 岁以下老年人中的患病率不足 1%，但在 85 岁以上老年人中的患病率高达 40%（Beydoun et al.，2014）。此外，其他较为罕见的认知症还包括血管性认知障碍（VaD）、混合型认知障碍（MD）、路易氏体认知障碍（DLB）和帕金森综合征认知障碍（PD-D）。

因此，掌握老年人失能和失智状态及其变化规律，不仅可以为照护服务保障提供有效供给的路径，还可以为照护资金的精准流向提供科学依据，是照护保障制度的基础。

一、老年人失能状态转移规律

（一）失能率与健康预期寿命

国内学者对于我国失能老人的规模和发展趋势尚未达成统一定论，甚至由于选用的数据或对失能的评判标准不一，得出的结论可能大相径庭。中国老龄科学研究中心课题组等（2011）根据 2006 年全国城乡老年人口状况调查的数据得出城乡老年人的失能率大概在 6.4%。有学者利用 2010 年第六次全国人口普查的数据，推算出我国老年人口失能规模为 522 万人，总失能率为 2.95%（潘金洪等，2012）。张文娟和魏蒙（2015）统一了 ADL 失能状态的评判标准，并对 3 个全国性调查数据，包括中国城乡老年人口状况跟踪调查、中国老年健康影响因素跟踪调查和中国健康与养老追踪调查进行分析比较，发现 2010 年中国老年人的 ADL 失能率约为 11%。对于中国失能老年人未来的发展趋势，顾大男和曾毅（2006）的研究结果显示，1992 年至 2002 年十年间中国老年人生活自理能力失能率平均每年下降 1%。

国内外研究通过测算健康预期寿命及其发展趋势来估计失能转移规律。随着寿命的延长，健康预期寿命占预期寿命的比率究竟是扩张了还是缩短了，在学术界尚存争论。国外的研究分别支持了失能期压缩模式（Fries and Crapo，1980；Fries，2002）、失能期扩张模式和动态均衡模式（Manton，1982）。我国学者应用 1987 年、1992 年和 2000 年有关中国老年人的调查数据研究平均自评健康预期寿命的变化后发现，老年人的预期寿命在延长，但是自评健康预期寿命，特别是女性的自评健康预期寿命是下降的（乔晓春，2009）。有学者利用 1987 年至 2006 年的全国临床数据比较了健康预期寿命的变化，结果发现 75 岁及以上的老年人失能期呈现缩减趋势，而相对年轻的老年人失能期呈现延长趋势(Liu et al.，2009）。张文娟和杜鹏（2009）基于 1994 年和 2004 年人口变动抽样调查数据的研究结果则支持了老年人失能期扩张的假设。Lu 等（2019）利用 2000 年至 2010 年中国城乡老年人口状况跟踪调查数据，也支持了老年人失能期扩张的假设。

（二）基于随机分析的老年人失能状态转移规律①

近年来，我国人口老龄化程度不断加深。老年人口中高龄老人比重也越来越大。随着人口老龄化、高龄化的发展趋势，失能老年人口的规模也在不断扩大。失能老人越来越多，但家庭的照护能力却越来越弱。2019 年，我国老年抚养比为 19.6%，较上一年的 16.8%，增幅为 11 年来最大，家庭负担、社会负担越来越沉重，老年人对社会化护理服务的需求已大大增加。

人口老龄化、高龄化与家庭小型化、空巢化伴随，社会养老服务需求不断增加，建立健全社会养老服务体系，已成为政府的基本职责，也是应对人口老龄化这一国家战略的一项长期战略任务。完备的养老服务体系建设，关键是服务供给以及资金保障。然而只有全面把握我国老年人的失能状态转移规律，才能估计服务以及资金的需求，从而准确、高效地为老年人提供照护服务，否则将造成资源浪费或者老年人的照护需求得不到满足。

本部分基于 2006～2010 年中国城乡老年人口状况跟踪调查数据，以失能状态分类为切入点，在分析确定中国老年人失能状态分类的基础上，用合适的多状态转移模型来刻画老年人在各状态间的转移情况，计算老年人在各状态间的转移概率。最为重要的是，本部分提供了运用连续时间马尔可夫模型刻画老年人在各失能状态间转移的方法，供后续研究参考。

1. 多状态转移模型

本部分采用连续时间马尔可夫模型来刻画老年人在各状态间的转移情况。假设老年人失能状态转变符合连续时间的马尔可夫过程，借鉴 NLTCs 中的老年人失能状态分类，将中国老年人失能状态分为六类，没有 IADL 或 ADL 障碍，仅 IADL 障碍，一项或两项 ADL 障碍，三项或四项 ADL 障碍，五项或六项 ADL 障碍，死亡。设定死亡态是吸收态，即个体一旦进入死亡态，则无法再转移成其他状态。对于个人而言，失能状况可能恶化也可能好转（恢复）。本模型充分考虑了老年

---

① 此部分节选自何文炯和洪蕾（2013）的文章，受篇幅所限，这里展示了研究方法和转移概率矩阵，各状态的失能人数预测见该论文。

人从失能状态恢复的各种情况，构建如下转移模型，见图 5-1。

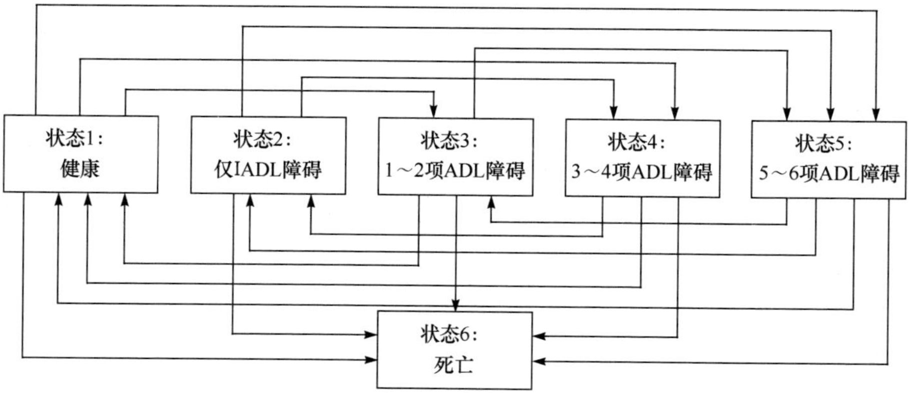

图 5-1　失能状态转移路径

2. 转移概率的计算方法

为了预测未来失能老年人数，或进行老年人失能服务产品定价，不仅需要有老年人在某一段时间内的状态转移规律，而且需要有瞬间的状态转移概率——转移强度，用公式表示为

$$\mu_x^{ij} = \lim_{\mathrm{dt}\to 0} \frac{P_{x,x+\mathrm{dt}}^{ij}}{\mathrm{dt}} \tag{5-1}$$

$$P_{x,x+\mathrm{dt}}^{ij} = \frac{n_{x,x+\mathrm{dt}}^{ij}}{\sum_j n_{x,x+\mathrm{dt}}^{ij}} \tag{5-2}$$

其中，μ_x^{ij} 表示年龄为 x 岁的人从状态 i 转移到状态 j 的转移强度；$P_{x,x+\mathrm{dt}}^{ij}$ 表示年龄为 x 岁的人经过时间 dt 从状态 i 转移到状态 j 的转移概率；$n_{x,x+\mathrm{dt}}^{ij}$ 表示在首次调查中年龄为 x 岁并且处于状态 i，经过时间 dt（此时年龄为 $x+\mathrm{dt}$ 岁）处于状态 j 的人数。

根据上面计算得到的转移概率矩阵 P，可以计算得到相应的转移强度矩阵 Q。该矩阵的每行各元素和为 0，并且满足 $\exp(Q)=P$。据此，可以通过 $P(t)=\exp(tQ)$，求得任意时间间隔 t（$t\geqslant 0$）的转移概率。

假设 P 是一个时间齐性的马尔可夫转移矩阵，其每行各元素非负并且之和等于 1，我们感兴趣的是找到转移强度矩阵 Q，满足 $\exp(Q)=P$。

$$P=\exp(Q)=I+Q+(Q)^2/2!+(Q)^3/3!+\cdots+(Q)^n/n!$$

我们使用 MATLAB 软件计算得到矩阵 Q 每一行的元素和为 0。

3. 实证结果

老年人的失能状态转移规律有明显的时间效应。年龄增长会加速身体功能能力的衰退。对于60～69岁的老年人，期初健康到4年后期末依然保持健康无功能能力受损的概率为49.05%；70～79岁的老年人，期初健康到期末依然健康的概率为28.19%；而对于80岁及以上的老年人，仅有10.4%的期初健康的老年人在期末依旧保持健康。年龄越大，身体功能恢复健全的概率越低。对于60～69岁的老年人来说，期初仅IADL受损的老年人在期末有26.26%的概率可能恢复健康；对于70～79岁的老年人，期初仅IADL受损的老年人仅有11.47%的概率可能恢复健康；然而对于80岁及以上的老年人来说，这个数字仅有3.61%。对于同一年龄段的老年人来说，期初失能受损的程度越严重，身体功能恢复健全的概率越低。以70～79岁的老年人举例，期初仅IADL受损的老年人，有11.47%的概率恢复健康，仅1～2项ADL受损的老年人有5.26%的概率恢复健康，有3～4项ADL障碍的老年人仅有3.54%的概率会恢复健康，但如果发生5～6项ADL障碍，则仅有1.92%的概率会恢复健康。转移概率矩阵见表5-1。

表5-1　转移概率矩阵

年龄组	2006年状态	2010年状态					
		健康	仅IADL障碍	1～2项ADL障碍	3～4项ADL障碍	5～6项ADL障碍	死亡
60～69岁	健康	0.4905	0.3376	0.0814	0.0086	0.0155	0.0664
	仅IADL障碍	0.2626	0.4451	0.1355	0.0153	0.0213	0.1203
	1～2项ADL障碍	0.1551	0.3295	0.2532	0.0468	0.0567	0.1587
	3～4项ADL障碍	0.0867	0.2150	0.1680	0.1140	0.1647	0.2515
	5～6项ADL障碍	0.0568	0.1162	0.1244	0.0346	0.2580	0.4100
70～79岁	健康	0.2819	0.3655	0.1412	0.0331	0.0490	0.1291
	仅IADL障碍	0.1147	0.4138	0.1864	0.0456	0.0577	0.1819
	1～2项ADL障碍	0.0526	0.1942	0.3089	0.0532	0.0864	0.3048
	3～4项ADL障碍	0.0354	0.1600	0.2056	0.0576	0.1649	0.3765
	5～6项ADL障碍	0.0192	0.1021	0.0994	0.0405	0.2022	0.5365

续表

年龄组	2006 年状态	2010 年状态					
		健康	仅 IADL 障碍	1～2 项 ADL 障碍	3～4 项 ADL 障碍	5～6 项 ADL 障碍	死亡
80 岁及以上	健康	0.1040	0.2622	0.1764	0.0392	0.1004	0.3178
	仅 IADL 障碍	0.0361	0.2201	0.2211	0.0515	0.1100	0.3610
	1～2 项 ADL 障碍	0.0108	0.0820	0.2252	0.0672	0.1075	0.5075
	3～4 项 ADL 障碍	0.0080	0.0517	0.1559	0.0532	0.1298	0.6014
	5～6 项 ADL 障碍	0.0047	0.0394	0.1319	0.0368	0.0787	0.7087

二、老年人认知功能状态转移规律①

伴随着人口老龄化和高龄化，大多数老年人面临不同程度的认知功能衰退。认知功能衰退不仅会降低生活质量，严重者会影响基本日常生活活动能力，减少剩余预期寿命，提高死亡风险。虽然目前并没有药物可以完全治愈认知症，但早期诊断和预防干预可以显著延缓认知功能恶化，所以识别影响认知功能缺损的风险因素，并进行相应的风险预防和风险控制必要而迫切。

我国正在探索建立长期照护保障制度，需要对长期照护需求进行精确估计，但国内对于老年人的认知功能变化规律尚缺乏相关研究。识别我国老年人的认知功能变化规律，预测未来失智老年人口的长期照护需求，为长期照护资源的合理配置、照护基金的精准流向提供了决策依据。有研究基于 2011 年和 2014 年中国老年健康影响因素跟踪调查数据，采用连续时间齐性马尔可夫过程刻画老年人分年龄、分性别的认知功能状态转移规律，识别了影响认知功能状态转移的风险因素，并估算了 2015～2024 年不同认知功能状态老年人口的需求规模。

（一）研究方法

1. 连续时间齐性马尔可夫过程

本部分利用连续时间齐性马尔可夫过程刻画老年人认知功能状态的变化过程。假设老年人认知功能状态转变符合连续时间齐性马尔可夫过程，根据简易智力状态检查量表的标准，将存活状态的老年人认知功能划分为 4 个状态——

① 本部分根据刘晓婷和陈铂麟（2020）的研究整理。

认知功能健全、轻度认知功能缺损、中度认知功能缺损和重度认知功能缺损，见图 5-2。本书还设立死亡作为吸收态，即个体一旦进入死亡态，则无法再转移成其他状态。

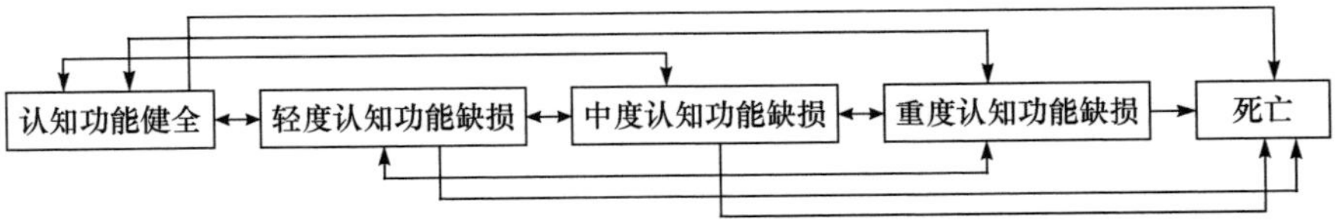

图 5-2　认知功能状态转移路径

2. 转移概率计算方法

设 $p_{ij}(t)$ 为初始状态为 i 的老年人经过时间 t 转化为状态 j 的概率，则 $P(t)=[p_{ij}(t)]_{n\times n}$ 表示经过时间 t 的转移概率矩阵。本部分使用二元离散 Logit 模型来计算结束态为死亡的概率，使用有序 Logit 模型来计算认知功能状态的转移概率。

假设 S_{it} 表示 t 时刻老年人处在认知状态 i ，如 S_{1t-1} 表示期初认知功能完好，S_{5t} 表示期末时刻已经死亡。对于不同年龄段的老年人，期末死亡的概率可以表示为

$$P(S_{5t},X)=G\left(B_0+\sum_{i=1}^{4}\beta_i S_{it-1}+\sum\beta_j X_j\right),\quad i=1,2,3,4,\quad t-1=2011,\quad t=2014$$

其中，$G(\cdot)$ 表示 Logit 累计分布函数；B_0 表示常数项。

本部分用多元有序 Logit 模型刻画不同状态之间的转变，转移概率可以表示为

$$P(S_{1t}=1\,|\,S_{it-1},X,S_{5t}=0)=G\left(\alpha_1-\sum_{i=2}^{4}\beta_i S_{it-1}-X\beta\right),$$

$$\begin{aligned}&P(S_{2t}=1\,|\,S_{it-1},X,S_{5t}=0)\\&=G\left(\alpha_2-\sum_{i=2}^{4}\beta_i S_{it-1}-X\beta\right)-G\left(\alpha_1-\sum_{i=2}^{4}\beta_i S_{it-1}-X\beta\right),\end{aligned}$$

$$\begin{aligned}&P(S_{3t}=1\,|\,S_{it-1},X,S_{5t}=0)\\&=G\left(\alpha_3-\sum_{i=2}^{4}\beta_i S_{it-1}-X\beta\right)-G\left(\alpha_2-\sum_{i=2}^{4}\beta_i S_{it-1}-X\beta\right),\end{aligned}$$

$$P(S_{4t}=1\mid S_{it-1},X,S_{5t}=0)=1-G\left(\alpha_3-\sum_{i=2}^{4}\beta_i S_{it-1}-X\beta\right),$$

其中，$\alpha_1,\alpha_2,\alpha_3$表示模型的门限参数，$X$表示控制变量，$\beta$表示回归系数，可以采用极大似然法对门限参数进行估计。由于使用多元有序 Logit 模型计算的是老年人期末依然生存的条件概率，在计算认知功能状态转移矩阵时，需要将其转化为无条件概率，转换公式是

$$P(S_{it}=1\mid S_{jt-1},X)=P(S_{it}=1\mid S_{jt-1},X,S_{5t}=0)\left[1-P(S_{5t}=1\mid S_{jt-1},X)\right]$$

$$i=1,2,3,4,\ t-1=2011,\ t=2014$$

在得到三年转移概率矩阵$P(3)$后还需要将其转换成年度转移概率矩阵$P(1)$，才能用于预测未来老年人在不同认知功能状态下的人口规模。具体方法是先将三年转移概率矩阵$P(3)$转换成转移强度矩阵Q，再利用转移强度矩阵，估算任意时长的转移概率矩阵。

（二）实证结果

1. 影响老年人死亡与认知缺损的风险因素

Logit 存活概率模型回归结果显示，女性、有配偶且配偶健在、坚持锻炼身体、积极参与社会交往、拥有较好健康状况（自评健康好、患慢性病数量少、无功能受限和初始认知状态好）的老年人死亡概率更低。

有序 Logit 认知功能状态转移模型回归结果显示，男性、教育程度高、坚持锻炼、参与社会交往和拥有较好健康状况的老年人具有更好的抵御认知功能下降的能力。

2. 认知功能状态转移强度矩阵

老年人认知功能状态的转移具有明显的性别效应与年龄效应。见表 5-2，在相同年龄、相同初始认知状态下，女性较男性具有较为明显的生存优势，但有更大的概率发生认知功能缺损。年龄增长加速认知功能衰退，在 65～74 岁的男性老年人中，期初认知功能健全的老年人在一年过后仍然保持认知功能健全的概率为 95.2%。但在 95 岁及以上的男性老年人中，期初认知功能健全的老年人在期末仍然保持认知功能健全的概率仅为 57.9%。期初认知功能缺损的程度越严重，认知功能恢复健全的概率便越低。在 65～74 岁的男性老年人中，期初轻度认知功能缺损的老年人有 44.1%的概率恢复到认知功能健全，但中度认知功能缺损和重度认知功能缺损的老年人恢复认知功能健全的概率降为 8.2%和 0.5%。个体一旦进入到重度认知功能缺损的状态，其认知功能改善的

概率将会非常低。

表 5-2 年度认知功能状态转移矩阵

期初认知功能状态	期末认知功能状态									
	认知功能健全	轻度认知功能缺损	中度认知功能缺损	重度认知功能缺损	死亡	认知功能健全	轻度认知功能缺损	中度认知功能缺损	重度认知功能缺损	死亡
	男性					女性				
65～74 岁										
认知功能健全	0.952	0.018	0.004	0.001	0.025	0.962	0.022	0.005	0.001	0.010
轻度认知功能缺损	0.441	0.457	0.071	0.014	0.016	0.412	0.488	0.078	0.015	0.006
中度认知功能缺损	0.082	0.397	0.341	0.040	0.140	0.083	0.413	0.393	0.050	0.061
重度认知功能缺损	0.005	0.009	0.296	0.688	0.031	0.002	0.015	0.261	0.742	0.014
死亡	0.000	0.000	0.000	0.000	1.000	0.000	0.000	0.000	0.000	1.000
75～84 岁										
认知功能健全	0.878	0.048	0.009	0.006	0.059	0.885	0.064	0.011	0.008	0.033
轻度认知功能缺损	0.345	0.462	0.077	0.043	0.073	0.316	0.502	0.094	0.049	0.039
中度认知功能缺损	0.082	0.341	0.290	0.125	0.163	0.077	0.343	0.338	0.150	0.094
重度认知功能缺损	0.005	0.088	0.169	0.488	0.249	0.009	0.082	0.166	0.582	0.160
死亡	0.000	0.000	0.000	0.000	1.000	0.000	0.000	0.000	0.000	1.000
85～94 岁										
认知功能健全	0.746	0.070	0.023	0.011	0.149	0.750	0.105	0.033	0.015	0.098
轻度认知功能缺损	0.253	0.380	0.149	0.061	0.157	0.220	0.413	0.192	0.078	0.096
中度认知功能缺损	0.080	0.196	0.292	0.135	0.298	0.073	0.182	0.352	0.182	0.211
重度认知功能缺损	0.021	0.056	0.167	0.449	0.307	0.019	0.048	0.149	0.558	0.225
死亡	0.000	0.000	0.000	0.000	1.000	0.000	0.000	0.000	0.000	1.000
95 岁及以上										
认知功能健全	0.579	0.122	0.052	0.020	0.227	0.550	0.185	0.084	0.031	0.151
轻度认知功能缺损	0.144	0.280	0.178	0.067	0.332	0.120	0.287	0.247	0.104	0.242
中度认知功能缺损	0.049	0.126	0.280	0.130	0.415	0.042	0.100	0.326	0.202	0.330
重度认知功能缺损	0.012	0.023	0.104	0.458	0.403	0.009	0.019	0.076	0.573	0.324
死亡	0.000	0.000	0.000	0.000	1.000	0.000	0.000	0.000	0.000	1.000

3. 各认知功能状态的人口规模预测

随着人口老龄化程度的加深，2015～2024 年认知功能健全和认知功能缺损的老年人口数量不断增加。根据预测结果，中国 65 岁及以上轻度认知功能缺损人口将从 2015 年的 1247.7 万人增加至 2024 年的 1678.6 万人，中度认知功能缺损人口将从 2015 年的 488.1 万人增加至 2024 年的 617.3 万人，重度认知功能缺损人口将从 2015 年的 429.3 万人增加至 2024 年的 488.9 万人。认知功能缺损率随年龄增加而提升，2024 年 65～74 岁的老年人认知功能缺损率为 7.49%，75～84 岁为 16.47%，85～94 岁为 34.22%，95 岁及以上为 58.54%。在 2024 年预测认知功能缺损的 2785 万人之中，男性为 1008.7 万人，认知功能缺损率为 9.88%；女性为 1776.1 万人，认知功能缺损率为 15.05%，高于男性。男性老年人和女性老年人处于不同认知功能状态人口预测结果见表 5-3 和表 5-4。

表 5-3　男性老年人处于不同认知功能状态人口预测（单位：万人）

认知功能状态	2015 年	2016 年	2017 年	2018 年	2019 年	2020 年	2021 年	2022 年	2023 年	2024 年
65～74 岁										
认知功能健全	4315.9	4493.2	4774.6	5034.9	5340.0	5624.9	5839.5	6092.3	6253.0	6184.3
轻度认知功能缺损	183.6	187.6	204.7	219.6	234.8	248.2	258.2	269.7	277.1	274.7
中度认知功能缺损	34.8	55.0	62.6	67.5	71.8	75.9	79.3	82.6	85.3	85.5
重度认知功能缺损	44.9	42.7	43.6	44.9	47.2	49.3	50.9	53.0	54.2	53.2
75～84 岁										
认知功能健全	1864.6	1914.5	1953.0	1976.0	2027.3	2077.7	2144.6	2230.0	2314.2	2466.6
轻度认知功能缺损	186.0	199.0	207.3	211.5	216.4	221.1	226.6	233.8	241.8	255.6
中度认知功能缺损	51.6	56.9	59.2	60.1	61.3	62.5	63.8	65.7	67.8	71.6
重度认知功能缺损	55.2	52.4	51.8	51.6	52.1	52.8	53.6	54.9	56.5	59.5
85～94 岁										
认知功能健全	320.1	347.6	375.5	413.5	437.4	461.0	485.3	505.0	523.9	521.3
轻度认知功能缺损	73.9	69.2	71.6	76.7	81.0	85.4	90.0	94.1	98.0	98.9
中度认知功能缺损	32.9	38.7	38.6	39.4	41.0	42.8	45.1	47.2	49.2	50.5
重度认知功能缺损	51.3	37.6	32.7	31.7	31.9	33.0	34.6	36.1	37.7	38.6

续表

认知功能状态	2015 年	2016 年	2017 年	2018 年	2019 年	2020 年	2021 年	2022 年	2023 年	2024 年
95 岁及以上										
认知功能健全	11.4	13.8	15.6	17.4	19.4	21.4	22.5	24.0	25.6	25.4
轻度认知功能缺损	4.7	4.7	5.1	5.7	6.3	7.0	7.5	7.9	8.5	8.6
中度认知功能缺损	3.2	3.8	4.1	4.4	4.8	5.3	5.6	6.0	6.4	6.5
重度认知功能缺损	5.7	4.4	4.0	3.9	4.1	4.5	4.7	5.0	5.4	5.5

表 5-4　女性老年人处于不同认知功能状态人口预测（单位：万人）

认知功能状态	2015 年	2016 年	2017 年	2018 年	2019 年	2020 年	2021 年	2022 年	2023 年	2024 年
65～74 岁										
认知功能健全	4191.9	4449.7	4794.5	5120.7	5480.4	5801.8	6060.4	6342.3	6529.5	6483.8
轻度认知功能缺损	310.3	297.9	310.2	326.5	347.7	366.8	382.0	399.5	410.1	404.7
中度认知功能缺损	79.0	89.4	97.2	104.2	111.8	118.7	124.3	130.3	134.4	133.9
重度认知功能缺损	36.5	42.9	49.0	54.2	59.2	63.5	67.1	70.6	73.2	73.4
75～84 岁										
认知功能健全	1829.2	1940.2	2031.2	2098.3	2181.5	2270.2	2377.8	2500.8	2628.9	2821.2
轻度认知功能缺损	324.1	347.3	345.6	342.3	344.4	349.7	359.1	373.0	388.9	414.0
中度认知功能缺损	175.4	125.6	113.2	108.6	107.4	107.7	109.5	112.8	117.0	124.3
重度认知功能缺损	104.4	112.9	111.4	108.0	105.9	105.0	105.5	107.8	111.1	117.5
85～94 岁										
认知功能健全	341.8	394.5	443.2	497.0	537.6	577.5	614.5	642.4	671.5	678.5
轻度认知功能缺损	154.5	139.9	141.5	149.9	158.5	168.3	178.4	187.0	195.7	200.2
中度认知功能缺损	98.8	96.9	93.9	94.9	97.9	102.4	108.0	113.3	118.5	122.8
重度认知功能缺损	110.3	100.5	95.4	93.9	94.3	96.7	100.8	104.9	109.4	113.1
95 岁及以上										
认知功能健全	13.9	19.3	23.1	26.7	30.3	33.7	35.4	37.6	40.2	40.4
轻度认知功能缺损	10.6	11.2	12.5	14.2	15.9	17.7	18.9	20.1	21.5	21.9
中度认知功能缺损	12.4	12.4	13.1	14.4	15.9	17.6	18.9	20.2	21.5	22.2
重度认知功能缺损	21.0	19.2	18.6	19.2	20.5	22.2	23.7	25.3	27.1	28.1

图 5-3 报告了 2015～2024 年老年人口中认知功能缺损率的变化。在这 10 年间，老年人的认知功能缺损率整体呈现下降趋势，从 2015 年的 14.38%下降到 2024 年的 12.66%。这表明老年群体的认知功能有所改善，印证了弗林效应在中国老年人群体中的存在。虽然在各个年龄组老年人的认知功能缺损率都呈现下降趋势，但是认知功能状况改善的程度有所不同。高龄老年人整体认知功能状况改善的幅度更大。相较于低年龄组，85～94 岁和 95 岁及以上的老年人认知功能缺损率下降程度较为显著，年平均下降速率分别为 1.0%和 1.1%。2020 年后，老年人的认知功能缺损率下降缓慢并趋于平稳，这可能是因为弗林效应达到了阈值，老年群体的整体认知功能逐渐稳定。在 2022 年后，认知功能缺损率经历小幅回升，这是否说明弗林效应的终结，还需要进一步研究。

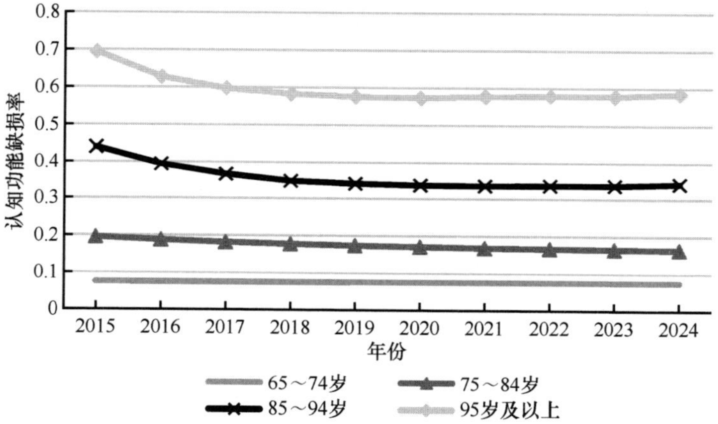

图 5-3　2015～2024 年分年龄段老年人认知功能缺损率变化折线图

（三）政策建议

本书探索了老年人认知状态转移的规律并识别了影响认知转移的风险因素，为长期护理保障制度的建立提供了精算基础和技术支持，为了更好地将研究结果运用于实践，本书提出如下政策建议。

首先，无论是照护保障制度实施还是照护服务供给，都必须以需求评估为基础。我国所采用的长期照护评估工具存在碎片化、主观化、单一化等问题，需求评估以身体功能为主，忽略了认知能力这一重要维度。长期照护制度应该是涵盖失能、失智老年人的完善制度，建立起一个统一、全面、客观及有效率的需求评估体系迫在眉睫。

其次，及时进行有效的早期干预和风险调控有助于延缓认知功能衰退的速度，延迟认知功能到达重度缺损的时间。建议通过基础公共体育设施的完善鼓励老年人养成锻炼身体的习惯，通过组织社区老年人活动来促进其参与社会交往，形成积极、健康的生活习惯，维持相对稳定的认知功能。社会政策还要加强对弱势群体的保护，加强对女性老年人、受教育程度较低的老年人的认知功能干预，尽量减弱相关风险因素的影响。

最后，虽然人口老龄化带来了失智老年人口数量的增加和照护压力的提高，但是我国老年人认知功能总体上呈现改善的状态，这是社会、经济、文化、科技发展进步的结果，可以部分抵消老龄化带来的负面影响。在国家健康老龄化的战略背景下，要根据健康的影响因素从早期开始全生命周期进行综合干预，营造有利于老年健康的社会支持和生活环境，延长健康预期寿命，维护包括认知功能在内的健康功能。

第三节 长期照护保障制度成本分析

一、长期照护费用测算研究

一般来说，老年人的照护费用分为三个部分：直接成本、间接成本以及无形成本。其中，直接成本指的是在照护老人过程中产生的直接现金开支，包括日常生活服务照料费用、医疗保健护理服务费用和精神慰藉服务费用；间接成本又称为机会成本，指非现金支出的家庭成员照料时间；无形成本又称为心理成本，包括被照料老人和照料家属的情绪低落、精神痛苦等。由于间接成本和无形成本较难衡量，大部分的研究以衡量直接成本为主。

对长期护理服务费用测算的核心在于两个部分：一是对长期护理服务需求量的评估与预测，即确定处在不同失能状态或护理等级的老年人数量，目前大部分的研究重点在于解决这个问题；二是对不同护理等级对应的服务项目、护理时间或次数、服务单价等的确定，这需要依靠调查数据，以及对未来医学发展、经济发展的合理估计才能进行较为科学合理的测算。而在我国，由于长期护理保险制度尚处于试点阶段，尚未有全国统一规范的制度出台，所以国内对长期护理保障制度的费用测算以定性研究偏多，仅有少部分研究采用了定量测算的方式（汤哲等，2004；蒋承和赵晓军，2009；彭荣，2009）。这些采用定量测算的研究使用的方法大体分为两类：宏观模拟预测和微观模拟预测。

宏观模拟预测利用宏观人口数据，根据年龄、性别、收入、健康状况等特征将人口分类，假设每一类别人口特征的演变规律和人口规模的相对变化，直接对全国老年人长期护理需求费用进行估算。

朱铭来和贾清显（2009）从宏观角度分析我国老年人长期护理服务的需求趋势，并根据国内有关经济指标来获取老年人长期护理需求者的年均费用，估算出若按照我国 2004 年的调查标准，2050 年我国长期护理总费用将达到 8018 亿～13 364 亿元（朱铭来和贾清显，2009）。马骏等（2012）采取固定失能率的方式预测出中国未来需要接受长期护理的老年人数量，并将其进行不同护理等级的划分，同时对护理人员的劳务费用和器械器具的设备费用进行假定，预测至 2020 年、2030 年、2040 年、2050 年，长期护理费用占 GDP 的比重分别为 0.7%、1%、1.3%、1.7%，呈现上升趋势。李杰（2016）将老年人长期照护的费用标准与全国居民服务和其他服务业就业人员平均工资挂钩，并假设工资按照每年 4%的速度增长，结果显示从 2015 年到 2050 年，中国老年人长期照护资金的需求规模会不断增加，将从 2015 年的 12 878 亿元增加到 2050 年的 141 697 亿元，35 年的时间，将增长 10 倍。

国内更多的研究采用微观模拟预测的方式，利用微观数据和人口多元特征，建立不同健康状态之间的转移概率矩阵、马尔可夫链、多状态生命表等，追踪老年人生命周期内的健康演变轨迹，预测需要护理的老年人口规模、护理层次、在不同护理层次的停留时间、护理生存时间，进而测算长期护理服务费用。

曾毅等（2012）基于多维家庭人口预测模型，建立了包括老年人口年龄、性别、城乡、婚姻、家庭结构以及生活自理能力状态动态变化的老年家庭照料需求成本预测模型，预测照料残障老人现金成本总额占 GDP 比率的增长速度将大大快于残障老人总数的增长。胡宏伟等（2015）基于中国老年健康影响因素跟踪调查纵贯数据，运用马尔可夫链方法估算老年健康状态转移概率，并预测估算出老年护理服务需求，估计结果显示，2014～2050 年老年护理服务潜在需求可能从 3089.96 亿元上升至 4.27 万亿元，有效需求可能从 1172.42 亿元上升至 1.60 万亿元，重度失能老人护理服务有效需求可能从 276 亿元上升至 4944 亿元。黄枫和吴纯杰（2012）也运用了连续时间齐性马尔可夫过程刻画老年人口健康状态的变化，对老年人的长期护理需求进行预测分析。蒋承和赵晓军（2009）则采用多状态生命表对老年人的照料成本进行分析。Lu 等（2017）基于 2011 年中国健康与养老追踪调查数据，运用多项 Logit 回归模型来预测未来老年人在不同失能状态的分布情况，发现老年人失能状态的变化与教育水平、收入水平、城镇化等一系列因素相关，同时估计了在实施基于家计审查的社会救助长期护理保障制度下政府的最低财政预算。对于中低收入的失能老年人，按照 2011 年的标准，需要花费 GDP 的 0.25%（占财政收入的 1.25%）建立起长期照护补贴政策，如果只覆盖重度失能的中低收入老年人，只需花费 GDP 的 0.14%（占财政收入的 0.7%）。预计到 2050 年，花费 GDP 的 1.42%即可覆盖 11.4%的贫困失能老年人（Lu et al.，2017）。

两种模拟方式各有优缺点，微观模拟预测的精度较高，在学术界广泛使用，但由于其在模型细化和预测精度上的优势，其失去了中长期预测的信度。相反，宏观模拟虽然短期内不够精细，但是由于它不会受更多不稳定因素的影响，长期预测的信度反而更高。

二、困难家庭失能老年人照护服务补助制度成本分析

困难家庭失能老年人照护服务补助制度的建立是基于长期照护补助制度的整体设计，是政府承担国民基本风险保障责任的一个兜底项目，其实施可以有效提升家庭经济困难失能老年人社会化照护服务购买能力，提高其生存质量。为了对困难家庭失能老年人照护服务补助制度进行成本分析，需要估计未来困难家庭失能老年人数，设定照护服务补助标准，预测资金需求量，考察其财务的可行性。本部分以此为目标，构建困难家庭失能老年人照护服务补助资金测算模型，并利用民政部统计数据、联合国《世界人口展望》数据、第六次全国人口普查数据等，估算 2021～2035 年实施该项制度的资金成本。困难家庭失能老年人照护服务补贴制度的覆盖对象为最低生活保障家庭失能老年人、特困供养失能老年人和低保边缘家庭失能老年人。根据预测目标、制度覆盖对象范围、相关政策补助标准等变量，构建资金预测模型如下所示：

$$B(k)=b(k)\cdot\sum_{j=60}^{\omega}\left[l_j^1(k)\cdot d_j^1(k)+l_j^2(k)\cdot d_j^2(k)\right]+\alpha\cdot b(k)\cdot\sum_{j=60}^{\omega}l_j^3(k)\cdot d_j^3(k)$$

其中，$B(k)$表示第 k 年全国困难家庭失能老年人照护服务补助资金成本；$b(k)$表示第 k 年低保、特困失能老年人年人均补助标准；$l_j^i(k)$表示第 k 年第 i 类人群 j 岁困难老年人数（$i=1$代表最低生活保障群体类，$i=2$代表特困供养人员类，$i=3$代表低保边缘群体类）；$d_j^i(k)$表示第 k 年第 i 类人群 j 岁困难老年人失能率；ω 为极限年龄。考虑到三类群体生活困难程度有差异，低保边缘群体照护服务补助标准可适度降低，我们用$\alpha\cdot b(k)$代表低保边缘群体失能老年人补助标准（$0<\alpha<1$）。照护服务补助标准的计算方法为$b(k)=b(k-1)\cdot\left[1+\beta(k)\right]$，$\beta(k)$代表第 k 年补助标准年增长率。还需要说明的是，由于城乡之间困难群体老年人占比、服务成本等有所差别，我们对城市和农村分别做出估计再加总。

根据以上测算模型，我们将依次估计困难家庭老年人数、困难家庭失能老年人数、设定照护服务补助标准的步骤，测算制度建设成本，测算期限为 2021～2035 年。需要说明的是，由于缺乏全国相关统计资料，本书在预测中须借助若干假设，这些假设尽可能地模拟现实，以提高预测结果的合理性。

最低生活保障对象、特困供养人员是最困难的群体。首先，按照“低保人数—

城乡低保人数—城乡低保老年人数”的思路估计低保群体照护补助制度覆盖人数。近年来，随着脱贫攻坚力度不断加大和最低生活保障对象识别精准性的提高，低保实际享受人数规模有所减少。到 2019 年底，全国低保待遇享受人数为 4316.6 万人，占总人口（140 005 万人）的比重为 3.08%。假设未来低保人口占总人口的比重稳定在这一水平，结合对未来总人口的估计，我们可以估算未来低保享受人数。对全国总人口的估计，学界基于人口死亡率、预期寿命、生育率等不同参数的估计，得到不同的测算结果。这里，我们直接采用 2019 年联合国《世界人口展望》对中国人口规模的预测结果。预测显示，2021～2035 年，中国人口规模呈现先增长后下降的趋势（峰值为 2031 年的 14.64 亿人）。在此基础上，按照 3.08% 的比重可以估计低保人数变化。按照城市和农村分开估计的思路，我们还需要测算低保享受人数的城乡结构。2019 年低保人数中城市占 19.9%，农村占 80.1%，假设这一城乡结构保持不变，据此可以计算各年份城乡低保人数①。预测结果显示，城市低保人数由 2021 年的 887.63 万人上升至 2031 年的 900.04 万人，后下降至 2035 年的 897.99 万人，而农村低保人数由 2021 年的 3565.15 万人上升至 2031 年的 3615.01 万人，后下降至 2035 年的 3606.78 万人。

在 2019 年联合国《世界人口展望》预测中，我们可以看到 60 岁及以上老年人口占比在不断上升，由 2021 年的 17.89%逐步上升至 2035 年的 28.35%。而 2013 年以来，城市低保对象中老年人占比也在不断上升（表 5-5）。我们假设未来城市低保老年人口占比随老年人口占全国人口的比重同步上升，测算得到分城乡低保老年人数。

表 5-5　2013～2017 年全国城乡低保人数及其老年人占比

年份	城市			农村		
	低保人数/人	低保老年人数/人	占比/%	低保人数/人	低保老年人数/人	占比/%
2013	21 435 260	3 392 967	15.83	53 445 402	20 165 417	37.73
2014	20 641 935	3 302 718	16.00	53 880 178	20 780 811	38.57
2015	18 770 467	3 157 500	16.82	52 072 404	20 647 701	39.65
2016	17 010 975	2 934 761	17.25	49 035 544	20 061 001	40.91
2017	14 802 422	2 579 514	17.43	45 864 626	18 588 539	40.53

资料来源：《中国民政统计年鉴》

① 民政部统计资料显示，2013 年以来低保人数中城市低保人口占比从 28.6%逐步下降至 2019 年的 19.9%。学界对未来城乡低保人数的估计结果不多，事实上，未来城市化水平还会升高，本书假设城市低保人口占比稳定在当前的水平。

2017 年底，全国城市、农村特困人员分别为 9.05 万人、496.88 万人，其中老年人占比分别为 70.22%、85.13%。假设城乡特困老年人与低保老年人的比例保持稳定，可以预测得到 2021～2035 年城乡特困供养老年人规模。全国尚未有关于低保边缘群体资料的统计，大多数地区一般将低保线的 1.5 倍作为低保边缘线。以浙江省为例，2018 年低保和特困供养人员共 75.6 万人，低保边缘对象约为 36 万人，比例约为 2.1∶1。事实上，低保边缘群体人数与居民收入分布状况有关，由于难以得到全国相关收入分布数据，我们以浙江省低保边缘群体比例规模，推算得到全国低保边缘家庭中的老年人数。综上，我们预测得到低保家庭、特困人员以及低保边缘家庭中的老年人数（表 5-6）。

表 5-6　2021～2035 年全国城乡困难家庭老年人数预测（单位：万人）

年份	城市困难家庭老年人数			农村困难家庭老年人数		
	低保人员	特困人员	低保边缘人员	低保人员	特困人员	低保边缘人员
2021	171.78	20.07	91.36	1513.62	380.01	901.73
2022	177.42	20.73	94.36	1538.67	386.30	916.65
2023	183.46	21.44	97.57	1565.04	392.92	932.36
2024	190.04	22.21	101.07	1593.26	400.01	949.17
2025	197.22	23.05	104.89	1623.61	407.63	967.25
2026	204.64	23.91	108.84	1654.65	415.42	985.75
2027	212.50	24.83	113.02	1687.19	423.59	1005.13
2028	220.62	25.78	117.34	1720.53	431.96	1024.99
2029	228.73	26.73	121.64	1753.55	440.25	1044.66
2030	236.61	27.65	125.84	1785.46	448.26	1063.67
2031	243.76	28.48	129.64	1814.24	455.49	1080.82
2032	250.67	29.29	133.31	1841.82	462.41	1097.25
2033	257.13	30.05	136.75	1867.39	468.83	1112.48
2034	262.86	30.72	139.80	1889.85	474.47	1125.87
2035	267.72	31.28	142.38	1908.58	479.17	1137.02

在以上得到困难家庭老年人数量规模预测的基础上，我们需要估算其中的失能老年人规模。学界对老年人口失能率的估计也有许多研究成果，中国老年健康影响因素跟踪调查、中国健康与养老追踪调查和全国老龄委开展的中国城乡老年人口状况跟踪调查也都有相关的调查结果。这里，我们参考第六次全国人口普查

对老年人生活不能自理情况的统计结果。表 5-7 反映了第六次全国人口普查得到的城乡各年龄段老年人失能率，城市、农村 60 岁及以上老年人失能率分别为 2.45% 和 3.32%。

表 5-7　2010 年城乡老年人各年龄段失能情况（单位：%）

年龄组	60～64 岁	65～69 岁	70～74 岁	75～79 岁	80～84 岁	85～89 岁	90～94 岁	95～99 岁	100+岁	合计
失能率	0.88	1.51	2.67	4.33	7.97	12.78	20.96	26.05	29.19	2.95
城市	0.70	1.20	2.11	3.69	6.91	11.34	19.27	23.95	29.28	2.45
农村	1.01	1.75	3.11	4.82	8.73	13.61	22.16	27.59	29.2	3.32

资料来源：第六次全国人口普查统计数据。其中，城市失能率的估计结果按照城市和镇的统计资料加权平均得到

根据一般经验，困难家庭老年人的失能率一般比普通家庭老年人失能率高。以浙江省统计数据为例，在 26 万多名低保老年人中，失能后经评估享受养老服务补贴的人数约为 1.9 万人，占比达到 7%以上（第六次全国人口普查数据显示浙江老年人失能率为 2.37%）[①]。因此，这里我们考虑困难家庭老年人失能率更高、随时间推移老年人失能率升高两个因素，假设未来各年龄段老年人失能率是第六次全国人口普查结果的 2 倍（即失能率达到 5.9%左右），再分城乡分年龄段估计 2021～2035 年困难家庭失能老年人口规模（测算结果见表 5-8）。

表 5-8　2021～2035 年全国城乡困难家庭失能老年人数预测（单位：万人）

年份	城市困难家庭失能老年人数			农村困难家庭失能老年人数			合计
	低保人员	特困人员	低保边缘人员	低保人员	特困人员	低保边缘人员	
2021	8.28	0.97	4.40	96.88	24.32	57.72	192.57
2022	8.66	1.01	4.61	99.66	25.02	59.37	198.33
2023	9.02	1.05	4.80	102.09	25.63	60.82	203.41
2024	9.36	1.09	4.98	104.09	26.13	62.01	207.66
2025	9.67	1.13	5.14	105.68	26.53	62.96	211.11
2026	10.17	1.19	5.41	108.92	27.35	64.89	217.93
2027	10.65	1.24	5.67	111.86	28.08	66.64	224.14

① 浙江省养老服务补贴制度实践中，覆盖对象包括一类和二类人员。其中，一类为失能低保老人，二类为中低收入的失能、失智、高龄、独居老年人。在制度推出阶段，建议从一类人员起步。因此，如果按照本书对覆盖对象的严格界定，此占比应该不到 7%。

续表

年份	城市困难家庭失能老年人数			农村困难家庭失能老年人数			合计
	低保人员	特困人员	低保边缘人员	低保人员	特困人员	低保边缘人员	
2028	11.12	1.30	5.91	114.51	28.75	68.22	229.81
2029	11.56	1.35	6.15	116.97	29.37	69.69	235.09
2030	11.98	1.40	6.37	119.30	29.95	71.07	240.07
2031	12.59	1.47	6.69	123.43	30.99	73.53	248.70
2032	13.18	1.54	7.01	127.43	31.99	75.91	257.07
2033	13.75	1.61	7.31	131.24	32.95	78.18	265.04
2034	14.27	1.67	7.59	134.81	33.85	80.31	272.50
2035	14.75	1.72	7.85	138.12	34.68	82.28	279.40

2021 年，符合低保、特困、低保边缘保障对象的失能老年人达到 192.57 万人（其中城市、农村分别为 13.65 万人、178.92 万人）。此规模会逐渐上升至 2035 年的 279.40 万人。表 5-9 以农村低保老人为例，展示了各年份这一群体各年龄段失能老年人数。

表 5-9　2021～2035 年农村各年龄段低保家庭失能老年人数预测（单位：人）

年份	60～64 岁	65～69 岁	70～74 岁	75～79 岁	80～84 岁	85～89 岁	90～94 岁	95～99 岁	100+岁
2021	93 602	153 298	178 130	156 574	169 129	129 085	68 752	17 456	2 771
2022	95 256	148 597	192 230	160 852	168 800	133 536	74 039	20 315	2 956
2023	97 897	142 693	206 120	166 439	168 788	135 810	77 453	22 582	3 132
2024	100 937	138 336	215 805	174 927	170 307	136 045	78 284	22 962	3 296
2025	104 000	136 932	219 511	186 922	173 933	134 488	76 891	20 606	3 482
2026	106 902	137 088	216 623	200 893	179 690	137 097	84 136	23 119	3 690
2027	110 014	139 281	209 423	217 703	184 869	138 073	88 408	26 865	3 919
2028	112 874	143 017	201 221	233 874	191 449	138 516	90 403	29 615	4 137
2029	114 867	147 693	196 013	245 027	202 182	139 847	89 831	29 878	4 380
2030	115 637	152 923	195 627	249 639	218 026	142 907	86 717	26 829	4 646
2031	115 068	157 951	197 304	247 816	238 374	151 090	92 282	29 404	4 970
2032	113 584	163 708	202 016	241 517	262 312	157 305	95 374	33 138	5 316
2033	111 248	169 432	209 172	234 540	285 133	163 920	97 451	35 823	5 660

续表

年份	60～64 岁	65～69 岁	70～74 岁	75～79 岁	80～84 岁	85～89 岁	90～94 岁	95～99 岁	100+岁
2034	108 143	174 076	218 113	231 376	301 098	174 913	98 395	35 933	6 030
2035	104 363	177 002	228 394	234 061	308 447	191 351	98 837	32 366	6 377

由于各地物价水平、养老服务成本存在差异，建议国家制定统一的困难家庭失能老年人照护服务补助最低标准，各地再结合当地情况提高标准，保障困难群体照护基本需求得到满足。

从各地实际执行情况来看，养老服务补贴（或者失能补贴）标准不一，我们搜集了部分地区相关资料。比如北京市规定对于评估后的老年人，人均失能护理补贴标准为 200～600 元/月；上海市根据照护等级不同，低保家庭老年人养老服务补贴标准为 500～750 元/月；深圳市规定低保、低保边缘家庭中重度失能老年人照护补贴为 850 元/月，中度失能老年人照护补贴为 640 元/月；成都市对低保家庭中的中度失能、重度失能老年人分别给予 300 元/月、500 元/月的基本养老服务补贴。考虑到我国城乡差异大、地区间发展不平衡，我们针对城市和农村分别制订了高、中、低三套照护服务补助标准方案。其中，高标准方案：城市 1000 元/月，农村 800 元/月。中标准方案：城市 700 元/月，农村 500 元/月。低标准方案：城市 500 元/月，农村 300 元/月。在此基础上，综合考虑物价变动和照护服务成本上升等因素，按照年均增长 4%的速度建立自然增长机制。假设低保边缘家庭的失能老年人，按照全额标准的 60%发放照护服务补助金。据此，我们可以得到 2021～2035 年高、中、低三套方案下照护服务补助金成本。测算结果见表 5-10。

表 5-10　2021～2035 年困难家庭失能老年人照护服务补助资金量（单位：亿元）

年份	高方案	中方案	低方案
2021	163.87	103.49	63.23
2022	175.57	110.89	67.78
2023	187.33	118.34	72.35
2024	198.94	125.70	76.87
2025	210.39	132.95	81.33
2026	225.95	142.82	87.40
2027	241.78	152.85	93.57
2028	257.90	163.08	99.87

续表

年份	高方案	中方案	低方案
2029	274.46	173.58	106.33
2030	291.56	184.43	113.01
2031	314.23	198.80	121.85
2032	337.88	213.80	131.08
2033	362.38	229.33	140.63
2034	387.56	245.30	150.46
2035	413.35	261.65	160.51

为了考察建立统一的困难家庭失能老年人照护服务补助制度财务可行性，我们将高、中、低三套方案下的资金分别与国家财政收入、最低生活保障资金投入以及职工基本养老保险财政补助额做比较。

2018 年，全国一般公共预算收入为 18.3 万亿元，最低生活保障资金投入为 1632.1 亿元，职工基本养老保险财政补助为 5309.55 亿元。我们用 2021 年资金需求与 2018 年这些投入做比较，得到表 5-11。可以看到，建立困难家庭失能老年人照护服务补助制度投入规模是有限的，在可承受范围内。

表 5-11　困难家庭失能老年人照护服务补助制度财务可行性分析（单位：%）

方案	高方案	中方案	低方案
占财政收入比率	0.09	0.06	0.03
占最低生活保障资金投入比率	10.04	6.34	3.87
占职工基本养老保险财政补助资金比率	3.09	1.95	1.19

三、长期照护保险制度精算模型

从国内外学者的研究来看，对长期护理保险的定价大致可分为两种思路：一种是从微观层面出发，采用精算模型进行测算；另一种是从宏观层面出发，主要方法为 ILO 筹资模型和时间序列模型。

从微观层面来看，国外学者对长期护理保险的精算分析模型的研究较为深入，尤其是以私营健康保险模式为主的美国，其定价方法主要有三种：曼联方法、减量表法、多状态马尔可夫模型。其中，曼联法是最为传统的一种方法，其原理是基于全体人口观察得出年平均护理周数，即用护理率来计算保费。与其相关的文献资料非常少，目前流传最广的是 James D. Craig 对如何运用曼联法对失能保险进行定价以及责任准备金的提取，有着详细的论述。减量表法则是考察各健康状态的人数改变情况，继而算出状态转移概率，比较著名的有 Haberman（1983）的研究。多状态马尔可夫模型则是较新的一种方法，其方法理论相比前两者更为先进，即根据不同健康状态之间相互转移的可能性及其相应的转移概率，算出保费和准备金。比较经典的研究成果为 Robinson（2002）的研究和 Helms 等（2005）的研究。

国内学者对长期护理保险定价的探索起步较晚。何林广（2007）讨论了曼联法、减量表法以及多状态马尔可夫模型的原理及定价实例，并结合保险公司的现有技术进行评价和分析。除了传统的曼联法、减量表法和多状态马尔可夫模型外，我国学者还结合我国国情，建立了横向平衡与纵向平衡的费率模型。陈垦（2010）运用寿险精算的技术建立了分年龄的纵向平衡费率模型，通过对不同方案的模拟测算，计算出纵向平衡的缴费总费率，并运用基金长期收支平衡的精算模型对长期护理保险的可行性进行了分析。赵亚男（2012）基于统筹账户与个人账户的考虑，分别建立了横向精算平衡费率模型与纵向精算平衡费率模型，并测算了在不同给付标准下用人单位与个人的年均缴费额及其费率。

从宏观层面来看，主要方法为 ILO 筹资模型和时间序列模型。ILO 筹资理论是国际劳工组织和国际社会保障协会提出的用来对社会健康保险短期筹资比例进行计算的模型，其原则是基金总体均衡，部分学者认为长期护理保险从归类上看属于健康保险，因此采用 ILO 筹资模型对长期护理保险的筹资比例进行测算。郭淑婷（2017）运用 ILO 筹资模型，基于上海市的劳动年龄人口数、就业人口数、社会平均工资、地区生产总值等数据，分别构建了人口模型、经济模型、收入和成本估计模型以及最后的结果模型，算出了上海市长期护理保险的筹资比率。类似地，刘易斯（2017）通过构建人口统计与经济模型、预算收入模型、成本估计模型和缴费率模型四个子模型测算了上海市长期护理保险的筹资费率。朱铭来和贾清显（2009）从宏观的角度来分析我国老年人长期护理服务的需求趋势，并根据国内有关经济指标来获取老年人长期护理需求者的年均费用。

综上所述，微观模拟法具有更高的精度，为大量学者所采用。其中，马尔可夫模型在长期护理保险领域的运用已经得到了国内外众多学者的支持；曼联法虽然最为传统，但其并未考虑不同失能状态老人人数的变化；减量表法虽然考虑了不同失能状态之间人数的变化，但其计算过于烦琐，需建立每一岁的不同失能状态人群的生命表，并计算其每年增减量，且对历史数据要求较高。横向费率模型与纵向费率模型在计算时均假设不同失能状态的老年人护理费用相同且未考虑不同失能状态之间老年人数量的变化。宏观模拟法对短期、长期护理保险费用测算的精度较低，信度较高。ILO 筹资模型更加适用于短期的健康保险筹资比例测算，笔者认为长期护理保险严格来说并非一年一期的短期健康险，因为其给付具有连续性和长期性，失能老人的护理需求是长期存在的，尤其是对于中度和重度失能老年人来说，康复的概率很小，需要长期照护的可能性更大，因此用 ILO 筹资模型来估计长期护理保险筹资费率并非最为恰当的做法。

本书主要从微观的角度去构建长期护理保险基金支出端模型，因此采用国际上广泛使用的多状态马尔可夫模型方法。用 $E(t)$ 表示长期护理保险基金在 t 年的总支出，m 表示男性，f 表示女性，则总支出为男性长期护理保险基金支出与女性长期护理保险基金支出之和，假定 60 岁及以上的老年人方有资格参与失能等级的评估并享受长期护理保险给付，具体模型如下：

$$E(t)=E_m(t)+E_f(t)$$

男性长期护理保险基金支出端公式为

$$\begin{aligned}E_m(t)&=\sum_{x=65}^{105}\left[L_{mx}(t)\times A_{mk}(t)\right]=\sum_{x=65}^{105}\left[\left(L_{imx}\right)\times\left(A_{imk}\right)\right]\\&=\sum_{x=65}^{105}\left[\left(L_{imx}\right)\times\begin{pmatrix}\overline{A}_{imk}\\ A^{*}{}_{imk}\end{pmatrix}\times\left(C_H\quad C_I\right)\right]\end{aligned}$$

其中，

$$L_{mx}(t)=L_x(0)\times P_x(t)$$

$$A_{imk}=\overline{A}_{imk}\cdot C_H+A^{*}{}_{imk}\cdot C_I$$

$$\overline{A}_{imk}=\sum_{i=1}^{3}\sum_{j=1}^{w}\overline{\alpha}_{ij}\cdot\overline{T}_{ij}\cdot\overline{P}_{ij}$$

$$A^{*}{}_{imk}=\sum_{i=1}^{3}\sum_{j=1}^{w}\alpha^{*}{}_{ij}\cdot T^{*}{}_{ij}\cdot P^{*}{}_{ij}$$

$$A_{mk}(t)=A_{mk}(t-1)\times(1+\theta_{mk})$$

女性长期护理保险基金支出端公式为

$$\begin{aligned}E_f(t)&=\sum_{x=65}^{105}\left[L_{fx}(t)\times A_{fk}(t)\right]=\sum_{x=65}^{105}\left(L_{ifx}\times A_{ifk}\right)\\&=\sum_{x=65}^{105}\left[\left(L_{ifx}\right)\times\begin{pmatrix}\overline{A}_{ifk}\\ A^{*}{}_{ifk}\end{pmatrix}\times\left(C_H\quad C_I\right)\right]\end{aligned}$$

其中，

$$L_{fx}(t)=L_x(0)\times P_x(t)$$

$$A_{ifk}=\overline{A}_{ifk}\cdot C_H+A^*{}_{ifk}\cdot C_I$$

$$\overline{A}_{ifk}=\sum_{i=1}^{3}\sum_{j=1}^{w}\overline{\alpha}_{ij}\cdot\overline{T}_{ij}\cdot\overline{P}_{ij}$$

$$A^*{}_{ifk}=\sum_{i=1}^{3}\sum_{j=1}^{w}\alpha^*{}_{ij}\cdot T^*{}_{ij}\cdot P^*{}_{ij}$$

$$A_{fk}(t)=A_{fk}(t-1)\times(1+\theta_{fk})$$

参数解释如下。

$L_{mx}(t)$、$L_{fx}(t)$ 表示年龄为 x 岁的人经过时间 t 在各失能状态的人数分布矩阵，这里假定将老年人健康状况分为五个状态——健康、轻度失能、中度失能、重度失能、死亡，分别用 $i=0, 1, 2, 3, 4$ 来表示，健康和死亡状态的老年人都不享受长期护理保险待遇。

$A_{mk}(t)$、$A_{fk}(t)$ 表示在第 t 年不同失能状态的老年人所需的护理状态对应的居家护理费用矩阵，这里将护理等级分为三级，分别对应轻度、中度和重度失能的老年人，用 $i=1, 2, 3$ 来表示，将不同护理等级对应的服务项目用 j 来表示，$j=1, 2, 3, \cdots, w$。

$A^*{}_{mk}(t)$、$A^*{}_{fk}(t)$ 表示在第 t 年不同失能状态的老年人所需的护理状态对应的机构护理费用矩阵，这里将护理等级分为三级，分别对应轻度、中度和重度失能的老年人，用 $i=1, 2, 3$ 来表示，将不同护理等级对应的服务项目用 j 来表示，$j=1, 2, 3, \cdots, w$。

$L_x(0)$ 表示年龄为 x 岁的人初始时刻的各失能状态人数分布矩阵；$P_x(t)$ 表示年龄为 x 岁的人经过时间 t 后的状态转移概率矩阵；C_H 表示选择居家护理的概率；C_I 表示选择机构护理的概率；$\overline{\alpha}_{ij}$ 表示居家护理等级为 i 的老年人对服务项目 j 的需求率；$\alpha^*{}_{ij}$ 表示机构护理等级为 i 的老年人对服务项目 j 的需求率；$\overline{T}_{ij}$ 表示居家护理等级 i 对应的服务项目 j 所需的护理时间或次数；$T^*{}_{ij}$ 表示机构护理等级 i 对应的服务项目 j 所需的护理时间或次数；$\overline{P}_{ij}$ 表示居家护理等级 i 对应的服务项目 j 的服务单价；$P^*{}_{ij}$ 表示机构护理等级 i 对应的服务项目 j 的服务单价；θ_{mk}、θ_{fk} 表示每年各等级护理费用支出的增长率。

这里呈现了长期护理保险的精算模型这一分析方法，由于各试点地区的长期护理保险制度施行时间不长，获得相应数据受限，因此本书并未运用数据进行实证分析。随着长期护理保险制度的完善和运行机制的成熟，待获得相应数据可以根据这一模型进行数据分析。

第四节 建立长期照护保障制度的基本思路

2018 年 12 月 29 日，第十三届全国人大常务委员会对《中华人民共和国老年人权益保障法》进行了修改，修改后的该法第三十条规定“国家逐步开展长期护理保障工作，保障老年人的护理需求”。这就意味着，建立长期照护保障制度，已经成为一种国家意志。然而，长期照护保障制度是一项技术复杂的保障制度。在我国，从部分地区的探索和试点情况看，关于长期照护保障制度的理解存在较大差异。因此，我们在满腔热忱地关注各地实践探索的同时，要以冷静的态度思考，对长期照护保障制度建设的基本思路进行进一步的探讨，致力于构建适合我国国情的、公平的、可持续的、有效的长期照护保障制度。

一、加强整体设计

长期照护保障制度的目标是使失能者能够获得长期照护服务，是基于失能风险的制度设计。随着人口老龄化，特别是高龄化趋势的发展，失能老年人人数和比重将持续增长，长期照护服务的需求大幅度增加，加上家庭小型化的因素，失能老年人的长期照护服务成为重大的社会问题。长期照护服务将成为一个重要的服务项目独立出来，与之相对应，长期照护保障则需要在整个风险保障体系中单独立项。

一般地说，老年人面临贫困、疾病、失能和孤独这四类风险，失能风险来源于老年人随着年龄增长的自我服务能力下降，需要他人照顾生活，也就是本章所讨论的老年照护服务。基于对老年风险的理解，老年人的基本生活保障、健康保障、照护保障和精神慰藉四大保障项目，共同构成了一个老年人保障体系。在这个保障体系中，每个项目都应有自己的职责，分工明确，合在一起是个整体。就我国现行制度安排和实际运行情况看，照护保障是最为薄弱的，迫切需要加强，需要明确照护保障制度的功能定位，厘清和其他保障项目的分工，加强和其他保障制度的衔接。重要的是将长期照护保障制度定位于保障生活照护服务，而非医疗护理服务，同时将基本养老保险制度定位于保障老年人基本生活，保障老年人具有购买基本生活资料的能力，而将该项制度中诸如医疗费用后备、照护费用后备等非基本生活保障职能剥离出去，再将基本医疗保障制度中的非医疗服务费用等因素也剥离出去。

二、构建多层次保障体系

在人生的长河中，个人对于自己是否会遭遇失能以及何种程度的失能，是无法预知的。因此，每一位社会成员都有长期照护保障的需求。照护资源是稀缺的，并非每一个人都能得到充分的长期照护保障。因此，根据多层次风险保障理论，长期照护保障制度也由基本保障+补充保障两个部分构成。任何一种保险项目，无论是政府主办还是民间举办的，都必须有清晰的保障标准和范围，因此根据不同的保障层次，长期照护保障的保障范围和标准也有所不同。

基本保障是基于社会成员基本权益和政府基本职责所确定的保障项目，由政府组织实施，或政府委托有关机构经办，因而往往通过强制的手段，以财政拨款方式筹资，或者以税收或依法强制征收社会保险费等方式筹资，其支付责任由国家财政负责兜底。长期照护保险制度、老年照护服务补贴制度构建了老年人长期照护保障制度中的基本保障部分。老年人长期照护保障制度中的基本保障部分以全体国民为保障对象，其最终受益者是遭受失能风险事故的不幸者。基本保障的保障标准是基于国民权益和政府职责确定的，具有与经济社会发展水平相适应的阶段性。

补充保障是针对一般社会成员而言的，由社会成员根据长期照护市场中是否有适合自己的产品，自主决定、自愿参加、自己承担相应的费用。每一个长期照护补充保障的保障项目，都有明确的保障对象和定位。补充保障的保障程度也由此项保障活动的参加者与举办者协商确定。补充保障承保的是基本保障项目所不保障的风险。例如，参保者希望自己失能后能够得到良好的照护服务，为了达到这一目标，他需要享受 10 个长期照护服务项目，但基本保障只承担其中 7 个照护服务，那么剩余 3 个就可以通过补充性长期照护保障来实现。

三、采用有效的筹资机制

长期照护保障需要通过有效的筹资机制，筹得足够的资金，保障制度有效运行，实现既定的保障目标。补充性保障，一般采用保险形式，民间自助互助共济，实现保障目的。长期照护的基本保障方面，目前可以选择采用保险筹资或财政方式筹资。前者即社会保险，后者主要应用在老年照护服务补助制度、养老服务补贴制度，性质属于社会救助或社会福利。基本保障制度的筹资方式选择，既与制度的政策目标有关，又与财政体制有关。如果基本保障制度定位于解决特殊困难群体的照护服务问题，一般会选择财政方式；如果制度定位于解决全体社会成员的照护服务问题，则一般会选择保险方式。

目前，我国经济发展进入新常态，GDP增速和财政收入增幅均趋缓，保险的筹资方式必然增加用人单位的劳动力成本并减少工薪劳动者当期可支配收入。事实上，近年来用人单位普遍反映劳动力成本上升较快，社会保险负担是其中的重要因素之一，因而中央政府同意降低社会保险缴费水平或短期内减征社会保险费。因此，在现阶段新增一个普遍实施的社会保险性质的长期照护保险，恐有一定难度。但政府对于失能老年人的基本照护服务之责不能免除。建议目前重点是先扎实做研究，并以此为基础做好政策储备，等到条件具备时审慎出台相应的制度，加快实施老年照护服务补贴制度，专门针对家庭经济困难的失能老年人，使他们有能力购买照护服务。

关于社会保险性质的长期照护保险制度的筹资机制，还有两个问题需要审慎考虑：一是基金核算期间，即基金是考虑长期平衡还是短期平衡。如果长期平衡，则要考虑基金投资的绩效，实现保值增值；如果短期平衡，则要考虑未老人口年龄结构的变化，预防长期照护保险系统出现与基本养老保险和基本医疗保险类似的老龄化问题。二是各级政府之间的责任机制问题。近20年来，我国实施的社会保险项目都是地区统筹、地方政府负责。这种与财政体制相适应的社会保险管理体制产生了积极的作用，但也造成了社会保险制度碎片化的局面，尤其是制度政策各地不一致，有很多弊端。因此，如果实施社会保险性质的长期照护保险制度，要引以为戒。建议学习德国和日本的经验，长期照护保险制度和政策全国统一，尤其是保障待遇必须全国统一，但经办服务分散于各业各地，且基金在各业各地自求平衡。

四、优化制度运行环境

长期照护保障制度的运行，需要有适应的环境，包括经济、社会、政治、法治等多个方面，还要有相应的技术条件。

从技术方面看，一是需要精算基础数据，尤其是关于失能人数及其变化趋势，以及失能状态转移规律、照护费用发生规律。目前，既缺乏技术，也缺乏可信的数据，需要组织科研攻关，也需要时间以积累经验数据。二是保险基数问题。长期照护保险的复杂程度超过工伤保险，更超过基本医疗保险，不仅其损失分布复杂，还要考虑制度的长期性，还有系统老龄化问题。

长期照护保障制度需要有相应的照护服务市场，如果没有一个比较规范的照护服务市场，一个大规模、普遍实施的长期照护保障制度是难以运行的。长期照护保障制度的设计必须考虑照护服务市场的成熟度。目前，我国的照护服务市场处于非常初级的阶段，缺乏训练有素的照护服务人员、完善成熟的技术规范和技术标准，此时如果普遍实施社会保险形式的长期照护保险制度，则会出现严重脱节的现象。这些年，国家虽然重视养老服务业，但大部分资源流向了养老机构，居家养老服务资源匮乏；高档养老院林立，老百姓住不进去；官办养老院护理床位少，失能老人照顾痛点仍未解决；随着养老机构的增加，养老机构空床率也随之不断升高，照护资源发生严重的错配现象。这种局面应尽快改变，应当发展非营利性民间照护服务，但更重要的是，要发展企业化经营的入宅照护服务。此外，还应尽快解决部门分割问题，打通民政和残联系统的托养服务机构，拆除藩篱，实现资源共享。还应打造一支训练有素的照护服务队伍，提升队伍的专业化程度，提高职业地位，搭建职业上升渠道和培训考核制度，提升职业群体工资和福利，让从业者觉得有奔头、有前途。同时，还要建立行业标准、行业规范，实行行业自律，引进第三方评估机制，促进长期照护服务行业持续健康发展。

本章小结

长寿不等于健康，寿命延长与自理能力的下降并存，高龄往往和失能失智相生相伴。失能失智风险也是老年人面临的最为严峻的风险，是人口老龄化过程中最复杂、最难解决的问题。国家日益重视老年照护保障制度体系建设，从长期照护补贴制度的探索到长期照护保险制度的试点，政府和社会以各种方式投入了大量资源。但是，在老年保障制度安排中，相对于老年收入保障和医疗保障而言，老年照护保障制度体系尚不健全。

长期照护保障制度主要包含资金保障和服务保障两个系统。只有建立健全长期照护资金保障制度，才可以切实保障长期照护需求的满足，提高长期照护服务的供给能力，因此本章主要关注长期照护的资金保障问题。国际上对于长期照护经费保障制度建设主要有两种模式：一是税收或者财政给付方式；二是保险方式，包括商业保险办法和社会保险办法。我国的长期照护保障制度也是围绕这两大模式进行争论和制度建设的。

掌握老年人失能和失智状态及其变化规律，不仅可以为照护服务保障提供有效供给的路径，还可以为照护资金的精准流向提供科学依据，是照护保障制度的基础。马尔可夫多状态转移模型不仅可以分析身体功能能力的转移规律，也为认知功能状态的研究提供了科学方法。

在老年人失能失智转移规律研究的基础上，需要进一步测算长期照护所需的费用，微观模拟和宏观模拟有各自的优缺点。本书针对困难家庭失能老年人照护补助制度和长期照护保险制度两种模式，各提出了成本分析方法。

未来建立长期照护保障制度需要有清晰的思路，要明确制度定位，加强顶层设计；还需要界定保障对象和科学的评估标准，构建多层次的照护保障体系；更需要建立有效的筹资机制，优化制度环境，确保长期照护保障制度可持续运行。

第六章　养老服务支持

一般地说，社会成员在达到一定年龄之后，其生理机能会随着年龄增长而逐渐衰退，心理状态也会发生变化，多种能力则可能相应地下降，因而老年人往往需要他人提供各种类型、程度不同的服务，这就是本章所讨论的养老服务。养老服务的内容是多方面的，包括生活照护、医疗保健、精神慰藉等。如果以 60+岁或 65+岁之类的标准定义老年人，则用“老龄服务”一词更为合适，其服务内容更为丰富。例如，对于生活能够自理的老年人而言，他们不需要他人照护生活，但却需要更多的社会参与，甚至还会帮助他人，对这些老人则需要有相应的服务。由于目前学界的文献和官方的文件中普遍采用“养老服务”而未用“老龄服务”，因而这里也用“养老服务”这个词。最近 20 多年来，随着人口老龄化、高龄化和家庭小型化，社会化养老服务的重要性日益显现。为此，国家出台一系列政策，旨在促进社会养老服务业的发展，各地进行了有益的探索，创造了许多经验。学界则持续地予以关注，养老服务成为最近十多年最热门的研究领域。本章在回顾我国养老服务历史演进的基础上，重点讨论基本养老权益及其实现机制、养老服务资源优化配置、机构养老服务需求等问题。

第一节　我国养老服务的历史演进

中国是一个历史悠久的文明古国，但较长时间处于农耕文明的时代。与传统的农业生产方式相联系，在中国长达数千年的历史中，养老一直是家庭的基本职责，因而养老服务的供给主要依靠家庭成员。进入近代，随着生产方式的变化，尤其是工业化、城市化的进程和科学技术的进步，中国的社会生产力不断提高，人们的生活方式和思想观念发生变化，老年人与年轻人的关系发生变化，因而养老的方式也随之变化，养老服务的供给主体开始增加，逐步形成了养老服务多元化的局面。

一、历史悠久的家庭养老服务

从中国的历史传统看，老年人一般是在自己的家里度过晚年，他们与子女同吃同住，主要由子女赡养。因而，每个家庭都十分重视子女的养育。如果没有自己亲生的子女（尤其是儿子），则通过领养、过继等方式使自己的家庭拥有子女；如果仅有女儿而没有儿子，可能会通过招婿入赘的方式，以保障自己身边有子女，以便养老。他们在年轻时为家庭的维持和发展而劳动，包括养育子女，在年老退出劳动之后，他们的生活全部由子女负责直至身故，因而中国素有“养儿防老”这一成语。在这里，老一代与年轻一代存在一种代际交换关系，前者把后者养大成人，后者为前者养老送终，这是一项长期以来被普遍接受的社会契约，因而子女赡养老人是一种义务。其中有突出感人事迹者，被认为是孝子或孝女，受到社会的褒扬；而未能承担对父母或长辈赡养职责的人，则被认为是不孝，会受到社会的谴责。值得注意的是，在传统的社会中，老年人在家庭和社会中具有较高的地位，多数老年人在身体状况良好时，一般还拥有家庭的管理权，因而，子女赡养老人这一制度能够长期得到有效的贯彻。此外，还有一些特殊情况，则有特殊的养老方式。例如，有的老人因各种原因没有子女为其养老，则由家族、亲友、邻居或民间的慈善机构予以照顾。又如，寺院的僧侣则由寺院提供养老服务，即由年轻的僧侣照顾年老的僧侣。还有，在帝王身边工作并为之服务的宫廷太监，则可以在集中的养老场所度过晚年，但年轻时必须缴纳一定的费用，如北京的万寿兴隆寺养老义会。因此，在相当长的历史时期，中国没有形成社会化的养老服务产业，政府也没有制定面向全社会的统一的社会化养老服务规则。

二、政府和集体对特定困难群体的养老保障服务

1949 年之后，中国建立起以公有制为主体的社会主义制度，并致力于推进工业化，整个社会发生了重大变化。在养老保障领域，国家新建的社会保障制度为城镇老年人提供了良好的保障。1951 年，国家颁布实施《劳动保险条例》，这是面向企业工薪劳动者的社会保险制度，还有针对公职人员的一系列保障制度，使在城镇工作和居住的工薪劳动者享受免费医疗，并在年老之后有稳定的收入来源，即养老金。他们的家属也享受一定程度的保障。然而，在养老服务方面，虽然各地建立了一些公共设施，但国家依然明确这是家庭的责任，即由子女承担对其父母和长辈的生活照护等养老服务责任。这就使得城镇绝大多数老年人的生活能够得到保障。然而，由于多种原因，城镇有一批无依无靠无生活（简称“三无”）来源的老年人，需要社会的帮助。为此，政府通过接收、改造原有的民间慈善机构，在城镇建立了一些老年人托养机构，将“三无”老人收养起来，集中供养，具体由民政部门负责管理。与此同时，有些用人单位根据各自的情况举办食堂、疗养所、养老院等福利设施，为本单位退休职工提供一定的老年生活服务。由此可见，政府对于城镇特殊困难老年群体提供了包括照护服务在内的老年保障服务。

此外，国家对于伤残荣誉军人，则建立了单独的保障服务机构，为其提供生活保障和必要的各类服务。

在广袤的农村，国家没有建立由政府组织的社会保障制度，更没有由政府组织提供的养老服务，但政府指导和支持农村集体经济组织为无依无靠的困难老年人提供帮助。1952 年，中国完成了土地改革。随后，农村逐步走上集体化道路，从而有了农村集体经济。与城镇一样，国家在农村继续坚持家庭养老的原则，明确子女对于老人和长辈的赡养责任。但对于农村中具有特殊困难的老年人，则建立了“五保供养制度”，由农村集体经济提供衣食保障和养老服务。1956 年《高级农业生产合作社示范章程》[①]第五十三条规定：农业生产合作社对于缺乏劳动力或者完全丧失劳动力、生活没有依靠的老、弱、孤、寡、残疾的社员，在生产上和生活上给以适当的安排和照顾，保证他们的吃、穿和柴火的供应，保证年幼的受到教育和年老的死后安葬，使他们生养死葬都有依靠。

1978 年开始，中国陆续在农村实行以家庭联产承包责任制为核心的经济体制改革，人民公社体制逐步瓦解，农村集体经济开始弱化，因而原先的五保供养制度难以为继。于是，这一特殊困难老年群体的养老问题逐步转由政府承担。第一步是由乡镇政府举办敬老院，五保供养对象愿意入住者，则可在敬老院生活。乡镇敬老院早期的经费由各乡镇统筹解决，资金主要来源于集体经济。后来，该项资金来源于集体经济、农业税和乡镇财政三个方面。第二步是五保供养制度由农村集体福利完全转变为国家保障制度。2006 年国务院颁布的《农村五保供养工作条例》明确指出，农村五保供养资金，在地方政府财政预算中安排。

进入 21 世纪，部分地区政府通过专项财政资金，以本人自愿为前提，将农村中生活难以自理的老年人集中供养，如浙江省[②]。这就意味着农村五保供养对象享受与城镇“三无”对象同样的待遇。2014 年，国务院发布了《社会救助暂行办法》，第三章“特困人员供养”明确规定“国家对无劳动能力、无生活来源且无法定赡养、抚养、扶养义务人，或者其法定赡养、抚养、扶养义务人无赡养、抚养、扶养能力的老年人、残疾人以及未满 16 周岁的未成年人”为特困人员，他们可以根据自身情况和意愿，选择集中供养或分散供养。根据这一办法，满足条件的特困老年人，都可以得到政府提供的供养服务。

三、养老服务供给的多元化

1978 年之后，中国逐步实行对内改革、对外开放的政策，工业化和城镇化进

① 1956 年 6 月 30 日，第一届全国人民代表大会第三次会议通过。

② 《浙江省人民政府办公厅转发省民政厅关于开展农村五保对象和城镇“三无”对象集中供养试点工作意见的通知》（浙政办发〔2003〕29 号）。

程加快，经济持续高速增长，社会结构发生深刻变化，养老领域也发生了一系列重要变化。20 世纪 80 年代中期开始的国有集体企业改革过程中，用人单位逐步剥离部分职能，退休职工的福利也相应减少[①]。与此同时，计划生育政策[②]开始显现其效应，人口老龄化现象逐步显现，加上思想观念和生活方式的转变，家庭的规模开始缩小，因而家庭的养老服务能力逐步下降，这就对社会化的养老服务提出了新的需求。为此，政府在继续强调家庭养老责任的同时，通过举办敬老院等发展机构养老，让部分老年人到养老机构接受养老服务，同时通过发展老年人活动站、老年人综合服务站等为居家老人提供养老服务，这意味着社会化养老服务的增加。

然而，仅仅依靠政府举办的养老服务机构和政府基层组织提供的养老服务，远远不能满足不断增长的社会需求。尤其是在 2000 年前后，中国整体上进入老年型社会[③]，与此同时，中国经济体制改革取得突破性进展，经济总量快速增长，市场经济的观念开始形成。在这样的背景下，中国政府对养老机构建设问题提出“政府引导与社会兴办相结合”的原则[④]，即允许非国有资本投资开办养老机构，为老年人提供养老服务。由此开始，中国的养老服务供给领域开始走向社会化，其主要标志：一是养老服务供给的投资主体多元化，即政府出台政策，鼓励和引导民间资本进入养老服务领域。2012 年，民政部还发布了《关于鼓励和引导民间资本进入养老服务领域的实施意见》。二是加快居家养老服务体系建设。2001 年 5 月开始，民政部在全国普遍组织实施针对老年人的社区老年福利“星光计划”。三是随着投资主体的多元化和服务方式的多样化，养老服务的对象，开始由政府兜底对象扩大到全体老年人，即不再限于民政部门所重点关注的几类传统的特殊困难群体。

2013 年以后，政府就发展养老服务业出台了一系列政策（郑功成，2019），养老服务供给持续增长。根据《2019 年民政事业发展统计公报》，至 2019 年底，全国共有各类养老机构和设施 20.4 万个，养老床位合计 775.0 万张，比上年增长 6.6%，每千名老年人拥有养老床位 30.5 张。其中全国共有注册登记的养老机构 3.4 万个，床位 438.8 万张；社区养老照料机构和设施 6.4 万个（其中社区养老照料机构 8207 个），社区互助型养老设施 10.1 万个，共有床位 336.2 万张。此外，全国民政部门管理的精神疾病服务机构——社会福利医院 138 个，床位 6.5 万张[⑤]。

① 2003 年 6 月开始，根据有关部门的意见，企业退休人员实行社会化管理服务，即退休职工的管理服务与原企业脱离，养老金社会化发放，人员移交到街道和社区，实行属地化管理服务。

② 中国从 20 世纪 70 年代初开始实行计划生育政策，旨在控制人口总量。20 世纪 80 年代之后，此项政策进一步严格化，最为典型的政策是在城镇实施的独生子女政策。

③ 1999 年，中国 60 岁及以上老年人口占总人口的比例达到 10.01%；2000 年，65 岁及以上老年人占总人口的比例达到 7.0%，标志着中国开始进入老年型社会。

④ 2000 年 8 月中共中央、国务院发布《关于加强老龄工作的决定》。

⑤ 这里不包括由卫生部门和其他部门负责管理的精神疾病服务机构。

目前，我国养老服务已经呈现出初步繁荣的局面。这既是社会变迁过程中的自然演化结果，也是社会各主体选择的综合性结果。今后会怎样变化，我们不得而知，但有许多问题值得思考，更有许多事情需要扎扎实实地去做。

第二节　养老服务权益及其实现机制

《中华人民共和国老年人权益保障法》第三条规定："国家保障老年人依法享有的权益。老年人有从国家和社会获得物质帮助的权利，有享受社会服务和社会优待的权利，有参与社会发展和共享发展成果的权利。禁止歧视、侮辱、虐待或者遗弃老年人。"享受养老服务是法律所规定的老年人的基本权益之一。那么，如何才能确保老年人能够切实享有这一权利呢？这不仅仅取决于法律文本所赋予的名义上的法定权益资格，还取决于其获得该权益的条件或服务资源是否可以满足。本书结合上海市在探索实践中的具体案例，聚焦于养老服务的若干支持系统，包括老年居家照顾服务系统、老年健康支持系统、老年活动社区支持系统等，并运用系统动力学方法对以上各类代表性养老服务模式进行模型构造，对落实老年人养老服务权利的社会支持系统展开讨论，旨在诠释中国养老服务模式在城市基层社会组织层面运转的内在逻辑。这几个案例从组织、家庭医生和社区三个基层的微观视角，展现社会化养老服务发展过程中的中国模式及其经验和理论价值[①]。

一、养老服务支持：一个权责关系共同体分析框架

对老年人而言，其所需要的服务可能来自家庭内部，也可能来自社会。在养老机构的老年人，主要接受养老机构的服务，属于专门的一类社会化服务。但对于大多数老年人而言，采用居家养老的方式，因而主要接受家人和社会的养老服务。但是，家庭的服务能力是有限的，许多服务需要家庭之外的社会来提供，因而老年人所生活的社区能够为其提供怎样的服务就变得十分重要。事实上，社区是非常重要的养老服务支撑平台，诸多养老相关的社会服务主体聚集在社区中。如社区居家养老服务机构为老年人提供直接的上门或入户生活照护服务，社区生活服务中心为老年人的精神文化、体育锻炼以及生活便捷或生活资料提供设施或供应渠道。当然，对老年人而言，更具专业性或技术性的健康服务则是由社区卫生服务中心或家庭医生供给的。在上海，家庭医生制度是对老年人疾病医疗或健

① 相关研究成果，在《没有围墙的养老家园：海阳居家养老模式研究》、《发展与提升中的家庭医生制度：长宁模式的新探索》和《社区睦邻中心：基层公益服务提供的杨浦模式》这三本著作中均做过介绍，与之相关的还有著作《医养结合视角下社会养老服务体系构建：上海经验》，在出版规划之中（待出版）。

康管理服务的重要保障。

从图 6-1 可以看出，养老服务需求的各个维度或属性如健康、生活照料、精神文化生活以及其他日常生活需求等，都可以在社区这样一个平台或共同体中获得满足。从经验上看，图 6-1 的老年养老支持系统是基于上海的经验，特别是从杨浦区和长宁区的研究中归纳出来的。但是，从理论抽象来看，该模式也可以被视为老年人在社区这个熟悉的社会环境中，由于其养老服务的需求和供给而发生的各种权利–责任关系共同体。政府的养老资源配置政策以及家庭医生制度等规则安排，客观上塑造了各类养老服务供给主体或行动者的责任，他们对于特定社区范围内老年人的健康、生活照护服务或其他养老服务需求负有相应的责任。当然，这种责任是在政府的相关政策特别是资源配置扶持之下得到强化的。如社区睦邻中心作为一种社区公益服务资源的统筹运作平台，其有责任孵化、培育和引入各类公益性的社会组织（如专业社会工作事务所、心理咨询中心以及健身娱乐机构等）入驻并为社区公众特别是老年人提供以满足其需求的某些专业化的服务。相对而言，家庭医生对于社区公众的健康责任则显得更为突出，这是因为与西方社会的市场化签约型家庭医生不同，中国的家庭医生制度理论上是政府通过收支两条线以及以预防保健等各种公共卫生经费的财政拨款等形式赋予了家庭医生的公益性角色或功能定位。于是，家庭医生一般会对其服务对象尤其是老年人进行签约式健康服务，包括对老年人的慢病管理和预防保健，甚至康复和疾病医疗等都负有十分明确的责任或义务。

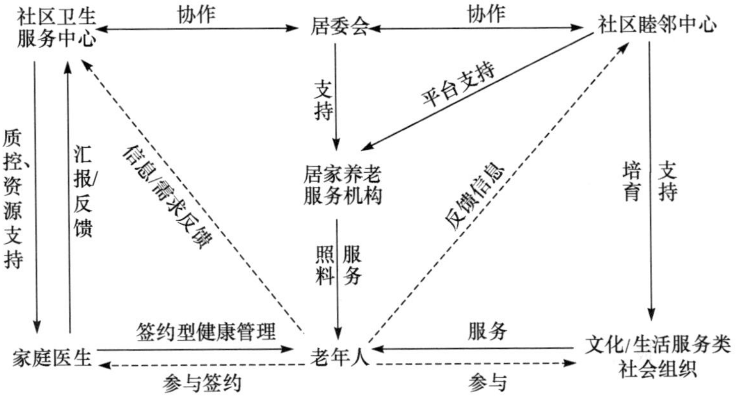

图 6-1　养老服务社区支持系统

虚线代表老年人作为主体的参与和反馈，实线代表其他主体的互动和为老年人提供的支持

显然，在以上讨论的养老关系共同体之中，相对于家庭医生和睦邻中心及其扶持的各类具体社会组织的社区服务责任而言，老年人事实上享受了一定的关于养老服务的社会权利。这种权利及其背后的利益正是社群主义对于群体或共同体

内特定人群的权利诉求和主张的一种论证基础（拉兹，2006）。而老年人的这种养老服务权利在实践中也是有法律制度框架作为支持的，除了以上提到的相关家庭医生制度和养老资源配置政策之外，国家层面的《中华人民共和国老年人权益保障法》则是更为广泛和基础的制度性框架。不过，尽管老年人的养老服务权益逻辑是清楚的，但对于一个具体的地区和具体的老年人而言，其实际所享有的养老服务权利或自由的可行能力能够在多大程度上得以实现和保障，则高度依赖于各个地区甚至社区的公共资源或社会支持性资源的投入水平（Sen，1982）。

需要指出的是，图 6-1 所展现的老年人养老服务权利关系共同体并不完全，其权利的责任对象除了以上讨论的家庭医生和各类公益性社会组织之外，家庭、居委会和政府也都是不可或缺的极其重要的责任主体。除孤寡老人之外，任何老年人的家庭成员特别是其子女始终对于老年人的养老服务负有不可或缺的关键责任或义务，以上所讨论的家庭之外的社会性主体的养老服务责任，在很大程度上只是补充性的。类似地，居委会在老年人养老的社区性关系共同体中，不仅仅是作为社区事务性服务的供给者，而且还扮演着枢纽或协调者的角色，如为睦邻中心及其入驻社会组织提供志愿者或场地甚至公众入户动员等多种作用。与居委会自治性的角色功能不同，地方政府特别是街道政府和区县民政部门对于老年人的养老服务责任则更为正式化，其直接决定着一个社区公众养老资源投入水平，甚至包括睦邻中心的活动场地和经费投入，都离不开地方政府的重视和政治决心。应该说，政府在养老服务关系共同体中的角色相对复杂一些。一方面，政府作为养老资源的提供者，是养老服务权利关系中的一个关键的责任主体；另一方面，政府也通过立法或政策制定，而成为养老服务权利关系共同体内权利-责任关系规则的确立者和维护者。

二、没有围墙的养老家园：海阳居家养老案例

关于老年人的居家养老服务，《中华人民共和国老年人权益保障法》第三十七条规定“地方各级人民政府和有关部门应当采取措施，发展城乡社区养老服务，鼓励、扶持专业服务机构及其他组织和个人，为居家的老年人提供生活照料、紧急救援、医疗护理、精神慰藉、心理咨询等多种形式的服务。对经济困难的老年人，地方各级人民政府应当逐步给予养老服务补贴”。这一法律规定为各地方政府及其所扶持的社会专业组织在养老服务权利关系共同体内履行职责，提供了制度性规则。

成立于 2007 年的海阳养老事业发展中心，一直试图以一种社会企业运作的模式，嵌入到养老服务的权利-责任关系共同体之中，以在政府、居委会、社区睦邻中心以及老年人及其家庭之间构建起居家养老服务的桥梁或载体。作为一种社会

力量或社会企业，该中心为老年人提供服务的模式具有多样化和灵活性的特征，其可以直接通过线上咨询预约结合线下直接上门提供照护服务，也可以在社区如睦邻中心设置“养老驿站”或“持续照料社区”等服务点提供养老服务。当然，一些地方如上海市五角场街道建新居委会提供15平方米房间等物业资源，则海阳养老事业发展中心还会在社区嵌入一个更为综合的为老服务模块，如设置护理点、助餐点，随时为老人提供康复护理、订餐送餐服务，并定期开展健康养生、心理疏导讲座等，帮助老年居民在居住地享受“医、养、康、护”等养老服务。截至2016年3月15日，五角场街道共安装智能居家产品75户、楼道敬老椅100把，为1990人次提供了助餐。下一步，还将根据实际情况，在全街道拓展“养老驿站”，并为大约350多户孤老、军烈属、老劳模和困难老人家庭安装智能居家产品（姜浩峰，2016）。

海阳的事例展现了社会组织和社会企业对重塑中国养老服务体系的重要意义。显然，仅仅依赖于政府资源投入及其所支持的公办养老机构，不仅无法满足中国日益严峻的人口老龄化问题带来的丰富多样的养老服务需求，而且也无法满足公众和老年人对养老服务的质量要求。为此，需要打造公办和民办、非营利与营利、政府和企业等多主体、多层次和多属性的养老服务体系。上海市多年来推动的“9073”养老服务模式，在某种程度上正是一种迈向上述养老服务体系的战略构想，即期望家庭和老年人个人资源可以解决90%老年人的养老需求，而7%和3%的养老服务需求，则分别通过居家养老服务和机构养老服务来加以满足。不过，上述的战略构想仍然有些模糊。事实上，海阳的居家养老服务模式客观上可以横贯上述三类服务需求，即海阳可以打通家庭养老服务、社区和居家养老服务、机构养老服务之间的隔阂和界限，在一个社会企业内部实现对上述三类养老服务提供模式的衔接和转换（赵德余和徐超，2015）。

海阳的居家养老服务模式在一定意义上为社会化的养老服务行业提供了重要的示范价值和行业发展的驱动力。无论是营利还是非营利的性质，大量的养老服务企业的诞生和日趋激烈的行业竞争，将会有助于提升整个社会化养老服务体系的运行效率。考虑到竞争不仅推动各类养老服务组织或企业的核心技术，包括远程医疗和养老服务的智能化水平，而且还为最终形成行业发展的规范化标准和规则创造有利的条件，这些都会刺激政府引入更多和更加宽松的养老服务产业扶持政策（赵德余和徐超，2015）。当然，海阳模式所倡导的“没有围墙的养老家园”理念，无疑会对整个养老行业产生示范效应，即打破老年人生活的空间隔离。智慧居家养老服务模式比较好地避免了将老年人或服务对象封闭在一个有围墙的养老院内，而是倡导和保留了其所服务的老年人仍然居住在家或者感受到家的温馨。这样一种养老服务理念无论对于社会公众个人还是养老服务的提供者而言，都是具有极高吸引力的。

三、守护老年健康的家庭医生制度：长宁模式

对老年人而言，最为重要的养老服务是医疗卫生或健康管理服务。随着年龄的增长，老年人的健康问题会逐渐突出，因而在养老服务权责关系共同体中，家庭医生与老年人之间关系模式的重要性也在随之上升。2009年新医改政策出台之后，老年人的健康保障或基本医疗卫生服务保障权在制度上得到了强化。《中华人民共和国老年人权益保障法》第二十九条规定"国家通过基本医疗保险制度，保障老年人的基本医疗需要"。相应地，社区卫生服务组织以及家庭医生在很大程度上就承担起了对老年人的服务责任或义务了。如《中华人民共和国老年人权益保障法》第五十七条所规定的那样，"医疗机构应当为老年人就医提供方便，对老年人就医予以优先。有条件的地方，可以为老年人设立家庭病床，开展巡回医疗、护理、康复、免费体检等服务。提倡为老年人义诊"。

任何一种有生命力的服务模式，都必须以提供有价值的服务为基础，而家庭医生签约服务模式正是通过一系列的特征性制度安排，为家庭医生提供了充分的激励机制，从而真正创造了有价值的服务，并赢得了居民的信任。上海市基层医疗卫生改革的长宁模式，先后受到中央领导以及卫生部门和上海市领导的充分肯定，产生了十分广泛的社会影响，并成为国家医疗卫生改革重要的实验区之一。《发展与提升中的家庭医生制度：长宁模式的新探索》系统地总结了长宁家庭医生制度模式的成长、创新及其对于正在进行中的新医改的政策实践价值（赵德余等，2016）。

当然，任何制度都会存在不足和需要进一步改进的空间，对于长宁家庭医生制度模式而言，其关键在于如何提升家庭医生的服务能力和对他们的工作激励，从而不断提高服务的价值。事实上，家庭医生队伍缺口较大，为稳定队伍，建议国家和省市级层面提高社区卫生服务中心专业技术人员中高级职称人员的比例，并在职称晋升方面进一步向全科医生倾斜。而在绩效工资的基础上，建议根据区域经济发展水平，逐年有所增加，并使薪酬与工作绩效能够匹配。此外，应支持社区卫生服务组织与二、三级医院形成便捷的绿色转诊通道，为患者尤其是签约老年人转诊提供方便，如设立职能部门和专人负责，在上转、接诊、下转及信息传递服务等方面形成有效的机制。

从图6-2可以看到，家庭医生制度的四个目标功能之间是相互关联和相互依赖的，只有家庭医生提供的健康管理服务对公众而言具有足够高的价值，家庭医生和公众或患者之间存在维系长期稳定的服务和信任关系，而这种稳定的信任关系才能促进公众逐渐形成定点医疗和社区首诊的行为习惯。同样，社区首诊一方面会促进分级诊疗乃至绿色转诊的发展，而转诊服务则显著提升家庭医生对公众健康服务的价值水平，无疑会增加其对公众的吸引力。另一方面，社区首诊会有

助于强化防治结合的程度，以提高家庭医生对公众健康的管理水平，这也会增强家庭医生服务的价值。于是，家庭医生服务价值提升又进一步保证了公众与家庭医生之间的契约信任关系的稳定，从而巩固定点医疗，一种良性的自我发展循环就因此形成（赵德余，2019）。

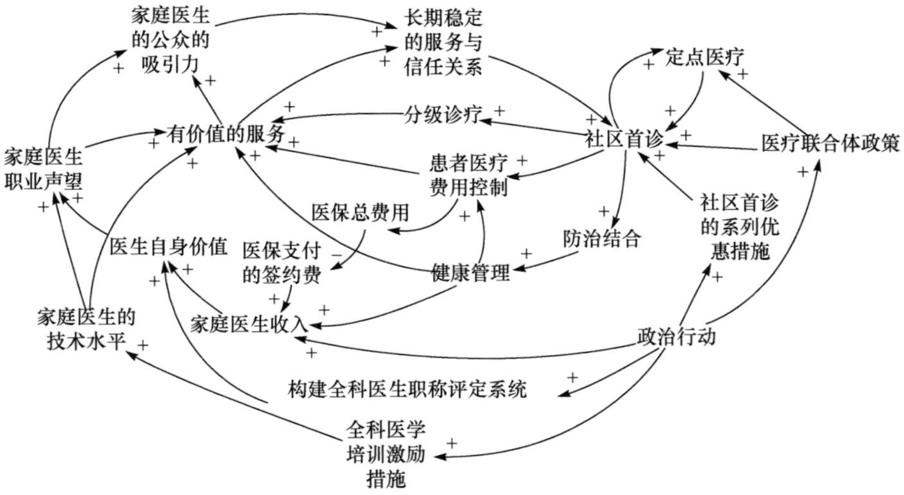

图 6-2　家庭医生制度目标功能的内在逻辑关系

如图 6-2 所示，我们运用系统动力学方法描述和分析了以家庭医生制度的目标功能为核心的长宁模式运转的微观正向循环反馈的行为动力逻辑，该模型展现了家庭医生制度有效运作的适用条件、健康管理服务模式和制度构成的核心要素乃至所处的环境资源等。通过该模型的解析，我们不仅可以理解一个成功的家庭医生制度运转需要什么样的条件和环境，或者说需要克服什么样的约束和瓶颈，而且还能够帮助我们时刻保持一份警惕，即家庭医生制度在何种情形下都有可能会失败，而这样的风险事故随时可能在全国其他某个地方发生。作为长宁模式实践和政策经验传播的主要见证者，研究者的目的是希望读者能够从该模式的解释中获得灵感和洞见，任何针对长宁模式的讨论和评价都是非常重要的。显然，长宁模式可以对家庭医生制度在全国的推行提供有价值的参考和借鉴（赵德余，2019）。

四、老年人的生活服务：杨浦社区睦邻中心案例

《中华人民共和国老年人权益保障法》第三十八条规定“地方各级人民政府和有关部门、基层群众性自治组织，应当将养老服务设施纳入城乡社区配套设施建设规划，建立适应老年人需要的生活服务、文化体育活动、日间照料、疾病护理

与康复等服务设施和网点，就近为老年人提供服务。发扬邻里互助的传统，提倡邻里间关心、帮助有困难的老年人。鼓励慈善组织、志愿者为老年人服务。倡导老年人互助服务”。

在养老服务需求的光谱上存在一个连续的属性分布形态，其中，介于直接养老服务和医疗服务之间，还存在大量中间形态的与老年人养老密切相关的服务需求，如精神文化需求、健身运动需求、娱乐消遣需求、心理或健康咨询、老年人家庭矛盾调解需求以及其他如老年教育等各种形态的需求属性。以上讨论的海阳居家养老服务模式和长宁家庭医生制度案例分析，分别主要聚焦于直接养老服务和医疗健康服务的提供模式，但对于形形色色的多元化的各种中间形态的养老关联服务需求如何满足，则是老年人权责关系共同体运作逻辑内生的问题。这里，我们以杨浦区社区睦邻中心为例，展现多元化社会组织、社区和社会工作者如何在政府的社会政策或资源引导下，展开协调治理机制或治理模式的创新，从而实现养老服务权利–责任关系共同体有效运转，并得以强化老年人的养老权益。

如图 6-3 所示，对于政府而言，街道和民政部门起着举足轻重的作用，他们制定扶持社会组织与社会工作发展的相关政策，推动政府购买社会服务的公益招投标平台建设，此外，还对社会组织服务实施行业监管以及公众满意度评估等工作具体负责。这些工作与街道层面的具体相关政策实施行动结合起来，构成了社区服务与治理创新模式的重要推动力。随着地方政府、社区居委会的支持力度加大和投资增加，社会组织的发展会增加社会组织的数量，如外地社会组织的入驻和公益孵化园孵化出新的社会组织，从而既提升社区服务活动的多样性以及组织间的相互竞争，又促进社会组织之间的合作。而作为一种专业化的服务，社会工作在睦邻中心运行逻辑中扮演着演员的角色，伴随着社会组织的发展也得到了有效的发展，从而对社会工作者有了较大的需求。专业的社会工作者加入社会组织的服务供给，能够提升服务质量，并加大对场地、经费等的需求，而这些资源需要得到街道的支持（赵德余，2017）。

杨浦睦邻中心的运作以及其在提供有价值的社会公益服务，特别是养老健康等方面，积累和形成了独具特色的经验模式。通过社会公益服务供给系统的建立和完善，杨浦模式在一定程度上有效地弥补了个性化社会服务供给中政府缺位，在很大程度上满足了居民多样化的社会服务需求，同时对杨浦社区治理与服务创新试验具有重要的理论价值与经验启示意义。图 6-3 所示的模型系统地展示和归纳了杨浦区睦邻中心运转的内在动力逻辑，由此也可以推导出其对中国社区服务与治理实验区建设的示范性意义。

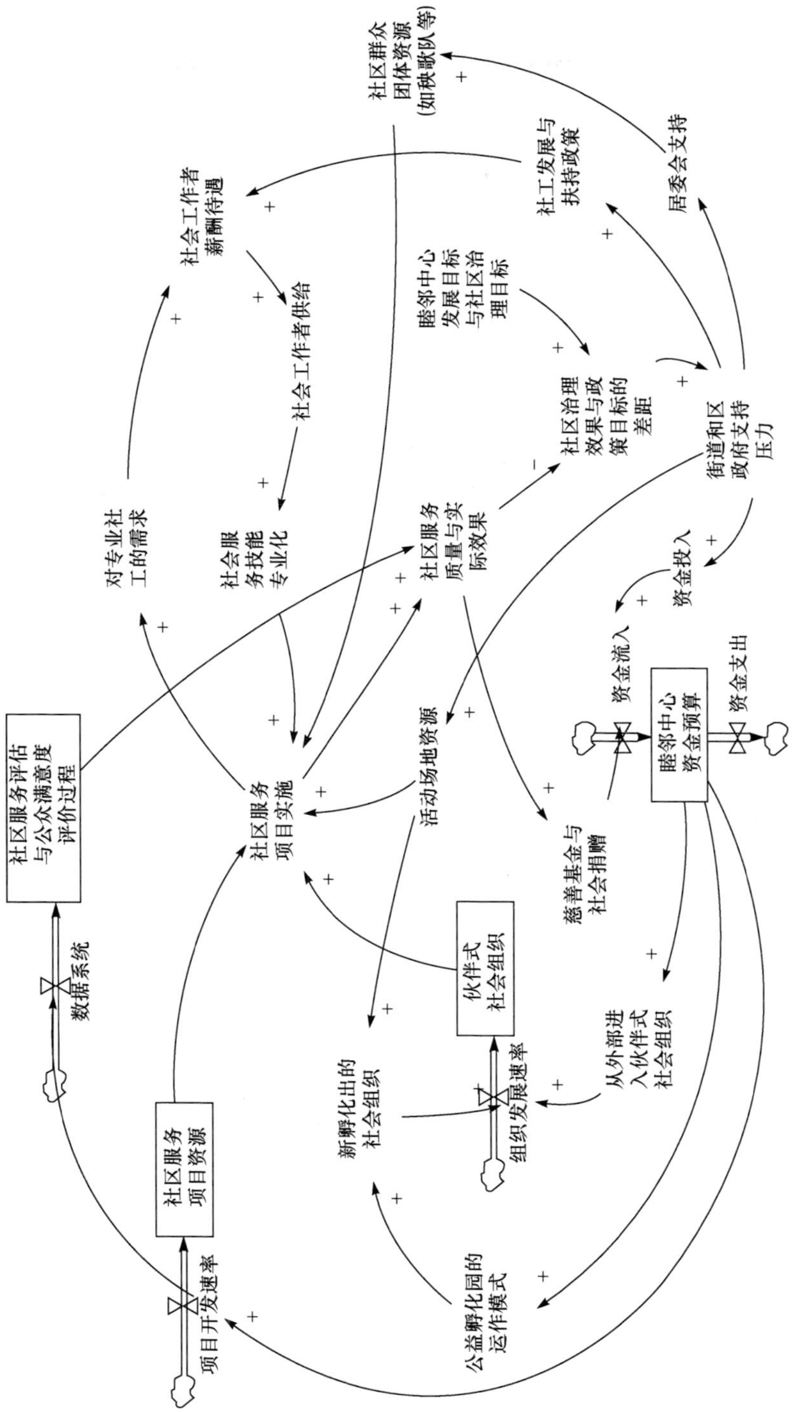

图6-3　睦邻中心运作模式的系统动力学分析示意图

延吉睦邻中心的建设以及运作，是在杨浦区进行政府职能转变、推行“四社联动”社区治理以及服务创新理念的大环境下产生和发展的，延吉的实践经验有力地证明了“四社联动”理念的正确性及其现实价值。政府、社区、社工与社会组织构成了驱动社会新型治理关系的四个关键的动力“轮子”。其中，政府职能的转变常常是以社会政策的形式驱动和实现的，而这同时会促进社区平台建设，推动政府购买服务支出增长以及对社会组织发展的支持。睦邻中心的运作在很大程度上拓展并提升了社区自治平台的范围与内涵。虽然，从直观上看，社区平台的建设主要体现在四个睦邻中心空间建构、社区文化活动中心与老年活动室的布局及其功能的提升方面，但实际上社区组织（居委会以及各类组织）等子网络也是社区运作的重要社会文化基因。在“四轮驱动”的社区治理与创新模式中，社会组织是社会治理创新至关重要的行动者以及提供社区生活和养老服务的主体。社会组织的发展无论从数量规模还是组织能力建设上来看，对于社区生活和养老服务需求的响应都至关重要。不过，考虑到社区睦邻中心的主要参与者还是以老年人为主，其显著拓宽了对老年人的社会生活、文化精神和养老照料等服务范围。对于提高社区服务项目的服务影响力与公众满意度而言，相对于社会服务尤其是养老服务组织的数量与规模来说，社会组织的服务能力建设较为重要。

五、结论与讨论

老年人的养老服务权利既是一个复杂的公共道德观念问题，也是一个制度化的合法性问题。中国传统的孝道文化确立老年人的养老服务需求具有道德权利的力量，特别是对于老年人的家庭或赡养人而言，确保老年人老有所养的权利在道德上是得到社会伦理观念强有力支持的。当然，《中华人民共和国老年人权益保障法》无疑将老年人“老有所养”的道德权利进一步上升到法定权利的层面，其中第十四条明确规定了“赡养人应当履行对老年人经济上供养、生活上照料和精神上慰藉的义务，照顾老年人的特殊需要。赡养人是指老年人的子女以及其他依法负有赡养义务的人。赡养人的配偶应当协助赡养人履行赡养义务”。这意味老年人家庭成员或其赡养人在赡养老年人方面负有法定的义务。

养老服务权责关系共同体中的责任主体，是一个具有从家庭到社会化的社区以及社会机构乃至政府等多元化特征的问题。《中华人民共和国老年人权益保障法》第七条就明确提出，“保障老年人合法权益是全社会的共同责任。国家机关、社会团体、企业事业单位和其他组织应当按照各自职责，做好老年人权益保障工作。基层群众性自治组织和依法设立的老年人组织应当反映老年人的要求，维护老年人合法权益，为老年人服务。提倡、鼓励义务为老年人服务”。本书讨论的三个养老服务支持案例涉及以上各责任主体如政府、社会企业或社会组织、家庭医生以及社区睦邻中心等。应该说，每一类社会责任主体都对应于养老服务权责关系中某一种特定类型的养老服务需求的响应或满足压力。

此外，养老服务权利保障水平的决定，是一个渐进的各地存在差异化的社会养老资源配置的政治经济学问题。对于任何一个老年人，其养老服务权利的实现程度，既依赖于其自身家庭财富资源的积累水平，也受制于其居住地的社会经济发展水平以及相关养老服务组织资源的发达状态，当然，还与当地政府和社会对包括养老服务在内的老年人相关权利保障的重视程度以及资源投入有关，包括政治意愿和社会舆论压力等。

总之，老年人的养老服务支持不仅是一个缓解或消除老年人行使养老服务权利所受障碍或限制的消极被动的问题，也是老年人主动提升其生活质量和参与社会的享受更高自由水平的积极老龄化过程。正如《中华人民共和国老年人权益保障法》第四条所阐明的那样，“积极应对人口老龄化是国家的一项长期战略任务。国家和社会应当采取措施，健全保障老年人权益的各项制度，逐步改善保障老年人生活、健康、安全以及参与社会发展的条件，实现老有所养、老有所医、老有所为、老有所学、老有所乐”。

第三节　养老服务资源优化配置

随着人口老龄化进程的加快，养老服务的需求持续增长，因而全社会越来越多的资源进入养老服务领域。虽然从总体上看，养老服务的资源明显不足，远远不能满足需求，但同时应该看到，养老服务资源配置不均衡的现象也明显存在，也就是说，党的十九大所说的“不平衡、不充分”完全适用于养老服务领域。因此，要在继续吸引资源进入养老服务领域的同时，努力优化养老服务资源配置，提高养老服务体系的运行效率，从而增进全社会的福祉。讨论养老服务资源配置，可以从多个视角进行。例如，养老服务有诸多项目，资源在这些项目之间如何配置，也是一个重要问题，但这里暂不涉及。这里以照护服务为重点，讨论城乡之间、人群之间和养老方式之间等的养老服务资源优化配置问题。事实上，从最近十多年来的情况看，照护服务是养老服务诸多项目中最为迫切、最受重视的一项（吴玉韶，2019）。

一、养老服务资源配置失衡

所谓资源配置失衡，是指已经进入养老服务领域的资源，其配置不够均衡甚至不合理，公平性不足，效率也不高。从公平性看，养老服务资源在人群之间、区域之间、城乡之间的配置失衡，少数人占用大部分资源，有限的资源被少数人享用，大量的老年人享受不到，尤其是难以享受到政府提供的养老服务。包括生活照护、医疗保健和精神慰藉，比较典型的，如公办养老机构的入住门槛、医疗保健服务的身份和级别差异、老年大学的入学条件等。在农村，除了少数地区对孤寡老人等特困人员实行集中供养之外，普通老年农民很难进入政府举办的养老机构。因此，在养老服务领域，基本公共服务均等化的任务还很艰巨。

从资源配置的效率看，也有很多问题：一是重机构养老、轻居家养老。在居家养老与机构养老之间，从最近十多年的情况看，在机构养老方面的资源投入比较多，在居家养老方面投入相对比较少。然而，无论是现在还是将来，居家养老应该是主流的养老方式。二是养老机构入住“冷热不匀”。有些养老机构门庭若市，一床难求。而有些养老机构门可罗雀，冷冷清清（何文炯等，2008）。有一段时间，媒体大炒入住养老机构如何如何之困难，但事实上只是地段优越、服务规范、价格低廉的那些公办养老机构，普通百姓很难进去。但就全国整体而言，前些年各类养老机构的床位空置率一直在增加，最高时为50%左右，近年来空置率已经得到控制。由此可见，这一领域资源浪费的现象严重。三是养老机构的区域布局不合理，一些地方把养老机构规划在偏远的位置，不适合老年人居住。一些决策者虽然也支持办养老机构，但舍不得把市中心的地拿出来盖养老机构，只得把养老机构安排到山沟里。事实上，老年人需要的是热闹而不是安静，更不是冷清。

再从养老机构设立的宗旨看，主要应该吸收本人生活自理能力较弱而家庭又缺乏照护能力的老年人，凡生活能够自理或家庭有能力照顾的老年人，应当鼓励其居家养老。然而，现有的养老机构中，护理型的床位比较少，护理型的机构更少。据调查，现在许多公办养老机构中入住的主要是生活基本能自理的老年人，真正的失能老年人不多。

二、养老服务资源配置的基础性问题

随着经济社会进一步发展，城乡居民收入水平不断提高，百姓消费从“生存型”向“发展型、享受型”升级，老年居民对养老服务及其质量有更高的期待，同时他们对由政府所提供基本养老服务公平性的诉求也在提高。然而，现行制度安排、管理体制和运行机制与之不相适应。客观现实中存在的种种问题，都与一些基础性问题的理解和认识有关，因而需要厘清。

一是政府的职责定位。对于养老服务，政府负有十分重要的责任，也有十分重要的作用，关键是政府如何定位。如果政府定位准确，则养老服务资源就能够得到优化配置，养老服务事业就会健康发展。反之，如果政府定位不准确，其责任边界不清晰，则政府或者很累，或者投入虽多但产出很低，甚至引来更多的矛盾。从这几年的实践看，各级政府在养老服务领域投入不少，但其收益、社会效益并不与之相称。所以，一定要明确政府与家庭、政府与市场、政府与社会的关系，要把政府的责任清晰地加以界定，即要明确政府管哪些事情，管到什么程度。在市场经济条件下，政府在整个养老服务体系中的职责，一方面，直接主导提供基本养老服务；另一方面，通过建立规制，实施监管，并通过一定的政策鼓励和引导民间社会养老服务事业发展，使各类老年人能够得到与自己经济地位和购买能力相适应的个性化的补充性养老服务。据此，优化养老服务资源配置，最关键的是加快政府在养老服务领域的职能转变（吴玉韶，2014）。第一步是政府所提供基本养老服务必须贯彻均等化的原则，第二步是政府通过有效的政策杠杆，引导社会资源合理地配置到所需要的地方。

二是基本养老服务均等化。社会化的养老服务可以由政府直接提供，也可以由民间机构提供。但是政府所提供的养老服务属于基本养老服务，这类服务是基于国民基本权益和政府基本职责而确定的，是政府对于每一位老年人应尽的责任，不分人之贵贱，人人公平享有，所以应当以社会公平为原则，以实现均等化为基本目标。然而，现阶段政府提供的养老服务并没有覆盖全体老年人，且其均等化程度很低，保障过度与保障不足、保障缺失并存，一部分人以廉价的成本获得政府提供的良好的养老服务，另一部分人则无法从政府那里得到本应得到的养老服务。为此，需要朝着基本公共服务均等化的方向，建立国家基本养老服务规范（王先益，2014）及其相应的标准，按照“以标准化促进均等化”的思路，加快推进基本养老服务均等化。我国历史上第一个基本公共服务规划——《国家基本公共服务体系“十二五”规划》已经把若干养老服务项目列入基本公共服务项目清单。今后需适当增加基本养老服务项目，更重要的是确立基本养老服务的国民权益，按照“抑峰填谷”的思路，尽快补齐短板，控制和缩小群体之间、城乡之间和区域之间的基本养老服务差距。

三是养老服务供给机制。无论是政府直接提供的基本养老服务，还是由民间各类营利和非营利组织提供的市场化的补充性养老服务，都是要讲效率的，都应当采取有效的供给模式。因此，政府主导提供的基本养老服务可以由政府直接提供，也可以通过购买服务的方式，由市场提供。前些年，政府主要通过其下属事业单位，或通过其直接支持下的社区组织提供养老服务，而通过市场提供的养老服务较少。这样的供给模式有三个方面的缺陷：一是效率不够高，二是公平性受到质疑，三是老年人的选择权受到限制。因此，许多地区开始探索养老服务供给机制创新，取得了积极的效果。这里的关键是明确市场化的改革取向，政府则应当制定科学合理而清晰的规则，营造良好的发展环境和氛围。还有一点值得注意，过去，政府在养老服务领域的资源投入以补供方为主，今后应该逐步转变为以补需方为主。经济学理论告诉我们，补需方的效率比补供方要高，而且更为公平。因此要学会利用市场机制，要充分发挥非政府组织、非营利组织的作用，还要积极推行政府购买养老服务。最近几年，政府鼓励支持民间力量提供养老服务，并开始采用政府购买养老服务的办法，今后还应进一步增添项目、扩展范围、加大力度。

三、优化养老服务资源配置的重点任务

养老服务资源配置不均衡的现象已经存在多时，并非一朝一夕可以轻松改变。需要以公平和可持续的理念，改进基本养老服务资源配置的规则，明确资源配置的重点并配以相应的推进机制，同时要遵循价值规律，有效运用市场机制和社会资源。

（一）强化居家养老服务

从养老方式看，居家养老是大多数老年人的选择，因而居家养老服务在整个社会养老服务体系中占有十分重要的地位。但是，前些年，政府和社会对机构养老的关注较多，而对居家养老的资源投入不多，因而要把发展居家养老服务并提高其水平放到更加重要的位置上。这里的关键，一是要进一步明确家庭的养老责任，鼓励支持子女、亲属尽可能地承担照护服务等家庭养老服务职责；二是加快发展社区养老服务并着力提高服务能力，为居家养老提供有力的配套。

前些年，在各级政府的重视和支持下，社区养老服务，特别是城镇社区养老服务能力得到较快的提高。今后，需要通过日间照料机构和社区的各种服务机制，以孤寡、独居、困难、残疾和高龄等五类老人为工作重点，面向社区全体老人，提供相应的服务；通过全科医生网络，为老人配备家庭责任医生，实行定期健康探视和指导；逐步推广应用紧急救助服务，为空巢老人安装求救求助呼叫器；为低收入老人提供定额免费的装修及家电家具，美化亮化老年人家庭。在此基础上，不断创新社区居家养老服务项目和方式，以适应老年人的需求。

与此同时，要加快发展市场化的居家养老服务。引入市场机制，打破社区行政界限，通过税收减免和相关补贴政策，鼓励企业在一定区域内提供更加高效的养老服务，以满足老年人的需求。例如，鼓励生活服务企业、家政服务企业等发展养老服务。建立评估机制，经过认定后，给予税收优惠、职业培训补贴等。在现有税收政策不做调整的情况下，扩大税收优惠政策的覆盖范围，吸引更多的民间资本参与居家养老服务供给。对居家养老服务供给达到一定规模的生活服务企业、家政服务企业给予税收优惠政策，鼓励这些公司拓展服务内容和项目（如上门做家务、聊天解闷、陪散步和提供其他应急服务等）。

（二）优化机构养老结构

随着人口高龄化和家庭小型化，失能老人的数量将持续增多，因而机构养老需求会进一步增长。然而，目前有限的机构养老资源还没有得到充分利用，配置不合理，浪费严重，其主要原因：一是高档次的床位价格相对较高，入住条件严格，普通收入水平的老人很难进入；二是部分床位价格较低的养老服务机构又因为居住和配套条件较差，除了社会供养老人及少数困难老人入住外，一般老人又不愿入住；三是护理型养老机构和床位偏少，目前许多养老机构提供护理服务的能力很弱，前些年护理型养老机构的床位数仅占养老机构总床位数不足25%，虽经这几年不断改善，但仍不足50%，而需求量最大的就是这一类。这是养老机构排长队等待与大量床位闲置并存现象持续多年的原因之一。所以，应当以需求为基础，按照市场配置为基础、政府适度干预的原则，优化机构养老资源配置，促进机构养老服务事业的健康发展。

一是降低养老机构床位空置率。养老机构床位大量空置是一种严重的资源浪费现象，需要尽快消除。为此，要严格控制新增养老机构的建设，近期内政府一般不新建养老机构，并对某些已经建立、尚未使用且前景不乐观的养老机构，根据需要适当调整其用途，包括公办和民办的养老机构；改变政策导向，放弃养老床位数及其与本地老年人数量之比这一考核指标，代之以护理型床位占比这一指标，引导各地改善养老机构床位的结构；建立健全老年照护服务补助制度，探索长期照护保险制度，增强失能老人购买机构养老服务的能力；对符合布局方向的养老机构进行适当的床位补贴，降低入住者缴费负担，鼓励其入住。

二是明确公办机构的职责定位。目前，各地都有一批公办养老机构，它们在养老服务方面发挥了重要作用。但应当注意到，随着机构养老服务需求的增长，仅仅依靠政府举办的养老机构难以满足这种需求，因而需要发展各类民办养老机构。而且从未来趋势看，无论是居家养老还是机构养老，主要应当以民办为主，也可以采用公建民营或民办公助等多种形式。在多种所有制、多种经营模式并存的养老服务市场中，应当明确政府所办养老机构的职责是承担基本养老服务的兜底职责，即其服务对象是优抚对象或低收入特别困难的群体，如孤寡老人、失独家庭老人等，要有清晰的范围和入住标准。当然，政府也可以通过向民办养老机构购买服务的方式履行兜底职责，因而政府未必需要举办养老机构。为此，需要营造适宜于民办养老机构发展的环境，包括制度政策和舆论环境，取消或修改对民办养老机构发展限制或歧视的政策，同时积极探索公办养老机构体制改革和机制转型。

三是发展护理型机构养老服务。无论从老年人养老服务的需求出发，还是从资源合理配置的角度出发，对于生活基本能够自理的老年人，应该鼓励其居家养老，因而机构养老主要针对失能半失能老人，所以，要加快发展护理型养老机构，或增加护理型床位。要按照“统筹规划、各有侧重、相互补充”的原则，统筹规划老年护理医院和养老机构的养老护理资源。通过改造和新建等方式，大力发展护理型养老机构，统筹城乡合理布局。支持各类养老服务机构开展社会化老年医疗卫生服务和老年病护理服务。符合条件的，应将医疗卫生服务和老年病护理服务纳入职工基本医疗保险范围。

（三）加快发展农村养老服务

由于历史和现实、经济和社会文化等多方面的原因，我国农村的社会化养老服务一直很薄弱。但是，随着城市化进程的加快，农村的老龄化程度已经高于城镇，且农村家庭的老年照护服务能力下降速度快于城镇，而且这种趋势已经难以改变。因此，迫切需要加快发展农村的社会化养老服务，否则，城乡之间的养老服务差距会越来越大，直接影响到农村老年人的基本养老权益，影响到乡村振兴目标的实现，甚至影响到整个现代化事业的进程。这是优化养老服务资源配置的又一重大课题。为此，要把养老服务的资源更多地向农村倾斜，向欠发达地区倾斜，向贫困人群倾斜。

一是确立城乡居民基本养老服务权益均等的理念。客观地说，这一理念尚未深入人心，决策者对缩小城乡基本养老服务差距的理解和认识还不到位。因此，要通过党校课堂、党员干部的各种学习，让他们充分理解发展农村养老服务对于保障老年农民的基本权益、对于农村经济发展、对于国家长治久安的重要性，增强其在各类决策中考虑农民养老问题的自觉性，同时要把做好农村养老服务作为干部业绩考核的重要指标。

二是加强乡镇和中心村养老服务设施建设。乡村社会化养老服务一直薄弱，欠账过多，需要尽快补齐短板。要以人口预测分析为基础，进行科学的规划，在乡镇政府所在地和人口相对集中并有足够辐射力的中心村，建立与当地农村生活特点相适应的养老服务设施，如养老院、日间照料中心、老年活动机构、老年食堂及相应的送餐服务机制等，为农民提供养老服务。

三是加强对农村养老服务的资源投入。不仅基础设施等硬件薄弱，养老金过低，还有失能老人照护服务等各类养老服务的供给能力和购买能力，农村都大大滞后于城镇，因而需要尽快补齐短板。农民居住分散，社会化养老服务的单位成本高，而农民的购买能力薄弱，因而必须加大对农村的支持力度。第一，建立农村养老服务发展专项资金，加大财政转移支付力度。第二，稳步提高农民养老金给付水平，优先建立农村失能老人的照护服务补助制度，提高农民对社会化养老服务的购买能力。第三，对在农村提供养老服务的机构和专兼职养老服务人员，实行适当的补助和优惠政策。

四是适时推动老年人适度集中居住。随着城镇化的推进，加上生育率下降，实际居住在农村的年轻人数量将不断减少，分散居住的老年人生活将变得更加困难，如果缺乏有效的办法，老年人的生活将变得很困难，更谈不上幸福生活。因此，凡是子女或亲属在城镇能够立足的，要尽量鼓励老人随亲人进城居住；对于子女虽在城镇就业但立足未稳者，动员和鼓励老人下山或离开小规模自然村到人口相对较多的集镇或规模较大的自然村居住，虽然故土难离，但毕竟生活是最重要的；对于符合入住养老机构条件者，尤其是失能老人，要努力做到应收尽收，让他们进入养老机构。只有这样，才能进行有效的助残服务，才能保障其基本生活。

五是积极推进邻里互助。在相对偏远的村落，许多养老服务的项目难以落地并有效发挥作用，如无法开办老年食堂，也难以采用配送餐的方式保障某些困难老人的基本就餐需要。在家庭缺乏照护能力而又不能进入养老机构的情况下，建议积极开展邻里互助。对具有良好邻里关系的老年人，应当动员和鼓励邻居关心和关注老人的生活状况，帮助提供相关养老服务，政府财政和集体经济予以一定的补助。为此，村基层组织必须担当这一职责，逐一落实邻里互助的工作机制和相应的政策。同时，也可以发挥村老年协会的作用，开展深化银龄互助行动，让年轻老人帮助年长老人和困难老人。对于这些做法，需要予以肯定、推广，并落实相应的财政政策。

第四节　机构养老服务需求分析

在我国，随着失能老人的增多和家庭规模的变小，机构养老方式越来越受到重视。前些年，养老机构及其床位数持续大幅度增长，导致近期养老床位大量空置，被指“这是巨大的资源浪费”（何文炯，2019）。本章前一节认为这是养老服务领域优化资源配置的一个重要课题。但是，中国这么一个人口大国，有那么多老年人口，究竟有多少人会选择机构养老这种方式，即需要多少养老床位，确实是很难预测的（何文炯和史珈铭的文章，即将发表）。因此，我们不能简单指责养老机构床位大量空置这个现象，而是要冷静地加以分析，妥善处置并从中汲取教训。同时需要注意到，老年人选择居家养老还是机构养老，往往受到多个因素的影响，而且无论是中国还是世界，经济社会正在发生深刻的变化，又会增加更多的不确定性。尽管如此，我们仍然可以对现实和未来的机构养老服务需求及其影响因素进行粗略的分析。

一、养老机构床位空置的原因

据估计，目前中国养老机构的床位空置率在50%左右。对于这么高的空置率，人们有种种议论。然而，这并不是简单的供给过度，也不是简单的需求不足，而是供求之间的错位所致，或者说是养老机构供给与老年人需求之间存在结构性矛盾（谢琼，2015；左菁，2020），这种供求错位直接导致老年人对于目前的养老机构“不够住”、“不愿住”和“住不起”等现象并存。

一是养老机构中，护理型床位偏少，使得一批失能老人无法入住。失能老人，尤其是重度失能老人，家庭难以提供专业化的照护服务，希望进入养老机构，但养老机构的设施设备和照护服务与之不相适应，缺乏适合于失能老人居住的基本条件，尤其是缺乏相应的服务，这就使得一批有需求、有付费能力的失能老人被排除在养老机构之外。

二是养老机构的服务质量与老年人的预期不相适应。虽然从总体上看，中国老人的收入并不高，但确实有一批老年人有较强的支付能力，他们希望入住环境优美、有良好照护服务的养老机构，接受专业化的照护服务，不仅包括起居、餐饮、洗澡等照料服务，还包括诊疗、护理和康复等服务，但目前具备这种条件和服务能力的养老机构并不多。有关调查发现，养老机构的服务内容单一、服务人员不专业、日常管理不规范（张思锋和张泽滈，2018）。这就使得部分老年人不愿意入住养老机构。

三是老年人缺乏进入养老机构的付费能力。一些老年人，尤其是失能老年人希望进入养老机构，而且对养老机构的设备设施和照护服务也是适合的，但无力支付养老机构的收费。一般地说，以职工身份退休的老人，他们具有支付公办养老机构收费的能力，但多数无法支付民办养老机构的收费。而其他老年人，尤其是老年农民，一般无法依靠自己的收入或积蓄支付养老机构的费用，即便是公办养老机构的收费标准。

这些客观现实的存在，是导致养老机构中大量床位空置的重要因素。目前，政府已经注意到这一情况。中央政府提出要鼓励养老机构设置护理型床位，主管此项工作的民政部则提出“到2022年养老机构护理型床位占比不低于50%”[①]，还就提高养老机构服务质量和服务能力等问题，提出了一系列政策措施。

二、机构养老服务影响因素

从现实的有效需求看，我国目前的养老床位已经过多。未来究竟需要多少机

---

① 2019年民政部发布的《关于进一步扩大养老服务供给促进养老服务消费的实施意见》。

构养老床位，这是决策者和全社会都关注的问题，但这是一个难以准确估计的数值。事实上，影响机构养老需求的因素是很多的。有些因素会增加机构养老服务的需求，有些因素则会减少对机构养老服务的需求。

（1）人口老龄化、高龄化和家庭小型化，必然增加对社会化照护服务的需求。根据人口统计资料，中国已经于2000年左右进入老年型社会，而且最近20年来老龄化程度持续提高。2019年底，65岁及以上老年人口达到1.76亿人，占总人口的12.6%，80岁及以上的高龄人口占全社会总人口的比重已经超过2%。根据人口预测，未来老龄化、高龄化程度将继续深化，预计到2030年中国65岁及以上老年人口占总人口的比重或将超过17%，到2050年中国80岁及以上老年人口将超过1亿人①。在这样的背景下，受身体功能退化和多种慢性病等因素影响的失能老年人口将会继续增加，比重将不断提高。根据2016年中国老年社会追踪调查的数据②，失能老年人占老年人口的比重是22.9%。预计到2030年和2050年，中国失能老年人口将分别达到6168万人和9750万人（全国老龄工作委员会办公室总报告起草组和李志宏，2015）。与此同时，中国的家庭规模正在变小。20世纪50年代，家庭的平均人数约为5.30人，而目前大约为3.02人③。从这些年中国社会的婚姻家庭情况看，家庭规模在未来一个时期难以有扩大的趋势，甚至可能还会缩小。因此，社会化的老年照护服务需求将进一步增加。当然，这种需求是通过机构养老来满足，还是与居家养老相配套的社会化照护服务来满足，则取决于其他因素。

（2）持续推进的城市化，也会增加社会化照护服务的需求。在长达数千年的历史中，中国是一个农业国。但1949年之后，尤其是20世纪80年代以来，中国的城市化速度持续加快，2019年末，常住人口城市化率达到60.60%，与1949年相比上升近50个百分点。无论是从经济社会演进的动力看，还是从中国政府的规划和各类政策看，中国的城市化水平将持续提高，预计到2030年城市化率将升至75%，即增加2.2亿新市民④。在这样的背景下，更多的年轻一代将会进入城市就学、就业，而且区域之间经济社会发展不均衡，劳动力流动速度加快，因而年轻人与老年人居住分离的情况会加重。同时，居住在城市的老年人口也会逐步增加，他们的思想观念随之变化，更能接受社会化的照护服务，因而机构养老将成为一个重要的选择。

（3）养老服务智慧化可能减少机构养老服务需求。随着信息技术的迅速发展，智慧养老开始兴起。智慧养老是以传感网系统和信息平台为载体，为老年人提供

① 2020年6月发布的《中国发展报告2020：中国人口老龄化的发展趋势和政策》。

② 中国老年社会追踪调查是由中国人民大学组织开展的一项全国性、持续性大型社会调查。这里用的是2016年的调查结果。

③ 2016年5月发布的《中国家庭发展报告》。

④ 2019年10月发布的《中国城市化2.0：超级都市圈》。

实时、快捷、高效、低成本、物联化、互联化、智能化养老服务的模式，包括养老信息平台建设、智能设施设备和智慧养老服务等内容[①]。按照应用场所的不同，智慧养老可以区分为智慧居家养老和智慧机构养老（张雷和韩永乐，2017）。其中，智慧居家养老是中国各地广泛探索的最为普遍的模式。智慧居家养老服务模式的出现和推广意味着将会有更多的老年人可以在家中接受专业化、信息化、便捷化的养老服务，比如通过养老信息平台获取生活照料、医疗咨询、娱乐休闲等服务，并且智能健康设施、设备还能及时监测、报送老年人的身体健康状况，免除老年人居家养老的后顾之忧。随着智能居家养老服务的进一步发展，生活自理老年人甚至包括一部分轻度失能老人，其入住养老机构的需求可能会减少。当然，失能程度较高的老年人需要长期持续、专业化、面对面的生活照料和医疗服务，入住养老机构依然是他们的重要选择。

（4）居家养老服务的发展，也将减少部分机构养老服务需求。从中国的传统看，家庭养老是主流。随着家庭规模的缩小，居住在家中的老年人也需要更多社会化的照护服务。为此，国家正在加快提供社会化的居家养老服务，旨在为居家养老提供配套。2008 年，政府出台的《关于全面推进居家养老服务工作的意见》鼓励地方政府通过购买市场服务、加大居家养老服务财政补贴等方式积极促进居家养老服务的发展。随着与居家养老配套的社会化服务体系的健全，老年人居住在家即可享受到来自社会的照护服务，这可能会降低老年人入住养老机构的动力。当然，居家养老也有一定的局限性，许多老人尤其是重度失能老人需要在专业性较强的养老机构中得到服务，而且，居家养老的配套服务体系建设，也是一项复杂的工程，并非一蹴而就。因此，机构养老服务的刚性需求依然存在。

三、老年人机构养老购买力趋势分析

老年人入住养老机构，需要相应的付费能力。就当前的现实而论，入住公办养老机构，价格相对低廉，但需要满足相应的条件；入住民办养老机构，入住条件一般容易满足，但价格相对较高。但是，目前大量老年人收入较低，缺乏购买社会化养老服务的能力，因而他们无法进入养老机构接受服务，甚至无力购买居家养老配套的社会化养老服务。所以，我们需要对未来中国老年人对社会化照护服务的购买能力趋势进行分析。一般地说，影响老年人机构养老服务购买力的因素主要是老年人及其家庭的收入，尤其是具有较强稳定性的收入来源，重点是相关的制度安排。

① 2017 年 2 月工业和信息化部、民政部、国家卫生和计划生育委员会发布的《智慧健康养老产业发展行动计划（2017-2020 年）》。

（一）基本养老金增长趋势分析

从2016年中国老年社会追踪调查的情况看，基本养老金是中国老年人收入的主要来源，尤其是工薪劳动者退休之后，能够享受职工基本养老保险的养老金。这个人群主要居住在城镇。从最近十多年来的情况看，职工基本养老保险参保者的基本养老金从2005年开始有连续十多年的大幅度提高，其中前10年的增幅在10%以上，最近5年的增幅有所下降，但依然每年增长5%以上。从当前经济形势看，现行职工基本养老保险制度运行面临一些困难，比如由经济增幅下降引起的筹资困难、由人口老龄化引起的参保人群年龄结构老化、由制度设计缺陷和投资回报率低下导致的基金收支缺口等。但是，从社会保障的刚性原则、现行制度设计和政府的一贯政策思路看，未来一个时期基本养老金将继续保持适度的增幅，至少维持基本养老金的购买能力不下降，因而这个人群对机构养老服务的购买能力将有所提高。

对于广大的农村居民和城镇非就业人员而言，从现行制度安排和实际运行情况看，他们的基本养老金还很低，不足以保障其基本生活，因而他们无法依靠这笔养老金购买任何社会化的养老服务。从制度安排看，此项基本养老金制度的目标是保障老年人的基本生活，因而这笔养老金中不包含老年照护服务等养老服务的费用。而且事实上，尽管最近几年经多方努力，使得此项养老金有所增长，但目前的基本养老金还没有达到基本生活保障的要求[①]，即这笔养老金还不能保障社会成员年老之后具有购买基本生活资料的能力。从关于基本养老金的现行政策思路看，在未来5～10年内，这个群体的基本养老金还会有所增长，但增幅有限，因而这个群体依然难以依靠养老金来购买养老机构的照护服务。

（二）长期照护保障制度建设预期

一般地说，老年照护体系包括照护服务队伍、照护服务设施设备和技术，以及长期照护保障制度。有效的长期照护保障制度能够使失能老年人具有持续购买社会化照护服务的能力。最近几年，中国官方已经正式提出建立长期照护保障制度[②]，以适应人口老龄化的趋势。从理论上讲，这类制度可以有三种形式：普遍性福利模式、救助模式和保险模式。这些年，各地在这方面进行了一定的探索。

2012年，浙江省等地开始实行老年照护服务补助制度[③]。同年颁布的《国家基本公共服务体系"十二五"规划》正式使之成为国家的一项政策[④]。2013年和

① 目前，全国各地的此项养老金给付标准均低于当地最低生活保障标准。

② 习近平：推动老龄事业全面协调可持续发展，2016年5月27日。

③ 2012年5月发布的《浙江省养老服务补贴制度实施意见》。

④ 该规划第六章第一节"基本养老服务"项下明确提出"适应人口老龄化趋势，有条件的地方可发放高龄老年人生活补贴和家庭经济困难的老年人养老服务补贴"。

2014 年又进一步予以明确[①]。据此，全国各地陆续开始实施老年照护服务补助制度，但实施效果还不够理想，某些地区还没有真正有效实施。此项制度对于保障困难群体的基本照护服务需求，能够产生积极作用，并且能够在一定程度上提高部分老年人购买社会化照护服务的能力，其中包括支付进入养老机构的部分费用。因此，政府有关部门对此更加重视，估计今后会在惠及范围和保障标准方面有进一步的提高。

与此同时，部分地区开始试行长期照护保险制度，探索以保险方式建立长期照护保障制度，其中有各地自行的试验探索，也有政府部门组织的试点[②]。这些地区的试验，在一定程度上缓解了本地区照护保障领域的部分现实问题，但总体上看，其惠及范围还很小，制度政策还很不成熟，实际发挥的作用还很微弱。事实上，以社会保险方式实施照护保险制度，是一个复杂的事情，在国际上也缺乏成熟的经验。因而，这些试点地区的进展与预期还有一定的差距。除了制度设计技术方面的问题之外，还缺乏可持续的筹资机制。因此，长期照护保险要作为新的社会保险项目在全国普遍实施需要一个过程。最近《中共中央关于制定国民经济和社会发展第十四个五年规划和二〇三五年远景目标的建议》中提出“稳步建立长期护理保险制度”，这就意味着此项制度建设的进程可能加快。

本章小结

养老服务是老年人社会支持的重要项目。在长达数千年的历史中，中国的养老服务主要由家庭提供。近代以来，社会化养老服务开始出现。最近 20 多年来，随着人口老龄化、高龄化和家庭小型化，社会化养老服务的重要性日益显现，逐步形成了多元化的养老服务供给体系。同时，养老服务日益成为社会、政府和学界最关注的议题之一。

随着人类社会文明的进步，养老服务逐渐成为现代社会中老年人的一项基本权益。《中华人民共和国老年人权益保障法》和相关法规对此做了相应的规定。为落实老年人的各项权益，各地进行了积极的探索，积累了有益的经验。例如，上海市海阳养老事业发展中心打造了“没有围墙的养老家园”，长宁区家庭医生制度守护着老年人的健康，杨浦社区睦邻中心不断满足老年人的多种服务需求并创新了基层社会治理。养老服务领域的这几个创新性案例，可以用一个权责关系

① 见《国务院关于加快发展养老服务业的若干意见》（国发〔2013〕35 号）；2014 年，财政部、民政部、全国老龄办发布的《关于建立健全经济困难的高龄失能等老年人补贴制度的通知》。

② 人力资源和社会保障部办公厅于 2016 年 6 月发出了《关于开展长期护理保险制度试点的指导意见》，确定 15 个城市作为试点。2020 年，主管此项工作的国家医疗保障局将此试点范围进一步扩大，大约每个省份一个城市作为试点，见《关于扩大长期护理保险制度试点的指导意见》。

共同体分析框架来理解，即老年人接受养老服务的权利和政府及相关组织提供服务的责任。

最近十多年，随着社会化养老服务业快速发展，越来越多的资源进入养老服务领域。虽然资源总量依然不足，但不均衡的现象却值得高度重视。政府主导配置的基本养老服务资源在城乡之间、人群之间、居家养老与机构养老之间不均衡，公平性不足、效率不高，甚至出现严重的浪费。这里的关键是要明确政府的职责定位，创新养老服务供给机制，按照“抑峰填谷”的思路，加快推进基本养老服务均等化。近期的重点，一是加快提供居家养老服务，二是优化机构养老结构，三是加快发展农村养老服务。

最近几年，全国养老机构床位出现大量空置，这是巨大的资源浪费，引起人们对未来机构养老需求的思考。对此要冷静分析，采取积极措施，并对未来机构养老需求做出理性的判断。老年人选择居家养老还是机构养老，受诸多因素的影响，具有很多不确定性，但有些因素是值得重视的。例如，人口老龄化、高龄化、家庭小型化和持续推进的城市化，将会增加社会化照护服务的需求，居家养老服务和智慧养老的发展可能减少机构养老服务需求。基本养老金提高和长期照护保障制度建设将增强机构养老的购买力。

第七章　老年精神支持

随着中国经济长期持续地发展，人们的生活方式和生活诉求发生了深刻的变化。过去的三大件（手表、自行车、缝纫机）早已成为历史，电冰箱、电视机、手机、电脑也已普及。过去对于吃穿的忧虑，如今也越来越少。温饱问题解决后，精神层面的需求开始逐渐显现，因而为老年人提供精神层面的支持日益成为一个重要课题。本章重点关注老年人的精神需求，以及如何通过建设生态化、人本化的社会心理服务体系，以帮助人们更好地进入“积极老龄化”的状态。

第一节　值得重视的老年精神支持

目前，我国是世界上人口数量最多的国家，也是老年人口最多的国家。而且根据人口预测，我国老年人口数量将持续增长，并从 21 世纪中叶开始长期处于高位。面对如此严峻的人口老龄化挑战，如何提升老年人的生活质量成为政策和社会关注的焦点问题。生活质量包括物质生活与精神生活两方面，不少研究者认为应该把老年人的精神需求和物质需求放在同等重要的位置，为物质需求和精神需求提供双重保障（穆光宗，2004；段云奎，1999）。随着国家经济的快速发展和社会养老保障体系的不断完善，老年人不再忧心物质需求的满足，相比之下，精神需求不能满足的问题越来越突出。因此，关注、探究并提供老年精神需求支持是养老服务中重要的模块。

一、为什么关注老年精神需求

当提到养老时，我们会很在意居住环境、物质水平、交通便捷等因素。然而，达到了这些物质要求后，老年人就真得过上了颐养天年的快活日子吗？显然不是。中央电视台曾经播放过一则公益广告：奶奶正在愉快地准备着饭菜，等子女们回家吃饭。然而一个个电话响起，“妈，说好今天要去看您的，可公司要请客户吃饭”，“奶奶，我等下吃完饭要跟同学去公园玩，奶奶再见”，“妈，我今天去上健美班，不回家吃饭啦”，电话落下，剩下的是一桌丰盛的饭菜和一个孤独的背影——“忙，都忙！……忙点好呀……”。这则广告旨在告诉大家，要常回家看看，反映了老年人对于人际关系的需要。除了人际关系以外，老年人还有很多其他的精神需要。

忽视老年人的精神支持，会导致许多精神健康问题，包括阿尔茨海默病和抑郁。这些精神健康问题是中国老年人群比较重要的，但同时关注度又比较低的问题。在中国，有 900 万以上的老人遭受阿尔茨海默病的折磨，这个数字随着老龄化加剧将继续上升（Pei et al.，2014）。老年抑郁也是一个常见且被忽略的问题，最近几年，中国快速的社会经济转型和传统家庭的瓦解导致了老年人心理疾病的增加，尤其是抑郁（Zeng et al.，2012）。从全球范围来看，抑郁是一个威胁到生活质量，并且给健康护理系统带来负担，提高死亡风险的因素（Li et al.，2011）。相对其他老年人常见疾病而言，抑郁更加显得诊断不足，并且由于心理疾病的病耻感，老年人很少愿意去主动寻求治疗（Li et al.，2011）。

精神需求无法满足，不仅会降低老年人的生活满意度，更可能导致孤独感、社交隔离等情况，进而导致阿尔茨海默病、老年抑郁症等疾病。抑郁症与许多慢性病存在较高的共病率。Xue 等（2017）在杭州市的调查显示，10 389 位老年高血压患者中抑郁症状阳性的比例为 12.8%，其中高血压控制不良的老年人抑郁症状阳性的比例（32.8%）远高于控制良好的老年人（5.3%）。也有研究调查了四川省 1477 位老年人的抑郁和慢性病患病率，结果表明在校正了性别、婚姻状况和文化程度等因素后，患 1 种、2 种与 3 种及以上的老年慢性病的老年人抑郁患病的风险分别增加了 1.70 倍、3.22 倍和 10.09 倍（胡海燕等，2020）。而这些躯体和心理疾病都会明显增加老年人的生活负担、降低生活质量以及损害日常生活能力。

因此，我们需要更多地关注老年人的精神健康问题。2015 年世界卫生组织发布的《关于老龄化与健康的全球报告》中明确指出，“最好将老年人的多种需求视为其功能的延续，综合性的政策应对应该能够兼顾老龄化进程中不同需求的鲜明特点”。在老年人精神健康上也是如此，要制定针对老年人心理健康问题的应对策略，也应从老年人的精神需求入手。

二、老年精神支持不足的危害

进入老年期，老年人会面临诸多的变化，一方面是老化带来的身体功能衰退，丧失感越来越重，另一方面是退休等引起的社会角色和地位的剧变，这些变化都会对老年人心理产生重大影响，进而造成许多不良后果。

（一）损害身心健康

研究表明，对老年人精神关怀不足，会威胁到老年人的精神健康和身体健康（周绍斌，2005；张晓华，2014），最终使其生活质量下降。以抑郁症为例，调查显示，国外中老年人群中抑郁的发生率约为 8%～16%（Blazer，2003）。在我国，中老年人抑郁症的发生率约为 38%（陶娜和尹平，2017）；空巢老人中患抑郁症的比率更高（陈喆和徐学俊，2012）。Chen 等（2012）调查了 1275 名 60 岁以上的基层医疗机构中就诊的老年人，发现重度抑郁症的患病率为 11.3%，超过 60%的老年重度抑郁症患者在 12 个月的随访期间仍然处于抑郁状态，且不到 1%的患者接受了治疗。有研究表明，获得社会支持更多的老年人抑郁症的患病率较低（Gariepy et al.，2016）；也有研究者认为缺乏社会支持和孤独感是老年人抑郁症的危险因素（Theeke et al.，2012），而且老年人感知到的社会支持越少，抑郁症状越明显（Bruce，2002）。Wang 等（2020）研究发现抑郁症状是社会支持和农村老年人生活质量关系中的中介变量，换言之，缺乏社会支持将加重老年人的抑郁症状，导致生活质量的下降。也有研究发现，社会支持能够缓解抑郁症对血压控制产生的负面影响（Zhu et al.，2019），提示应当在基层医疗整合管理中引入社会支持，以实现老年人更好的健康结果。这些研究证据都提示我们精神支持对老年人身心健康的保护起到至关重要的作用。

（二）加重照料负担

2016 年全国老龄办、民政部、财政部发布的《第四次中国城乡老年人生活状况抽样调查成果》（以下简称《生活状况调查》）显示，老年人精神慰藉服务严重不足，农村老年人精神孤独问题尤为突出；空巢老年人占老年人口的比率为 51.3%。研究表明独居和缺乏社会参与都会减少老年人的积极情绪（Wang and Shi，2008；Min et al.，2016）；此外，孤独感已被证实与老年人痴呆风险有强相关（Sutin et al.，2018），甚至孤独的老年人死亡率更高（Ong et al.，2015）。《生活状况调查》的结果显示，2015 年我国城乡失能、半失能老年人占老年人口的 18.3%；我国每年走失老人约有 50 万人，平均每天走失约 1370 人。虽然失智是老人走失的主要原因，但不可忽略的次要原因是家人及亲属的疏于照顾。调查显示，有 63%的走失老人配偶不在身边，一定程度上缺乏家人的照料。可见精神支持的匮乏增加了老年人的患病风险，从而加重了家庭和社会的照料负担。

（三）危害社会安全

老年期是一个相对特殊的时期。一方面，老年人由于身体功能退化等自然原因，面临退休、社会活动减少、社会关系减弱等变化；另一方面，转型期的社会经济发展使得家庭结构由传统大家庭模式变为核心家庭、空巢家庭，老年人与子女的关系也日渐疏远。面对生理上的功能衰退和生活环境的变化，老年人在心理上会产生各种精神需求，急需家庭和社会给予其慰藉和满足。美国犯罪学家弗拉西斯·卡伦的社会支持理论认为，每个人都具有犯罪的动机，而个体所处客观环境中的正式和非正式的物质或精神上的给予可以抑制这种犯罪动机。据此，老年人由于缺乏充分的精神支持，无法有效缓解生活和心理压力，可能导致其选择违法犯罪行为。因此，预防和减少老年人犯罪的关键在于构建老年人的社会支持体系，在提供物质保障的前提下加强家庭、社区组织、邻里等的精神关怀。

三、当前老年精神支持的问题

对老年提供精神支持意味着从精神方面供给老年人所缺少的需求，使其精神需求的缺口得以填补（尤吾兵，2015），但实际上老年人精神需求的满足依然面临许多困难。具体来说表现在以下几方面。

（一）精神支持没有受到重视

虽然中国经济得到了飞跃式发展，但物质性养老资源依然处于稀缺的状态，这使得无论是政府还是学界都更关注老年人物质需求的满足（李芳，2012）。但是，物质需求的满足不能替代精神需求的满足；而且随着经济发展和物质需求被满足，老年群体的精神需求越来越多。因此，全社会需要迫切地把对老年群体的关心从物质需求层面提升到精神需求层面，努力为老年人创造良好的精神生活条件。然而，正如前文所述，当前养老观念和养老保障仍然延续着重物质、轻精神的做法。三部门发布的《生活状况调查》显示，2015 年我国城乡老年人自报需要照护服务的比例为 15.3%，比 2000 年的 6.6%增加近 9 个百分点；上门看病的需求（38.1%）居于首位，而心理咨询或聊天解闷服务（10.6%）仅在第四位。国内其他学者的研究调查结果也表明，社区主要侧重于对老人生活照料服务的提供，而对老人的精神需求不够重视。阳慧（2020）对合肥市某社区的调研结果发现，除了健康体检的需求外，老年人对“陪同聊天”和“参加娱乐活动”这类精神的养老服务需求比较突出，但现有的服务还不能满足实际的需要。可以说，在现行的社区养老服务中，老年人往往只能得到诸如慢性病管理等躯体疾病的健康服务，而其社会心理功能上的需求则难以得到满足。

（二）获取精神支持的途径单一

中国文化背景下，家庭是紧密的共同体。受“养儿防老”的传统观念影响，人们往往会将物质和精神的需求都寄托在家庭子辈上，因此，精神支持的实现途径被限定在单一的家庭供给中（尤吾兵，2015）。但是，一方面，由于家庭结构的变化，供养模式转变为“四二一”；另一方面，由于社会价值观的改变，代际矛盾凸显，子女多数离家不与父母同住，使得家庭的养老功能弱化，导致需要精神慰藉的老年人口日益增多，在子女无法满足其需要的同时又缺乏其他途径满足。

（三）精神支持的内容单一

老年人的心理需求是丰富多样的，从马斯洛需求层次理论出发，可以认为我国老年人的精神慰藉内容包括：安全需求、情感和归属的需求、尊重的需求、自我实现的需求。因而精神支持应当是全方位的精神照护。但是，当前精神慰藉的内容指向有被简单化理解的态势（尤吾兵，2015），比如有些人会认为给老人打钱就是关心老人，这是错把物质赡养等同于精神支持；也有人仅在老人生病的时候会关怀老人，忽视了在日常生活中对老人各方面的关心和支持；有些人会给老人打电话关心他们的近况，但对老人真正的精神需求（如尊重、自我实现）依然不能满足。

（四）缺乏专业服务人员

在社区居家养老服务实施中，同样存在重视生活照料、忽视精神慰藉的现象。目前社区居家养老服务以生活照料为主，仅满足于让老年人吃好、住好，医疗护理、精神慰藉服务项目很少甚至空白（陈俊羽和徐桂华，2015），少有的精神慰藉服务也局限于聊天解闷，缺乏心理学专业知识的支撑（阳慧，2020）。很大的原因在于为老服务人员和志愿者的数量严重不足，且缺乏专业、系统的培训（陈俊羽和徐桂华，2015；杨春榕，2004；修宏方，2013）。据统计，截至2018年，我国各类社区服务机构和设施数量由2010年的15.3万个增至42.7万个。其中，社区养老照料机构和设施4.5万个（其中农村2.6万个），社区互助型养老服务设施9.1万个（其中农村8.2万个）。然而，当前机构中社会工作者和专业养老服务人员都极为缺乏，且由于学历层次偏低、年龄偏大、专业知识缺乏、工作待遇偏低、发展空间受限等流失率较高（肖云和杨光辉，2013；李洁等，2012）。

第二节　老年精神需求及其测度

在提供老年精神支持之前，我们得先明白老年人究竟需要怎样的精神支持，才能更加有针对性地整合社会资源，打造适合老年人居住的环境和支持系统。因此，本节我们将关注老年人的精神需求，一同了解中国当下老年人的精神需求有哪些。

一、精神需求的定义

如何定义精神需求呢？目前有多种定义方法，并且存在着文化差异。在经典的需求理论中，Murray（1938）的需求理论和Maslow（1954）的需求层次理论都强调从人的动机出发，把人的心理需求分成不同层次。但是关于层次递进的需求理论存在着人本主义局限性，它们强调需要满足基本需求后才能追求更高一级的需求目标。其中 Murray 提出了“需要–压力理论”用以解释人格，他的理论引发了后续的许多研究，但是由于其无法被有效检验，因此逐渐退出了人们的视线（Meehl，1992）。所以下文我们主要介绍马斯洛的需求层次理论、弗洛姆的精神需求模型、Deci 和 Ryan 的自我决定理论。

（一）马斯洛的需求层次理论

马斯洛的需求层次理论从人的动机出发，结合临床经验直接导出。这个模型包含几个层面的需要，并且具有满足基本需要后才能追求更高一级需要的假设（图 7-1）。

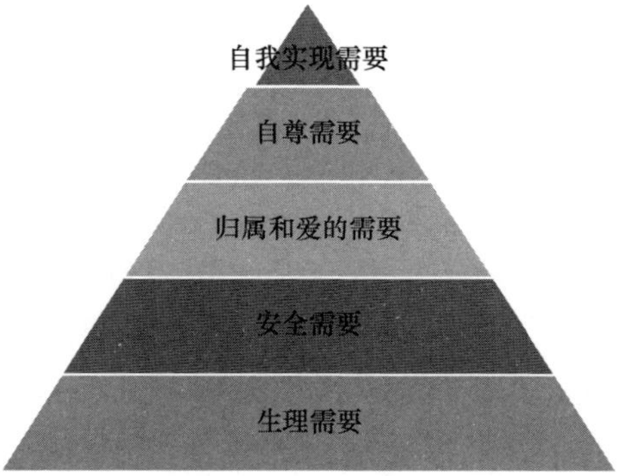

图 7-1　马斯洛需求层次理论模型

马斯洛认为人的最基本的需要是生理的需要，对于食物、水等物资的需求，它们是支撑我们活下去的基本内容。如果我们处于饥饿的状态，那么就顾不上任何其他的需要了，“自由、爱、公众感情、尊重、哲学，都被当作无用的奢侈品置弃一边，因为它们不能填饱肚子”（Maslow et al.，1987）。

第二层是安全需要。随着生理需要相对充分地得到满足，就会对安全、稳定、依赖、避免恐吓、秩序、体制等产生需要。马斯洛把它们整体归纳为对于安全的需要。

第三层是对于归属和爱的需要，建立在生理需要和安全需要都得到很好的满足的基础上。归属和爱的需要指向个体对于关系的需求，渴望团体或者家庭。

接着是自尊需要。自尊需要的满足来源主要有两类：一是对于实力、成就、优势、面对世界时的自信等的需要；二是对于名誉或威信的欲望。这些方面的满足可以获得一种自信的情感。

最后是自我实现的需要。这一层的需要是因人而异的，如马斯洛所描述的“一位作曲家必须作曲，一位画家必须绘画，一位诗人必须写诗，否则他始终都无法安静。一个人能够成为什么，他就必须成为什么，他必忠于他自己的本性”（Maslow et al.，1987）。马斯洛将这样的需要概括为自我实现的需要。

（二）弗洛姆的精神需求模型

弗洛姆提出的精神需求模型与上述的不太一样，他认为人并不仅仅受人的本能影响，也同时受个人性格和社会文化的影响。因此，弗洛姆的精神需求模型从人本主义的角度出发，提出人们为了生存会面临最根本的矛盾：生与死的矛盾、理性与人在生物上的弱点的矛盾、自由与孤独感的矛盾。而为了克服这些矛盾，以获得和谐的生存，人们会去追求以下几种精神需求。

（1）关联需求。当人们认识到自己的孤独，认识到人的无能感及生命的不可控制性时，有一种强烈的需求，去与别人建立联系，渴望与人产生关联。

（2）超越需求。人类在其作为方面可以超越物质条件的局限，在精神层面上展现出创造性的人格品质。

（3）寻根需求。人生于自然，因而天性渴望能与自然界融合。然而因理性的产生，人脱离自然，唯有当其再度找到新的生存根基，才会再度感到安全、踏实，有所归依。此需求意味着我们需要与环境和自己的过去形成有意义的联结，即感觉自己归属于某种东西。

（4）认同需求。人们需要知道自己是什么样的人以及和他人的差异，以确定自己的独特性、个人的社会地位等。

（5）定向需求。人因有了理性和想象力，产生了需要为自己确定一个目标的想法，以赋予生存意义和价值，这就是定向需求。

马斯洛的需求层次理论指出了人的基础的生理、安全需求等生物性需求，也提出了自尊与爱、自我实现等心理性需求。而弗洛姆则主要关注心理性需求，从存在主义的角度提出了人的多种精神需求，着重探讨人类生存的意义。此外，与马斯洛的需求层次理论不同，弗洛姆的精神需求模型提出的心理需求是没有层次之分的。

（三）Deci 和 Ryan 的自我决定理论

美国心理学家 Deci 和 Ryan（1985）在 20 世纪 80 年代提出了自我决定理论（self determination theory，SDT）。这一理论不像传统的理论模型一样划分外部动机和内部动机，而是认为二者处于同一个连续体的两端，并且是不稳定的、不断地转换的。理论认为良好的社会文化因素可以帮助外部动机向内部动机转化，而不良的社会文化因素则有可能把内部动机转化为外部动机（Deci and Ryan，2000）。Deci 和 Ryan（2000）认为促进这种转化的关键在于个体的需求是否得到了满足，而个体的需求则可以分为三种类型：胜任需求、自主需求及归属需求。其中，胜任需求指的是个体在与环境的互动过程中，能够感到自己是有能力的、有机会发展和展示自己的才能的需要，类似于马斯洛需求层次理论中的自我实现需求；自主需求指的是个体能够感知到行为是出于自己的意愿，是由自己来决定的需求；归属需求指的是个体感受到他人关心并且关心他人，有一种归属于其他个体和团体的安全感的需求。这三种需求的满足能够促进人们积极发展、维护心理健康，同时可以促使外部动机向内部动机转换。

二、精神需求的测量

老年人究竟有哪些具体的精神需求呢？哪些需求更加重要？哪些需求大多数情况下已经被满足？又有哪些需求被忽略而无法满足呢？在回答这些问题之前，让我们先了解一下目前研究者是如何探究老年人的精神需求的。

目前关于精神需求的探究主要采用量表进行。研究者采用现有的或者自编的量表进行测量，对老年人的精神需求进行归纳总结。

（一）基本心理需求量表

基本心理需求量表（basic psychological needs scales，BPNS）由 Ilardi 等（1993）基于 Deci 和 Ryan 的自我决定理论编制而成，该量表共 21 个项目，采用利克特 7 点计分法，分为胜任需求、自主需求和归属需求 3 个分量表。中文版量表由刘俊升等（2013）修订而成，总体 Cronbach's α 为 0.84，3 个分量表的重测信度在 0.68～0.83，具有较好的信效度。

（二）精神需求量表

美国人 Lowman 和 Bredehoeft 在 2000 年依据弗洛姆的理论，编制并修订了精神需求量表（Lowman and Bredehoeft needs of inventory，LBNI）。这个工具的编制标志着对弗洛姆的精神需求理论给出了操作性定义，可以落实到具体的操作层面。该量表共 58 个项目，分为关联需求、超越需求、认同需求、寻根需求和定向需求五个维度。量表中文版由曹梦琪等（2017）修订，量表总体 Cronbach's α 为 0.94，具有较好的信度。

（三）其他自编量表

目前国内针对老年人精神需求调查的量表大多为自编量表。例如，国内的研究者傅双喜等（2011）参考马斯洛的需求层次理论，结合老年人的心理特征，自编了《老年人精神需求调查问卷》。该问卷共 17 题，采用利克特 5 级评分，包括生理需求、交往需求、认同需求及自我实现需求四个维度。其中，生理需求反映老年人衣食住行、生活环境等基本的需要；交往需求反映了老年人与他人交流思想感情、沟通信息的心理需要；认同需求反映了老年人希望自己某方面获得他人或者群体肯定的需要；自我实现需求反映了老年人提高自我、发挥潜力、提升身份认同感、实现愿望等的需要。研究表明量表的 Cronbach's α 为 0.879，分半信度为 0.898。具有较好的信度。而刘颂（2004）自编的《老年精神需求问卷》除了关注老年人的精神生活状态以外，也纳入了对于生活满意度的调查。

北京市老龄问题研究中心编制的《北京居民生活状况研究问卷》中“精神需求”部分包括了 9 项内容，分别涵盖交往的需求方式、代际关系、心情和心理感受（包括对于生存需求、认知功能、自我实现、人际交往、社会适应、情绪和安全感等 12 个分维度）。在调查的过程中，通过关注代际关系、亲情交流情况、日常心情和心理感受等方面，整体评估精神需求。其中，亲情交流方面主要考察不顺心时是否有可谈心的对象、与亲友交流方式等；代际关系考察晚辈孝顺的情况、晚辈是否爱听老年人讲过去的情况、晚辈有大事时是否与老人商量等；日常心情和心理感受则关注整体的心情和心理感受（吴振云等，2003）。

三、我国老年精神需求现状分析

（一）老年精神需求分类

老年人的精神需求有哪些呢？如果我们以此为主题检索数据库，会发现结果各不相同。根据使用的测量工具的不同，每个研究都会得出自己的一套精神需求结论，同样地，也会导向不同的结果。

许多研究者参照马斯洛需求层次理论模型进行需求的划分。例如，傅双喜等（2011）将需求划分为生理与安全需求、交往需求、认同需求、自我实现需求，结果发现生理与安全需求得分最高；并发现老年精神需求存在增龄效应——随着年龄增长，精神需求总得分逐渐降低。而陆碧蕾和赵学军（2012）则将老年人精神需求划分为生理与安全、尊重、自我实现以及爱和归属的需求，同样发现生理与安全是最基本的精神需求。

也有研究者主要依据弗洛姆的精神需求理论对老年人进行探究。例如，一项基于杭州市下城区的老年精神需求探究研究调查了老年人的心理需求状况。结果发现老年人比较关注关联需求、超越需求、寻根需求、认同需求和定向需求（曹梦琪等，2017）。

还有研究者通过访谈调查等方法归纳出了中国老年人的主要精神需求。例如，刘颂（2004）通过调查南京老年人发现，城市里老年人的精神需求主要包括生活安全、社会尊重和行为意义三个方面。而汤文博发现农村老年人的精神需求表现为健康需求、尊敬需求、和睦需求以及求偶需求四种类型（转引自傅双喜等，2011）。

总的来说，可以发现老年人的精神需求主要表现在以下方面。

（1）生理和安全需要。生理和安全需要，正如马斯洛所说的，是最基本的需要，对于老年人而言也同样如此。人们步入老年阶段时，仍然需要考虑许多物质困难，特别对于农村、独居、无退休工资等类型的老年人而言，生理和安全需要是最困扰他们的因素。

（2）健康需要。健康是显著影响老年人生活满意度和生活质量的重要因素之一。对于几乎所有老年人而言，身体健康是生活中最为看重的领域。对于健康的担忧不仅显著影响生活质量，也会提高精神类疾病的发病率，造成恶性循环。

（3）关联需要。关联需要包含了爱与尊重、和睦、家庭孝顺等因素，其核心是与他人、与世界的联结。步入老年阶段，越接近死亡，人的孤独感可能会越强烈，因此关联需要也越发迫切。

（4）定向和认同需要。定向需要对于老年人而言，主要表现在对于目标确定性的需要；而认同需要则是通过活动或者连接的方式获得他人或者社会对于自我的认同，也包括对于自我的认同感。定向和认同需要之所以被归类到一起，是因为二者高度相关，充分满足定向需要的人往往具有更高的自我认同感。老年人普遍需要面对从工作和劳作到退休的生活方式变化，而这个变化导致的直接结果是目标的缺失，无法有效应对改变的老年人往往会陷入空虚无意义的生活处境中，进而导致自我认同感的丧失。

除了上述几个精神需要以外，依据老年人不同的人口学和社会学特征，以及自我个性经历的差异，往往会有许多额外的精神需要。因此，下文我们会进一步探究哪些因素影响老年人的精神需求表现。

（二）影响精神需求的因素

依据不同的精神需求分类，往往会发现不同的因素影响着精神需求的种类以及水平。到目前为止，许多从动机模型出发的研究都发现了不同的人口学和社会学水平对精神需求的影响，而从弗洛姆的存在主义角度出发的研究则发现精神需求与人口学、社会学因素没有显著关系。下面我们具体地看看哪些变量可能影响精神需求。

首先是年龄。傅双喜（2010）研究发现了心理需求的增龄效应，即随着年龄的增加，老人的心理需求水平是逐渐下降的。随着年龄的增加，老人的心理需求总分出现了下降的趋势，其中71岁前和71岁后二者之间差别较明显，71岁后的变化趋势放缓。对此，研究者根据社会交换理论，提出这样的结果可能是因为随着年龄的增长，老年人所掌握及能够交换的资源逐渐减少，因此只能通过降低需求水平来达到心理平衡。但是该结果仍然具有时代的局限性，如果考虑到现代社会的物质资源不断丰富，老年人的精神需求可能不仅不会因此而减少，反而会因为资源足够充分，而有更高水平的精神需求。

其次是居住方式。居家养老和养老院养老的人群对于精神需求的类型和排序是不尽相同的。例如，韩露和王冠军（2013）比较了养老院和居家老人的精神需求与心理健康状况，结果发现养老院的老年人心理健康总分以及自我、情绪、适应分量表的得分均显著高于居家养老的人；但是在精神需求上，两类老人的需求排序是一致的，需求程度从高到低均为生理需求、交往需求、自我实现需求和认同需求。不过养老院老人的交往需求大于居家养老者，自我实现的需求小于居家养老者（韩露和王冠军，2013）。

再次，更进一步研究发现是否独居会影响老年人的精神需求。韩振燕和郑娜娜（2011）对南京市鼓楼区的空巢老人进行了精神需求的走访调查，结果发现空巢老人的精神需求主要集中在情感需求、尊重需求、文化娱乐需求、交往需求和自我实现需求几个方面。其中，在情感需求上，老年人的需求主要来自子女的孝敬和配偶的关心爱护、朋友间的交流，以及邻居、领导等的关心。调查发现空巢老人普遍觉得，过年、过节时的单位慰问能够给予他们重要的心理慰藉。而在尊重需求上，空巢老人主要希望得到社会的关注和关爱，对于由于历史原因遭受到的不公待遇，能够得到重新的评价和认可。在文化娱乐方面，许多老年人希望能够有较为方便、丰富的老年活动场所，以更好地参与娱乐活动。而在交往方面，空巢老人迫切渴望与他人的沟通互动，以消除孤独感。在自我实现方面，老年人表现出了各自的差异，有的希望通过社会参与实现自我价值，有的希望能有更坚定的信仰和平和的心态，有的希望通过帮助他人、发挥余热的方式让自己老有所用。此外，王嫦娟（2011）发现对于上海市独居老人来说，爱与归属的需要是他们最为重要的精神需求。王晓瑞（2008）通过访谈，对于养老机构中的老年人的精神需求进行了调查，结果发现福利院中的老年人的精神需求主要体现在以下几个方面：生活保障的需要、尊重的需要、亲情的需要及奉献的需要。

最后，生活质量也是重要因素。研究发现在生活质量的影响因素上，老年人认为健康、经济、居住占有比较大的比重，分别为28.2%、24.1%和11.3%，其次是饮食和心情，分别是 6.9%与 6.4%。影响老年人精神需求的因素主要有经济状况满意度、住房满意度、照料状况满意度、晚辈孝顺情况、健康状况等。其中与心情有关的因素主要有经济状况满意度、照料状况满意度和晚辈孝顺情况；与心理感受有关的因素除了与心情有关的因素以外，健康状况也具有较高的影响水平（吴振云等，2003）。

相反地，曹梦琪等（2017）的研究从弗洛姆的精神需求理论出发，采用了 Lowman 和 Bredehoeft 编制的精神需求量表，结果发现老年人的年龄、受教育程度和居住方式等对于所测量的因素并没有显著影响。让我们来具体看一下他们的发现：①年龄效应。曹梦琪等（2017）的研究结果显示，老年人不同维度心理需求程度随着年龄增加是不断波动的，且不同维度间存在差异。之所以与前人研究之间存在差异，一方面可能由于理论基础不同，所用量表不同，所测得的心理需求维度存在差异，另一方面也可能由于前人研究包含居住在老年公寓和敬老院的老人，而该研究对象针对社区居家养老的老人。不同养老方式对老年人心理需求或许存在影响。②学历效应。研究发现，不同学历被试的心理需求之间存在差异，但是并不显著。具体地，小学水平被试的关联需求显著高于其余各学历水平，而文盲水平被试关联需求显著低于其余各学历水平。其余心理需求在不同学历水平间无显著差异，不同心理需求在不同学历水平间差异也不显著。③居住方式。研究表明，不同居住方式的心理需求之间无显著差异，但总体来说，独居老人的各方面心理需求都略高于其他居住方式的老人。这意味着独居老人的心理需求尤其需要重点关注。

曹梦琪等（2017）的研究之所以与前人的研究出现结果上的差异，主要是因为两类研究采用了不同的精神需求分类。弗洛姆的精神需求理论主要关注人的存在性需求，而不考虑与生存相关的需求，因此其结果不受调查者的经济水平、教育程度、文化水平等因素的影响，具有较高的适用性。

第三节　基于积极老龄化的老年精神支持网络建设

如何为老年人提供足够的精神支持，是当前社会亟待解决的问题。目前我国尚未形成成熟的老年精神支持网络。而构建老年精神支持网络以保障老年人的生活质量是社会支持体系中的关键部分。本节从积极老龄化的视角探讨如何构建老年精神支持网络。

为什么如此强调“积极”，甚至从积极老龄化的角度来考虑老年精神支持服务网络建设呢？一方面，积极的态度是产生和促进积极行为的前提，只有认可老年人的价值，才能趋近老年群体，自然而真诚地表达对他们的关爱；另一方面，积极看待老年人意味着相信老年人不是无用的，依然能够发挥自身的价值为社会作贡献，有利于老年群体的身心健康，以及促进社会的良好发展。因此，为老年人提供精神支持的首要一点便是改变传统的消极观念。以积极的态度看待老年人，认可他们的社会价值，感恩他们的辛勤付出，这是为老年人提供精神支持的基点。积极老龄化为我们提供了可行的路径。

一、积极老龄化

（一）老龄化观念的发展

老龄化现象最早出现在19世纪中叶的欧洲发达国家。在这个时期，脱离理论占据主要思想地位，老年群体往往被认为是无能、无用的代名词。脱离理论认为，老年期是个人的社会角色、人际关系等逐渐退出社会的时期，老年人与社会之间相互脱离、逐渐退缩（Cumming and Henry，1961）；脱离是老龄化过程的必然结果，也是最主要结果，且此过程具有普遍性和不可避免性（Liam and Alan，2015）。可以说该时期是一个消极老龄化时代。

20世纪后期开始，老龄化逐渐蔓延成为全球现象；进入21世纪，全球老龄化趋势呈加速发展。在此过程中，诸如“成功老龄化”“生产性老龄化”“健康老龄化”等概念的提出，逐渐使得人们对老龄化的观念从消极转向积极。

在定义成功老龄化之前，首先要理解正常老龄化与成功老龄化的区别。所谓正常老龄化，是指疾病不可辨别或处于亚阈值阶段的老龄化现象。换句话说，正常老龄化是与年龄相关的衰退的描述性术语，此时的疾病只是达到症状出现的阈值。当正常的生理功能受到疾病的影响时，就超出了正常老龄化的阈值，表现为病理老龄化。两者的过程类似，都会产生功能性丧失，但病理老龄化加速了丧失的进展（Fries and Crapo，1981）。

将老龄化简单地划分为正常老龄化和病理老龄化仍然具有局限性（Rowe and Kahn，1987）：①这一划分忽略了不存在疾病的老年人之间在生理和认知特征方面的异质性；②正常老龄化暗含着无害或没有风险的影响，是一种自然而无害的过程，不需要有目的地调整。事实上，在老年群体中，仍有不少个体保持着良好水平的身心功能，并持续性地为社会做出贡献。甚至，有些七八十岁的老人，他们的记忆力可以与年轻四五十岁的人水平相当，与20多岁的年轻人相差无几。相比过去将老年人习惯性地视为家庭乃至社会的负担，成功老龄化的概念不仅是对传统观念的冲击，也是应运而生的首个积极的老龄化观念。

20世纪40年代，“成功老龄化”概念最早被提出，当时，Simmons博士研究发现，老年人渴望健康地、有意义地、更长久地活着的愿望具有跨文化普遍性，这使得原来从事老年研究的学者开始对成功老龄化的构成因素感兴趣。得益于Rowe和Kahn于1987年发表在*Science*杂志上的论文，成功老龄化的概念被广泛了解和认可。他们提出了成功老龄化三维模型，又称R-K模型。该模型主要从生理、心理和社会这三个维度来定义、评估成功老龄化，包括低患病率和残疾风险、高认知和身体功能、持续性地参与社会活动（Rowe and Kahn，1987）。

总体而言，成功老龄化强调以活动和经济成功为主要特征，但它存在一定的不足。一方面，成功老龄化对老年人提出了不切实际的期望，过于强调对老年人维持身体健康和活动水平的高要求；另一方面，“成功”一词存在有偏差的道德价值判断（Hank，2011），因为在衰老过程中必然存在差异，那些仅仅因为身体残疾或患病就被认定为不成功的个体,往往主观感受上认为自己是成功的。

生产性老龄化是 Butler 和 Robert 于 1982 年提出的，他们认为老年人有从事产出社会经济价值活动的能力，具有一定的生产性。生产性老龄化是出于反对传统观念中认为老年人没有生产力的论断而提出的，试图将老年人从社会的负担转变为潜在的生产力。所以生产性老龄化不仅强调老年人的健康，还认为老年人应该从事各类有偿或无偿的、有产出的活动。不过，生产性老龄化的视角过于狭隘，主要关注老年人能够产生的经济效益，集中于商品和服务的生产上，对老年人并不友好。

1987 年 5 月，世界健康大会上提出了健康老龄化的概念，针对的是老年人患病率和死亡率高的状况。因此，健康老龄化把重点放在提高身体、心理健康和社会适应能力方面，包括营养饮食、心理健康、体育锻炼、环境保护、健康行为等一系列预防保健和治疗康复措施都属于实现健康老龄化的途径。20 世纪 90 年代，积极老龄化运动思潮在美国展开，积极老龄化登上历史的舞台。

（二）积极老龄化的含义

老龄化现象出现后的最初阶段，老龄化观念是消极的，老年人的能力不被尊重。经过近一个世纪的发展，才转变为积极的老龄化观念。1999 年世界卫生组织在健康老龄化的基础上提出了积极老龄化，并在 2003 年形成了题为《积极老龄化——政策框架》的报告。报告中，积极老龄化被定义为“为了提高老年人的生活质量，使健康、参与和保障三大机制最大化地发挥功效的过程”（世界卫生组织，2003）。健康是指老年人身体、心理、社会全面的健康与良好的适应状态，减少因为机体衰老而带来的疾病，使老年人的慢性疾病得到治疗和康复，提高其生活质量，延迟其社会参与的时间；参与则是社会创造机会、环境并鼓励老年人积极主动地参与社会活动，从中获得自信与实现社会价值；保障则是政府、社会、家庭与个人通力合作全方位保障老年人的生活质量，尤其在老年人不能照顾自己的情况下，支持家庭和社区通过各种方式来照顾他们。

在世界卫生组织提出积极老龄化的政策框架后，许多研究者进一步发展了积极老龄化的概念。Stenner 等（2011）认为“积极老龄化是指能够自主地参与体力活动，对生活感兴趣，能够应对挑战，具有跟随社会发展节奏的能力”。国内研究者也相继提出了自己的观点。詹明娟（2009）认为积极老龄化是“在老化的过程中，个体拥有心理的健康，生理机能可面对生活的自理与生活调适，并持续地参与社会互动”。苗元江等（2013）认为“积极老龄化是老年人在身体层面、心理层面、社会层面和社会福利保障方面处于完美，并能够参与社会、经济、文化、精神和相关公民事务的良好状态”。总体而言，积极老龄化是一个多维整合的概念，这意味着可以从多种角度、采取多种措施促进积极老龄化的实现。积极老龄化的实现在要求政府和社会大众提供支持和保障的同时，也要求老年人老有所为。积极老龄化目的在于使所有年龄组的人们包括那些体弱者、残疾和需要照料者，延长健康预期寿命和提高生活质量。正如邬沧萍和彭青云（2018）认为的，我们要积极看待老龄社会和老年人，老年依然是生命的重要阶段，仍然可以有所作为。

（三）积极老龄化在养老服务中的应用

为老年人提供精神支持离不开整个社会养老服务体系。由于人口老龄化带来养老压力、计划生育造成抚养比上升、社会的高风险化加剧家庭养老风险、“未富先老”堵住完全商业化的道路，社区居家养老是顺应时势、必然产生的重要养老模式（罗遐和陈武，2013）。

国内外对社区居家养老模式均有探索。国外对于社区居家养老的实践开始得更早。日本遵循“就地养老”原则（季晓鹏和王志红，2006），其突出特点是多元化服务，包括常规体检、洗澡更衣、营养配餐、生活指导、娱乐活动、日常动作训练等。英国的社区老年照护服务在 20 世纪 70 年代就已经相当普及了，主要强调以社区照顾为支撑，大力发展社区助老服务（祁峰，2010）。值得关注的是，他们不仅把老年人作为群体关注，也把老年人作为个体关注。我国自 20 世纪 90 年代末提出居家养老概念后，也逐渐发展出几种典型的居家养老实践模式，比如上海模式是利用政府购买服务的运作机制为老年人提供居家养老服务（周元鹏和张抚秀，2012）；南京模式则采用政府购买服务的运作方式，以项目委托的形式委托给社会组织进行（陈俊羽和徐桂华，2015）；大连以“居家养老院”的形式提供养老服务（张波，2013；祁峰，2005）。总体而言，社区服务在居家养老模式中起着重要的作用（杨春榕，2004），但是目前社区的养老服务并没有满足老年人的迫切需求，尤其是精神文化需求方面的服务。

积极老龄化思想自提出后对西方的养老文化产生了显著影响，使得养老服务更关注老年人和工作人员的幸福感和成就感，更加以人为本，更加促进老年人的社会参与（Chapman et al.，2003；Jenkens et al.，2012）。这一思想也逐渐影响到国内的专家学者。

在我国，有不少研究者运用积极老龄化的理论来研究养老模式。阳慧（2020）从积极老龄化角度分析了某社区“左邻右舍”互助养老，该模式依托由退休、身体健康的低龄老人组成的老年志愿服务队通过一对一和一对多帮扶的形式来为社区空巢、独居、孤寡老人提供多种服务，包括日常生活照料、精神慰藉（如聊天、陪伴）、文体娱乐活动等。通过访谈分析，认为互助养老有益于老年人身心健康、促进老人参与并加强了老年保障。互助养老模式很好地契合了积极老龄化的理论框架，但其互助养老服务依然局限于满足老年人的物质或实际需求，大多为日常生活帮助，在实际互助过程中对老年人的精神需求重视不够。黄大体（2019）利用福利多元主义和积极老龄化理论对广西某社区的养老服务中心所创设的社区居家型互助养老模式进行分析，该模式以企业和志愿者作为服务的提供者，将“星际企业制度”和“爱心银行储蓄制度”作为激励措施，在社区中形成多元共建养老服务网络。但该中心同样面临互助服务专业性不足、精神支持力度不够等问题。总之，当前的养老模式中精神支持仍然处于被忽视的地位。不过，这些养老模式为积极老龄化应用在老年精神支持服务网络建设创造了可能性。

也有研究者基于积极老龄化的理论，探究可能的新型养老模式。祝欢等（2019）认为社区互助养老模式具有良好的发展空间，不仅符合政策、经济和社会环境，而且大数据、云计算服务、物联网等技术的发展也为互助养老提供了强有力的技术支持。他们认为，社区互助养老模式应以社区为核心，整合多方资源，构建社区居委会、专家培训团队、社会工作者和志愿者的互助养老社区联络服务网，从“时间银行”“老年活动中心”“老年之家”等多方面为不同老年群体提供养老互助需求。金羽瑶和刘奕（2020）同样认为，社区互助养老是社会养老和居家养老之外的第三条道路，它以家庭养老为基础，以各类社区养老服务设施为依托，利用老人间的同期群效应，活化老年资源，从多方面实践着积极老龄化的理念。除社区互助养老模式外，也有研究者从积极老龄化的视角探讨新型社区养老院模式的构建。袁妙彧和方爱清（2018）在现有的社区居家养老与机构养老均难以克服各自模式自身固有不足的情况下，提出社区养老院模式，运用积极老龄化理论从健康、参与、保障三个维度构建小型化多功能的社区养老院模式，将社区资源与养老机构整合，改变机构养老与生活环境的隔离状态，强调以老人为本，医养融合，形成“似家”的民主参与氛围，并从政府、社区、家庭、个人四个层面建立社区养老院服务保障体系。

在积极老龄化思想的影响下，互助养老已经成为破解老龄化问题的重要思路和实践路径之一（刘志敏和张岩松，2020）。积极老龄化倡导参与，在此背景下的互助养老模式激发了老年人群应对老龄化的积极因素，使其能够调动自身、家庭、社区等多方资源，开展丰富多彩的活动，满足物质与精神双方面的需求。在积极老龄化视角下发展互助养老，需要政府、社区、老人等多方力量共同参与、协作和配合。这要求政府发挥主导作用，构建完善的政策法规、开辟多元的资金渠道、配备完善的服务设施；社区发挥核心作用，精准识别互助养老需求、充分挖掘专业服务人才；老人发挥主体作用，互相交换能量资源、积极培育志愿精神（金羽瑶和刘奕，2020）。在积极老龄化理念的引导下，互助养老模式活化了老年资源，强调参与和共享，更贴近老年人的生活和心理需求，在互帮互助中体验到更为丰富的精神世界。

二、同伴支持的老年精神支持网络构建

积极老龄化建议的社会参与形式包括有偿或无偿的工作、志愿活动等。对老年人而言，退休后普遍有 20～30 年的时光可以健康度过，此时恰是继续积极参与社会活动的时期。当前社区志愿服务发展兴盛，特别是在养老服务中不乏老年志愿者的身影。比如社区互助养老中，老年志愿者往往由已经退休、身体健康的低龄老人组成。类似地，美国退休老人志愿者项目就是培训并支持老年志愿者来服务他们的社区。在社区养老服务中发挥老年人自身的力量，不仅对老年人自身，对整个社区养老都是有益的。参加志愿者活动被证明对老年人的健康和幸福感有所提升，能够提高老年人的生活价值感、提升日常活动带来的愉悦感，而且与抑郁症发病率的降低相关。因此，设立以同伴支持为主的社区老年志愿服务不仅为被服务的老年人提供了精神支持，还为老年人参与社会活动提供了机会和场所，有助于提高老年人的生活质量。当前社区养老服务重物质而轻精神，引入老年志愿服务、提供同伴支持是对精神慰藉服务的补充。

（一）同伴支持的特征与好处

同伴支持有 3 个关键特征：信息支持、情感支持和评价支持。信息支持是指向被服务者提供指导和信息，在他遇到疾病或者生活困难时，由同伴提供解决问题的相关信息。情感支持是指在受助者向志愿者倾诉自己的困扰、悲伤时，志愿者能够作为同龄人表达鼓励、关心、信任等情感。评价支持指的是向受助者的情绪、认知和行为提供积极的评价、肯定和鼓励。

以同伴支持为主的社区老年志愿服务形式具有诸多好处。首先，节约了人力成本，相比雇用专业人士的服务费用，通过简单培训老年志愿者能够更加经济、长久地服务于社区；其次，节约了交通和时间成本，老年志愿者一般与受助者同在一个社区，对于交通和时间安排问题能有更加灵活、便捷的解决方法；更重要的是，同伴支持对提供者和受助者均有益。同伴支持不仅能够减少个体的孤独感和紧张性刺激的影响，还有助于健康信息和自我管理的分享，并且发挥了积极的榜样作用。多项研究表明，提供同伴支持的一方通常比受支持的一方获益更多，因为前者获得了对自身价值的积极反馈，提升了自我效能感，尊重需求和自我实现的需求也得到了满足。

（二）心理赋能的作用

通过鼓励老年人加入以同伴支持为主的志愿服务，变被动接受为主动参与，

能够促进老年人积极参加社会活动，更好地提高幸福感和生活质量，实现积极老龄化。但是如何鼓励老年人参与其中可能是执行过程中遇到的阻碍。研究发现，心理赋能是促进社区参与并改善积极心理状态的关键因素。心理赋能是心理学中的词汇，也是社区心理学的核心概念。一般认为，心理赋能是指个人积极参与到对其日常生活产生实质性影响的组织决策制定中，既会提升个人的权力和效能感，也会提升组织满足个人需求的能力。根据 Spreitzer（1995）的观点，心理赋能包括以下几个方面：意义（个人的思想、价值观和行为与角色要求之间的契合度）、能力（个人相信自己有胜任角色的能力）、自我决定（个人的自主意识和做出自己工作决定的能力）和影响力（影响工作的战略、行政或运营成果的能力）。

有研究者基于心理赋权的理论假设，对照顾者进行干预，并评估干预前后照顾者的工作满意度和心理赋权水平，结果发现，心理赋权干预能够显著改善照顾者对批评的理解，并提升工作满意度（Engström et al.，2010）。也有一些研究展现了心理赋能对具体行为的影响结果。Sak 等（2017）对 826 名 65 岁以上老年人的调查显示，报告更高水平的心理赋能的老年人更喜欢而且更多地参与医疗决策。一项对韩国福利机构中的 180 名老年人护理人员进行的研究发现，老年人护理人员的自我领导水平对其工作绩效没有显著影响，而心理赋能水平对其工作绩效具有显著积极的作用，提示我们可以通过开展相应的教育课程，以改善老年人护理人员的心理（Lee and Cho，2019）。

所以，在社区工作中，赋能既是一种价值导向，也是理解工作过程和结果的理论模型。作为价值导向的赋能类似于干预的行动纲领，以赋能为价值导向意味着社区中的参与者在活动中将会扮演一个更加积极的角色，他们不仅在实施措施中具有主观能动性，在制定措施中也发挥着重要的作用。在具体的行动中，赋能则作为理论模型帮助我们更好地设计以及评估。

（三）以同伴支持为主的老年志愿服务

结合心理赋能的理论，以同伴支持为主的老年志愿服务具有可行性和适用性，主要体现在以下几方面。

1. 同伴支持契合老年人的角色

根据毕生发展观，老年期同样具有发展的潜力，而且老年人拥有更多的人生阅历和经验。根据马斯洛需求层次理论，老年人依然有基本的生理、安全、归属与情感需求，也期望通过社会公益活动实现自我价值。对于一些老年志愿者来说，参与本身只是为了打发闲暇的时光，让自己的退休生活更为充实；也有一些老年人抱着“我为人人，人人为我”的心态参与志愿活动。不论出于何种目的，投入到同伴支持志愿服务中不仅满足了老年人不同层次的心理需求，而且增加了一种社会角色——志愿者。根据角色理论，叠加的多维角色可以帮助个体拓展人际网络，提升幸福感，缓冲其他角色可能带来的压力。

2. 学习与交流提升老年人的信心

以同伴支持为主的老年志愿服务应该为老年人创造一个学习和交流的空间。志愿服务本身能够使老年人接触到不同方面的知识与培训，比如协助交通管理的志愿者会参与交通安全培训，文化中心志愿者会参加文化局如何配合文化中心工作的培训。而以同伴支持为主的老年志愿服务可能需要更为专业的知识学习。有些方面老年人可以利用自身的社会知识和经验，向受助者提供自己的建议和鼓励，而有些方面，诸如促进身心健康方面的信息、表达关心和肯定的沟通技巧则需要进行持续学习和系统整理。因此，为了提高老年人在提供服务方面的信心，有必要在推动老年志愿服务落地的过程中邀请专业人员对老年志愿者进行相关教育和培训，并设立学习小组，提供并维持老年人学习的机会和通道。

3. 团体互助提高自我决定能力

以同伴支持为主的老年志愿服务体系应当引导老年志愿者形成一个互助团体。该团体拥有团体内自主决策权，比如人员招募和安排、活动内容安排、学习培训安排等。除了面向所在社区老年人提供同伴支持外，团体互助活动还可以包括更多的类型，如一起学唱歌、一起锻炼等。根据活跃理论，老年人所参与的活动是维持其健康的重要因素。换言之，包括志愿服务在内的任何团队活动都有为老年人提供保持活跃状态的可能。多种形式的团队互助活动能够提升老年人对团队的归属感和参与感，团队内成员的影响也能促进老年人更多地选择有益于身心健康的活动。

4. 资源配备保障影响力

同伴支持发挥作用的一个前提就是我们相信老年人在老年群体中是更有影响力的。因为他们处在相同的人生阶段，有相似的成长和生活经历，能够更加理解彼此，也更容易建立信任的关系。因此在建设以同伴支持为主的老年志愿服务体系中，需要强调老年人自身拥有的影响力。此外，仍然需要提供外在资源（如活动场地、运营资金、新闻媒介）保障和强化影响力。

三、基于实证的社区老年朋辈支持服务模型

因为本章主要讨论的是老年人的精神需求，考虑到弗洛姆的精神需求理论不会因为老年人的社会人口学变量而产生歧义，同时也可以帮助老年人更好地寻找存在的意义，接下来我们也会把重点更多地聚焦于弗洛姆的精神需求理论对于老年精神支持的指导。本部分主要讨论如何通过更好的社会心理服务模式为老年人

提供更好的精神支持。

（一）社区老年支持服务模型

基于已有的研究结果（曹梦琪等，2017），我们建立了一个社区老年朋辈支持服务模型（图 7-2）。该模型从精神需求的五个维度出发，基于行为活化疗法和怀旧疗法，结合社区居家老人特点，建立老年朋辈支持的服务模式，即由老年团体组成志愿者，帮助比自己年龄大或身体状况不好的老年人，或是社会上其他需要帮助的人士，以提升彼此的生活质量和身心健康状况。

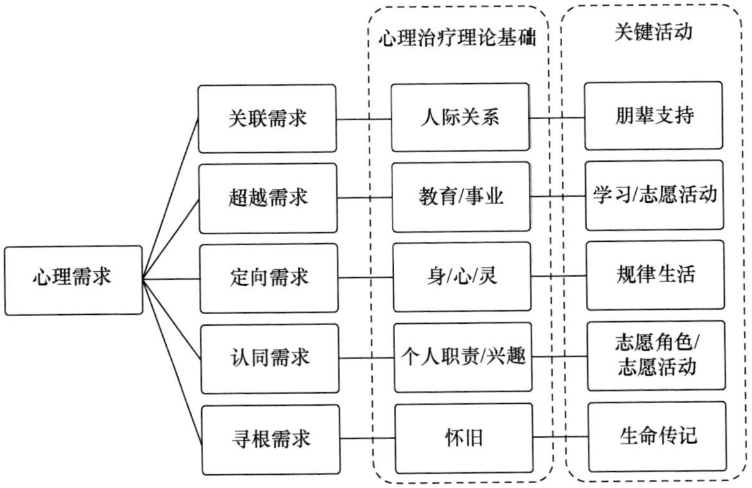

图 7-2　社区老年朋辈支持服务模型

从图 7-2 可以看出，该模型包括精神需求的五个维度。研究结果表明，老年人在精神需求的五个维度上平均分均大于 3 分，即这五个需求程度都较高，表明这五个维度均需要被纳入支持模型中。此外，人口统计学变量的不同维度之间不存在显著差异，表明我们不需要基于人口统计学变量提供差异化模型。该模型中间层为心理治疗理论基础。为保证模型的有效性，我们希望提出的模型基于心理治疗理论。

下面我们将从心理治疗理论基础和关键活动两个部分来具体介绍该模型的理论背景和实施内容。

（二）心理治疗理论基础和关键活动

模型从五个精神需求层面出发，为老年人提供整合式的精神支持。根据已有的心理治疗理论成果，我们选择了行为活化疗法中的价值树以及怀旧疗法作为心理治疗理论基础。之所以选择二者作为开发老年精神支持模型的心理治疗依据，是因为二者均有明确的活动形式，适用于对老年人开展活动指导。

行为活化疗法是贝克提出的认知疗法的一部分，最早被证实可以有效治疗抑郁症（Beck，1979）。它是一种结构化的短程心理治疗方法，其中心意图是通过具体的行为干预，鼓励来访者选择有助于改善心情并达到目标的行为，同时减少逃避和退缩行为，以帮助来访者有效地处理问题并从活动中得到愉悦和掌控感，从而保持更积极的生活状态。

行为活化疗法发展至今已经有多种具体的治疗手册（Martell et al.，2001；Addis and Martell，2004；Martell et al.，2010）。其中，Lejuez 等（2001）建立的治疗手册中，提出了能够提高人们自我价值感的五个生活领域，分别是人际关系、教育与职业、娱乐与兴趣、身/心/灵和个人职责。人际关系指包括家人、朋友、伴侣在内的生活领域。教育与职业包括教育和职业在内的生活领域。教育包括正式的学校教育和非正式的教育，如自学。职业包括当前的工作或正在寻找新工作的过程。娱乐与兴趣不仅包括休闲时间的生活领域，也包括诸如做志愿者之类的工作。身/心/灵包括生理健康、心理健康和宗教信仰的生活领域。个人职责指自己的义务和对他人的责任，以及归属感。

Lejuez 等（2001）认为，可以在这五个生活领域当中寻找具体的活动，帮助人们获得价值感，从而提高人们的心理健康水平。

如图 7-2 所示，这五个领域与精神需求的四个维度相契合，而与寻根需求相对应的心理治疗方法为怀旧疗法。因此，结合行为活化疗法和怀旧疗法，我们初步提出了老年朋辈支持服务模型的关键活动形式。

（1）朋辈支持。朋辈支持可以使志愿者和受助者均获得社会支持，在人际关系领域满足其关联需求。在社区实施中，将由较年轻的、积极的老年人作为志愿者，为更年老的老年人提供志愿者服务。以此满足双方的关联需求。

（2）学习/志愿活动。志愿者可以帮助受助者进行一些学习活动，如电脑、手机操作学习等。对受助者来说，学习活动可以在教育领域满足其超越需求；对于志愿者来说，教授这一志愿行为可以使其在事业领域满足其超越需求。

（3）规律生活。团体的、有规律性的活动形式使得老年人能够规律生活，保障其生理健康和心理健康，并从长期的团体活动中获得价值感，从身/心/灵领域满足其定向需求。

（4）志愿角色/志愿活动。对于志愿者，志愿角色可以让其从个人职责领域获得认同需求的满足；而对于志愿者和受助者双方，志愿活动都能从兴趣领域满足其认同需求，使其获得归属感。

（5）生命传记。在生命传记这一关键活动中，无志愿者与受助者之分，大家互相分享自己的生命历程，可以以各地特色文化节等形式开展。借助对自己过去生命历程回溯的怀旧疗法，满足老年人的寻根需求。

本 章 小 结

本章关注了老年人精神需求的觉察和满足，并且讨论了如何通过建设生态化、人本化的社会心理服务体系，以帮助人们更好地进入积极老龄化的状态。

随着经济发展、老龄化进程的加剧，老年人的精神需求愈发成为值得重视的议题。一方面，忽视老年人的精神需求容易使老年人产生孤独感和社会隔离感，从而降低生活满意度，这将极大地损害老年人的精神健康和身体健康，最终导致生活质量下降。另一方面，老年精神支持不足会提高阿尔茨海默病、老年抑郁症等患病率，加重家庭和社会的照料负担，甚至诱发老年人的违法行为，危害社会安全。

对此，本章分别从马斯洛的需求层次理论、弗洛姆的精神需求模型以及 Deci 和 Ryan 的自我决定理论探究了精神需求的定义和相关方法，并根据三类模型及相关研究结果总结出老年人的精神需求，主要表现在以下四个方面：①生理和安全需要；②健康需要；③关联需要；④定向和认同需要。

在此研究基础上，本章讨论了如何基于积极老龄化的视角进行老年精神支持网络的建设。

根据积极老龄化的观点，具有同伴支持的老年精神支持网络是极具可持续发展潜力的。它不仅为被服务的老年人提供了精神支持，还为老年人参与社会活动提供了机会和场所，鼓励社区中的老年人作为志愿者，变被动接受为主动参与，从而推动老年人参与社会活动，提高生活质量。同伴支持的模式具有众多优势：首先，同伴支持契合老年人的角色，可以满足关联和认同需求；其次，同伴支持可以为老年人创造学习和交流的空间，提高老年人的自我效能感；再次，团队互助能提升老年人的自我决定能力和参与感；最后，老年人服务老年人的形式具有更好的理解性、信任感和影响力。基于上述的理论，我们还提出了一个具体的社区老年朋辈支持服务模型，该模型基于行为活化疗法和怀旧疗法确定了满足老年人需求的不同领域，并根据社会现实提出了可以尝试的关键活动，具有良好的指导作用。

总而言之，老年精神需求是不容忽视的内容，我们必须与时俱进，不断更新对于当代老年精神需要的理解，并提供更加完善的老年精神支持服务。

第八章　中青幼群体社会支持

随着人口老龄化程度逐渐提高，全社会用于老年人的资源将不断增加，包括物质和精神等各类资源。如果全社会所产出的总资源不足，则用于老年人之外的中青幼这三个群体的资源就会受到影响。因而需要从两个方面入手：一是“做大蛋糕”，即设法增强全社会的创新能力，努力使全社会财富的增加能够抵消老年人资源需求的增长，并能满足全社会的需求增长。二是“分好蛋糕”，即保持老中青幼各群体之间的利益均衡，这里的关键是基本权益的均等，对老中青幼各群体都要有相应的社会支持。事实上，在任何社会形态中，老中青幼都需要有社会支持，只是支持的重点、具体内容和方式不同。在人口老龄化加剧的背景下，不仅要对老年人提供社会支持，而且也要重视对中青幼的社会支持，保障他们的基本权益，并使中青年能够创造更多的社会财富，更好地为老年人和全社会提供各种支持；使未成年人有更丰厚的人力资本积累，成年之后能够为社会发展做出更多的贡献。基于这样的理解，在讨论了对老年人的多项社会支持之后，我们需要讨论对中青幼这三个群体的社会支持。

在任何社会形态中，社会财富主要由劳动者创造，老年型社会也不例外。因而无论是对老年人的社会支持，还是对未成年人的社会支持，本质上主要由中青年人来提供。这些社会支持有的通过国家或社会的公共资源来实现，有的则是通过家庭资源来实现的。前者是指中青年人对社会的直接贡献，如缴纳税款、社会保险费及其他公益性社会贡献，后者则是中青年人所承担的家庭养老和育儿责任等。所以，对中青年人的社会支持则是本章讨论的重点，包括旨在提升社会生产力的中青年就业创业支持和旨在减轻中青年家庭养老育儿负担的税制改进、生育津贴和儿童津贴制度。

第一节　中青年群体就业创业支持

无论是承担家庭责任还是承担社会责任，中青年人主要通过就业或创业来创造社会财富，才能完成其使命。为此，在人口老龄化的过程中，我们需要充分重视人力资源的保护，维持他们应有的生活质量和持续的创造力，从而维持整个社会的持续发展能力。因此，需要充分重视对中青年就业创业的支持。

一、人口老龄化与中青年就业创业支持

随着人口老龄化加剧，劳动力资源的重要性日益显现，因而需要通过有效的社会政策予以保护，其中重要的是为中青年的就业创业营造良好的环境，否则整个社会就难以持续发展。事实上，就我国现实的情况看，进入老年型社会以来，中青年人所感受到的家庭和社会负担正在逐渐加重，代际矛盾已经初现端倪。

（一）人口老龄化与中青年就业机会

就业是一般劳动者维持生计并进一步发展的基础，因而有“就业是民生之本”的说法。在老龄化加深的进程中，中青年群体的就业机会受到冲击。首先，人口老龄化将带来产业结构的变化，容易造成劳动力职业素质与劳动力需求不匹配的问题。随着经济增长方式、技术和产业结构的升级，对劳动力的技能水平提出了新的要求，这也对劳动者的职业技能与劳动素质提出了更高的要求。市场优胜劣汰的效应必然会造成就业市场的分化，一部分劳动人员会出现减薪甚至失业的情况。如果就业人员的素质跟不上老龄化时代产业发展与转型的需要，那么就会导致部分劳动力对劳动市场不适应，从而造成就业困难。其次，在老龄化背景下，尽管可能出现劳动力短缺的趋势，但退休年龄的延长也会导致岗位不足，老年人在工作岗位上退休越迟，年轻人进入工作岗位的机会就会相应减少，这也会对年轻人的就业造成一定影响。最后，人口老龄化程度提高，可能导致社会保险费增加，这在一定程度上会减少劳动力需求，从而减少中青年群体的就业机会。有研究表明，社会保险支出增加时，用人单位一般很难将这部分成本完全转嫁给员工，为了降低劳动成本，他们通常会选择减少用工，这就是更高的社会保险支出对劳动力市场的负面效应（封进，2019）。因此，需要通过提高劳动者技能、就业指导和失业保险等就业保障措施，保障年轻人的就业机会，尤其是对需要养家糊口的中青年群体而言。

（二）人口老龄化与中青年就业质量

在老龄化进程中，享受社会保障的老年人数会增多，而缴费做贡献的群体相对缩小。如果劳动生产率提高难以抵消这种变化，则会导致中青年群体工资收入下降。如果大幅度提高老年人的社会保障待遇水平，则矛盾将更加突出，这就可能挫伤中青年群体的工作积极性，进而影响劳动关系的稳定性。社会保险费是劳动力的基础性成本，这项成本对用人单位的行为乃至整个劳动力市场都有重要影响，从而影响就业质量。在完善的劳动力市场假设中，如果企业社会保险缴费过高，在一定程度上很可能会转嫁给员工，造成员工工资下降，减少中青年群体的

收入。尽管转嫁的程度和方式有所不同，但是这种企业社会保险费转嫁给劳动群体，减少员工工资的现象在美国、欧洲、日本等都被证实（Hamaaki and Iwamoto，2010；封进，2019）。与此同时，随着劳动力市场中就业竞争压力加大，如果缺乏有效的制度安排和政策支持，劳动关系的稳定性就会下降，部分劳动者将处于长期的失业状态，部分劳动者的就业关系可能变得很不稳定，有的人常常要更换工作单位，其工资薪酬和社会保险都会受到相应的影响。因此，需要重视人口老龄化对于中青年就业质量的影响，并完善相关的制度和政策。

（三）人口老龄化与就业创业环境

人口老龄化背景下，只有通过创业创新提高劳动生产率，才能使劳动者所创造的财富抵消老龄化带来的负面影响，才能使中青年群体在保持其生活质量的同时，为老年人和儿童提供相应的服务与支持。因此，营造适宜的创业创新环境是至关重要的。首先，需要持续的人力资本投入机制。创业创新的主体是人，因而要不断地提高劳动者的素质和能力。这就需要更加重视教育和职业技能的培训，使社会成员能够有效适应时代的变化并能不断地创新。其次，需要有清晰的产权制度和相关的支持政策。有恒产者有恒心，凡以诚实劳动和合法经营所得的财富，均应予以法律保护，才能使得创业者有奋斗的原动力。因而需要有完善的法律制度，并在政府审批、资金融通以及文化舆论氛围等方面创造良好的条件。最后，需要为劳动者提供有效的基本风险保障。人口老龄化可能增加中青年人的就业难度，因而需要通过失业保险制度给失业者在暂时歇业时提供基本生活保障，并为其寻求新的工作岗位提供帮助，甚至还可给予适当的就业培训指导。人口老龄化虽然对职业风险影响不大，但会增加全社会的疾病风险和失能风险，还可能增加老年人对于养老金的需求总量，因而需要有完善的职业伤害保障制度、完善的基本医疗保障制度、长期照护保障制度和基本养老金制度。

二、现行就业创业支持体系之不适应

客观地说，最近几年来国家对就业创业支持体系建设是重视的，国家在宏观政策层面把就业优先政策、财政政策、货币政策提到相当的高度[①]，并在保障劳动者的就业权益、推动职业技能培训、优化创业环境等方面采取了积极的措施并产生了明显的效果。然而，从应对未来人口老龄化的能力来看，现行就业创业支持体系还存在诸多缺陷。

---

① 见《2019 年政府工作报告》，http://www.gov.cn/zhuanti/2019qglh/2019lhzfgzbg/.

（一）劳动者基本风险保障制度不健全

对劳动者而言，不仅需要有相对稳定的工作岗位和工资收入，而且需要有比较全面的基本风险保障，这是保证就业质量的基本要求。最近30多年来，国家在社会保障领域进行了一系列改革探索，实现了制度转型和惠及范围的扩展，其成就举世公认。但应该看到，无论是从当前的现实还是从应对人口老龄化的需要看，现行制度还有诸多不适应之处。尤其是相当数量的劳动者还未能进入工薪劳动者社会保险体系，因而其基本风险保障权益还没有落实。2019年底，全国在职职工参加基本养老保险3.12亿人、基本医疗保险2.42亿人、工伤保险2.55亿人、生育保险2.14亿人、失业保险2.05亿人，但同期城镇就业人员则有44 247万人，虽然其中有一部分依照现行规则可以不参加职工社会保险，但职工社会保险各险种离应保尽保还有很大的差距。究其原因，主要是现行制度是20多年前制定的，而现实的劳动力市场已经发生重大变化，尤其是随着城市化和民营经济发展，流动性很强的大规模农民工和信息化时代新业态中从业的非正规就业人数大量增加，但现行职工社会保险制度基本上采用基于正式劳动关系的传统俾斯麦模式，而且以原先的国有和集体企业及其正式职工为保障对象，因而表现出种种不适应。大量的工薪劳动者无法得到应有的基本风险保障，这将是未来社会的一个重要隐患。

（二）用人单位劳动力基础成本偏高

在企业的众多劳动力成本中，社会保险费是重要一项。从2005年开始，国家持续提高职工社会保险的待遇，尤其是退休职工的基本养老金给付标准，加上制度设计的诸多缺陷，直接导致用人单位的社会保险缴费负担过重，这里包括名义上的过重和实际上的过重。这必然给劳动力市场带来一系列负面影响。一是影响就业。相关实证研究表明，在中国，每当企业的社会保险缴费比率增长1%，企业愿意雇用的员工就会下降0.8%，而且东部地区的劳动力市场挤出效应比中部和西部更为明显（马双等，2014；陶纪坤和张鹏飞，2016）。二是影响职工薪酬收入。基于对中国的实证研究，马双等（2014）研究发现，每当企业的社会缴费比率增长1%，企业员工的工资和福利就会下降0.7%。更有学者比较了非技术类型员工（受教育程度低）和技术类型员工（受教育程度高）这两种类型的员工工资受企业社会保险缴费的影响程度，并发现对于非技术类型员工来说，企业通过降低工资、减少福利的形式来转嫁社会保险费，而对于技术类型员工来说，他们的工资没有很大影响（封进，2014）。非技术类型员工由于受教育程度较低，往往大多从事劳动密集型产业，本身收入就比较低，企业社会保险缴费的转嫁会进一步减少这些收入本就不高的中青年的工资，进一步加重他们的经济负担。三是影响社会保险基金收支平衡。近几年，中央政府接受各方建议，采取了大幅度的社会保险费减征措施，但这几项社会保险的保障待遇并没有相应下降，这必然导致未来社会保险基金收支难以平衡。

（三）就业创业环境有待改善

就业创业环境的形成，需要有相应的人力资本积累、健全的法律制度和良好的文化氛围。但是，目前，我国在这方面还有较大的差距。从职业选择情况看，最近 20 年来一直有大量的年轻人以考取公务员或事业单位的工作岗位为主要目标，有时数百人甚至上千人竞争一个公务员岗位，这反映出许多年轻人及其家庭存在很明显的求稳心理，这是缺乏创业意识的一种表现。从人力资本投入看，虽然国家在基础教育、高等教育和职业技能方面的投入持续增加，但教育培训与产业发展之间存在脱节的现象。某些地区的义务教育并没有达到应有的教育质量要求，在这些地方毕业的学生很难适应未来的社会发展；某些高等教育和职业教育与实际需求不相适应，致使许多人就业困难。最近几年，大学生就业成为需要重点帮助解决的一个社会问题，反映出高等教育存在较大的缺陷。同时，国家斥巨资通过政府部门开展职业教育培训，但并没有按照用人单位的需要进行，致使培训的针对性很弱，并造成较大的浪费。在创业支持方面，目前缺乏明确的产权保护制度，致使一些人担心制度和政策改变，从而缺乏创业的原动力，有的甚至有移民和转移财产的倾向；同时又缺乏完善的、统一组织协调的信息沟通平台，各单位之间的沟通并不顺畅，经常出现投资方与项目人相互之间难以匹配的问题，造成创业闭环的脱节。就创业意识和创业素质来看，创业教育体系尚未健全，缺乏系统的创业教育与培训，因此很多创业者希望创业却又害怕创业，心理负担过重，对家庭和社会的稳定形成不良的影响。

三、构建适应老龄化趋势的就业创业支持体系

发展为了人，发展依靠人。在人口老龄化进程中，为保持整个社会的发展活力，就必须注重培养人、爱护人，有效地发挥人的作用。这里的关键是，通过建立更有效的教育培训机制，以积累更丰厚的人力资本；通过优化社会保障制度，保障劳动者的合法权益并维持中青年一代的适度负担；通过营造就业创业环境，增强社会成员的创业意识和创新能力。

（一）构建更有效率的教育培训体系

为适应人口老龄化趋势，必须建立有效的终身教育体系[①]，包括基础教育、高

① 《国务院关于推行终身职业技能培训制度的意见》（国发〔2018〕11 号）。

等教育和在职劳动者的职业技能提高，还包括一般社会成员适应现代化生活的各种学习培训。为此，一是巩固提高义务教育质量。义务教育在整个教育体系中占有基础性地位，合格、有效的义务教育能够使受教育者具有适应未来社会发展需要的学习能力，因而要从适应人口老龄化趋势的需要，优化教学内容、改进教学方法、提高教育质量。从当前的现实看，重点是提高欠发达地区的义务教育水平，改进重度残疾人义务教育供给方式，有效提高其受教育水平。二是加强高等教育和职业技术教育与劳动力市场衔接。在加强高等基础教育、培养基础理论和高端技术研究人才的同时，充分注重学校与用人单位的沟通与合作，培育学生正确的就业观念和适宜的角色定位，提高就业成功率。同时引导企业建立健全现代企业制度，防止和克服短期行为，注重人才培育和储备。三是确立以用人单位为职业教育培训主体的职责定位，并改变相应的财政补贴制度。事实上，只有用人单位才知道需要怎样的劳动力，知道需要怎样的知识储备，因而要充分信任并支持用人单位开展职业技能培训，并予以必要的支持。前些年，政府的劳动就业部门办了一些教育培训机构，虽然培养了一些人，但总体来说效率过低。因此，需要改革这种体制，实行补需方的财政补贴政策，把职业培训的资金交给用人单位，由他们组织培训，必要时可以采用购买社会化服务的方式。四是要注重对转型农民的培训。在城市化不断推进的过程中，有大批农民需要转型，需要帮助他们适应未来的职业需要。除现代农业知识之外，还应当根据其未来可能从事的职业进行相应的培训，但这种培训依然需要增强针对性，尽量与用人单位结合起来进行。五是加强对全体社会成员的照护服务知识和技能的培训。随着人口老龄化和高龄化的加剧，失能老人数量和比重都将增加。面对居住在家中大量的失能老人，仅仅依靠专业技术人员是不够的，因而健康的家庭成员都需要具备一定的照护服务能力，因此全社会都需要普及照护失能老人的知识和技能。

（二）优化社会保障制度设计

前文已指出，现行制度在现实中已经表现出种种不适应，而对于未来人口老龄化社会将更难适应。无论是基于保障社会成员基本权益、保护劳动力资源，还是基于保持代际均衡、实现制度长期持续健康运行，现行社会保障制度都需要优化设计。这里的关键是需要注意到，现代社会中，社会保障权益已经从劳动者权益扩展为全体国民的权益，因而社会保障制度需要更加公平、更可持续、更有效率。一是明晰各项制度的职责定位。从劳动者权益保护的视角出发，原先的社会保障制度采用保险的方式，为工薪劳动者提供五个方面的基本风险保障。但从未来趋势看，还需要增加长期照护保障制度这一项目。具体地说，劳动者面临职业伤害风险，如工伤事故、职业病等职业伤害事故，需要通过面向全体劳动者的职业伤害保障制度，使职业伤害者能够得到及时的医治、康复及相关费用给付，从而使劳动力能够得到保护，并使劳动者能够免除后顾之忧；社会成员面临疾病和失能风险，需要通过建立面向全体社会成员的基本医疗保障制度和长期照护保障制度，使其具有购买基本医药服务和基本照护服务的能力；劳动者面临失业风险，因而需要通过失业保险为其失业时提供基本生活保障和相关的就业服务；社会成员年老之后不再有收入来源，因而需要通过建立面向全民的基本养老金制度为其提供一笔稳定的收入，确保其具有购买生活资料的能力。社会救助与公共福利方面，则要逐步降低户籍关联度，实现由户籍人口向常住人口的转变。二是要恪守“保基本”的原则。从前些年的情况看，某些社会保障项目已经偏离了“保障适度”的原则，致使用人单位的缴费负担沉重，实际上致使中青年一代的负担加重，因此需要进一步明确社会保障各项目的职责范围，通过法定的办法加以确认，不得随意变更。在此基础上，按照“以支定收”的基金管理原则，筹措社会保险费和相关项目的资金。与此同时，通过有效的渠道引导社会舆论，培育社会公众对社会保障待遇水平的理性预期。三是规范社会保障筹资行为。一般地说，社会保障资金来自社会保险费或财税收入。目前，我国对于社会保险费征收缺乏一套规范的制度，致使各地各行其是。在明确由税务部门征收社会保险费之后，需要尽快统一社会保险费征缴规则，尤其是明确社会保险缴费基数的统一算法。同时，还要明确国家财政对于社会保障的支出责任，除社会救助、公共福利等项目全部由财政筹资之外，还要明确财政对于社会保险费、历史债务和社会保险基金兜底的责任。

（三）不断优化就业创业环境

面对日益加重的人口老龄化趋势，必须不断优化就业创业环境。一是不断完善就业公共服务体系。整合多方资源，强化就业供需匹配能力建设，充分利用互联网、大数据等一系列技术打破技术壁垒，形成劳动力市场动态追踪系统，打造适合中青年群体特点的就业服务模式。加强对灵活就业、新就业形态的支持，精准定点地为就业困难的劳动群体提供免费的就业服务，逐步形成个性化的就业帮扶机制。对于就业困难的劳动者，根据每一个劳动者的素质和潜在能力，进行针对性的分析，帮助其提高劳动能力，为其推介适宜的就业岗位。二是改进和加强劳动力市场监管。在强化对用人单位服务的同时，规范其招人和用人制度，充分发挥工会等群众组织的作用，推行工资谈判制度，自觉执行最低工资制度，有效落实劳动者的各项社会保障权益，逐步消除“同工不同酬，同工不同保障”的现象。三是全面加强对私有财产与合法收入的保护。以《中华人民共和国物权法》为基础，进一步健全和完善相关法规，使创业者吃上“定心丸”，增强他们创业的原动力。与此同时，切实改进政府部门的公共服务，尤其是减少各类审批性业务的环节、优化流程，努力实现“最多跑一次”，不断优化营商环境。四是推动创业项目资源对接平台建设。逐步建立统一协调的信息沟通平台，通过政策咨询、动态追踪、精准扶持等手段为投资方与项目人提供更完善的配对服务，提高资源对接效率。同时拓宽创业资金扶持渠道，为中青年创业者提供公益工作场地、优化银行贷款等融资渠道、落实与战略性新兴产业相关的初创企业的税收优惠政策，进一步完善中青年创业的金融服务体系。五是强化创业教育和技术培训。积极引导社会组织等多元主体参与创业教育培训，规范创业培训的标准，提高培训的师资水平，完善多样的培训模式，健全面向全体劳动者的职业培训制度，进一步增强中青年群体的创业意识和创业技能。

第二节　中青年群体税收支持

一、人口老龄化与中青年税收支持

税收是国家运行的需要，也是国民收入再分配的重要手段，因而对社会主体及其行为都有重要影响。依法纳税是每一个社会成员的基本义务，因而税制必须与时俱进、不断完善。在任何社会形态中，中青年作为劳动力人口群体，既要承担照料老年人的责任，又有养育子女的需要。随着人口老龄化程度的逐渐加深，中青年人的家庭和社会负担也日益加重，代际矛盾已经初现端倪。一方面，人均寿命的增加和社会养老保障制度的不完善，极大地加重了家庭养老负担（李宜航，2019），育儿成本也因社会竞争压力的增大而显著增加（王志章和刘天元，2017），提升生育率的人口政策也因此“遇冷”。另一方面，女性的生育年龄在 21 世纪以来不断推迟，初婚和初育年龄的不断推迟导致儿童的抚育期和照料期不断延后。与此同时，预期寿命延长和流行病模式不断发生转变，老年人中失能、失智的比率不断上升，呈现出“病残扩张”的态势（曾毅等，2017）。在儿童抚育期的不断延后和老年人“病残扩张”的态势下，照料老人和抚养子女的叠加期会变长，这一时期内，中青年人承担着养老育儿的双重压力。

考虑到税负与家庭实际负担能力的对应性，我国于 2018 年修订了《中华人民共和国个人所得税法》[①]，在标准扣除和专项扣除的基础上，增加了子女教育和赡养老人等专项附加扣除。为配合这一新税法的实施，国务院颁布了专门针对个人所得税专项附加扣除实施的《个人所得税专项附加扣除暂行办法》，以确定个人所得税专项附加扣除的实施原则、具体范围、标准和实施步骤。个人所得税费用扣除的实质是从所得中去掉不能反映纳税人真实赋税能力的以及为取得所得所发生的必要的成本与费用的那部分补偿（吴旭东和孙哲，2012），将纳税人需要赡

① 2019 年 1 月 1 日开始实施。

养父母和抚养子女的支出考虑在内，更好地体现了纳税人的真实赋税能力，缓解了纳税人的家庭负担，并推进了个人所得税制的公平建设。

然而，这一新规则是一项探索性的措施，在充分肯定其积极效应的同时，我们应当看到其存在的缺陷，尤其是在专项附加扣除方面的规定还比较粗放，缺乏差异性，在缓解中青年人养老育儿负担方面的作用还没有充分发挥，因而有完善的空间。抚养子女专项扣除方面，没有考虑到抚养子女的负担不仅仅有教育支出，还有儿童抚养费用和看护费用，特别是0～3岁儿童的看护成本；另外，不同学历教育阶段的支出也未体现出差异性，各阶段采用统一标准的定额扣除方式有失税收的公平性。赡养老人专项扣除方面，缺乏对养老方式、年龄层次、健康状况区别对待的考量，甚至对赡养老人的数量也没有差别化的规定。老人作为特殊的群体，由于不同的养老方式、年龄和健康等状况对赡养的需求也有所差异。一部分老人不仅需要日常经济供养的生活费用，还需要护理费、医疗费等，目前的规定未能充分体现中青年人不同的赡养负担。综合来看，专项扣除制度除了扣除对象不合理、扣除项目不完善、扣除标准缺乏差异化等问题以外，扣除单位设置也有一定的不妥，都是以个人为单位进行费用扣除，未能考虑到家庭情况不同给中青年人带来的税收负担也不同。例如，夫妻双方只有一方通过工作获取收入等。

放眼国际，许多国家和地区在个人所得税专项扣除方面早已有一整套成熟的方法，因而在税制设计方面有十分丰富的经验可供我们借鉴。为此，我们聚焦于若干典型国家和地区的经验，旨在寻找适合我国国情、更加合理而有效的个人所得税专项附加扣除制度。

二、中青年税收支持的国际经验

（一）抚养子女方面的专项扣除

从个人所得税制度较为完善的国家来看，他们往往通过个人所得税基本生计费用扣除、儿童看护费用扣除和子女教育费用扣除，以帮助家庭分担生育成本。

第一，基本生计费用扣除，主要是在纳税人的应纳税所得中扣除子女的基本生活费用支出。德国的个人所得税中，在对纳税人抚养子女一般性支出的税前扣除项目中，设置儿童基础免税额。扣除对象为0～17岁及18～25岁仍在上学或参加职业培训的子女，具体数额根据经济发展情况每年进行调整。日本在个人所得税制度费用扣除中也设有抚养扣除项目，扣除的对象分为19岁以下及19～23岁两个阶段，一般后者的扣除额度比前者略高。一些国家还考虑到不同家庭的现实情况，比如法国采用家庭系数法，对有多个抚养子女的家庭或个人给予更高的人口折算系数，使其获得更大的扣除额度（何凌云等，2019）。虽然各个国家在抚养子女扣除项目上年龄、标准各有不同，但都承认了子女的基本抚养费用是家庭的一项必要、不可忽略的支出。

第二，儿童看护费用扣除。考虑到儿童在幼小时期需要照护的情况，多个国家对托儿所费用、保育费或保姆费等看护费用设置了税前扣除项目。美国纳税人13岁以下子女的雇人看护费用或托儿所费用可以申请税收抵免，从应纳税所得额中扣除相应金额，可抵免的比率为实际支出的20%～35%。父母收入越高，抵免比率越低。德国纳税人14岁以下儿童及25岁以下的残障儿童实际发生的看护费用的2/3可申请税前扣除，每个儿童每年最高限额为4000欧元。法国纳税人7岁以下子女实际发生的托儿所等看护费用，其费用的50%可以从纳税人的应纳税额中扣除，但每个儿童每年扣除额不超过2300欧元。不同国家在儿童看护费用的年龄和标准上也有所差异，但也都突出了幼龄儿童看护成本负担的重要性。

第三，子女教育费用扣除是我国目前正在实施的专项扣除，但其他国家的经验值得重视。在德国，对纳税人抚养子女实行每个子女定额扣除2184欧元，其中教育费用按每个子女1320欧元进行额外扣除，且单亲家庭抚养一个以上子女还可额外扣除1308欧元。在巴西，税前扣除的范围涵盖了儿童教育，包括托儿所和学前机构，以及小学、高中、大学与技术教育阶段。在亚洲国家中，日本对子女在义务教育阶段的教育费用予以每人每年一定的扣除额，并增加高中和大学阶段的教育费用扣除额度。各国在教育费用扣除上都对于教育的不同阶段进行差异化的规定。

纵览各国关于抚养子女的个人所得税专项扣除，都充分考虑了子女的各种养育支出，并兼顾不同家庭因素确定差异性子女教育扣除标准的特点，在扣除方式上，具有据实扣除与定额扣除相结合、设置扣除限额等特点。

（二）赡养老人方面的专项扣除

由于年龄层次是影响赡养费用高低的重要因素，老人随着年龄增加，身体会越来越弱，疾病也有可能逐渐增多，医疗费用和护理费用也会随之增加。因此，各国个人所得税关于赡养老人的费用扣除呈现与年龄段相关的特点。在韩国，则从满65岁开始，按年龄段分为两类：65～70岁为一类，70岁及以上者为另一类。年龄越大，可申报扣除的额度越大。另外，考虑到家庭情况和养老方式的不同，各个国家也做出了相应的规定。在美国，扣除项目可以由纳税人根据家庭情况，选择单身或已婚单独申报和以户主身份申报，后者可获得较高的扣除额度。而在日本，不仅考虑到年龄的差异，而且还在此基础上，将老年人与纳税人是否同住作为划分标准。

三、老龄化时代税收政策改革的若干基础性问题

从前面的分析，我们进一步清晰地看到，典型国家在设置专项扣除项目方面，充分考虑了抚养子女和赡养老人的各种支出，并根据现实情况的差异，设置不同的扣除范围和扣除标准。相对于我国单一的扣除方式和较低的扣除标准，这些国家的扣除办法较好地考虑了个人和家庭的实际情况，能够更加准确地反映纳税人真实的赋税能力。在人口老龄化加剧的时代，中青年人在养老育儿方面的家庭负担日益加重，为了设置更为合理的税收政策，需要厘清若干基础性问题。

（一）税收政策的公平性

个人所得税作为一项重要的税收项目，首先要遵循税收公平原则。此项原则由英国经济学家威廉·配第首次提出，其要义是指国家征税应使各个纳税人的税负与其负担能力相适应，并使纳税人之间的负担水平保持平衡，实现税收的横向公平和纵向公平。所谓横向公平，是指具有相同纳税能力的人应缴纳相同的税款，不能人为设置歧视条件或条款使相同纳税能力者的税收负担不同。所谓纵向公平，则是指具有不同纳税能力的人，所承担的税负应当不同，纳税能力越强则应当多缴税，纳税能力越弱则应少缴税、不纳税甚至给予补贴（徐妍，2020）。公平税负是任何一个国家，任何一种社会制度下，一国设计和实施税收制度的一条重要原则，它不仅是一个重要的经济问题，同时也是一个重要的社会问题（郎立研，1995）。保证纳税人之间的税负公平，就要求税收负担应严格按照纳税人承担税收的能力进行分配，为此需要正确衡量纳税人的税收能力，并将纳税人赡养老人和抚养子女的费用考虑在内，予以专项扣除。一方面，养老育儿费用扣除平等地适用于所有符合扣除条件的纳税人，不得歧视或区别对待，实现税收的横向公平（徐妍，2020）；另一方面，充分考虑每个纳税家庭的具体情况，据此使用不同的定额费用扣除标准，保证纳税人个人及家庭基本生活不因纳税受到影响，实现税收纵向公平。

（二）养老育儿之国家责任

长期以来，我国一直把赡养老人和养育儿童作为家庭的责任。随着时代的变迁，我们越来越清晰地意识到，这不仅仅是家庭的责任，同时也是国家的一种责任。首先，社会保障是国家通过立法为社会成员提供基本风险保障的制度安排，而社会成员在整个生命周期的不同阶段面临不同的风险，而年幼和年老是每个人一生中两个十分重要的阶段，因而国家需要通过有效的制度安排并承担一定的责任，使每一个社会成员“幼有所育，老有所养”。其次，随着社会的变迁，人们越来越清楚地意识到，人口老龄化所带来的问题将由个体和家庭问题向群体和社

会问题转变，而且社会的养老责任将逐步增加，因而国家需要承担相应的责任。最后，在传统意义上，儿童养育属于家庭人力资本投资，但随着经济活动方式的变化和社会的全面进步，儿童养育的外部性日益增强。事实上，儿童代表着未来的人力资本，儿童的品质决定着国家的经济和社会发展，决定着国家在未来全球中的竞争优势，对儿童的投资就是对于未来社会的投资。其中，人力资本的投资包括对学龄前儿童的养育和照顾的投入（马春华，2015）。他们成长为青年后，会成为劳动者和纳税人，将惠及所有的社会成员，成为老有所依的坚实基础，维持经济的整体运行和社会保障制度的持续。因此，儿童人力资本的投入和积累不仅仅是个人和家庭的责任，同时也是国家的责任。所以，要通过各种有效的措施，确保所有的儿童有更为公平的被照顾和教育的机会（Esping-Anderson，2009）。正是基于这样的理解，国家应该在个人所得税专项扣除项目上体现国家对养老育儿责任的分担。

（三）税制作为应对老龄化的重要手段

我国已进入老龄化社会，并继续向中度甚至深度老龄化社会发展。这既是关乎个人及家庭生活状况的民生大问题，也是关乎就业、消费、产业经济、社会保障、文化伦理等发展的重大问题（郑功成，2020）。在全社会养老成本逐渐升高的背景下，家庭的养老责任也随之加重，这必然影响到家庭的育儿行为。前些年，我国开始实施全面二孩政策，以期优化人口结构，促进人口均衡发展。但由于生育、抚养孩子的成本居高不下，生存焦虑大大降低了现代人的生育意愿（闫晴，2020）。据国家卫生健康委调查，育儿成本已经占到中国家庭平均收入的近 50%。而生育成本不仅包括子女抚养成本、教育成本，还包括为照顾孩子而请假、职位降低或退职等机会成本。长此以往，低生育率会加重未来社会的老龄化，导致养老负担沉重，育龄家庭不堪重负，这反过来也会降低生育意愿和实际生育率，形成一个恶性循环。因此，通过税制调整以减轻家庭的育儿和养老负担，从而提高育龄家庭的生育意愿，是可供选择的一项社会政策。

四、适应老龄化时代的税收政策改革重点

未来已来，将至已至。人口老龄化时代已经到来并将继续深化，这就要求税收制度随之变化，即充分考虑到中青年人的养老育儿成本，为他们提供税收方面的社会支持。针对现行税制存在的缺陷，结合国际经验，这里从扣除对象和项目、扣除标准、扣除单位三个方面来讨论税制的改进，旨在增强税制的公平性，使之更好地体现纳税人的真实赋税能力，并发挥减轻中青年人养老育儿负担、保持其适度税收负担，进而提增家庭功能等积极作用。

（一）实行扣除对象的合理分类

从减轻中青年人负担的目的出发，税制中的专项扣除应充分考虑赡养老人和抚养子女的成本差异性，因而需要对扣除对象进行合理的分类。

就关于赡养老人这一专项扣除而言，建议按照养老方式、年龄和健康状况进行分类。一般地说，养老方式有居家养老与机构养老两种，其中居家养老又可以分为老人单独居住和与子女同住两种情况。采用不同的养老方式，子女需要承担的赡养费用有较大的差异，所以专项扣除时需要区别对待。年龄是影响赡养费用的重要因素，一般地说，随着年龄的增加，老年人生理机能老化，相应的医疗费用和照护服务成本可能也会随之增加。因此可以考虑将赡养对象分为 60～80 岁和 80 岁以上这两类。此外，需要注意到，部分社会成员 60 岁之前就丧失劳动能力，因而他们的子女就需要提前履行赡养义务，因此要充分注意到这一类特殊情况，将 60 岁之前丧失劳动能力的赡养费用考虑进去，纳入专项扣除项目之中。此外，随着人口老龄化的加速，失能老人的比重不断增加，这部分群体由于生活不能自理，需要高额的照护费用，因而这一类群体的照护费用需要单独考虑。根据以上对于扣除对象的分类，需要进一步完善扣除项目，将其分为基本生活费用、大病医疗费用和护理费用。

设计抚养子女专项扣除制度时需要考虑年龄和教育的不同阶段所产生的不同需求。目前 0～3 岁儿童照护成本相对较高，若父母将子女送入托育机构进行照护，所支付的托育费用应有一定比率的扣除；若父母中的一方全职在家照护子女或者聘请保姆照护子女，也应给予一定的扣除额度（何凌云等，2019）。因此，0～3 岁儿童需要特别考虑看护费用扣除。针对未成年人（0～17 岁）和成年仍在上学或参加职业培训（18～25 岁）两类，应考虑到其基本抚养费用的扣除。由于我国实行免费九年义务教育，小学、初中阶段个人校内教育支出负担较低，因此，我国个税中的教育费用扣除，应将扣除对象按照教育阶段即义务教育阶段、学前教育、高中教育、高等教育分为四类来设定标准。基于此，建议将基本抚养费用、看护费用和子女教育费用纳入扣除项目。

（二）采用扣除标准的差异化设置

以上根据不同的费用需求合理分类扣除对象，设置了不同的扣除项目，以此为基础，需要进一步设置相应的扣除标准。

赡养老人的扣除项目为基本生活费用、大病医疗费用和照护费用。基本生活费用扣除项目，建议按照年龄和养老方式来分别制定标准。同住养老生活费用，应实行定额扣除，由于与纳税人同住，可以得到更多的陪伴和照顾，因此设计标准时需要适当倾斜，给予较高的生活费用扣除标准。对于 80 岁及以上老人，不考虑失能和重大疾病的情况下，在设计生活费用项目扣除上，适当考虑非大病医药费和看护费的需求（黄朝晓，2018），与60～80岁老人相比，可以适当提高扣除标准。自住养老生活费，实行定额扣除，相较于同住养老生活费用，可以适当削减。由于养老机构收费标准不一，机构养老生活费用可以实行限额扣除，并以同住养老生活费用扣除标准为最高限额。大病医疗费用扣除标准则建议可以纳税人实际承担的医疗费用来进行据实扣除。照护费用扣除则针对失能老人专门设置，建议以限额扣除方式制定标准。

抚养子女的扣除项目则划分为基本抚养费用、看护费用和子女教育费用。基本抚养费用扣除按照年龄划分为两类制定标准，实行定额扣除方式，相较于0～17岁的子女，18～25岁仍在上学或参加职业培训的子女在外读书，生活费用相对较高，因此设计标准时，可以适当向这一部分群体倾斜。看护费用扣除则是针对0～3岁儿童专门设置的，为了减少中青年人育儿的看护成本，可以实行限额扣除方式，根据市场价格和财政水平制定最高限额。而子女教育费用扣除方面，鉴于现阶段义务教育体制和国家财政教育补贴政策，义务教育阶段教育负担较轻，可适当降低这一部分群体的扣除标准，重点提高学前教育、高中教育和高等教育的扣除标准。根据数据测算，城镇居民家庭学前教育支出较多、高中教育次之（吴旭东等，2019）。因此学前教育的扣除标准应比高中教育扣除标准略高。另外，教育部规定，公办高等学校学费占年生均教育培养成本的比率最高不得超过25%，因此高等教育扣除标准可以实行限额扣除，以高校年生均学杂费为限额标准，扣除限额内的据实扣除，超过扣除限额的以扣除限额为标准。

基于以上逻辑思路，个人所得税赡养老人和抚养子女的专项扣除制度可按表8-1、表8-2具体实施，具体扣除标准因地区差异可以分别制定。

表8-1　赡养老人专项扣除标准

扣除项目	扣除方式	扣除标准分类	
基本生活费用	定额扣除	60～80岁	同住养老生活费用
	定额扣除		自住养老生活费用
	限额扣除		养老机构养老生活费用
	定额扣除	80岁以上	同住养老生活费用
	定额扣除		自住养老生活费用
	限额扣除		养老机构养老生活费用
大病医疗费用	据实扣除	根据纳税人实际承担费用	
照护费用	限额扣除	按规定可申请月数扣除	

表 8-2 抚养子女专项扣除标准

扣除项目	扣除方式	扣除标准分类
基本抚养费用	定额扣除	0～17 岁
	定额扣除	18～25 岁仍在上学或参加职业培训的子女
看护费用	限额扣除	0～3 岁
子女教育费用	定额扣除	义务教育阶段
	定额扣除	学前教育
	定额扣除	高中教育
	限额扣除	高等教育

（三）以家庭为扣除单位

在个人所得税专项扣除上，应充分考虑家庭差异，以家庭为扣除单位，发挥个人所得税调节居民收入差距、实现税收公平的功能。相较于以个人为扣除主体，以家庭为单位进行扣除更能充分考虑多种现实情况，对一孩家庭和二孩家庭可采取差异化的标准；对父母双方仅有一方有稳定收入的家庭，宜增加扣除额度；对子女身患残疾的家庭，可设置额外的扣除项目，从而实现量能赋税，体现税收公平，保证纳税人实实在在享受到减税的红利，减轻家庭负担。另外，以家庭为单位进行扣除，有助于鼓励家庭成员互相帮扶，促进家庭合理分工，维护家庭的稳定（徐妍，2020）。

第三节 生育保障制度改革与生育津贴制度建设

生育是人类繁衍生息的源泉，是劳动力再生产的基础性环节。生育过程存在一定的风险，因而现代社会中出现了生育保障制度，为生育过程提供医疗和护理服务，并弥补因生育而中断劳动的收入损失。同时，生育保障制度也是保护妇女生育权利的一项重要举措。随着社会变迁，人们的生育观念发生着变化。进入 21 世纪以来，我国生育率持续下降，而且当前育龄妇女的生育意愿还在下降，引起了全社会的关注，成为学界研究的一个重大课题。从已有的研究看，无论基于保障妇女儿童健康，还是基于应对人口老龄化，学界普遍建议改进和加强生育保障及相关制度（唐钧，2010）。这里重点讨论生育保障制度改革和生育津贴制度建设问题（何文炯，2014b）。

一、我国生育保障制度及其存在的问题

我国以工薪劳动者为重点的生育保障制度始于 20 世纪 50 年代。《劳动保险条例》（1951 年政务院发布）对于企业职工生育保障作了专门的规定。同时，国家财政为机关事业单位工作人员提供生育保障。进入 20 世纪 80 年代，随着经济体制改革深入，企业开始独立核算、自主经营、自负盈亏，各地不断探索并逐步形成了社会统筹性质的生育保障机制。1995 年，开始试行《企业职工生育保险试行办法》。进入 21 世纪，随着新型农村合作医疗制度和城镇居民基本医疗保险制度的逐步实施，农村生育妇女和未参加生育保险的城镇户籍生育妇女可以通过这两项制度报销部分生育医疗费用。2010 年颁布的《社会保险法》第六章就生育保险制度作了全面规范。2012 年 11 月，人力资源和社会保障部就《生育保险办法（征求意见稿）》向全社会公开征求意见，对生育保险适用范围、生育保险基金筹集和适用、生育保险待遇、经办管理和监督等提出了具体意见。迄今为止，我国具有生育保障职能的社会保障制度可以归纳为两类：一是生育保险制度，面向工薪劳动者，包括国家机关、企事业单位及其他各类经济社会组织，提供生育医疗费用和劳动中断收入补偿；二是城乡居民基本医疗保险制度①，面向农民和城镇非工薪居民，提供生育医疗费用的部分报销，但不提供劳动中断收入补偿。

从历史发展的过程看，中国生育保障制度的改革和建设是卓有成效的。企业职工生育保障制度实现了由单位生育保障向社会生育保险的转变；《社会保险法》颁布以来，正在进行机关事业单位与企业生育保障制度的并轨，同时将社会团体、民办非企业单位等其他各类社会组织纳入职工生育保险范围；农村居民和城镇非工薪居民也开始从基本医疗保险中获得低水平的生育保障。但是，应该看到，现行生育保障制度主要针对工薪劳动者，并没有充分考虑工薪劳动者以外社会成员的生育保障问题，也就是说，制度设计者还没有将生育保障权作为全体社会成员的一项基本权益。在这样的理念指导下，生育保障制度虽历经改革，但依然没有实质性突破，其推进速度缓慢，惠及面狭窄，运行效率不高，亟待改革。

其一，生育保障制度碎片化。生育保障需要有一套系统的制度安排，但目前的生育保障体系缺乏整体设计，碎片化现象严重。一方面，承担生育保障职能的社会保障项目有多个（生育保险和居民医保），且制度之间难以衔接转换。另一方面，每一个制度都由地区统筹（一般是县级或市级统筹），各地政策差异较大。这既影响公平，又影响效率，还影响着劳动力自由流动。当然，批评制度碎片化，并不是无视地区差异，也不是强调待遇标准必须整齐划一，而是要用一个制度框架去统一规范生育保障行为，并逐步缩小地区间、城乡间的差异。

---

① 根据《国务院关于整合城乡居民基本医疗保险制度的意见》（国发〔2016〕3 号），新型农村合作医疗制度与城镇居民基本医疗保险制度合并，整合成为城乡居民基本医疗保险制度。

其二，职工生育保险参保率低。与基本养老保险、基本医疗保险、失业保险以及工伤保险其他四个社会保险险种相比，生育保险的参保人数最少，2019 年，全国参加生育保险者仅有 21 417 万人。根据《社会保险法》的规定，生育保险和其他四个社会保险项目参保对象界定基本一致，这说明还有许多符合参保要求的职工没有被纳入生育保障的范围。事实上，现行生育保险不要求个人缴费，因而许多用人单位选择性参保。同时，职能部门也把生育保险作为“小弟弟”，与其他险种相比生育保险没有引起充分的重视，这些都导致了生育保险参保率较低。

其三，生育保障制度公平性不足。根据现行制度安排，不同身份的社会成员，适用不同的生育保障制度，享受不同的保障待遇。较长一个时期以来，国家机关和事业单位职工享有良好的生育保障，企业职工次之，农民和城镇非工薪居民基本上没有生育保障。目前，机关事业单位生育保障制度虽已开始改革，但进展不快。农民和城镇非工薪居民的生育保障水平很低，尽管生育期间也中断劳动，但无法得到补偿，因为没有生育津贴，而且其生育医疗费用的报销程度也很低。据初步估算，目前职工医保人均基金支出约为居民医保的 4 倍，如果不考虑物价水平和医疗服务成本差异，保障待遇的差距是比较大的。这种人群分等、制度分设、待遇悬殊的生育保障制度安排，表明这一领域存在着明显的不公平。因此，在生育保障领域，不仅仅“结果公平”不足，“机会公平”也存在缺失。不能因为农民的生育机会成本低，而忽略了农民的生育津贴保障问题。

其四，生育保险制度运行效率不高。生育保险的一项重要待遇是生育医疗费用支付，而实践中有不少医疗费用既可以属于生育医疗费用，也可以属于一般疾病医疗费用，因而生育保险基金与职工基本医疗保险基金在支付范围方面存在界限不清的问题。再从筹资的角度看，生育保险制度明确规定生育保险费完全由用人单位承担，职工个人不必缴费，这就减少了生育保险基金的一个来源，同时使得职工节约资源意识淡薄。

生育保障制度改革在实践中没有受到应有的重视，在学界也没有得到足够的关注，因而关于生育保障研究的文献不多。学界已有的研究主要在以下几个方面，如生育保障权益（潘锦棠，2001）、生育保障与人口素质（康春华，2010）、国际经验借鉴（吕学静，2010）、生育保险扩大覆盖面（孙树菡和张恩圆，2002；朱国琳，2007；潘锦棠，2010；姜玉梅和张彦红，2011）等，也有学者提出统筹解决农村居民生育保障问题，建立城乡一体的生育保障制度（于景岱，2012）。这些研究都具有启发性，但是缺乏相关论证以及缺少具体可操作的办法。还有部分学者就生育保障制度改革提出了具体方案，比如通过职工生育保险、居民医保覆盖全民，在原有制度基础上再为城镇灵活就业者、农民工、职工未就业配偶、在校大学生等分别设立生育保险（保障）制度（潘锦棠，2010）；设计非缴费型的生育津贴制度（唐钧，2010）；生育保险筹资实现政府、企业和个人共担（胡芳肖，2005），强化政府责任（覃成菊和张一名，2011）等。这些研究不乏新思路，但缺乏定量分析。因此，需要基于更加公平、更有效率的目标，提出生育保障制度改革的思路和方案，并进行精算分析，为生育保障制度改革和政策调整提供技术支撑，并服务于科学应对人口老龄化问题。

二、生育保障制度的改革思路

根据上述分析，我们认为，应当把生育保障权作为每一个社会成员的基本权益，并按照“建立公平统一的社会保障制度”的要求，改革生育保障制度，形成新的覆盖全民的生育保障体系——生育津贴制度+基本医疗保险中的生育医疗保障。具体地说，分拆现行生育保险制度，将其中生育医疗费用纳入基本医疗保险制度，同时建立生育津贴制度，补偿其因生育而中断劳动的基本收入，并将其覆盖范围由工薪劳动者扩展到全体国民。这主要是基于以下原则：①体现公平性。改革后的制度，无论是工薪劳动者还是非工薪劳动者，无论是城镇居民还是农村居民等，都能享有在生育期间的医疗费用补偿和劳动中断收入补偿这些基本权益。②提高制度运行效率。改革后的制度，能够减少项目、简化设计，并解决生育保险和基本医疗保险界限不清的问题，并朝着城乡制度一体化方向发展。③保障基本需求。根据“保基本”原则设置生育保障待遇，以保障生育者基本医疗服务并补偿其因生育而中断劳动的基本收入为目标。

（1）制度框架。现行生育保险制度的待遇主要包括生育医疗费用和生育津贴。事实上，参保人员在怀孕、分娩期间引起的疾病费用等难以分清是生育医疗费还是疾病医疗费，许多情况下只能凭借经验确定。而生育保险和医疗保险本身都是提供医疗费用保障，两项制度具有较多相似性。因此，制度改革的要点是，分拆现行生育保险制度，将其中生育医疗费用纳入基本医疗保险范畴。这样既可以解决现行生育保险和医疗保险的交叉问题，又有利于扩大生育保障的覆盖面，并提高制度运行效率。这样，各类职工和城乡各类居民因生育而发生的医疗费用均可分别通过职工医保和居民医保按照统一规则报销。需要说明的是，这不是对《社会保险法》的否定，而是在《社会保险法》基础上更具有前瞻性的改革设想，是为建立公平统一、覆盖全民的生育保障制度奠定基础。

与此同时，建立生育津贴制度，将其惠及范围由工薪劳动者扩展到全体国民。把现行生育保险制度中的生育津贴部分纳入生育津贴制度，同时把覆盖范围由职工扩展至城乡全体居民。需要指出的是，生育津贴制度与现行农村计划生育家庭奖励扶助制度和农村“少生快富”工程等的补贴政策不同，前者是仅对生育期间因中断劳动而减少收入而设的一种补偿，而后者是对农村按照国家计划生育或少生孩子这些行为的奖励政策，两者的政策目标不同。建立生育津贴制度，并将全体生育者的计划生育行为作为其保障范围，是基于将生育保障权作为国民的一项基本权益，并承认妇女的非工薪劳动（包括家务劳动）。虽然，农村妇女和家庭妇女与工薪劳动者的劳动及其收入表现形式有差异，在生育期间的收入损失数量也有差异，但非工薪劳动也是劳动。生育期间她们无法劳动，而且需要有人照顾，这是支出的增加。《中华人民共和国人口与计划生育法》第二十六条规定，妇女怀孕、生育和哺乳期间，按照国家有关规定享受特殊劳动保护并可以获得帮助和补偿。实践中，这一规定对工薪劳动者容易落实，而对农民等其他群体一直未能得到有效落实。实行生育津贴制度，在一定程度上有助于这一条法律的落实。

通过以上两项改革，可以实现生育保障制度覆盖全民，制度简洁易操作，也可以大大提高制度的公平性。生育保障制度改革的基本思路见图 8-1。

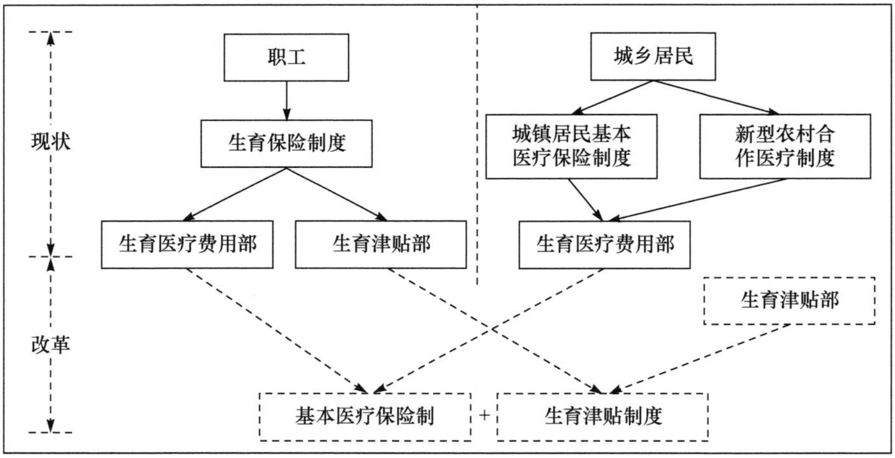

图 8-1　生育保障制度改革方案

实线为现状，虚线为改革方向

（2）筹资模式和资金来源。生育医疗费用纳入基本医疗保险后，按照基本医疗保险制度的筹资模式，即现收现付模式进行筹资管理。为了保证基本医疗保险基金收支的平衡，可适当提高其筹资水平。生育津贴制度也采用现收现付模式。

现行生育保险制度个人不缴费，生育保障制度改革后，生育医疗费用相应的资金来源，从用人单位独家扩展为参保人员、用人单位和政府三个主体。这有利于提高筹资水平，增强全社会节约资源的意识，从而有利于实现制度持续健康运行。生育津贴制度的筹资来源相对比较复杂一些。享受生育津贴的群体有工薪劳动者和非工薪劳动者两类。对于前者，由用人单位和政府补贴共同筹集资金。对于后者，津贴主要由财政负担。与养老金和医疗保障一样，生育保障也是政府的基本职责。参照居民医保和城乡居民基本养老保险的建制思路，政府财政投入都是重要的筹资来源。

（3）待遇水平。生育医疗费用纳入基本医疗保险制度后，建议逐步统一职工医保和居民医保这两项制度中由生育发生医疗费用的报销水平，即在同一统筹地区，均衡两类参保人员的生育医疗费用保障待遇，实现群体间公平。生育津贴一般有三种发放形式：一是定额制，即不论参保人情况如何，均发给相同的固定数额的补助金。二是比率制，即按照被保险人产前工资的一定比率发给生育补助金。三是定额制与比率制结合的混合制。目前多地根据本地情况，以职业女性工资性收入为参考依据规定生育津贴标准。为了防止地区间待遇攀比，建议根据城镇居民可支配收入、农村居民人均纯收入等指标制定统一的生育津贴标准，兼顾地区间、城乡间生活水平和消费水平的差异。

（4）管理监督。为了保证制度的可持续运行，各级政府及其职能部门要通过科学的手段实现精细化管理。筹资水平、待遇支付水平等的确定，要经过缜密的测算与分析，既要保证参保人员的利益，又要能够抵御基金支付风险。对于生育津贴制度，要坚持生活保障性和政府责任性，从低水平起步，防止福利色彩过浓，根据当地消费水平灵活调整待遇标准。

三、生育津贴制度的精算分析

按照上述思路，我们可以通过建立精算分析模型，研究建立生育津贴制度所需资金规模，进而分析此项改革的财务可行性。为此，先预测未来领取生育津贴的人数，再结合生育津贴待遇标准，对所需资金规模进行估算。这一方法适用于全国，也适用于任何一个统筹地区。考虑到不同类型生育者劳动收入的表现形式不同和在生育期间收入损失量的差异，我们将生育者分成工薪劳动者、城镇非工薪劳动者和农民三类。

（一）生育津贴领取人数测算分析

根据上述思路，我们对领取生育津贴的城镇就业女性人数以及城镇非工薪女性和农村女性人数进行估算①。

1. 城镇就业女性人数估算模型

城镇就业女性人数估算公式如下：

$$\begin{aligned}{}_tP^1 &= {}_tP^c + {}_tP^b = \sum_{x=p}^{\omega}\left(\gamma_x^c \cdot {}_tW_x^c \cdot {}_tr_x^c \cdot {}_t\mu_x^c + \gamma_x^b \cdot {}_tW_x^b \cdot {}_tr_x^b \cdot {}_t\mu_x^b\right) \\ &= \sum_{x=\pi}^{\omega}\left(\gamma_x^c \cdot {}_0W_{x-t}^c \cdot {}_tP_{x-t}^f \cdot {}_tr_x^c \cdot {}_t\mu_x^c + \gamma_x^b \cdot {}_0W_{x-t}^b \cdot {}_tP_{x-t}^f \cdot {}_tr_x^b \cdot {}_t\mu_x^b\right)\end{aligned} \quad (8\text{-}1)$$

① 由于数据取得困难，暂把农村女性作为非工薪劳动者处理，因此下文测算的财政投入为保守估计。

其中，${}_{t}P$ 表示第 t 年领取生育津贴的女性人数；ω 和 π 分别表示生育津贴制度规定领取年龄的上下限（暂定为 49 岁和 20 岁）；${}_{t}r_{x}$ 表示第 t 年 x 岁女性劳动参与率；${}_{t}\mu_{x}$ 表示第 t 年 x 岁女性就业率；γ_{x} 表示育龄妇女一孩生育率；${}_{t}W_{x}$ 表示第 t 年 x 岁女性人数；${}_{t}P_{x}^{f}$ 表示 x 岁女性存活 t 年的概率。c 和 b 分别表示人口普查统计口径中的城市、镇。

2. 城镇非工薪女性与农村女性人数估算模型

城镇非工薪女性与农村女性人数估算模型如下：

$$
\begin{aligned}
{}_{t}P^{2} &= {}_{t}P^{c'} + {}_{t}P^{b'} + {}_{t}P^{v} \\
&= \sum_{x=\pi}^{\omega}\left[\gamma_{x}^{c}\cdot{}_{t}W_{x}^{c}\cdot\left(1-{}_{t}r_{x}^{c}\cdot{}_{t}\mu_{x}^{c}\right)+\gamma_{x}^{b}\cdot{}_{t}W_{x}^{b}\cdot\left(1-{}_{t}r_{x}^{b}\cdot{}_{t}\mu_{x}^{b}\right)+\gamma_{x}^{v}\cdot{}_{t}W_{x}^{v}\right]
\end{aligned}
\quad (8\text{-}2)
$$

其中，C' 、b' 和 v 分别表示城市非工薪女性、镇非工薪女性和农村女性。

3. 数据来源

本书数据主要参考 2010 年全国第六次人口普查与全国 10%长表抽样数据；2000～2009 年《中国人口和就业统计年鉴》，2010 年全国按城市、镇、乡村分年龄、性别的 0～49 岁人口数；2000～2010 年全国分城市、镇、乡村育龄妇女分年龄、孩次的生育率数据。

4. 参数假设

首先，关于生育率的假设。在模型中我们使用“育龄妇女分年龄、孩次的生育状况”统计数据，在测算津贴领取人数时重点考虑生育一孩的女性，即在参数中只涉及一孩生育率，考虑到将来的生育政策可能继续放开，在扩展模型中可加入二孩生育率。本书以 2010 年生育率统计资料为基础数据，并假设 2011～2025 年一直保持 2010 年的水平不变①。其次，关于失业率的假设。这里将女性的失业率选定为 9%和 4%两种方案（李实和邓曲恒，2004），并假设在未来一段时期内保持不变，且假设 ${}_{t}r^{c} = {}_{t}r^{b}$ 。最后，关于劳动参与率的假设。现有文献对劳动参与率研究结果的最低值为 70%，我们将其作为预测 2011～2025 年城镇女性劳动参与率的值，即假设 ${}_{t}\mu_{x}^{c} = {}_{t}\mu_{x}^{b} = 0.7$ 。

5. 预测结果

根据第六次全国人口普查数据资料以及以上各项参数假设，我们估计了 2010 年工薪劳动者与非工薪劳动者分年龄育龄妇女人数（表 8-3）。

① 本书选用 2010 年为测算基年，因此此处“未来 15 年”指 2011～2025 年，下同。

表 8-3　2010 年全国育龄妇女人数测算结果

年龄/岁	工薪劳动者/人	非工薪劳动者/人	年龄/岁	工薪劳动者/人	非工薪劳动者/人
20	4 920 209	8 905 654	35	3 729 964	6 639 120
21	4 718 756	8 480 138	36	3 953 524	7 262 812
22	4 274 160	7 918 884	37	4 116 523	7 590 332
23	4 437 811	8 381 602	38	4 173 683	7 894 218
24	3 954 722	7 412 009	39	4 203 972	8 070 707
25	3 490 978	6 472 721	40	4 500 533	8 903 563
26	3 510 007	6 319 878	41	4 050 507	8 182 099
27	3 567 071	6 112 154	42	4 285 632	8 964 300
28	4 139 414	6 911 134	43	3 238 486	7 261 048
29	3 578 533	6 074 924	44	3 634 086	8 125 032
30	3 417 129	5 906 513	45	3 687 662	8 022 397
31	3 635 556	6 089 320	46	3 676 767	7 811 864
32	3 548 134	6 016 907	47	4 288 968	8 879 393
33	3 290 874	5 599 380	48	3 063 794	6 786 492
34	3 676 056	6 436 512	49	1 785 192	3 815 606

在此基础上，2010～2025 年全国工薪劳动者与非工薪劳动者生育津贴领取人数估算结果见图 8-2。

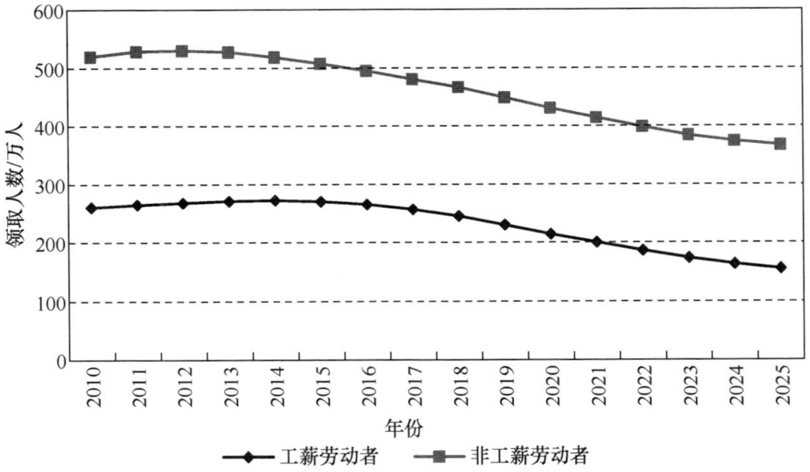

图 8-2　2010～2025 年全国生育津贴领取人数测算结果

（二）生育津贴制度财务可行性分析

为了分析制度建立的可行性，我们需要对其财务可行性进行定量分析。下面将分别对工薪劳动群体和非工薪劳动群体进行测算。

1. 基本模型

首先对于工薪劳动者，筹资来源主要是用人单位。本模型按照每年“基金支出=基金收入”的等价关系建立模型，不考虑之前年度的基金累计结余，记基准年为 t=0，测算 2010～2025 年的用人单位缴费率：$\alpha_t = D_t / E_t$。其中津贴总支出：

$$\begin{aligned} D_t &= \beta d\left({}_tP^c \cdot \mathrm{SC}_t^f + {}_tP^b \cdot \mathrm{SC}_t^f\right)\left(1 - tw_x - tr_x\right) \\ &+ \theta_2 \beta d\left({}_tP^c \cdot \mathrm{SC}_t^f + {}_tP^b \cdot \mathrm{SC}_t^f\right) \cdot tw_x \\ &+ \theta_3 \beta d\left({}_tP^c \cdot \mathrm{SC}_t^f + {}_tP^b \cdot \mathrm{SC}_t^f\right) \cdot tr_x \end{aligned} \tag{8-3}$$

缴费基数总额 $E_t = \mathrm{SC}_t \cdot l_c + \mathrm{ST}_t l_b$。其中，$\mathrm{SC}_t$、$\mathrm{ST}_t$ 分别表示城市、镇就业者第 t 年平均工资；SC_t^f、ST_t^f 分别表示城市、镇女性就业者第 t 年平均工资；l_c 和 l_b 分别表示城市、镇就业者总人数；tw_x 和 tr_x 分别表示 x 岁育龄女性生育一孩人数中双胞胎、三胞胎所占比重；β 表示津贴标准比率系数；d 表示津贴发放天数。

其次对于非工薪劳动者，筹资来源主要是财政支出。我们将预测非工薪劳动者的财政资金需求量，并评价财政支出能力。生育津贴财政支出模型构建如下：

$$\begin{aligned} G_t &= \beta d\left({}_tP^{c'} \cdot \mathrm{IC}_t + {}_tP^{b'} \cdot \mathrm{IT}_t + {}_tP^v \cdot \mathrm{IV}_t\right)\left(1 - tw_x - tr_x\right) \\ &+ \theta_2 \beta d\left({}_tP^{c'} \cdot \mathrm{IC}_t + {}_tP^{b'} \cdot \mathrm{IT}_t + {}_tP^v \cdot \mathrm{IV}_t\right) \cdot tw_x \\ &+ \theta_3 \beta d\left({}_tP^{c'} \cdot \mathrm{IC}_t + {}_tP^{b'} \cdot \mathrm{IT}_t + {}_tP^v \cdot \mathrm{IV}_t\right) \cdot tr_x \end{aligned} \tag{8-4}$$

其中，IC_t、IT_t 和 IV_t 分别表示第 t 年城市、镇和农村非工薪女性人均纯收入。

2. 数据来源

本部分研究所需数据主要参考 2000～2010 年《中国劳动统计年鉴》中“年末全国城镇就业人数”“城镇单位就业人员平均工资”，以及 2000～2010 年《中国统计年鉴》中“城镇居民平均每人全年家庭工资性收入”与“农村居民家庭人均纯收入”的统计数据。

3. 参数假设

（1）平均收入。本书从弥补收入损失的视角，采取收入比率制的方式决定津贴标准。工薪劳动者女性收入使用“城镇单位就业人员平均工资”统计指标，城镇非工薪劳动者女性使用“城镇居民平均每人全年家庭工资性收入”统计指标，农村女性使用“农村居民家庭人均纯收入”统计指标。基于已有文献，假定女性职工人均工资为“城镇单位就业人员平均工资”的91.8%。

（2）收入增长率。假设2010～2025年工薪劳动者女性平均工资前10年年均增长7%，后5年年均增长5%；对非工薪劳动者女性收入做低、中、高三种假设，低方案为“每5年年均增长率分别为15%、10%、5%”，中方案为“前10年年均增长7%，后五年年均增长5%”，高方案为“每年增长7%”，其中城镇和农村同步增长。

（3）就业人数。根据经验数据以及对2010～2025年就业人口判断，对就业人数增长率做低、中、高三种假设，低方案为“前5年年均增长2.5%，后10年年均增长2%”，中方案为“每5年年均增长分别为3.5%，3.0%，2.5%”，高方案为“年均增长3.5%”。

（4）津贴标准比率。总结大多数国家的实践经验和国际上的通用标准，假设工薪劳动者津贴为女性工资收入的100%，而城镇非工薪女性和农村女性津贴收入替代率分别按60%、80%、100%三种方案进行测算。

（5）津贴发放天数。按照《女职工劳动保护特别规定》，生育1个婴儿女职工可享受98天产假，这里假设津贴发放天数为98天。

4. 预测结果

对于工薪劳动者，根据以上数据和参数假设，可以得到低、中、高三种方案下用人单位缴费费率情况（图8-3）。从测算结果看，2010～2025年，随着整体人口结构的变迁和育龄女性人数的减少，三种方案的费率都趋于下降。

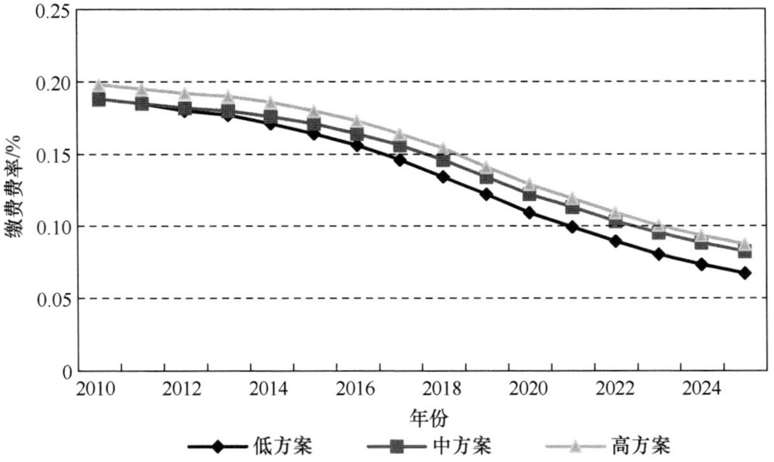

图8-3　2010～2025年用人单位生育津贴缴费费率测算结果

对于非工薪劳动者，在低、中、高三种方案下，生育津贴所需财政支出测算结果见图8-4。可以看出2010～2025年，生育津贴的资金需求量每年都趋于平缓增长。

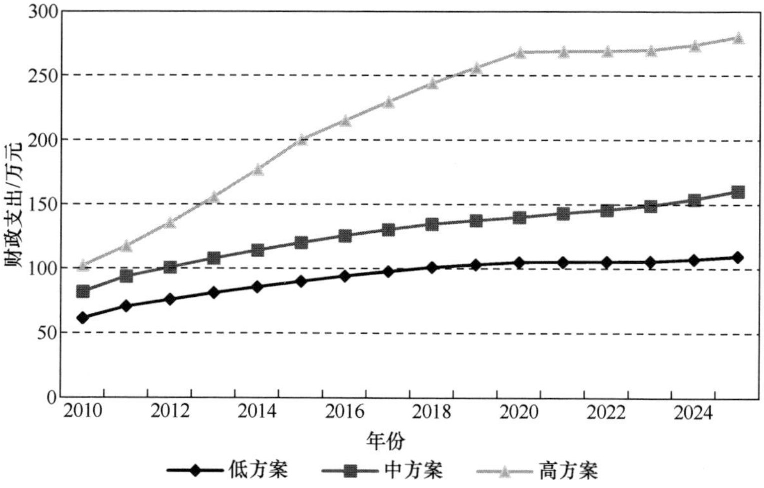

图 8-4　2010～2025 年生育津贴财政支出测算结果

为了研究制度的可持续性，我们对 2010～2025 年全国财政收入进行测算，基于谨慎原则，假设财政收入以每年 5%的增长率（与历年通货膨胀水平接近）增长，得到 2015～2025 年三种方案下生育津贴所需资金占财政收入的比率（图 8-5）。可以看出，三种方案下，实施生育津贴制度所需资金占财政收入比重都维持在较低水平，财政支付能力处于可以承受的范围之内。为此我们建议尽快建立并组织实施生育津贴制度，把未纳入生育保险制度的非工薪女性劳动群体纳入，实现真正意义上的覆盖全体育龄女性公民。

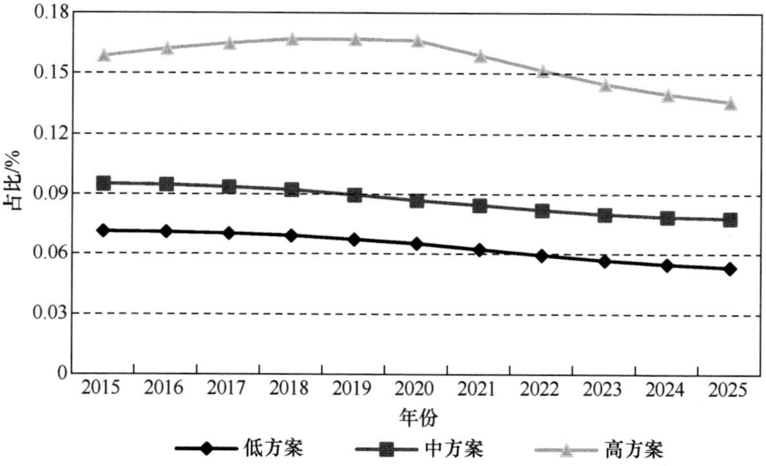

图 8-5　2015～2025 年实施生育津贴制度所需资金占财政收入比重

本书主要基于2010年第六次全国人口普查数据对2010～2025年全国工薪劳动者与非工薪劳动者生育津贴领取人数进行了估计和预测，由于当时第七次全国人口普查详细数据尚未公布，因而这里所用的第六次全国人口普查数据仍是最权威、最受认可的人口数据。虽然本书对生育津贴制度的财务可行性分析仅预测到了2025年，但是其分析思路和方法仍可继续用于未来生育津贴制度的成本分析，尤其是在第七次全国人口普查数据发布之后，后续的研究者可以根据最新的人口总数和生育率数据调整本书模型中设定的相关参数，进行领取人数预测和成本财务分析。

四、生育保障制度改革和生育津贴制度建设思路

生育保障权作为国民的一项基本权益，应当尽早落实。通过上述分析，我们认为生育保障制度改革是必要且可行的，“生育津贴制度+基本医疗保险中的生育医疗保障”是生育保障体系改革的目标。当然，此项改革是一个复杂的工程，既要积极，又要稳妥。

（1）有计划地分步实施改革。从现行制度过渡到新制度，并非一朝一夕可以完成的。从可行性的角度来讲，有计划地分步实施是理想方案。我们认为应该分三步走：第一步是将生育保险制度分拆。将现行生育保险制度中的生育医疗保险部分划入职工基本医疗保险制度，其余部分（即生育收入补偿保险）形成生育津贴制度。第二步是提高城乡居民生育医疗保障待遇。有计划、有步骤地提高居民医保中的生育医疗保障水平，使各类生育者享有的生育医疗保障待遇逐步接近，为形成包括生育医疗保险责任在内的全民基本医疗保险制度奠定基础。第三步是把生育津贴制度扩展到城乡居民。创造条件将面向工薪劳动者的生育津贴制度扩展到全体城乡居民，从而形成全社会统一、城乡一体化的生育津贴制度。

（2）充分重视生育保障制度改革的综合社会效应。生育保障制度与人口、医疗卫生等领域政策有密切关系，因而要从现代社会治理的高度，综合分析生育保障制度改革与生育津贴制度建设的综合效应，进一步梳理内部关系，重新确立生育保障制度在其中的地位。特别要注意生育津贴制度与人口生育政策的衔接和协调、生育医疗费用与基本医疗保险、公共卫生政策的衔接和协调。

（3）妥善处理过渡期有关问题。制度改革的过渡期内，需要妥善处理新产生问题，减少改革阻力。要坚持“保基本”原则，充分尊重社会保障刚性原理，确定合理的生育津贴标准和生育医疗保障水平，并保证生育保障待遇不降低。在过渡方案中，设计继续保留国家机关事业单位职工生育保障待遇但控制其待遇增长、稳定企业职工生育保障待遇、有计划地提高农民和城镇居民生育保障待遇的相关

政策。此外，对于配偶未就业的职工，在生育津贴标准统一和基本医疗保险中生育医疗保障待遇统一之前，允许其配偶享受职工生育保障相应待遇。

（4）积极创造相关条件。为有效推进生育保障制度改革和建设，必须积极创造条件。要适度加大财政投入力度，除通过用人单位筹集资金解决工薪劳动者生育保障（含生育津贴和生育医疗费用）所需成本之外，需要适当增加财政投入，以解决农民和城镇非工薪居民生育津贴所需资金和提高其生育医疗保障水平所需资金。同时，要着力提高生育保障管理服务技术水平，加快管理服务方式转型。

第四节 儿童津贴制度建设

老龄化时代的到来将给儿童养育带来新的挑战。众所周知，中国家庭中传统的代际关系是费孝通（1983）提出的“反馈”模式，也称“抚养–赡养”模式，这一理论认为在中国家庭中，上一代人对年幼的下一代人进行抚养，而下一代人又会对年老的上一代人进行赡养，从而形成了根深蒂固的养儿防老观念。随着新中国成立和改革开放以来国民寿命的不断延长，这一“抚养–赡养”模式发生了变化，即在抚养和赡养两个阶段之间出现了下一代人已经步入成年，但是上一代人仍处于壮年或低龄老年阶段（王跃生，2008），于是上一代人通常会对下一代人持续提供帮助，通常以隔代照料的方式进行。很多文献（许琪，2017）指出，隔代照料有效缓解了单位制社会瓦解与市场化转型时期儿童照料难的问题。但是，随着低生育率时代和老龄化时代的到来，过往转型期的隔代照料模式将面临新的挑战。

首先，与低生育率时代伴随而来的人口现象是婚育年龄的不断延迟，改革开放 40 多年来，我国女性的平均初婚年龄在波动中不断延迟，至 2017 年，女性的平均初婚年龄已达到 25.6 岁（淡静怡和姜全保，2020）；另外，女性的生育年龄也在 21 世纪以来不断推迟，我国女性的平均初育年龄在 2010 年和 2015 年分别达到了 26.65 岁和 26.63 岁（宋健和张婧文，2017），初婚和初育年龄的不断推迟导致儿童的抚育期和照料期不断延后。其次，随着预期寿命的延长和流行病模式的转变，我国老年人的疾病谱逐渐由心血管疾病和癌症转变为慢性病，这也导致老年人中失能、失智的比例不断增加，呈现出“病残扩张”的态势（曾毅等，2017），在目前社会化养老供给不足的局面下，失能、失智老年人的照料责任势必要由家庭来承担。因此，在儿童抚育期的不断延后和老年人“病残扩张”的态势下，预计在未来会出现儿童抚育与照料的叠加期，在这一时期内，父母非但不能提供隔代照料，反而需要子女提供生活照料，那么子女将会面临儿童抚育和父母照料的双重压力，其中，儿童抚育将面临尤为巨大的压力。因此，近年来，伴随着中国社会保障事业的快速发展，儿童福利制度愈发受到社会公众和研究者的关注。

儿童福利制度是保护儿童权利、尊重儿童人格、保障儿童健康成长的“防护网”（杜宝贵和杜雅琼，2016），在社会福利体系中占有重要地位。当前人口老龄化所引起的一系列社会变迁，对现行儿童福利制度带来了严峻挑战。首先，随着人口老龄社会的进程加快，中青年群体在儿童养育方面将承受更大的压力。在我国，家庭承担了儿童养育的主要责任，中青年父母是儿童养育的主体。受家国同构的传统社会观念影响，养老抚幼的责任早已内化为中青年群体的一种传统隐性契约（马春华，2015），中青年群体既要承担赡养老人的责任，又要担负养育儿童的义务。人口老龄化的趋势会进一步加剧代际关系的不均衡，使中青年群体承受更大的压力。其次，更大范围的工业化和城市化使育儿成本增加，将加大中青年群体的儿童抚育压力。城市化带来的人口流动和家庭规模的不断缩小使家庭结构的稳定性不断减弱，家庭照顾功能持续弱化（岳经纶和范昕，2018），儿童养育的成本不断增加，育儿成本成为中青年群体生活中的一道难关。儿童抚育压力增大的直接后果是我国生育水平的持续低迷。大部分人口学者认为我国已经进入了低生育率陷阱风险期，而高育儿成本是造成生育率下行的重要原因（吴帆，2016）。儿童抚育不仅是家庭的责任，同时也是国家和社会的共同责任（陆士桢，2017）。在传统的家庭养育策略无法减轻日益加重的家庭养育负担的当下，国家应加大在儿童养育上的政策干预和财政投入力度。因此，本书提出应加快构建普惠型的儿童福利制度，尤其是建立普惠型的儿童津贴制度，以降低家庭的养育成本，缓解中青年群体的抚育压力。

一、政策反思与国际经验

（一）我国儿童津贴制度：从选择型走向普惠型

21世纪以来，我国经济总量跃居全球第二，经济实力和人民的生活水平也得到了显著提高（陈云凡，2008），国家有必要也有能力提供更为全面的儿童福利，儿童和家庭也需要更为全面、更具保障性的福利体系以促进儿童健康成长，缓解家庭抚育压力，抵御社会潜在风险，因此，我国的儿童福利体系从选择型走向普惠型也变得刻不容缓。儿童津贴制度是指由政府直接向有儿童的家庭提供定期性现金给付的福利制度安排（陈云凡，2008），儿童津贴作为一种最直接、最主要的儿童福利，在儿童福利体系中占据着十分重要的地位（张学成，2019）。儿童津贴制度是国家对儿童抚育成本的制度性回应，既包括育儿所花费的各种费用，也包括因养育儿童造成的机会成本流失。现如今，我国国民经济发展已取得巨大成就，经济发展取得的硕果是全社会努力的结果，因此，经济发展的成果也理应由全社会共享。儿童津贴作为国民经济再分配的方式之一，将全体儿童纳入津贴给付制度当中，是顺应兼顾公平与效率的社会经济发展要求，也是助推我国儿童福利体系从选择型向普惠型转型的制度需要。

（二）普惠型儿童津贴的国际经验

对国外普惠型儿童津贴的经验进行比较和学习有利于我国儿童津贴制度的设计和建立。儿童津贴制度在中国的存续不过寥寥数十载，其发展速度和发展水平较之部分西方福利国家而言，尚存在较大的差距，即便是起步较晚的日本、韩国等亚洲国家，其偏重于普惠型的儿童津贴在制度安排上也有许多可取之处。因此，探讨和研究国外先进国家的儿童津贴制度能够对我国儿童津贴制度的构建具有重要的借鉴意义。各国在津贴领取年限、发放标准及金额方面各具特色，涉猎各国在儿童津贴制度方面的具体实践，对我国儿童津贴制度的设计和构建具有非常重要的借鉴意义，表 8-4 展示了部分国家儿童家庭津贴的发放标准。

表 8-4　部分国家儿童家庭津贴一览表

国家	津贴类型	领取年限	津贴发放标准（按人民币汇率折算）
瑞典	儿童津贴	16 岁（或 20 岁以下在读学生）	1050 克朗/月（800 元/月）
英国	儿童津贴	16 岁（或 20 岁以下在读学生）	20.7 英镑/周（700 元/月） 每多一个孩子可额外领取 13.7 英镑/周（500 元/月）
德国	儿童津贴	18 岁（或 25 岁以下在读学生）	第 1～2 个孩子：219 欧元/月（约 1700 元/月） 第 3 个孩子：额外补贴 225 欧元/月（约 1750 元/月） 第 4 个孩子及以上：额外补贴 250 欧元/月（约 1950 元/月）
法国	家庭津贴	16 岁	第 1～2 个孩子：131.16 欧元/月（1000 元/月） 第 3 个孩子：额外补贴 299.2 欧元/月（2300 元/月） 第 4 个孩子及以上：额外补贴 467.24 欧元/月（约 3600 元/月）
比利时	抚养金	25 岁	第 1 个孩子：193.8 欧元/月（约 1500 元/月） 第 2 个孩子：额外补贴 222.4 欧元/月（约 1700 元/月） 第 3 个孩子及以上：额外补贴 265.2 欧元/月（约 2070 元/月）
荷兰	儿女金	18 岁	0～5 岁每位孩子：223.37 欧元/季度（约 580 元/月） 6～11 岁每位孩子：271.24 欧元/季度（约 700 元/月） 12～17 岁每位孩子：319.10 欧元/季度（约 830 元/月）
日本	儿童津贴	18 岁	每生育一个孩子：一次性生育补贴 42 万日元（约 25 400 元） 0～3 岁每位孩子：1.5 万日元/月（900 元/月） 3～18 岁每位孩子：1 万日元/月（600 元/月）

资料来源：笔者根据文献以及德国、比利时、荷兰政府官方网站公开信息整理得到，其中，津贴发放标准根据 2021 年 3 月 4 日 12:00 该国货币与人民币实时汇率换算得到

二、儿童津贴制度设计

（一）制度框架

我国当前的儿童津贴制度已经无法满足现实需求和政策体系需要。一方面，现行的儿童津贴制度无法对普通家庭儿童抚育和照顾需求进行系统性的政策回应（岳经纶和范昕，2018），无法缓解广大普通家庭养育儿童的巨大压力；另一方面，其选择性政策的定位也不符合当前我国儿童福利制度从选择型到普惠型的转型进程。因此本书提出，单独建立一项普惠型的儿童津贴制度，通过政府财政预算筹集资金，对全体有儿童的家庭提供一定的现金补助，以缓解家庭的儿童抚育压力，促进儿童健康成长。这一制度框架不仅适用于全国建立统一的儿童津贴制度，也适合各地方进行儿童津贴制度的探索，下文中所谈到的功能定位、发放对象和方案设计等制度要件均适用于各地。

（二）功能定位

儿童养育的直接花费和间接成本使得中青年父母抚育儿童的压力不断攀升，随之而来的生育意愿低迷折射出国家在儿童养育中的角色缺失和责任缺位。本书提出的普惠型的儿童津贴制度是一项收入保障制度，其功能定位是通过现金转移的方式降低家庭的儿童抚育费用，弥补父母为养育儿童损失的机会成本，进而缓解中青年群体的儿童抚育压力，改变国家在儿童养育中角色缺失和责任缺位的局面。在生育率逐渐走低的当下，国家有责任承担起提振生育、缓解儿童抚育压力的责任，因此建立专门的面向所有儿童群体的儿童津贴制度亟须提上日程。通过儿童津贴制度提供一定的收入补助，从而对养育儿童的家庭进行补贴，弥补父母由养育儿童造成的收入损失是国家和社会的共同诉求。

（三）发放对象

现行的儿童津贴制度只是选择性地补助部分困难儿童，而本书提出建立的儿童津贴制度应立足于“普惠”，其目标是补助全体儿童，因此我们提议儿童津贴制度短期内应优先保障0～3岁儿童或者0～3岁的“二孩”儿童，中长期内其覆盖范围可以从0～3岁儿童逐渐扩展到0～15岁儿童。第一，在普惠型儿童津贴制度建立的初期，将儿童津贴的发放对象设定为0～3岁儿童的家庭，如果政府财政仍然无力承担，可以优先保障二孩家庭中的0～3岁儿童。对这部分儿童优先进行保障的原因是我国0～3岁儿童市场化托育服务极为匮乏（杨菊华，2018），家庭和青年父母的儿童养育负担尤为沉重，相对于其他年龄的儿童而言，0～3岁儿童的养育责任主要由家庭承担，几乎得不到任何的国家支持，这一情况对于二孩家庭来说更为严重。因此，儿童津贴制度有必要优先保障二孩家庭中的 0～3 岁儿童或者普通家庭中的 0～3 岁儿童。第二，在普惠型儿童津贴制度建立并运行一段时间之后，在政府财政允许的情况下，可以逐渐将其覆盖范围从 0～3 岁扩展到 0～15 岁儿童，即实现全体儿童的全年龄覆盖。由于我们提议建立的儿童津贴制度是一项针对儿童的普惠型福利政策，因而其制度最终应覆盖到全体儿童，即 0～15 岁儿童。

（四）方案设计

按照上文对儿童津贴发放对象的提议，在短期内，儿童津贴制度的覆盖范围是二孩家庭中的 0～3 岁儿童和普通家庭中的 0～3 岁儿童。考虑到政策的可实施性，本书基于这一设想，初步提出了低水平起步的儿童津贴制度两套方案，见表 8-5。

表 8-5　儿童津贴制度的方案设计

方案	发放对象	发放周期	发放方式	津贴标准/（元/月）
方案一	所有抚养 0～3 岁儿童的家庭	儿童 0 岁至 3 岁期间	按月支付	100
				150
				200
方案二	所有抚养第二个 0～3 岁儿童的家庭	第二个孩子 0 岁至 3 岁期间	按月支付	100
				150
				200

在这两套方案中，只要申请儿童津贴的家庭在事实上符合发放对象的要求，即可无差别地获得儿童津贴待遇给付。儿童津贴制度的资金来源于中央政府和地方政府财政，其发放周期均在儿童 0～3 岁的成长期间，发放方式和其他收入保障制度类似，都为按月发放。

本书提出的生育津贴发放标准，主要参考国外已经实行生育津贴制度的发达国家经验，并结合国内的最低工资标准制定。通过对部分发达国家经验进行比较可以发现，这些国家的儿童津贴支付标准通常在 600～1500 元/月（按人民币折算）不等。由于目前我国仍然是一个发展中国家，与世界主要发达国家仍有着不小的发展差距，因此儿童津贴支付标准必须根据我国当前的国民财富和经济发展状况决定。我们重新计算后发现，发达国家的儿童津贴标准在对人均 GDP 水平进行折算后大致在 150～200 元，因此，我国设定的儿童津贴标准也应在 200 元以下为宜。另外，根据人力资源和社会保障部公布的 2020 年全国各地区最低工资标准情况，全国各省的每月最低工资在1180～2200元不等[①]，由于成人和儿童生活所需的生活资料有很大差距，因此本书认为将儿童津贴设定为最低工资标准的1/10较为合适。基于以上两方面的依据，本书建议根据低、中、高的不同档次分别设置100元、150元和200元作为儿童津贴的支付标准。诚然，在这一支付标准中，即使是高标准也并非很高，无法完全替代0～3岁儿童每月的育儿成本，但是这种标准设置在制度讨论阶段和制度运行初期是较为合适的。第一，较低的支付标准即意味着较低的财务成本，可以降低制度的启动门槛，更容易获得政策决策者的支持。第二，支付标准并非一成不变，其可以根据制度运行的状态和阶段进行适时的调整，逐渐提高到儿童津贴对育儿成本的替代水平。第三，这种初期标准较低，中后期逐渐提高的津贴标准设置做法，符合一直以来我国福利政策“低水平起步”和“摸着石头过河”的一贯策略。在下文中，我们将会根据两套方案的不同支付标准进行财务成本的精算和预测，并对儿童津贴的财务可行性进行分析。

三、儿童津贴制度成本分析

任何一项社会福利制度和政策的建立，不但需要学理基础和法律依据，还需要具备财务可行性（何文炯，2014b）。对于普惠型的儿童津贴——这样一项从未在中国实行过的新制度而言，制度运行成本是政策制定者考虑的一个重要议题，因此很有必要在制度设计的基础上对于其运行成本进行测算和比较分析。接下来，本书将在人口预测的基础上建立成本测算模型，从定量角度重点研究该项普惠型儿童津贴制度所需要财政出资的资金规模，以分析其财务可行性。

（一）儿童津贴领取人数测算

首先，我们需要确定儿童津贴的发放范围。根据上文对儿童津贴发放对象的界定，该制度在短期内将优先保障0～3岁儿童或0～3岁的“二孩”儿童，因此本书将分别计算年龄在0～3岁的人口数和年龄在0～3岁且属于家庭内第二个孩子的人口数，即0～3岁的二孩人口数。其次，我们将基于2010年分年龄性别的人口普查数据，通过人口队列要素预测法对2021～2040年的0～3岁人口数和0～3岁“二孩”人口数进行预测。人口队列要素预测法以年龄移算法[式（8-5）]为核心，综合考虑人口的出生、死亡和迁移变化进行预测，是现代人口学中被最广泛使用的预测方法。

$$P_{x+n,t+n} = P_{x,t} \times \frac{L_{x+n}}{L_x} \qquad (8\text{-}5)$$

① 该数据来源于人力资源和社会保障部网站“全国各地区最低工资标准情况（截至2020年3月31日）”，可见：http://www.mohrss.gov.cn/SYrlzyhshbzb/laodongguanxi_/fwyd/202004/t20200426_366507.html。

其中，$P_{x+n,t+n}$ 表示每个预测区间内末期年龄组人口数；$P_{x,t}$ 表示预测区间内初期年龄组人口数；$\frac{L_{x+n}}{L_x}$ 表示年龄组人口存活比；n 表示预测区间长度，一般为年龄间隔长度①。

通过人口队列要素预测法我们可以得到 0～3 岁人口中每一单岁组的预测人口数，在此基础上，通过对其中二孩所占比重进行假设，即可获得 0～3 岁人口中“二孩”人口的数量。根据宋健和唐诗萌（2017）的研究结论，在 2010 年之后我国的二孩比率不断升高，到目前为止仍有继续增加的趋势。2017 年国家卫生和计划生育委员会组织实施的全国生育状况抽样调查结果显示，我国出生人口中的二孩占比从 2010 年的 35.0%快速上升至 2016 年的 53.9%（贺丹等，2018）。由于本书所做的人口预测年份起点为 2021 年，因此我们所分析的 0～3 岁人口中二孩比率将至少高于 50%。考虑到全面二孩政策实施之后，出生人口的二孩占比仍在增加，我们将 2021 年 0～3 岁人口的二孩比率设定为 55%，且在预测期间内以每年 0.2%的增长速度增长。在此基础上，我们对 2021～2040 年 0～3 岁人口数和 0～3 岁二孩人口数进行了预测，预测结果见图 8-6。从图 8-6 中可以看出，在未来 20 年里，0～3 岁儿童数量和 0～3 岁的“二孩”儿童数量均呈现缓慢下降的趋势，但是总量依然很大。其中，前者的下降速度略快于后者，0～3 岁的儿童数量将从 2021 年的 6300 万人逐渐下降至 2040 年的 5200 万人，而 0～3 岁的“二孩”儿童数量将从 2021 年的 3500 万人左右，下降至 2030 年的 3000 万人左右，并在之后的十年中维持在这一水平上缓慢波动。

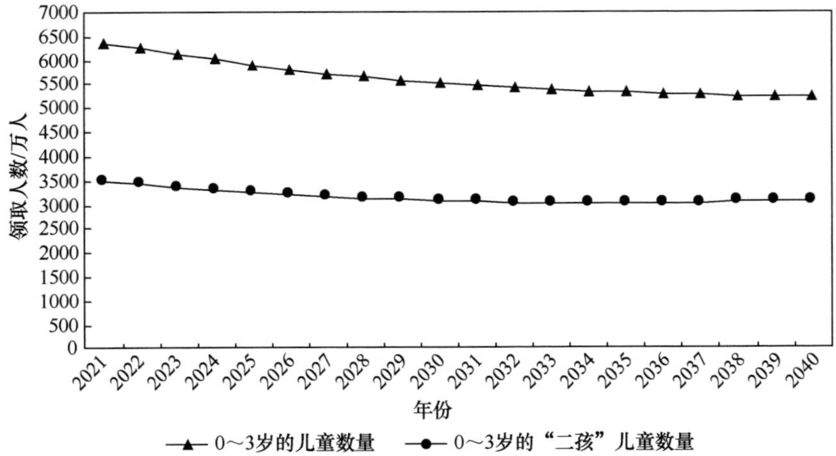

图 8-6　2021～2040 年我国 0～3 岁的儿童数量和 0～3 岁的“二孩”儿童数量变动趋势

① 在年龄移算法的使用中，高龄开口组和最低年龄组需要特定公式进行计算，计算过程需要对生命表和生育率进行重新估计和预测。

（二）儿童津贴财务成本测算

1. 测算模型

为了更精确地测算儿童津贴制度的财务运行成本，我们构建了测算模型[式（8-6）]：

$$P_k = B\left(1+\alpha\right)^{k-1} \times \sum_{j=0}^{3} C_j^k \tag{8-6}$$

其中，P_k表示第k年财政需要为儿童津贴制度提供的资金总量；B表示任何一位儿童的全年津贴给付额，单位为人民币（元）；α表示儿童津贴年给付额的调整系数；C_j^k表示第k年j岁的儿童领取人数。

2. 数据来源与参数假设

津贴待遇的调整系数主要参考了2010～2019年的中国统计年鉴数据，根据过去十年的居民消费价格指数年均增长率，将儿童津贴的年增长率参数设定为2.59%。支付标准则根据上文方案设计部分对津贴标准的设定，分别对0～3岁儿童（方案一）和0～3岁“二孩”儿童（方案二）按照低、中、高标准设置成100元/（人·月）、150元/（人·月）和200元/（人·月）。

3. 预测结果

根据测算模型和假设参数，我们可以得到2021～2040年我国实施普惠型生育津贴制度所需要的资金总量（图8-7和图8-8）。图8-7展示了方案一（0～3岁儿

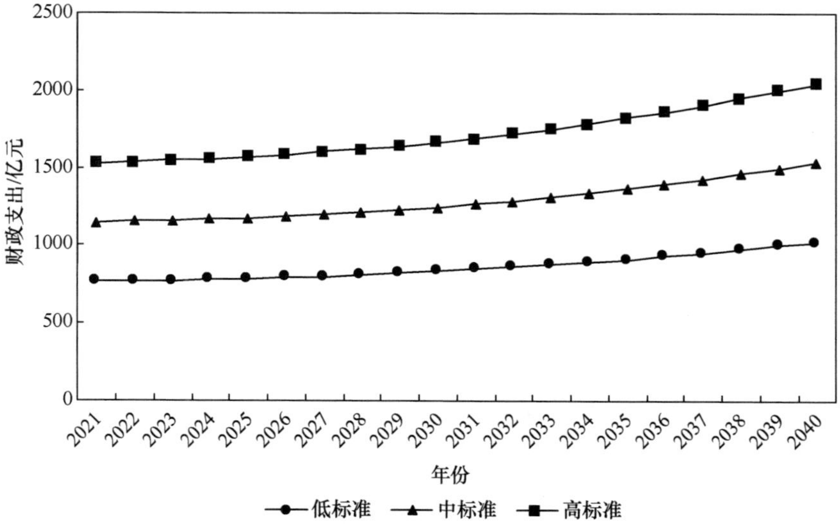

图8-7　2021～2040年方案一（0～3岁儿童）成本测算结果

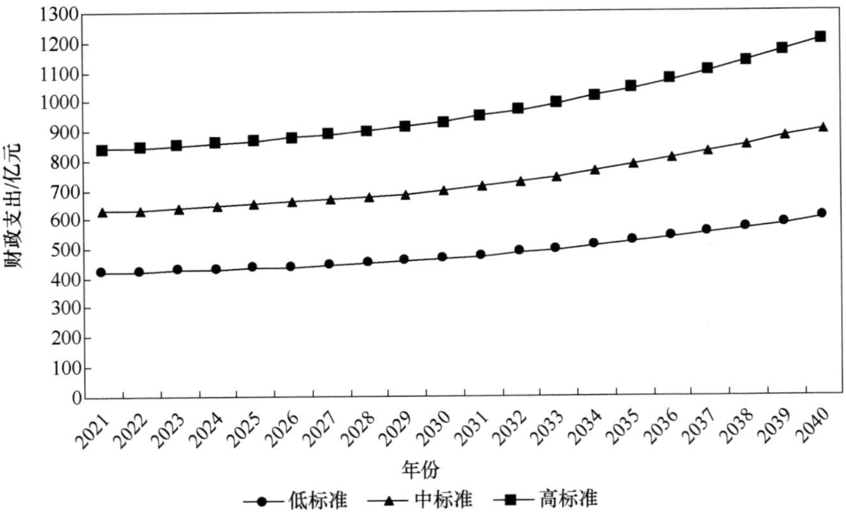

图 8-8　2021～2040 年方案二（0～3 岁“二孩”儿童）成本测算结果

童）所需的资金量，如果对所有 0～3 岁儿童发放生育津贴，2021 年按照低、中、高标准实施所需的资金量分别为 763.50 亿元、1145.25 亿元和 1527 亿元。从 2021 年至 2040 年，方案一所需的财政支出呈增长趋势，但即使按照高标准最高也不会超过 2100 亿元。图 8-8 展示了方案二（0～3 岁“二孩”儿童）所需的资金量，如果对 0～3 岁的“二孩”儿童发放生育津贴，2021 年按照低、中、高标准实施生育津贴所需的资金量分别为 419.92 亿元、629.89 亿元和 839.85 亿元，所需要的资金量将大幅低于方案一。从 2021 年至 2040 年，方案二所需的财政支出也呈增长趋势，但即使按照高标准到 2040 年也不会超过 1300 亿元。

（三）儿童津贴财务可行性分析

为了方便政府部门决策，我们将儿童津贴制度实施所需要的资金规模与国家财政支出规模、国家财政在儿童教育上的支出规模以及财政对企业职工基本养老保险基金的补助资金规模进行了比较，发现与儿童津贴保障的巨大人群相比，儿童津贴支出的资金规模并不庞大。

1. 与国家财政支出规模之比较

国家财政支出是国家在一定时期内为了履行自身职能所花费的公共资源，其往往由货币形式体现。根据财政部发布的 2019 年全国一般公共预算支出决算表，我们可以知道 2019 年全国财政支出总额为 238 858.37 亿元。将 2021 年儿童津贴资金需求量与 2019 年全国财政支出规模进行比较可以清晰地知道儿童津贴所占财政支出的份额。由表 8-6 可知，如果按照低标准发放生育津贴，方案一和方案二所需要的资金量仅占财政支出的 0.32%和 0.18%，即使按照高标准发放生育津贴，方案一和方案二所需的资金量也仅占财政支出的 0.64%和 0.35%，均不会超过财政支出的 1%。

表 8-6　2021 年生育津贴所需资金量与 2019 年全国财政支出的比较

方案	资金指标	低标准（100 元）	中标准（150 元）	高标准（200 元）
方案一	资金需求/亿元	763.50	1145.25	1527.00
	所占比率/%	0.32	0.48	0.64
方案二	资金需求/亿元	419.92	629.89	839.85
	所占比率/%	0.18	0.26	0.35

2. 与国家财政在儿童教育上的支出规模之比较

一直以来，我国都非常重视儿童教育，这也是当前我国在儿童福利上重点投入的领域。根据 2019 年全国一般公共预算支出决算表，2019 年国家针对 0～15 岁儿童教育上的支出共有三项，分别为学前教育（0～5 岁）、小学教育（6～12 岁）和初中教育（13～15 岁），资金支出规模分别为 1522.37 亿元、9256.77 亿元和 5904.54 亿元，合计为 16 683.68 亿元。将 2021 年儿童津贴资金需求量与 2019 年国家财政在儿童教育上的支出规模相比较可以清晰地知道儿童津贴投入与儿童教育投入的相对情况。由表 8-7 可知，按照低、中、高标准实施的方案一所需的资金量分别占儿童教育支出规模的 4.58%、6.86%和 9.15%，均不会超过 10%，而方案二所需的资金量更少，分别占儿童教育支出规模的 2.52%、3.78%和 5.03%，均在 5%以内。

表 8-7　2021 年生育津贴所需资金量与 2019 年全国财政儿童教育支出之比较

方案	资金指标	低标准（100 元）	中标准（150 元）	高标准（200 元）
方案一	资金需求/亿元	763.50	1145.25	1527.00
	所占比率/%	4.58	6.86	9.15
方案二	资金需求/亿元	419.92	629.89	839.85
	所占比率/%	2.52	3.78	5.03

3. 与财政对企业职工基本养老保险基金的补助资金规模之比较

国家财政每年都会对职工养老保险进行补助，这部分支出体现了国家对老年群体收入的补助，儿童津贴是国家对儿童群体的收入补助，将这两部分资金规模进行比较可以看出国家对这两个被抚养群体的支持力度。而且由于我国近些年来的“逆反哺”现象，即老年父母会对成年子女提供经济和孙子女照料上的帮助（许琪，2017），国家对老年人的补助其实部分又转移给了成年子女和儿童，从这一层面看，国家在两种政策中的资金投入其实发挥了相同的作用，因此有必要对二者的资金规模进行比较。表 8-8 展示了 2021 年生育津贴所需资金量与 2019 年国家财政对职工基本养老保险补助资金的比较，结果显示，按照高标准实施的方案一所需要的资金规模最高不会超过养老保险补助资金的 30%，而方案二最高也在养老保险补助资金的 15%左右。

表 8-8　2021 年生育津贴所需资金量与 2019 年财政对职工养老保险补助之比较

方案	资金指标	低标准（100 元）	中标准（150 元）	高标准（200 元）
方案一	资金需求/亿元	763.50	1145.25	1527.00
	所占比率/%	13.67	20.50	27.33
方案二	资金需求/亿元	419.92	629.89	839.85
	所占比率/%	7.52	11.28	15.03

儿童福利制度是保障儿童健康成长的“防护网”，是我国社会福利体系中的重要组成部分，当前我国社会发生的一系列急剧变迁给儿童福利制度带来了严峻挑战。国家应加大在儿童养育方面的政策干预和财政投入，承担更多的儿童养育责任，本书提出加快构建普惠型的儿童福利制度，尤其是建立普惠型的儿童津贴制度，以降低家庭的儿童养育成本，缓解中青年群体的抚育压力。当前我国的儿童福利体系正处于从选择型走向普惠型的历史转变之中，国家有必要也有能力帮助家庭承担更多的儿童抚育责任。儿童津贴作为一种最直接、最主要的儿童福利，在儿童福利体系中占据着重要的地位，应在儿童福利体系转型中率先得到回应。我国当前的儿童津贴制度只针对于特定儿童群体，是一项选择型的福利政策，已经无法满足现实需求和政策体系需要。本书提出应单独建立一项普惠型的儿童津贴制度，通过政府财政预算筹集资金，对全体有儿童的家庭提供一定的现金补助。根据儿童津贴的成本分析结果，相较于儿童津贴保障的庞大儿童人群（到 2021 年 0～3 岁儿童人口数为 6300 万人），儿童津贴的成本并不算高。即使按照高标准对所有 0～3 岁儿童发放津贴，制度所需的资金量也不会超过财政支出的 0.7%、儿童教育支出的 10%和财政对企业职工养老保险补助资金的 30%。鉴于建立普惠型儿童津贴制度的现实意义和政策作用，以及其相对不高的政策运行成本，本书建议中央和地方政府应加快推出针对 0～3 岁儿童的普惠型儿童津贴，如果短期内受限于财政成本，可以优先保障 0～3 岁的“二孩”儿童。在制度实行的中长期内，可以考虑逐步将发放对象扩展到0～15岁的全体儿童，并且提高儿童津贴的发放标准。

本章小结

人口老龄化进程中，受影响的不仅仅是老年群体，中青幼每一个年龄段的社会成员都会受到老龄化的影响。因此，老龄社会的社会支持，需要改变以老年人为中心的思维，在为老年人提供社会支持的同时，也要对中青幼这三个群体提供必要的社会支持。

在任何社会形态中，社会财富主要由劳动者所创造，老年型社会也不例外。因而无论是对老年人的社会支持，还是对未成年人的社会支持，本质上主要由中青年人来提供。所以，要维持整个社会的发展活力，实现全社会财富的增长，即“做大蛋糕”。同时，要设法“分好蛋糕”，维护老中青幼各群体的基本权益，努力满足他们的合理诉求，统筹协调各方利益。就当前的现实而言，重点是要为中青年人的就业创业提供支持，以增强社会财富的创造力，并设法减轻他们所承担的养老和育儿的成本。

为了中青年群体能够充分就业并积极参与创业，需要更有效率的教育培训机制，以增强社会和家庭的人力资本投入；需要更加科学合理的社会保障制度，使劳动者能够得到基本的风险保障，并使其用人单位保持适度的社会保障筹资负担；需要全面加强对私有财产与合法收入的保护，为创业者吃上“定心丸”，增强他们创业的原动力。同时，借鉴国际经验，结合中国实际，确立“家庭和国家均具有养老育儿责任”的理念，从扣除对象和项目、扣除标准、扣除单位三个方面改进个人所得税制，以增强税制的公平性，使之更好地体现纳税人的真实赋税能力，并发挥减轻中青年人养老育儿负担、保持其适度税收负担、提增家庭功能等积极作用。

为健全生育保障和儿童福利制度，降低中青年人的育儿成本并鼓励其生育，建议实行覆盖全民的生育津贴制度和普惠型的儿童津贴制度。前者系与生育保险制度改革相联系，将现行制度分拆，生育医疗费用进入基本医疗保险项目，同时建立面向全民（不分城乡）的生育津贴制度。后者是指面向 0～3 岁的全体儿童或者 0～3 岁“二孩”儿童提供儿童津贴，由政府财政全额支付。本书给出了适用于全国或各地区的方案和算法，可供各地参考。

第九章　老龄社会的数字化支持

伴随着人口老龄化的进程，我们进入了数字化时代。在这个时代，我们可以有更丰富的想象，有更多的便捷，有更高的效率，但也有新的烦恼。形形色色的数字化手段，创造出为老年人服务的种种方式，提升了老年人的幸福感、获得感和安全感，减少了中青年人的许多劳动，但也出现了部分老年人不适应数字化时代的种种场景。因此，在老龄化社会，如何有效利用数字化技术手段，让人们的生活质量更高，成为当前的重要课题。

第一节　数字化养老及其发展

数字技术的发展和变革对社会生活的影响是深远的，数字化浪潮叠加老龄化进程，促使社会各界共同推动数字化养老的发展，为破解新时期的养老问题提供思路。2003 年，国内就有学者开始研究如何进行智能化养老、数字化养老（牛康，2003）。近年来，在国家政策的积极引导下，数字技术与养老服务业紧密结合，全面提高了养老服务水平，并成为一个新的经济增长点。

一、数字化养老及其主要内容

数字化养老又称智慧养老，即以新一代数字技术为主要支撑的养老服务及相关产品，旨在满足老年人的多样化需求，使其能够有尊严地生活、可持续地参与社会活动，并通过辅助技术补偿其丧失的功能，激活其剩余功能。这些年来，以互联网、物联网、云计算、大数据、人工智能等为代表的数字技术正在不断推进数字化养老服务的发展，主要有数字化养老产品、数字化养老服务以及数字化养老服务平台这几方面。

（一）数字化养老产品

数字化养老产品是指依托数字技术开发的面向老年群体的产品，主要有以下几类。第一类是老年辅助技术，即“任何设计用来增强老年人独立性的产品或设施”（Abbott，2007），为老年人提供来自外部环境的协助，从而有效改善他们的功能发挥，提升其自主性，进而使其能够更有尊严地参与社会生活。传统的辅助技术产品大多是机械性的，如站立架、取物棒、腿部辅助器等。随着科学和技术的不断进步，越来越多的产品开始应用各种新兴技术，这类产品被称作智能辅助技术（intelligent assistant technology，IAT）产品。目前，针对老年人的智能辅助技术主要被运用在六大领域：自我照顾、躯体和精神健康、运动、社会交往、安全和日常活动、休闲，涵盖生活辅助设备、监护提醒设备、娱乐交互设备等。

第二类是从事与老年相关服务的各类机器人。例如，居家机器人可以提供家政服务，辅助老年人进行清洁、收纳、烹饪、洗浴等日常生活任务；安全监测机器人能够实现对非法闯入、火警、煤气泄漏、跌倒等意外情况的监测和预警，并在必要时进行紧急干预；康复机器人能够收集老年患者进行康复训练的力反馈数据，动态调整康复训练计划，并可将康复进程反馈给主治医生，及时获得指导；伴侣机器人主要解决老年人的精神需求，陪伴并疏导其情绪，可以对触摸进行反馈、语音交互、提供社交功能等。

第三类是智能手机和可穿戴技术。人工智能技术实现了“数据—信息—知识—智慧—顿悟”的信息处理智能化晋级管道（陈钟，2017），而生物识别、自然语言处理、决策理论、学习算法、人工神经网络等基础技术为实现人工智能与各领域融合奠定了基础。人工智能语音识别、人机交互、深度学习等技术的发展，催生了健康管理可穿戴设备、家庭智能检测监测设备、个人问诊导航及用药咨询助手等产品（向运华和王晓慧，2020），使数字化养老模式的创新成为可能。物联网的集成技术和通信解决方案的潜力巨大，因而此类技术在提供照顾服务和支持方面具有良好的发展前景。

（二）数字化养老服务

数字化养老服务是指通过大数据、移动互联网、物联网、智能制造等技术，提高养老服务的自动化、智能化水平，既可以缓解养老服务从业人员短缺问题，还可以规范养老服务的供给行为。数字化养老服务的内容广泛，大体上有安全防护、生活照料、医疗健康、精神慰藉、自我实现等五大类。其中，安全防护主要包括防跌倒、紧急救援、防走失等；生活照料主要涵盖居家照顾、膳食营养、卧床护理、代办服务等；医疗健康主要包含慢性病用药、康复辅助、助医等；精神慰藉包括社会交往、文体娱乐、语音交流互动、智能陪伴等给予老人更多精神关怀，缓解老年人内心孤单的服务；自我实现主要指一些有关再就业和创业的资源供给。随着技术的进步，数字化养老产品在未来有望更加智能化、网络化、专业化、多功能化、娱乐化和数据化，从而能够更好地满足老年人的实际需求。

（三）数字化养老服务平台

数字化养老服务平台是指综合运用传感设备、全球定位系统、物联网、云计算、移动设备等技术手段，将为老年人服务的相关信息进行集合、加工并提供服务。例如，老年人需求信息和老年人健康状态信息、医疗机构的医疗服务资源、养老机构的养老服务信息、社区志愿服务信息、家庭医生等专业技术支持资源等。运用这类平台，可以降低相关的沟通及交易成本，并实现生活照料、安全监护、慢病管理、路径导航、生活缴费等功能（王晓慧和向运华，2019；万立军等，2020）。智慧养老平台在养老机构中使用较为普遍，通常以机构定制或 SaaS（software as a service，软件即服务）模式为解决方案。此类养老服务平台的优势在于，老年人相关信息汇集和服务递送可以突破地理空间的限制，这就意味着不在专业养老机构中的居家老人，同样可以享受到高效而专业的养老服务，即“互联网+居家社区养老”，本书第六章中所述海阳居家养老中的“虚拟养老院”即属此种模式。无论是现在还是未来，居家养老是大多数老年人的选择，智慧养老服务平台在精准匹配供需资源、实现个性化服务等方面大有可为，在减轻子女压力，提升老年人生活质量方面有着广阔的前景。

二、数字化养老服务模式

数字化是全球性的行为，各国在数字化养老服务方面有许多有效的探索，积累了颇有价值的实践经验，尤以新加坡、美国和日本的经验为典型。我国在汲取发达国家经验的基础上，试图探索兼具可行性与效用的模式。

（一）新加坡乐龄公寓

新加坡政府在多年打造老年人友好数字化居住环境的过程中，形成了乐龄公寓的模式，这也是其养老服务制度的核心。以“海军部村庄”为例，为了提升老年人居住的安全性、便捷性和舒适性，促进代际交流和支持，在老年社区中有机地结合了住房、日间照护机构、幼儿园、医疗机构等，并配有丰富的周边商业和交通设施。这些住房注重通用设计，防滑地砖、床边护栏、紧急呼救系统等一应俱全（徐凤亮和王梦媛，2019）。

（二）美国的社区服务

美国某些州的社区服务则将不同的机构和配套设施与具体的居住模式通过信息共享有机配合，建立不同服务指标和规格的社区，如独立居住社区、协助居住社区、护理居住社区、活跃长者社区及持续照顾退休社区，并通过全程长者护理计划由多学科工作团队和不同学科部门间的有效协作为老年人提供日间护理中心和门诊、预防医疗、健康愿望和临终关怀治疗（李志建，2010）。

（三）日本的多元合作

日本在这方面早有尝试，通过多元合作，共建智慧养老服务安全网的开创性做法，可持续地延续和发展为老服务，从而有成效地解决问题。日本的合作机制和智慧，以及服务技术的供给方式值得我们分析。

（四）中国的探索

基于老年人的需求并结合信息技术应用，我国各地在数字化养老服务方面也进行了有益的探索，比较典型的有四种模式：以椿熙堂的"互联网+"养老和友康科技为典型的基于互联网平台的"线上+线下"综合服务模式、以上海亲和源社区为代表的智能社区居家养老模式、以安康通为典型的社区街道医养护一体化模式及智慧养老机构模式。其运营模式主要为企业运作、政府买单，即政府采购或租用企业的数字化养老终端产品再免费发放给老年用户（黄剑锋和章晓懿，2020）。目前，这几种模式虽然各有一定的特点，但尚未形成成熟、可持续盈利的商业模式。

三、我国数字化养老服务发展情况

我国数字化养老服务发展大致可以划分为三个阶段（黄剑锋和章晓懿，2020；徐玲玲和郭培栋，2020）：①起步阶段（2010～2012年）。地方企业和政府围绕语音呼叫系统的技术应用进行自发式探索，全国老龄办提出养老服务信息化，推动建设基于互联网的虚拟养老院。②探索阶段（2012～2015年）。国家进行总体性战略布局，在全国范围内开始建设智能化养老实验基地，组织开展互联网技术试点工作。③发展阶段（2015年起）。智慧养老被正式列入国家工程，开展应用试点示范建设，创新的服务模式不断涌现，投融资市场活跃，基于网络的无形市场规模逐渐接近传统的有形市场规模，数字化养老服务产业正在进入成熟期。在这一进程中，各地积极探索多种形式的"互联网+"养老服务模式和智能养老技术应用，并开展了一系列试点工作，形成了具有地方特色的养老服务新模式，典型案例如北京市、浙江省和上海市。

（一）北京市

北京市倡导"互联网+养老"，2015年北京市首个数字化养老创新示范基地在中关村街道落成。2017年北京市开始尝试将现有的社区公共服务纳入养老设施，对符合一定条件的老人或残疾人发放"养老助残卡"，并按时发放补贴，老人持该卡不仅可以获得商场、超市、餐饮、家政服务、生活照料、文化娱乐和社区便利店等服务，还可以获得专业养老机构的健康管理服务。2018 年开始，着手推动建设社区养老服务驿站，通过服务流量补贴、托养流量补贴、连锁运营补贴和运维支持四个方面对社区养老服务驿站加大运营扶持力度，就近为居家老年人提供便捷高效的周边、身边和床边服务。

（二）浙江省

浙江省 2010 年着手建设“浙江省养老服务体系信息管理系统”，为数字化养老行业发展打下基础。2011 年杭州市着手数字化养老试点工作，随后出台《关于加快养老服务业改革与发展的意见》，进行数字化养老服务中心的建设优化工作。截至 2015 年，浙江省已有 86 个县（市、区）建成居家养老服务信息系统。“乌镇智慧养老 2+2 新模式”整合了长期照料体系和数字技术，连接了居家、社区养老和医疗服务。杭州市率先推出的服务商资格库在市级层面对供需双方进行了资源整合。2019 年 7 月至今，养老服务商城中已入驻 254 家商家，提供助治、助餐、助浴、代办、康复等 53 项服务。此外，杭州还率先创设养老电子货币“重阳币”，目前已有 12.12 万老年人开通养老服务专户，一定程度上打破了区域壁垒。2019 年，杭州市被列为人工智能养老社会实验地区。

（三）上海市

自 20 世纪 90 年代末，上海市就开始探索信息技术与养老服务的融合发展，基于电话语音系统为老年人提供紧急援助等服务。2013 年，上海市开始推进数字化养老试点建设，截至 2020 年，全市已先后获批 4 个区级的智慧健康养老示范基地、25 个示范街镇和 8 家示范企业，并且有 6 个智慧健康的养老产品和 7 项智慧健康养老服务被列入国家的推广目录。2014 年上海市政府出台《关于加速发展养老服务业推进社会养老服务体系建设的实施意见》，明确将养老服务信息化作为五位一体建设中的重要任务。2016 年通过的《上海市老年人权益保障条例》中，数字化养老及信息平台建设被明确写入法律，上海市老龄事业发展“十三五”规划明确提出了科技老龄的发展目标，并且作为八大项目之一，上海市推进智慧城市建设“十三五”规划等相关的文件都将数字化养老作为重要内容。为了应对资源分散的问题，2016 年以来上海市开始搭建养老服务线上综合平台，整合各类信息资源，形成数字化养老体系。2019 年 11 月起，上海市民政局推进各街镇“15 分钟服务圈”布局，重点建设各街镇辖区内集日托、全托、助餐、辅具推广、医养结合、养老顾问等功能于一体的“枢纽型”社区综合为老服务中心。为破解数字化养老“叫好不叫座”之困，2020 年 4 月上海市民政局联合上海市经济和信息化委员会发布首批四大类 12 个智慧养老应用场景。在此基础上，ITH 中国智慧康养产业价值榜组委会补充组成了六大类 14+X 应用场景。此外，上海市率先开创了以养老机构、康复机构视角对智慧康复、智慧养老场景解决方案展开评估的做法，寻找运营成本低、能切实满足老人需求的方案。2021 年 6 月又进一步发布了第二批 8 个智慧养老应用场景需求，持续推动养老服务数字化转型。

四、国家对数字化养老的重视和支持

基于对养老服务和互联网技术应用的重视，近十多年来，中央和地方各级政府对数字化养老都很重视，在其出台的多项养老服务政策文件中，都将数字化养老（智慧养老）作为其中的重要内容，进行总体规划，强调技术创新，引导产业发展，并组织试点示范，有效地推动了我国数字化养老服务的发展。

中央层面，2011～2020 年国家各部门发布了大量数字化养老相关政策，如表 9-1 所示。2013 年全国老龄委专门成立了“全国智能化养老专家委员会”。2015 年国务院印发《关于积极推进“互联网+”行动的指导意见》，数字化健康养老产业迎来新的发展契机，数字化养老成为解决养老难题新的政策选择。2017 年发布的《智慧健康养老产业发展行动计划（2017–2020 年）》推动健康养老的数字化、智慧化升级，尤其提出了“覆盖全生命周期”这一要点，该行动计划的发布意味着数字化养老已经开始上升到国家战略层面。2019 年国务院办公厅在《关于推进养老服务发展的意见》中，明确“互联网+养老”和“智慧养老院”的核心方针。在智慧养老实践方面，截至 2020 年 11 月，我国已连续开展了四批智慧健康养老应用试点示范工作，评选确定示范单位共计 533 个，包括示范企业 167 个、示范街道 297 个、示范基地 69 个。

表 9-1 2011～2020 年国家发布的数字化养老重点支持政策汇总

政策类型	政策名称	时间	发布单位
数字化养老规划	《中国老龄事业发展“十二五”规划》	2011 年 9 月	国务院
	《社会养老服务体系建设规划（2011-2015 年）》	2011 年 12 月	国务院办公厅
	《国家信息化发展战略纲要》	2016 年 7 月	中共中央办公厅、国务院办公厅
	《“十三五”国家信息化规划》	2016 年 12 月	国务院
	《“十三五”国家老龄事业发展和养老体系建设规划》	2017 年 3 月	国务院
	《“十三五”健康老龄化规划》	2017 年 3 月	国家卫生和计划生育委员会等
	《关于印发新一代人工智能发展规划的通知》	2017 年 7 月	国务院

续表

政策类型	政策名称	时间	发布单位
数字化养老技术	《关于积极推进“互联网+”行动的指导意见》	2015 年 7 月	国务院
	《关于促进和规范健康医疗大数据应用发展的指导意见》	2016 年 6 月	国务院办公厅
	《关于促进“互联网+医疗健康”发展的意见》	2018 年 4 月	国务院办公厅
	《国务院办公厅关于推进养老服务发展的意见》	2019 年 4 月	国务院办公厅
	《关于推进信息无障碍的指导意见》	2020 年 9 月	工业和信息化部、中国残疾人联合会
	《关于切实解决老年人运用智能技术困难的实施方案》	2020 年 11 月	国务院办公厅
	《互联网应用适老化和无障碍改造专项行动方案》	2020 年 12 月	工业和信息化部
	《国家医疗保障局关于坚持传统服务方式与智能化服务创新并行优化医疗保障服务工作的实施意见》	2020 年 12 月	国家医疗保障局
	《关于加快构建全国一体化大数据中心协同创新体系的指导意见》	2020 年 12 月	国家发改委等
数字化养老产业	《关于加快发展养老服务业的若干意见》	2013 年 9 月	国务院
	《关于鼓励民间资本参与养老服务业发展的实施意见》	2015 年 2 月	民政部等
	《关于进一步做好养老服务业发展有关工作的通知》	2015 年 4 月	国家发改委办公厅等
	《关于金融支持养老服务业加快发展的指导意见》	2016 年 3 月	中国人民银行等
	《关于全面放开养老服务市场提升养老服务质量的若干意见》	2016 年 12 月	国务院办公厅
	《智慧健康养老产业发展行动计划（2017-2020 年）》	2017 年 2 月	工业和信息化部等
	《“互联网+民政服务”行动计划》	2018 年 5 月	民政部
	《关于公布〈智慧健康养老产品及服务推广目录（2018 年版）〉的通告》	2018 年 8 月	工业和信息化部等
	《关于推进养老服务发展的意见》	2019 年 4 月	国务院办公厅
	《养老机构服务安全基本规范》	2019 年 12 月	国家市场监督管理总局
	《关于促进老年用品产业发展的指导意见》	2019 年 12 月	工业和信息化部等
	《关于加快实施老年人居家适老化改造工程的指导意见》	2020 年 7 月	民政部等 9 部委
	《智慧健康养老产品及服务推广目录（2020 年版）》	2020 年 9 月	工业和信息化部办公厅等

续表

政策类型	政策名称	时间	发布单位
数字化养老试点	《关于开展国家智能养老物联网应用示范工程的通知》	2014 年 6 月	民政部
	《关于开展养老服务和社区服务信息惠民工程试点工作的通知》	2014 年 10 月	民政部等
	《关于开展智慧健康养老应用试点示范的通知》	2017 年 7 月	工业和信息化部办公厅等
	《关于开展第二批智慧健康养老应用试点示范的通知》	2018 年 9 月	工业和信息化部办公厅等
	《关于开展第三批智慧健康养老应用试点示范的通知》	2019 年 6 月	工业和信息化部办公厅等
	《关于开展第四批智慧健康养老应用试点示范的通知》	2020 年 8 月	工业和信息化部办公厅等

资料来源：根据各部委颁布的数字化养老相关政策文件整理（截至 2020 年 12 月底）

值得注意的是，2020 年 9 月～12 月国家层面密集出台系列政策，强调对老年人在适应融入数字化社会中遇到的问题进行针对性、系统性解决，保障老年人在出行、就医、社会保险费缴纳等场景中使用传统服务方式的权利，并且计划在 2021 年内完成对互联网应用的适老化改造。这表明我国政府已开始正视长期以来老年人在数字化社会面临的数字困境，并在一定程度上回应了老年人的诉求。

地方层面，截至 2020 年 2 月，我国已经有 27 个省市地区就数字化养老的发展给出了相关的指导意见以及配套的措施，并陆续出台具体细化的地方性数字化养老政策扶持行业发展，见表 9-1。

第二节　数字化养老的核心议题

无论是在国际还是国内，数字化养老已经有了一定的实践，对于老龄事业来说是一个重要的机会，对于现代信息技术产业来说这是一个重要的应用领域，对于经济发展来说则是一个新的增长点。然而，在数字化养老领域，还有许多问题，值得学界深入研究。

一、数字化养老服务的供需关系

数字化时代，对老年人的数字化服务是一类十分重要的服务，更是一类新型的服务，因而有很多问题值得深入分析。

（一）数字化养老服务的供给与需求

首先，我们需要厘清对老年人的数字化服务是基于供给导向还是需求导向。传统的商品主导逻辑认为价值由制造商决定，并被嵌入在商品中，通过商品交换将价值传递给消费者，消费者是价值的消耗者（Vargo and Lusch，2004）。而服务主导逻辑重新定义了经济活动的价值，认为价值不是从交换中获得的，而是源于使用体验。这一理念认为，价值是在某个特定情境下由服务接受者（接受服务的个体或组织）使用或体验之后决定的，价值被创造和实现的关键在于服务接受者的需求通过服务体验得到满足，因此消费者也是价值的创造者（Vargo and Lusch，2008）。

商品主导逻辑下，养老产品与设备的研发设计由技术驱动，供给能力以及对社会需求的感知支配着具体的政策供给。然而，复杂的技术运用看似酷炫先进，其实一方面阻碍了老年人的接受使用，甚至带来“数码焦虑”，另一方面使产品价格居高不下，限制了数字化养老产品的普及推广。这种供需错配导致了行业内长期“叫好不叫座”的尴尬局面。服务主导逻辑下，作为消费者的老年人在数字化养老服务中的主体性开始受到关注，尤其是场景应用、服务体验得到重视。对社区养老服务进行重新定位后，老年人不是被动接受养老服务，而是积极、平等地参与到养老服务供给过程中，成为这一新型模式有效实施和推广的参与者与推动者。因此，数字化养老不是技术和养老的简单相加，也不是单纯为老年人提供智能消费品，而是通过辅助科技来提升老年人的独立生活能力；也不是机械地分析和处理老年人数据，而是进一步链接线上和线下资源，确保老年人独立生活的安全性。数字化养老技术的发展，更不能削弱老年人自理生活的机会，或取代他人的关爱，而是通过科技或者服务，辅助老年人更有尊严地度过晚年生活（陈虹霖和吴晓薇，2019）。即使在老年阶段，老年人对自己的生活、健康状态、医疗选择、护理服务、婚姻选择等也具有自主权和自决权。但在我国“家庭中心主义”思想的影响下，老年人的生活选择、医疗选择、护理服务等都是由家人（主要是子女）做出的，这种做法实际上是以爱之名干涉了老人的自主权和自决权，甚至有可能违背老人的意愿。

（二）养老服务需求的变化

随着经济增长和社会变迁，老年人的服务需求在不断变化，需求层次逐步提高，除了基本生活之外，还有更高的需求，与之相应的数字化服务业随之跟进。一般来说，影响老年人对数字化养老服务的因素主要包括：①价格，某些昂贵的技术和服务与老年人的购买力不相匹配（Lee，2014）；②感知易用性，感知到的操作烦琐、理解困难的设备或技术会让老人拒绝继续使用（Murata and Iwase，

2005）；③自我效能感，即能够顺利使用智能技术的信心（Leeraphong et al.，2015）；④预期收益，如果无法想象技术可能带来的优点，老年人使用某一服务的可能性就会降低（Walsh and Callan，2011）。

现阶段，我国养老领域中数字技术的应用还处于较低层次。2016 年中国老年社会追踪调查结果显示，老年人对智能产品的使用情况不容乐观。在受访的超过 1.1 万的老年人中，即便是智能手机，拥有率也仅为 16%，而使用率更是不到 10%。智能手机尚且如此，其他更复杂的智能产品的拥有和使用比率无疑更低。具体参与数字化养老的老年群体中，目标客体较为单一，主要集中在失能老人或失智老人中。在国外，超过 60 岁的老人，98%以上都是数字化养老产品使用的活跃群体。而我国只有一小部分老人使用甚至知晓数字化养老的相关技术产品（刘佳辰，2021）。同时，老年人对数字化养老的认可度也较低，现在已开发出来的一些数字化养老项目或信息平台的受益覆盖面窄，并未得到有效利用，政府的积极倡导与项目落地遇冷形成鲜明的反差（杨菊华，2019）。

对于健康服务的需求在不断地提高。例如，人口老龄化的背景下，全球超过 10 亿人口正在遭受或死于某种形式的神经退行性疾病，为了促进老年人健康，"Seeing the Big Picture in Medical Science"一文中提出了一个 21 世纪的公共物品模式，以支持科学、技术和商业的协同创新。通过对神经退行性疾病的模板生物标志物的广泛应用，有可能为社会提供公共产品的普遍利益，再加上有效的合作框架，将有效应对老龄化社会所带来的全球性挑战。老年人的需求催生了数字化养老的消费市场，市场上生成了数字化养老产品、数字化养老服务和数字化养老平台建设等新事物，从而为老年人打造了一个数字化养老服务体系。

未来，老年人的社交需求、尊严的需求和自我实现的需求日益受到关注。例如，随着健康中国战略目标的提出，增强失能老年人对数字化产品的可及性也成为研究的一个关切点（李滔和王秀峰，2016）。又如，随着整形手术的技术成熟、知识普及和费用降低，整形手术已不再是年轻人和富人的专属，一份"流金之美"的报告显示，2014 年西方国家有超过 100 万 65 岁以上的老年人接受了外科和非外科的美容整形手术，且该数据一直在快速增长，显示出这一需求的巨大潜力。同时，我国老年人整容人数也逐渐增多，最受老年人欢迎的整形手术分别为眼部整形手术、除皱和抽脂。由于我国老年整形研究起步较晚，目前主要集中于烧伤整形和眼部整形，这类手术更多为修复性手术，是为了改善生活质量而做的整形手术，变美并非主要目的。老年教育方面，目前养老产业和相关管理机构的尝试还较为粗浅，很多只是形式上的辅助而并未真正从老年人的认知结构、知识背景、情感动机和现实需求等角度进行深入探索（白玫，2016）。

二、老年人的数字鸿沟

互联网技术的快速发展和广泛运用，在促进我国经济社会发展的同时，也引致了数字鸿沟现象。评价一个社会的文明程度不是看现代化的发展，而是看对待弱势群体的态度。因此，越是数字化发展，越要重视数字鸿沟问题。

“数字鸿沟”一词，源于美国未来学家托夫勒对全球化进程中发达国家与发展中国家信息技术应用的差距的表述。数字鸿沟也表示人群间、行业间和企业间的信息利用差距，反映数字化时代下一种新的不平等（杨菊华，2019）。数字化社会中，信息是权力的重要来源之一。社会群体中一部分人群对数字化社会融入程度较高，另一部分人群融入程度较低，其本质是不同社会群体在知识权力上的不平等。公共网络、公共数据的获取不平等会加剧数字隔离。邱泽奇（2020）指出，数字门槛的高低在形式上由技术决定，而本质上则由社会规制规定。老龄化社会中，这种数字不平等主要表现为代际数字鸿沟、城乡数字鸿沟和经济差异的数字鸿沟。

（一）代际数字鸿沟

代际之间的数字鸿沟在社会快速走向数字化的过程中早有体现，即老年群体与青年群体在信息科技接受程度、使用频率和知识掌握上存在巨大差距。许多年轻人能够轻松使用的设备对老年人而言非常复杂，甚至无法顺利使用。代际数字鸿沟源于技术门槛的设置，忽视了年龄间的数字素养差异，数字素养较低的老年人因而被排斥在技术应用之外（邱泽奇，2020）。2020年初开始流行的新冠肺炎疫情（COVID-19）折射出老年人遭受的年龄歧视。在残酷的疫情现实面前，老年人在疫情信息接收、医疗物资享有、医疗服务（检测、治疗）获取等方面受到的不平等对待逐渐显现。这场疫情中各种数字技术表现亮眼，数字素养高的人们可以实时掌握全球疫情发展信息，与数千万人一起观看雷神山和火神山医院的建造过程，通过远程协同软件在线办公、网络教学，依从政府指示按时按序在线获取口罩等防疫资源，以及足不出户采购生活物资。然而与此同时，数字素养较低的老年人正面临防疫信息阻塞、被“健康码”阻碍通行、难以操作就医预约挂号、无处打车与购买食品等突出问题，数字化服务一定程度上甚至剥夺了老年人原本熟悉的日常生活。疫情发生后的最初三个月，我国中老年网民快速增长6100万人，在如此短暂的时间里实现了最初十几年都没能达到的增长速度，这背后折射出老年人在信息社会的焦虑和恐慌。而火速入网后迎面而来的是一系列高难度的互联网操作，如果缺少亲友和家人的数字反哺，中老年用户将举步维艰，甚至极易陷入虚假信息诱导、诈骗等圈套。总体上说，老年人作为信息弱势群体，由于数字技能缺失，对信息科技相关的生活掌控能力下降，其参与社会活动的权利无形中被剥夺。例如，老年人在电子商务、网络教育、实时沟通等不断兴起的在互联网上运营的各项活动和公共服务中往往缺席，在网络问政中常常出现集体失声现象，从而丧失了表达自己意见、为自己争取权利和谋求利益的机会。这种“他者化”可能导致一系列社会问题，如果不加以控制，年龄歧视将继续产生长期的负面影响，包括虐待老人、加重老年人抑郁症和过早死亡等，最终将影响到所有人群。

（二）城乡数字鸿沟

城乡之间的数字鸿沟是城乡差异在数字化变革过程中不断累积放大的表现。根据中国互联网络信息中心（China Internet Network Information Center，CNNIC）发布的信息，截至2020年6月，我国农村网民共2.85亿人，占网民整体的30.4%，与城市网民6.54亿人、占69.6%形成鲜明对比。2016年中国老年社会追踪调查数据也显示，老年人群中的数字鸿沟巨大。比如，城镇60岁以上人口的智能手机拥有率为28.7%，而农村仅有7.4%。农村数字基础设施建设仍处于起步阶段，智能化养老或信息科技服务的使用和推广都非常有限，且养老保障体系不健全、养老方式单一，附加上农村老人受教育程度较低、经济收入水平较低等因素，因此，数字化和智能化在城乡老年人之间也形成了数字鸿沟。

（三）经济差异的数字鸿沟

经济地位的差异同样会在数字化社会中形成数字鸿沟。数据成为一种生产要素后，在市场中便具有交换价值和交易价格。数据的获取从无偿走向收费，数字富有阶层则与数字贫困阶层之间出现了差距，经济鸿沟以数字鸿沟的形式表现了出来（黄晨熹，2020），数字鸿沟两端的群体分化也会进一步拉大群体间的贫富差距。

三、数字化支持的效用研究

在数字化养老服务持续发展的背景下，对数字化支持的效用研究开始受到重视。数字化支持究竟能在多大程度上降低养老成本？现实环境中的运作与实验条件下有多大差距？老年人选择哪些智能产品与服务才是性价比更高的？目前学界对这一议题的研究主要聚焦于两方面：预期–效能的分析、成本–收益的核算（张泉和李辉，2019）。

（一）预期–效能分析

数字支持预期–效能的研究既包括对整体功能的分析，也有对单一功能的考察。数字技术对老年人健康管理的影响受到大量老年学者的关注。2009～2018年，国际上老年人健康介入软件的相关研究主要关注慢性病的控制、老年人自我效能感的变化、赋权等。我国也有相关研究表明，基于物联网的老年糖尿病患者健康管理智能终端的运行，提高了老年人对糖尿病健康管理的意识和能力（孙瑶，2014）。远程看护和服务不仅能够有效维持老年人的健康状况（West et al.，2010），改善老年用户的血糖、血压等生理指标（Shea et al.，2006），还能有效降低老年人疾病风险，明显降低老年人发病次数和住院频率（Giordano et al.，2009）。数字支持在认知症的相关研究中已被证实有多种作用，如预测，即通过计算机视觉技术提取步态特征进行判断（Ng et al.，2020；Li et al.，2011）；改善执行认知功能（Rudzicz et al.，2015）、记忆功能（Schmitter-Edgecombe et al.，2008）以及综合性支持（Sheri et al.，2020）。

（二）成本–收益核算

成本–收益的核算则从供需两方视角进行：①作为服务供给者的厂商能否实现成本收益均衡；②作为需求者的老年人对服务的使用能否节约服务花费。目前这方面的研究较少，Vannieuwenborg 等（2016）通过对一般场景和智能场景进行调查–建模后的分析显示，数字技术的应用在提高护理服务附加值的基础上能使老人护理和医疗的费用平均减少 38%。

（三）评述

对数字化养老产品与服务的效果进行评价的研究目前总体上还较少，其中对预期–效能的研究主要集中于数字化健康养老和认知症领域，对成本–收益的研究则在非常初步的阶段，并且这些有限的研究主要关于技术发展以及实践应用，缺乏对个体使用者主观感受的研究，同时缺乏伦理、法律方面的考虑和综合性评价的研究。数字化养老效益衡量仍比较模糊，尚未有精确的测量方法，且精神收益更是难以用数字的形式反映出来，这在一定程度上限制了市场发展。因此，对数字化养老效果的评价技术与手段的深度开发与研究，将是助力“互联网+养老”、数字化养老等发展的关键环节。

四、数字化养老服务需要注意的问题

（一）共性与个性

对老年群体的需求进行考察，除了这一人群的共性特征，还应考虑其内部异质性。长期以来，老龄产业和老龄研究常常忽视老年人多样化和个性化的需求，但老年人的个人社会经济地位、健康状况、家庭结构、居住安排、生命历程等都会对其需求产生影响，因而他们对服务项目的需求类型和强度也有一定的差别。事实上，需求并非静止不动，个体的需求往往会由社会变迁、个体阶段变化而引起侧重点的变化，抑或产生新的内容。由于对目标客群的研究深度不够以及发展思路的局限，在个性化健康管理、特需医疗服务、专属健康教育等需求方面，针对性的产品研发及有效供给严重不足（廖喜生等，2019）。

（二）现代与传统

现代科技是一把双刃剑，其在促进社会发展的同时也造成了老年弱势（陈虹霖和吴晓薇，2019）。现代科技的服务对象主要为青年群体，其产品设计对于视觉、听觉等身体机能衰退的老年人而言并不适用（黄晨熹，2020）。在追求实用高效、工具理性、智能自动的过程中，各种竞争、风险和不稳定因素也在增加，以往一味期待老年人能够适应现代快速发展的信息社会的理念值得我们反思，现代和传统的关系应该如何平衡？传统的、人工的社会参与方式是否有其可取之处？传统中医的全人思想、“治未病”理念在现代医疗技术已发展得如此成熟的当今社会为何仍有市场？

（三）科技与人文

“科学性”是用来形容数字化及科技最恰当的词语，而“人文性”是用来形容人员服务最贴切的词语。这也就意味着二者无法实现彼此功能的替代，特别是在为老服务中，老年人需要的不仅仅是服务，更需要关怀和尊重，而这是科技产品始终无法触及的（陈虹霖和吴晓薇，2019）。所以在这样的情况下，二者功能的弥合或者说在科技服务中更好地彰显人文性是为老服务最适合的方式。产品设计的初衷始终应当是为了更好地辅助老人及其照护者，而非完全替代其功能。

综上所述，实际情况迫切要求我们重新审视长寿社会的新机遇，我们正有机会面临改变社会对老龄化的思考和认知。我们有一日千里的新科技助力，老年人群的需求也在发生缤纷多彩的变化。如果能综合各学科先锋知识，追本溯源，有力解决“老年人他者化”的问题，就能逐步实现理想的未来老龄社会。

第三节　数字化养老的展望

我们迈进了人口老龄化的时代，同时迎来了数字化时代。二者叠加，实为天赐良机，同时也对我们提出了诸多新的要求。数字化养老服务已经形成了良好的基础，同时也面临不少新的问题。我们需要认真总结国内外的发展经验和教训，准确把握未来的发展趋势，逐个解决现实世界中的种种问题，坚定地前行去拥抱未来，在老龄化社会中充分运用好数字化技术。

一、加强数字化养老的顶层设计

数字化是养老产业发展的必经之路，然而目前尚未形成规模效应，许多企业的着眼点依然局限在单一的产品或服务上，如防走失装置、语音机器人等。数字化系统和相关服务平台由于数据价值和成本考虑而互相独立运行，竞争多于合作，缺乏统一部署和综合管理。在模式推广的过程中，离产业数字化还有很长的路，目前基本采用企业运作、政府买单的运营模式，政府采购或租用企业的终端产品再免费发放给老年用户。企业依赖于政府主导的自上而下的推动，市场机制的作用有限，消费市场尚未成熟，导致经营模式难以向欠发达地区推广。从数据视角来看整体的架构设计，国家发改委等部门 2020 年 12 月发布《关于加快构建全国一体化大数据中心协同创新体系的指导意见》，提出加强全国一体化大数据中心顶层设计，推进社会治理和民生服务领域的协同发展，这就要求对细分的养老产业发展相关事项做出规定与设计。

（一）明确政府与市场的角色和定位

我国发展数字化养老服务业，必须充分发挥我们自己的优势和特色。某些发达国家，其基本养老保险和基本医疗保险采用多元化的管理方式，由商业性公司牵头进行数字化养老产品的开发与服务设计，总体呈现自下而上的模式，因此在信息共享方面存在许多障碍（徐凤亮和王梦媛，2019）。相比之下，我国的社会保障各项目由国家集中统一管理，公立医疗机构在医疗服务系统中占据主要地位，这为老年人健康和医疗信息的采集与共享奠定了基础，这就使得我国在养老产业的数字化发展中具有“换道超车”的可能性。这里的关键是明确政府与市场的角色及定位。政府是整个养老服务体系数字化建设的主导力量，在我国养老服务市场规模尚小、制度不完善的背景下，政府应着力引导企业、培育市场。一方面，发挥政府部门的职能作用，加快养老数据采集、处理、保密等方面的工作，形成老年基础数据库，建立数字化养老服务信息云平台，为养老服务企业提供信息化服务，指明市场方向，拓展服务范围。同时制定相应的配套政策，通过税费减免、土地优惠、财政补贴、项目扶持、产业扶持、政社合作、老年教育等方式，提升企业从事数字化养老产品生产和服务提供的积极性。另一方面，合理运用市场运作机制，引导企业进行数字化升级转型，开发适老化智能设备，特别是鼓励龙头企业进入数字化养老市场，加大对中小企业进入该领域的扶持力度，不断完善各类企业共存的数字化养老产业体系（赵宁和张健，2020）。

（二）建立数字化养老行业统一标准

养老服务体系的数字化建设是一个庞大的系统工程，需要有统一的行业规范和标准体系。目前，我国养老服务领域仅有《养老机构服务安全基本规范》一项强制性国家标准，该标准明确了养老机构服务的安全“红线”。而养老产业的数字化建设尚无统一的全国性标准，仅有少数地方性标准，如无锡市民政局于2019年3月出台国内首个智慧养老建设省级地方性标准《智慧养老建设规范》。近期在个别细分领域也有所突破，如全国首个数字化养老服务平台团体标准《基于人工智能语音交互的养老服务平台要求》已于2021年1月开始实施。但总体上看，养老产业的数字化建设标准尚处于碎片化的初步发展阶段，缺乏统一指导和规范。养老服务产品和系统的接口通信、数据格式等标准均有差异，要实现彼此之间的互通互联还需要克服一系列问题，资源浪费现象严重。此外，伦理规范的设置也不成熟，老年人的隐私保护、信息安全等均暴露在高风险之下。

为了充分发挥信息技术在养老服务体系中的价值，关键是统一行业标准，为各类成员的数据共享和协同合作提供基础。从技术角度看，应针对网络通信、信息安全、物联网、互联网、人工智能等涉老技术制定标准和规范。从结构层次看，需要在基础设施、数据资源、服务平台、应用系统接入的各个层次建立统一标准。完善、规范的养老产业标准体系有利于不同产品服务系统之间的互通互联，降低交易成本，丰富服务供给，“良币驱逐劣币”，从而促进行业整体健康有序发展。

（三）注重数字化养老应用场景落地

数字化养老服务具体而言可以分为多种类别，包括安全防护类、日常照护类、健康服务类、生活辅助类、功能补充类、情感关爱类、心理疏导类、文化娱乐类、人际交往类、社会参与类、法律保护类、精神慰藉类、自我实现类以及农村场景等。研究发现，目前关于数字化养老场景的落地以及推广尚处于初步阶段，无论是场景中产品的设计还是场景后续服务的跟进仍有很大发展空间，实践过程中这些方案在解决一些问题的同时，又产生了一些新的问题（陈虹霖等，2020）。因此，要对重要场景进行适配性分析，包括智慧送餐、认知障碍老年人走失、认知症居家非药物数字训练（陈虹霖和安宁，2020）、失能老人护理救援、远程医疗、机构照料监管等重要数字化场景，需要各方力量继续推动，在应用的过程中，着重解决技术落地的最后一公里问题。

二、尽快破除数据壁垒

养老服务是一项综合性很强的工作，涉及众多的部门，包括民政、老龄、卫生、社会保险、工业与信息化、残疾人联合会等，因而养老服务的数字化也需要各部门的共同协作。但是，各部门之间的职责有差异，具体措施存在交叉现象，各自掌握的数据信息难以整合和共享，造成公共服务碎片化。调研发现，数据共享的阻力可能来自部门利益化和保守主义倾向导致的政府内部信息互通交互的程度降低。同时，养老数字化建设呈现属地化管理格局，不同地区的服务提供模式差异显著，城乡之间资源更是配置不均（杜春林和臧璐衡，2020）。此外，地方政府间在压力型体制下存在一定程度的竞争关系，阻碍了资源共享和互信合作机制的建立。另外，养老市场发展则涉及护理、医疗、日常生活用品、家政、地产、金融保险、旅游、文化等 20 多个细分行业（廖喜生等，2019），当前各市场主体各自为战，行业间数字化信息平台和服务终端相对封闭，互不兼容，加大了企业服务网络的拓展成本，导致资源的闲置、浪费及全要素生产率的下降，难以形成集约化的发展模式和完整的产业链条，无法实现数字化养老的规模效应。

当数据不能共享时，数字化的优势便难以发挥。现实世界中，由于部门之间缺乏应有的合作，养老服务相关的数据依然是壁垒森严，"数据孤岛"现象逐渐显现，其运行效率远不如预期。如何打破数据壁垒，实现数字化养老服务各主体、区域以及行业间的有机整合，优化养老服务资源配置，这就呼唤治理机制的创新。

（一）联结"数据孤岛"

资源整合的前提是要提升对资源的处理能力。应着力推动横向和纵向的涉老资源处理：从横向上看，首先应将分散于老年居民、社区、机构（医疗、养老等）、行业协会、政府各部门中的涉老数据资源进行采集、处理和保密；从纵向上看，应依托各级组织建立从社区、乡镇、县、市、省到全国的涉老信息的互联互通、信息资源共享的数据库和养老业务信息平台。将横纵两个方向的涉老数据资源脱离原主体在统一的服务平台中存储和分享，即建设全国性的数字化养老云平台。其中，统一的规划和标准能够提升资源在不同主体间的交换效率，提升资源的整合程度。

进一步，资源整合的关键是提升对资源的使用效率。平台对海量的涉老数据资源按照统一的格式进行分解重组，将分散、不相干的信息和知识进行连接，转换成面向居民、医疗或养老机构、企业等个体或组织的主题数据库。在信息安全和隐私保护的前提下，将数据库有限度地向各类用户（如遭遇突发状况的老人、在本地区开展业务的养老服务企业等）开放，使资源能够在用户需求唤起时迅速响应和调配。

以数字化建设为支撑的养老云平台，将为从事居家养老、社区养老、机构养老的养老服务企业、运营企业，以及从事医养结合业务的社区医院、养老机构、签约医生等提供用于内部管理和服务管理的业务应用功能。在该模式下，各主体和对象协同作用、各司其职，系统内多种资源合理、高效分配，最终达到各尽其能、各取所需，形成多方共赢的养老新格局（贾妍等，2020）。

（二）实现整体联动

养老体系的数字化建设涉及多个主体，包括政府及其职能部门、养老服务提供者、行业协会、信息服务平台、设备供应商、社区、高校和科研机构、社会组织等。为推动智能化场景的落地实践，亟须实现各主体或者各部门之间的信息共享，建立行之有效的沟通与协调机制。

目前，政府主导的养老服务资源整合缺乏对社会组织的重视。信息及其所蕴藏的价值的分散化实现了对社会及公众的赋权，使政府与多元社会治理力量分享社会治理的权力，以多元主体的参与和共享为基础的大数据运用，有利于实现养老服务资源的整合。

数字化的产品及服务平台搭建，应避免“散兵游勇，各自为政”的分散现状，需要发挥本该发挥的数据价值，通过信息资源实现多主体、多场域的整体联动。例如，依托社区作为养老网格化管理的基础单元，基于一定的算法并且建立在对老年人体征的多种数据进行长时间观察的基础上，根据老人的就医诊疗单、运动体征、血压监测、心跳、血糖等预测老年人适合什么样的饮食，进而自动制定适合他们的个性化饮食方案。

同时，使数字化养老服务平台具备一定程度的智能感知和响应能力，如佛山平台设计者提出的老年人突发疾病应急服务模式，即老太太跑步后感觉身体不舒服，其心率、脉搏等健康数据中的异常现象马上反映到监护中心，监护中心的医生接到预警后将信息传到老太太所住社区，社区医生就能马上跟进（栾世栋等，2017）。

（三）创新支付方式

数字化养老产品的高研发成本导致其售价居高不下，许多老年人、家庭以及机构都望而却步，成为数字化养老行业发展的重大阻力之一。而以较低的价格为老年人及其家庭甚至养老机构提供进行以天、月、年为单位的个性化租赁方案更能被以上群体接受。此外，由于养老产品的特殊性，租赁的方式比购买的方式更能优化资源的利用。因此，实现数字化养老产品支付方式从“购买”向“租赁”的转变有利于促进数字化养老产业的可持续发展。

三、形成数字化养老闭环

（一）创新产品设计和商业模式

数字化养老在推进的过程中离不开企业的创新性产品研发与设计，所以政府在对企业进行扶持的过程中需要通过鼓励竞争和产权保护，适当引导企业提升对老年群体市场的了解，鼓励企业研发出精准对接老年群体需求的软件程序、数字化健康养老产品等。除此之外，要引导企业围绕“为老年人服务”这一核心打造自己的品牌，降低设备操作难度，提升适老化特征，价格制定更加亲民化，颜色、字体更加适合老年人的整体认知，从功能、形态、声音等多方面实现对老年人需求的满足。改变传统上智慧养老产品的被动地位，即相比过去被投放于市场后仅等待老年人来适应与使用而言，当前产品研发更需积极主动地适应服务对象。

养老产业具有投资大、回收期长的特点，因而其商业模式可以采用连锁化经营的方式降低运营成本，增强品牌优势，提升营利能力（廖喜生等，2019）。日医学馆正是通过这种模式成功发展为日本三大养老连锁运营机构之一，目前提供介护服务的据点高达 2428 处，形成了规模效应和持续发展的能力（张兴和陈金保，2014）。

（二）健全监督与评价机制

数字化养老服务供给并不是一项短期工作，不可能一步到位。企业在政府的扶持下生产看似能够满足老年人需求的数字化产品，而产品落地之后，如果不能取得较好的市场效果，那么以营利为主要目标的企业就会选择放弃对该产品的继续生产或者运营，甚至可能转而投向另一种产品的生产，无法形成产品的沉淀效应，也就无法对产品的整个落地和投入使用的过程进行整体的追踪与反思整改。所以要促进这一目标的实现，政府就需要在对企业进行扶持的过程中完善应有的监督机制，保证生产供应商后续的服务跟进，否则就很可能出现这样的情况：产品到达老人手中，与老人的真实需求不匹配，而生产供应商也并不了解这一情况，自然不会对产品进行整体的优化和迭代，久而久之，产品无人问津。这样其实也直接地浪费了政府投入的资源，所以政府可以在这一过程中进行适当的干预和监督，需要运用科学的方法持续改进，促进产品的沉淀化。

国内外信息化建设的经验（房毓菲和单志广，2017）表明，系统的监督机制和绩效评估一方面能掌握服务供给现状，保证产品后续的服务跟进，另一方面能够发现实施中有待提升之处，对数字化养老服务的未来发展起到导向性作用，能够通过闭环促进产品沉淀化。

因此，有必要着手发展一套综合评价指标体系，由第三方评估机构定期进行监督与考核，依据标准化的科学评价方式，对养老机构、医养结合机构等服务供给商进行等级划分与评定，对于服务供给过程中的问题与困境进行集中讨论，探寻调整方向，为新的应用场景开发提供指导。

四、提升老年群体数字素养

信息时代数字鸿沟现象引致数字权力失衡，老年人由于其信息弱势的特征，很难靠自身完成对数字鸿沟的弥合，实现数字赋权。近年来，老年人数字融合已成为社会服务重点，其中，继续教育等数码赋能是老年人数字融合的重要途径。按照目前我国 76 岁的人口平均预期寿命来算，退休后，60 岁以上的长者平均几乎有 20 年的教育断层，与日新月异的数字化社会隔阂渐深，如果有持续教育的机会帮助老年人弥合数字鸿沟，将大大助力其提升在数字化社会中的整体生活质量。

（一）社会组织介入

在加强老年人智能知识学习和操作培训的进程中，由非营利组织或政府机构发起的以社区为基础的项目正在发挥重要作用。比如上海“老小孩”网站的老年数字化教育赋能项目，上海老年大学的电脑使用培训班，北京“夕阳再晨”社会工作服务中心为老年人开展信息技术普及教学辅导等，这些力量切实提升了老年人使用电脑、智能手机等现代科技设备的能力，将大量关于社区资源的信息整合到技术的技能培训中，探索出“政府–高校–社区–企业–机构–社区自组织”六位一体的数字融入模式（石珂，2018）。

（二）实施代际学习项目

代际学习（inter-generational learning，IGL）指不同世代的人群之间相互进行学习的过程（Geeraerts et al.，2018），这是一种顺应数字化社会发展潮流的新兴学习方式，蕴含了终身学习的理念。代际学习被认为能在互联网时代增强社会的凝聚力，因而自其兴起后快速发展，目前全球范围内已有数千项代际学习项目实践（Sanchez et al.，2018），欧洲也正在致力于开发“互联网+”驱动的代际学习项目。世代之间信息和通信技术（information and communication technology，ICT）教与学的互惠性已被研究证实（Kenner et al.，2008）。我国可借鉴这一模式，在政策推动下积极尝试开展基于数码赋能的代际学习项目，促进家庭内部的数字反哺，增强老年人的自我效能，减少老年人在数字化社会中的“技术恐慌”心理。

本 章 小 结

我们正处于老龄化与数字化交互发展的时代，如何为老龄社会提供数字化支持，成为一个重大的现实问题，需要学界予以充分的重视和关注。

最近十多年来，现代信息技术正不断地推进数字化养老服务的发展。老年辅助技术、从事养老服务的机器人、智能手机和可穿戴技术等数字化养老产品层出不穷；通过大数据、移动互联网、物联网、智能制造等技术，养老服务的自动化和智能化水平得以提高；各类数字化养老服务平台搭建了虚拟的养老院。在此基础上，许多国家形成了可复制、可推广的数字化养老模式，我国也在积极探索之中。对此，国家予以高度重视，从中央到地方，我国各级政府出台了一系列重要政策，旨在支持数字化养老服务业的发展。

但我们应该看到，对老年人的数字化服务是一类重要的服务，更是一类新型的服务，其供给与需求之间的关系与传统的商品有很大的不同。老年人的需求在不断地变化，也许目前的需求还处于较低层次，但今后会变化、会提高，而且需要注意共性与个性、现代与传统、人文与科学等。在数字化时代，需要充分重视数字鸿沟，特别是代际之间、城乡之间和经济差距之间的数字鸿沟。在这样的背景下，数字化支持的效用值得研究，目前主要有预期–效能分析和成本–收益核算等方法，但还是非常初步的，亟待进一步深化。

为使数字化养老事业得以长期持续健康发展，需要从多个方面努力。一是加强数字化养老的顶层设计，要明确各主体的职责定位，尤其是政府与市场的角色和定位，建立数字化养老行业的统一规范和标准，并注重数字化养老各应用场景的落地；二是尽快破除数据壁垒，全面提高数字化养老的效率，破除各类藩篱，联结“数据孤岛”，实现整体联动，并创新支付方式；三是形成数字化养老闭环，包括创新产品设计和商业模式、健全监督与评价机制等；四是提升老年群体数字素养，通过社会组织介入，实施代际学习项目等，不断提高老年群体对数字化技术的适应和运用能力。

第十章　老龄社会多元共治体系

当今和未来相当长的时期内，我们将始终处在一个老龄化的社会，这是无法改变的必然事实，也就是说，老龄化将是未来社会的一种常态性特征。为了适应这样的社会，我们必须构建有效的社会支持体系，而这个体系需要多个主体的参与，并且有清晰的定位、有机的联系和有效的合作，将形成多元主体协同共治的一种局面（杜鹏和王永梅，2018），这一观点与老龄社会治理和福利多元主义理论所倡导的多方共同参与的治理模式相符合。老龄社会治理提倡"整体性治理"和"多中心治理"，主张政府之外的主体参与到社会治理之中，实现不同社会部门之间的整合。福利多元主义理论突破了原先认知中社会福利来源主要是国家或者家庭的框架，提出单一的社会福利供给存在缺陷，社会福利的供给来源需要多元化，其两大重要理念是分权与参与。福利多元主义者认为，国家或家庭不再是福利供给的唯一媒介，市场、社会组织、社区等需要更积极地参与福利供给并承担更多的责任（Evers，1994；Johnson，1999）。他们主张社会福利的来源多元化，既不能完全依赖市场，也不能完全依赖国家，福利是全社会的产物（彭华民和黄叶青，2006）。为此，我们需要改变现行的社会支持体系，通过深化改革，建立起权责清晰、多元共治、整体协同的社会支持体系。

第一节　老龄社会治理的多元化

讨论老龄社会的治理，需要从老龄社会的认知开始。关于老龄化，虽然我们已经讨论了几十年，但还有很多事情没有弄明白，有的甚至一直陷于误区。在此基础上，还要弄清楚治理的含义，尤其是在中国语境之下治理的含义。有了这两个基础，我们才有可能比较准确地理解老龄社会治理的多元化。

一、老龄社会认知

随着学界对老龄化理解的逐渐深入，研究者近年来对"老龄社会"的认知开始走出"老龄问题论"的认识误区，如胡湛和彭希哲（2018）所言，"从本质上讲，老龄化没有好坏之分，所谓的'问题'或'挑战'……更多源于变化了的人口年龄结构与现行社会经济架构之间的不匹配所产生的矛盾"。同时，在全面二孩政策之后，一系列的人口学研究表明，寄希望于对人口本身进行政策调整无助于短期内缓解人口老龄化问题（翟振武和刘雯丽，2019）。例如，王金营和戈艳霞（2016）的研究结论就证明，与未进行生育政策调整的情形相比，老年人口规模并无明显变化，且由于存在时滞性，全面二孩生育政策调整对缓解人口老龄化的积极影响主要体现在2080年及以后。尽管如此，在学界乃至于整个老龄治理领域，大多数人仍未摆脱传统“防止老龄化”或“延缓老龄化”逻辑的桎梏，“用20世纪的思路和方法来应对21世纪的挑战”（胡湛和彭希哲，2018）。本书认为造成这一滞后现象的原因并非人们对于老龄化或老龄社会的现实情况了解不足，而在于当今的老龄社会治理理念其实并未真正地进入治理的视域之中，这一理论滞后的具体表现有三点。首先，大多数学者仍立足于人口系统本身，即就人口来谈人口，实际上没有重视老龄社会中人口系统与其他社会子系统之间的互动，也未能意识到与人口老龄化同步发生的社会形态转型；其次，仍有学者或政策制定者希望能通过某一项或某几项大政方针来一举解决老龄社会随之而来的各种问题，本质上这种观点忽略了老龄社会的复杂性和多样性，即老龄社会转型造成的不可治理性；最后，大量研究仍将国家（或政府）置于老龄社会治理的核心地位，但是越来越多的老龄政策在制定和执行中出现的问题表明，国家力量在治理老龄社会问题时是不足的，在某些问题上未必处于中心地位。因此，关于老龄社会治理的研究应当真正地进入治理的理论和政策视域中去，或者说，以治理作为一种新范式来重新审视老龄社会的治理问题。

二、从“治理”到“老龄社会治理”

在当今的社会政策研究领域，几乎言必谈治理。治理到底是什么，治理何以成为老龄社会时代公共政策体系的必然选择，这是本书需要回答的一个重要问题。治理的原意是“控制、引导和操纵”，是源于拉丁文的一个古老词汇，在世界银行于1989年发布《撒哈拉以南非洲：从危机到可持续发展》之后，治理开始了在全世界范围内的大流行，但是到目前为止，治理的具体定义都是模糊、宽泛而富有弹性的，很难找到某一确切的定义。但是，在不同版本或宽泛或严格的论述中大致呈现了两种倾向：第一，主张否定国家和政府的唯一权威地位；第二，政府的公共行政模式需要变革（王诗宗，2009）。结合治理理论产生的背景和定义的特性，王诗宗（2009）归纳了治理的理论路径，即政治社会格局的不可治理性引发了“国家–社会”关系的调整，在这种调整中，政府外的力量被强调，而国家中心的地位可能在一定程度上被国家、社会和市场的新的组合所替代。由此可以看出，治理理论的盛行其实与20世纪末以来新公共管理理论遭遇的一系列危机密不可分，其实是对社会转型造成的一系列不可治理性问题的回应。如治理理论的倡导者斯托克所言，治理理论的价值其实不在于因果分析，或是规范性的论述，而在于能够提供一种有组织的分析框架，以此可以理解统治的变化过程。关于治理的基本主张有以下五点：第一，治理是去中心化的，中央政府的权力逐渐向地方、社会分权；第二，治理是多中心的，政府之外的社会主体逐渐参与到公共事务之中，抓紧实现政府与其他主体的共治；第三，反对夸大市场的功能；第四，多种层次和多种工具的治理并存，如治理的跨国、跨地区性；第五，国家和公民的角色将发生转变，国家能力将转变为整合、动员等能力，公民则将成为积极的参与者（王诗宗，2009）。

上述介绍了治理理论在西方的发源及基本主张。这里需要申明的是，在中国的语境之下，“治理”一词自有本土化的理解和解释。自2013年中共十八届三中全会提出将“推进国家治理体系和治理能力现代化”作为全面深化改革的总目标之一后，“治理”开始被广为提及，不过这些“治理”往往涉及国家治理、政府治理和社会治理等不同层次上的概念，王浦劬（2014）认为这三个概念在本质上具有一致性，即都是中国共产党领导人民进行的治国理政，但是三者在外延上存在一定的区别。从表10-1可以看出，区别于国家治理和政府治理，社会治理在治理主体上还包括了社会组织和公民，其作为国家治理或政府治理的有机组成部分，在治理的社会关系上主要涉及社会领域的各种社会关系，治理内容包括社会公共服务、社会安全和秩序、社会保障和福利、社会组织和社会管理等。由此可见，社会治理作为国家治理现代化中不可或缺的一部分，在国家治理体系中具有特殊的地位和意义，在治理模式和治理路径上也区别于其他治理领域（张文显，2020）。

表10-1　国家治理、政府治理与社会治理的区别性联系

项目	国家治理	政府治理	社会治理
治理主体	人民及代表人民执掌政权的执政党	各级政府行政机构	党、政府、社会组织和公民
社会关系	国家各方面社会关系，包括政治、经济、法律、社会、文化、军事、生态建设等方面	行政关系，具体体现为政府行政机关与行政相对人之间的社会联系	作为国家治理的有机构成部分，其主要涉及社会领域中的社会关系
涉及内容	掌握发展规律，确定国家发展的方向和道路，制定国家发展和治理的战略方针，决定治理国家的政策和法律	安全治理、市场治理、社会治理和事业治理	社会公共服务、社会安全和秩序、社会保障和福利、社会组织、社区管理等
采用机制	国家权力（或公共权力）的权威强制机制	国家行政执行权的授权机制	政府权威机制、市场交换机制与社会组织机制的组合

注：转引自王浦劬（2014），表格由笔者整理

正是基于这一考虑，党的十九大报告提出“加强社会治理制度建设，完善党

委领导、政府负责、社会协同、公众参与、法治保障的社会治理体制，提高社会治理社会化、法治化、智能化、专业化水平"[①]，进一步地，《中共中央关于坚持和完善中国特色社会主义制度，推进国家治理体系和治理能力现代化若干重大问题的决定》将"社会治理体制"表述为"社会治理体系"，至此，我国的社会治理理论在经历了社会管制、社会管理、社会治理三个阶段后，完成了从"管制"、"管理"到"治理"的跃迁，从"管控格局"、"管理体制"到"治理体系"的升华（张文显，2020），这标志着我国的社会治理理论和实践将进入新的阶段。新时代的社会治理将融合西方"治理"理念和本土化"治国理政"内涵，走出一条中国特色的社会治理道路。从"社会管理"到"社会治理"，从"管理体制"到"治理体系"，社会治理的这一转变与老龄社会的需要几乎不谋而合，因此，"老龄社会治理"一词开始被学者广泛提出（任际和宋东明，2019），这一概念将老龄社会的事实性转变与社会治理的理论取向结合在了一起，为我们进一步分析老龄社会的治理体系提供了逻辑起点和讨论平台。

三、多元共治——老龄社会治理的核心内涵

到目前为止，虽然"老龄社会的治理"或"老龄社会政策体系"常常见诸老龄化研究著作或论文之中，但是"老龄社会治理"仍没有一个清晰的定义。类比于社会治理的"治理社会"之意，老龄社会治理也应意指"治理老龄社会"，即特定主体对具备老龄化特征的社会进行治理的行为和逻辑，这里仍有几个关键问题有待界定。首先，老龄社会治理与国家治理和社会治理之间的关系是什么。目前学界对于老龄社会治理和国家治理的关系基本达成了共识，那就是老龄社会治理内嵌于国家治理之中，是"国家治理现代化"重要的一部分（胡湛和彭希哲，2018；任际和宋东明，2019）。进一步地，本书认为老龄社会治理也内含于社会治理之中，因为老龄社会已经成为当前社会的一种新形态，与"社会"本身已经密不可分了。基于此，本书提出了老龄社会治理的内涵结构，见图 10-1。

其次，老龄社会治理的主体仍有待界定。根据治理理论的主张，治理应是分权和多中心化的（王诗宗，2009），另外，我国的社会治理也强调"党委领导、政府负责、社会协同、公众参与、法治保障"，这些论述都认为在新的社会治理阶段，国家的主体地位势必将被多元主体所替代，如任际和宋东明（2019）提出的"'老龄化治理现代化'是政府、市场、社会包括家庭和个人都能够积极参与到健康老龄化的行动中来，形成共同参与的多元共治格局和形态"。

---

① 习近平在中国共产党第十九次全国代表大会上的报告，http://cpc.people.com.cn/n1/2017/1028/c64094-29613660.html，2017 年 10 月 28 日。

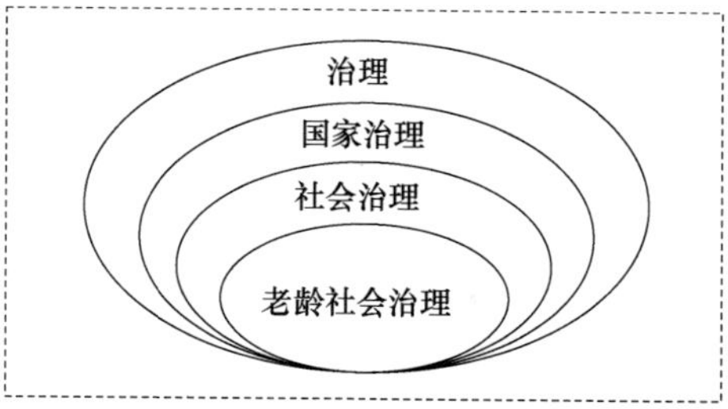

图 10-1　老龄社会治理的内涵结构

再次，老龄社会的客体需要进一步地界定和厘清。目前相关职能部门大多基于传统的概念、工具和框架，认识与老龄社会现实相脱节，这种不匹配尤其反映在老年和年龄标准的界定不清上（胡湛和彭希哲，2018），同时，老龄社会自身的经济社会特征也在不断发生变化。

最后，老龄社会的治理逻辑需要进一步地考察。很多学者都指出，当前以部门为主导而形成的各种与老龄化有关的公共政策及管理有碎片化及空心化的趋势（郑秉文，2009），由于不同政府部门职能责任的侧重点不同，老龄工作往往呈现出分散、分片、多点管理的状态（任际和宋东明，2019），因此，胡湛和彭希哲（2018）呼吁借鉴"'整体性治理'（holistic governance）的战略视角来调节乃至重构目前我们为解决老龄问题而实施和运作的公共政策和公共管理体系"。整体性治理由邓立维（Patrick Dunleavy）、佩里（Perri）等提出，针对 20 世纪 80 年代到 90 年代初新公共管理改革所强化的碎片化状况，倡导建立新的宏观结构、组织重组、过程重新评价以及信息系统根本变革（竺乾威，2008）。王诗宗（2009）提出了整体性治理的三种维度：第一，实现治理层级之间的整合，如全球与国家的整合，中央与地方政府的整合等；第二，达成治理公共行政的整合，如行政系统内各部门及功能性机关之间的整合；第三，实现公私部门之间的整合。在整体性治理的框架之下，老龄社会治理需要整合国家与地方治理结构，提倡政策的跨部门性以及政府、市场和社会之间的合作。

一般来说，多元共治是指社会中多个主体共同参与治理的一种治理机制，其内涵与老龄社会治理对治理主体和治理逻辑的要求相吻合，因此，老龄社会的多元共治逐渐成为实现老龄社会治理现代化的核心内涵和必然选择。

第二节　多元共治的必然性

老龄社会的复杂性和多样性决定了老龄社会治理不可能像传统的公共管理和公共政策一样——主体单一且逻辑简单，而是需要国家、市场和社会（包括社会组织、社区、家庭和公民）等主体的合作，而这种合作则需要多元共治的治理理念来贯彻，因此本书需要阐述多元共治何以成为老龄社会治理或老龄社会支持体系的必然选择，以及在当前中国社会特征下的适用性。

一、从工具理性到价值理性的必由之路

当前的老龄社会治理亟待从关注“如何解决老龄化问题”回归到“老龄社会”这一社会转变本身，而多元共治的治理路径则是老龄社会治理从工具理性转变为价值理性的必由之路。韦伯在其巨著《经济与社会》（第一卷）中首次提出了社会行动的四种取向，分别是工具理性的、价值理性的、情绪的和传统的，其中，韦伯认为后两者处于“有意义的边界上”，一旦它们发生升华，即迈入前两者的理性化之途。关于理性的重要性自然无须赘言，在这里需要重点说明的是工具理性和价值理性这两种理性化路径的区别。工具理性是指行动者会将客体在环境中的表现预期用作条件或者手段，以实现自身的理性追求和特定目标；而价值理性则决定于对某种包含在特定行为方式中的无条件的内在价值的自觉信仰。如韦伯所言，如果“完全理性地考虑并权衡目的、手段和附带后果，这样的行动就是工具理性的”，而价值理性则完全不同，价值理性强调对行动的终极价值有清晰、自觉的意识，并且愿意为了实现这些价值而无条件地达到要求。

在过去的很长时间里，人们习惯于将老龄化认为是人口结构上的一种变化趋势，并且将老龄化认为是一种经济社会问题，这种观念恰恰与韦伯所言的工具理性相符，即为人口结构的变动设置了一种预期，一旦人口变动超过了这种预期，则通过各种途径权衡利弊，分析老龄化的诸多后果，最后采取某些手段和策略加以解决。但是这种针对老龄化的工具理性思想越来越不适用于老龄社会治理，理由主要有两点。第一，当前人们很难明确地认知人口的未来变动，当前的人口预测方法一旦超过了50年、20年甚至10年的较长时序之后就会失效，所以当前被认为理性的目标很有可能从不远的将来看就是错误或者是狭隘的；第二，种种事实表明，老龄社会转变并不是人类发展史上的一种单一的社会变化，而是一种系统性的、持久性的长期过程，它不但是人类历史上最重大的社会转变——人口转变的重要组成部分，而且是当前和未来的一种社会形态变化趋势。这种社会转变本身的深远意义就决定人们尤其是公共政策的制定者很难形成某种确定性的目标，公共政策难免陷入“头痛医头、脚痛医脚”的困境。因此，当前的老龄社会治理亟待从工具理性向价值理性转变。

价值理性往往要求人们行动的动机是完成一些无条件的命令或者要求，去追求纯粹的价值理念。适应老龄社会转变的价值理念内涵是社会中的人们对老龄化有清楚的认知，对老龄社会的要求有切身的感受，并且能够意识到构建老龄社会

支持体系的重要性和必要性，这些价值目标显然很难通过以政府为中心的公共政策体系来完成，其要求社会中各类主体都能产生自觉的行动，而非政府行政命令的一种被动反馈，由此多元共治才能够成为走向价值理性的必由之路。多元共治可以避免以政府为中心设立单一化的目标，同时激发社会各类主体的能动性，将老龄社会转变的价值观念深入人心。

二、整体性治理的需要

整体性治理是20世纪末新公共管理运动后期产生的一项重要理论，其提出于新公共管理理论日渐衰微且信息技术在公共管理领域方兴未艾之时。它针对的是20世纪80年代至90年代政府改革所引发的碎片化治理状况。整体性治理主张政府内部机构和部门的整体性运作，提倡服务的重新整合、整体协同的治理方式，以及电子行政运作广泛的数字化（竺乾威，2008）。近些年来，越来越多的学者开始意识到整体性治理在老龄社会治理中的重要作用。例如，胡湛和彭希哲（2018）就认为应对中国老龄化的治理模式和政策体系需要借鉴整体性治理的战略性视角，强调公共政策的跨部门性和跨政策性，并以此为基础统筹不同社会子系统的资源形成合力。另外，整体性治理的核心特征是协调、整合和信任，这意味着实现老龄社会的整体性治理需要协调不同的社会部门，整合全社会不同部门和子系统的资源，并促进不同部门之间的有效沟通和协作，因此多元共治也就成为整体性治理的必然选择。

多元共治强调社会不同部门之间的参与和协作，这恰恰是整体性治理的关键前置环节。在老龄社会的支持体系之中，无论是对老年人的多方面支持，还是对老龄社会的中青幼群体进行扶持，都需要政府、市场、社会、家庭等不同部门的参与，唯有将老龄社会支持问题突破某一政府部门和某一单独系统的局限，才能将整体性治理的权限打开，从而真正地发挥公共政策的“规模经济”和信息技术的变革力量。

三、发展型社会政策的必要

在当前中国经济不发达、就业不充分、社会保障体系尚未完善的环境下，面临着“未富先老”的问题，这要求中国寻找一种将社会发展与经济发展内在整合的社会政策模式。本书认为需要在社会政策的制定中注入“发展”这一核心价值，才能使针对老龄社会转变的社会政策不只是一种“事后补救型”的应急策略，而是具有促进经济发展和对社会投资的功能，可实现协调经济社会可持续发展的目的。传统社会福利政策可分为“剩余型”和“制度型”。实践证明，这两种模式并不适用于追求经济发展和社会政策相协调的发展中国家。“制度型”模式由于经济发展的停滞、福利刚性、福利依赖等原因，难以满足当前经济社会需要，逐渐失去生存的土壤。而“剩余型”模式的应急干预措施也难以解决日益加剧的新型社会问题。总而言之，传统的社会福利政策的基本思路是通过再分配的手段应对社会问题，维护社会稳定，其重心在于保障人们的基本生活，是一种事后补救型的措施，其本身不能防止问题的发生，也不能应对新型的社会问题。继而，需要社会政策重建自己的合理性基础，重视经济和社会福利的协调发展，经济政策与社会政策的融合。因此发展型社会政策作为一种折中主义和实用主义的方法出现，改变了传统社会福利政策对福利主体的维持性救助形式，将再分配功能与生产性的社会投资功能整合。其基本思路是致力于消除或减少那些会使人们陷入不幸或困境的因素的同时，为福利主体创造自我实现的环境与条件，将他们由社会福利的被动接受者变为经济与社会发展的主动参与者，重视以预防为主，防治结合，而不是在风险发生后再为他们提供基本生活保障。

发展型社会政策的最大贡献就是突破了传统社会政策将经济发展与社会发展相对立的弊端，揭示了二者相互依存、相互融合的关系。市场需要嵌入社会之中，国家也应当在市场经济中扮演积极的角色，制定与经济政策相协调的社会政策。此时，发展型社会政策作为生产力，起到支持经济发展的作用，而非经济政策的附属品。另外，发展型社会政策也内在包含着一种中长期发展战略的理念，主张对社会问题进行事前干预，提倡以人的发展为导向，注重社会政策的前瞻性和可持续性，意味着它不是单纯性的支出而是对经济发展有着促进作用的社会性投资（徐倩，2017）。这要求在社会政策的设计和实施中引入多元主体，通过国家、市场、社会和家庭等多方对话来提高福利供给绩效（张秀兰和徐月宾，2003）。

在老龄社会中追求可持续的养老制度体系建设，并不是简单地使用社会资源对老年人实施帮扶，也不是单一地鼓励老年人参与经济活动。老年人作为特殊的群体，有其自身的特点，只有综合运用救助型和发展型的福利工具，引入多元主体，将老年人的养老问题融入家庭和社区之中，全面增强老年人及其家庭抵抗养老风险的能力，才能真正诠释发展的内涵（胡湛和彭希哲，2012a）。因此，在老龄社会中，我们提倡国家、市场、社会和家庭共同参与的多元共治，正是将社会资源整合，并寻求在老龄化的前提下继续健康、协调、可持续地运行和发展。

四、重新审视家庭的必然结果

发达国家的实践表明，经济发展促进社会发展，所有社会成员享受经济成果的现象并没有出现，说明市场不能解决所有的福利问题，尤其是在家庭领域。另外，福利国家虽由政府提供完善的社会养老保障，但却弱化了家庭的某些功能，并招致财政危机与代际冲突，因此有学者提议社会政策应该“把家庭找回来”（彭希哲和胡湛，2011），而多元共治的理念正是重新审视家庭的必然结果。

政府、市场等主体已经承担起越来越大的养老责任，但他们都无法取代家庭在养老方面的责任与功能。对于老年人来说，家庭给予他们情感、心理等精神上的满足是无法取代的。而社会化养老服务体系目前也面临着专业人员不足、服务碎片化等诸多问题，还需要大量的物力、财力、人力来健全和完善。因此家庭在养老主体中始终是中坚力量。并且，很多地区的实践也证明了家庭养老能够有效地分担政府和市场的养老成本，减轻社会和政府财政的负担，为老年人提供完整的福利（张秀兰，2007）。另外，针对老龄化社会中劳动年龄人口减少的问题，需要加强人力资本的投资，而家庭发挥着重要的作用，是形成和发展人力资本的首要条件。可见，无论是应对老年人的现实养老问题，还是发展人力资本，维持老龄社会的可持续发展与代际和谐，家庭都具有独特且重要的作用。

然而，受市场经济发展、社会转型和人口变迁的影响，一方面，家庭规模和结构发生了很大的变化，家庭规模缩小，“4-2-1”型的家庭结构日益增多，家庭功能式微，代际关系简化，严重地冲击了传统的家庭养老制度；另一方面，传统的价值观不断受到冲击，使家庭失去了文化依托，承担传统责任的能力受到不同程度的挑战。转型期的中国社会政策赋予家庭重要的社会保护责任，但对家庭的支持却非常有限，忽略了家庭在福利提供中所起的重要作用，聚焦于家庭的公共政策研究存在缺位。

实际上，赡养老人对于家庭而言需要动用很多人力资源、财力资源等，这些养老资源的短缺严重影响了家庭发挥功能。因此需要社会政策重视对家庭养老资源的支持，在分析家庭的变化及其对社会福利补充作用的基础上，重新安排政府、市场、家庭和社区在养老制度中的责任分担，继而整合它们的作用，为老年人提供健全和完善的养老服务。然而强化家庭功能和责任并不是简单地将政府、市场和社会原来承担的养老责任转移给家庭，而是扩展或延续家庭的功能，整合政府、市场、社区与家庭的资源，发展多方主体参与的多元共治。支持家庭，并在养老政策中强调政府、市场与家庭的合作关系，不仅可以很好地佐证多元共治的必要性，而且可以弘扬和传承中国绵延千载的传统养老文化。

第三节　多元主体的职责定位

建设健康、和谐、有效的老龄社会支持体系是老龄社会治理的重要内容。作为老龄社会治理的关键逻辑，多元共治应当在老龄社会支持体系中发挥重要的作用。根据老龄社会的多样性需求，老龄社会支持体系需要有针对老年人的收入保障、医疗保障、照护保障、养老服务、精神慰藉，还要有针对中青幼群体的社会支持，在数字化时代还应充分运用智慧化支持的手段，涉及老龄社会形态的方方面面。对这一需求众多、结构复杂的老龄社会支持体系构建与运作，其第一步是进行整体性治理，基于老龄社会的社会人口特征，对属于社会支持的各类政策进行顶层设计，对涉及老龄社会支持的政府部门、公共政策和资源进行整体性配置。因此，也有学者提出要对老龄工作的政府机构进行进一步的整合，摆脱目前碎片化治理的局面。从横向上看，构建多元共治的社会支持体系需要进一步加强不同社会部门之间的协作，用协作逻辑替代当前的管理逻辑，从而进一步建立政府、市场、社会组织、社区、家庭和个人之间的合作网络与协作体系，降低老龄政策供给和服务提供中的交易成本。从纵向上看，当前由政府主导的老龄社会治理体系需要进一步分权和授权，将集中于中央政府手中的政策和资源配置的权力交给地方政府，并进一步通过协商参与的方式分散给市场和社会组织等，最后实现政府层面的职能转换，即从管理式政府转变为服务型政府，在市场层面深化改革，刺激经济发展，并促进整个社会层面的地位提升，重视社会组织、社区和家庭的重要作用。最终实现在制度设计、政策供给、服务提供等老龄社会支持领域中的多元共治，充分实现治理主体多元、治理方式多元、政策工具多元的治理目标。据此，需要厘清社会各主体在老龄社会支持体系中的职责，并通过有效的机制，形成有机的运行体系。

一、政府的职责定位

在老龄社会的社会支持体系中，需要明确各主体的职责，但最需要的是厘清政府的职责定位，这既是从学理出发的，也是从现实情况出发的。在应对人口老龄化的战略中，政府居于主导地位。但是，政府的主导并不是指政府包办或者政府垄断的意思。政府的职责，一是提供基本支持，即通过基本的社会支持以确保社会成员的基本权益；二是营造发展环境，即为其他各社会主体充分发挥作用创造良好的环境。尽管社会支持属于社会学的范畴，但社会支持行为必然导致资源的重新配置，因而也可以在经济学中找到学理依据。事实上，社会支持类似于一种市场干预措施，这种干预必须是适度的。如果干预不到位，则社会成员的基本需求得不到满足，社会支持的目标无法达成；如果干预过度，则整个社会支持体系的效率就会降低，甚至产生负面效应。从实践看，部分社会支持政策并没有达到预期的目标，既有不到位的，也有过度的。因此，在老龄社会体系的众多支持项目中，政府可以通过直接提供或者以政府购买服务的方式提供基础性保障而实现政策兜底并保持其适度性，同时也可以通过法律法规对市场和社会等主体提供的其他补充性社会支持进行监管，形成多层次和多样化的社会支持。这样的思路，当然也符合社会治理理论和福利多元主义的思想。就当前的现实而言，政府需要在以下几方面努力。

一是依法主导提供若干基本的社会支持项目。这些项目不仅仅是针对老年人的，而且还要针对中年人、青年人和未成年人。事实上，在老龄化社会中，需要支持的是全体社会成员，政府组织实施这些社会支持项目，主要是为了保障每一个社会成员的基本权益（何文炯，2020b），包括非户籍常住人口的权益。我们既要让老年人能够有尊严地活着，让儿童能够健康成长，又要维持中青年人的适度负担，保持全社会的活力和创造力。为此，本书就老年人的基本收入支持、基本医疗保障、基本照护保障、基本服务支持、精神支持做了专题研究，对于中青年人在就业创业、税收和生育方面的支持做了专题讨论，还提出了建立儿童津贴制度的思路。这里的关键有二：第一，明确养老育儿既是家庭责任，也是国家责任，这是许多社会支持政策的学理依据；第二，基本社会支持应当坚持“适度性原则”[①]，定位于维护社会成员的基本生存、基本发展和基本尊严，其余项目和超过基本公共服务标准的服务则由政府以外的其他社会主体承担或提供。这一点，各级政府及有关部门要始终坚守，社会各界应当予以充分理解和支持。而且，由政府主导提供的项目，其供给方式也需要创新，比如可以通过购买服务的方式由企业和社会组织提供（同春芬和汪连杰，2015），未必都要由政府部门或其下属事业单位直接提供。

二是依法组织实施社会支持领域的监管。社会支持需要全社会参与，除了政府部门及其所属事业单位之外，还有营利性的和非营利性的各种组织或机构提供各类社会服务。这些行为需要由国家的法律法规予以规范，需要由政府的具体部门实施监管。因此，需要有一套合理、明确而稳定的规范，这里包括社会支持领域准入的规则、活动的规则和退出的规则，还需要各种服务的标准，这些标准可以由政府制定，也可以由相关行业协会组织制定[②]。为了此类规范和监管的公正性，政府部门应当尽可能地在社会支持领域的具体服务方面逐步退出来，因而有关承担社会支持的服务机构必须带头模范地执行国家的规范，自觉接受有关部门的监督和管理，必要时经过改制实现民营化，比较典型的如养老机构的改革。

三是向社会支持供给者提供适当的优惠。社会支持领域的活动与一般的市场化活动不同，市场机制在某些领域是失灵的，某些社会支持项目是难以营利甚至可能亏本，但又是不得不做的。此时，政府就应当在尊重价值规律的基础上予以相应的支持。为此，政府的有关部门就需要以周密的调查和分析为基础，对提供

① 党的十九大报告论述社会保障方针时，明确提出“保障适度”的原则。

② 中共中央办公厅、国务院办公厅印发《关于建立健全基本公共服务标准体系的指导意见》。

社会支持的相关主体进行一定的支持。这类支持，可以是税收优惠，也可以直接进行财政补贴，当然也可以直接划拨资产，如土地、房产甚至还有专业人才等。其中采用最多的办法是财政补贴和税收优惠政策。例如，政府为民办养老机构、民办学校和培训机构、民办医疗卫生机构等提供一定的税收优惠和财政补贴，又如通过公建民营的办法，鼓励民间资本进入养老、医疗、照护、培训等领域，更好地发挥市场机制的作用。关于财政补贴，尤其需要注重补助的公平性和效率。一般地说，养老、育儿、教育和医疗等领域的财政补贴，建议逐渐由补供方为主转向补需方为主（张翔和林腾，2012）。

二、市场主体的职责定位

在老龄社会的社会支持体系中，市场应当成为主要支撑。事实上，无论是针对老年人的支持，还是面向中青幼各类社会成员的支持，其服务绝大多数需要通过市场化的方式来提供。因此，要充分重视市场的力量和市场机制的利用。这不仅能够弥补政府在供给方面能力的不足，有益于提高社会支持体系的供给能力，有益于资源优化配置，而且可能成为现代服务业的新增长点，成为新时期经济增长的重要引擎。虽然，市场具有强大的力量和生命力，但离不开政府的规范，也离不开政府的支持。这种支持，不在于给多少资金和多少土地，最为重要的是制定有效的规则。有了合理而有效的规则，市场就可能健康发展，否则不仅无法发展，而且可能祸害百姓、祸害社会。就当前的现实而言，重要的是要尊重价值规律。通过降低准入门槛，加快发展民办学校、民办培训机构、民办医院和民办养老机构，使民间资源能够尽快进入社会支持领域；通过价格改革，让在老龄社会中从事社会支持的各主体（如企业、从业人员）处于平等的市场规则之下，在统一的市场中公平地参与竞争，并有晋升和发展的通道，如养老机构、医疗机构和教育培训机构及其从业人员，他们的同等同质服务应当有同等的回报，应当使从业人员感受到他们所从事的职业是三百六十行中受尊重的一行。在此基础上，行业中的各主体应当在以下几方面努力。

一是坚持需求为导向的业务创新。在人口老龄化的进程中，无论是面向老年人的服务，还是面向中青幼各类人员的服务，都在不停地发生变化，作为提供服务的市场主体，需要时刻关注服务对象需求的变化，适时开发产品，满足社会的需要。例如，面对日益增多的失能老人，需要加快发展照护服务；面对不断加重的老年人孤独情况，需要加快发展精神慰藉服务；面对老年人的健康服务需求，需要加快发展健康服务业；面对日益提高的育儿成本，需要加快发展儿童照料服务；面对中高收入群体的更高风险保障需求，需要加快发展补充性保障服务，如职业年金、补充性医疗保险。如此等等，都需要市场根据社会需求的变化提供相应的服务。

二是逐步健全行业规范。任何一个行业的兴衰，都与其行业规范联系在一起。每一行都有自己的行规，如果大家都遵循这个行规，整个行业就会健康发展。市场需要有统一的规范和标准，达不到行业规范和标准的企业或个人，就应当被淘汰。为此，从事社会支持的各行业，都要努力健全运行规范并制定相关的服务标准，对此政府有关部门应予以支持并实施有效的监管。社会支持领域的行业规范，现在很缺乏，也很不成熟，亟待加强。尤其是老年照护服务、幼儿托育等领域，其中的具体项目众多，且十分复杂，因而迫切需要专业人士和权威的专业机构切实承担起相关职责，有效推动社会支持领域的规范化、标准化建设。

三是加强专业化服务队伍建设。任何行业，只有专业化的队伍，才能长期持续地发展，否则就没有发展前途。目前社会支持领域的某些行业，由于缺乏专业化的队伍，其发展令人担忧。比较突出的是从事照护服务的养老服务员和婴幼儿保育人员，十分缺乏。一些学校和专业培养了这方面的专业人员，但其能够坚持下去的人不多。一些用人单位留不住人，有的甚至根本不愿意培养。究其原因，可能在于薪酬过低，职业发展前景渺茫。这就形成了一种恶性循环。这里，除了政府部门在价格机制上进行改革之外，还要求提供社会支持服务的各用人单位从长远考虑，注重人员培养和队伍建设。

三、社会组织的职责定位

在老龄社会支持体系中，社会组织也是其中的重要力量。作为社会支持服务供给的主体之一，他们同样需要以需求为导向进行服务创新，需要建立健全行业规范，注重专业化队伍的建设，尤其是社会工作者的培养和使用，使之在营利性组织和非营利性组织中都发挥不可替代的作用。此外，需要根据自己非营利的特点，在以下两个方面予以加强。

一是注重公信力培育。前些年，某些偏差导致少数公益性组织在社会公众心目中形象不佳、公信力下降。因而从事社会支持的各类非营利机构，需要规范自己的行为，尤其是提高业务活动的公开度和透明度，在提升专业化程度的过程中，不断降低运行成本，树立良好的社会形象。

二是加快建立公共信息平台。目前，非营利性组织在社会支持体系的许多方面发挥了积极作用，但在某些方面，其帮扶和支持的精确度不够，与政府提供的基本社会支持和企业提供的营利性帮扶支持之间缺乏应有的衔接。这就需要建立有效的公共信息平台，加强与社会支持各供给主体之间的信息沟通和分工协作，使有限的社会支持资源能够发挥更大的效用。

四、社区的职责定位

在老龄社会的社会支持体系中，社区组织是一个重要的主体。从最近几年的实践看，基层社区在国家治理体系中的地位变得越来越重要。每一个社会成员都居住在社区，尤其是老年人和婴幼儿基本上生活在社区。社区作为基层单位，社会成员的社会支持需求，最早通过社区反映出来，社区的各种组织可以第一时间得到这种信息，同时社区又是政府相关政策的落脚点和整合各种社会资源的平台，可以提供“一站式”的集约型服务。通过社区联络机制和社区工作人员的日常走访，能够及时了解和更新老年人及其他人群的健康状况、各种困难和服务需求，并为社区成员提供有针对性的生活照料、家政服务、康复护理和精神慰藉等各方面服务（陈雅丽，2010）。与此同时，社区能够搜集到社会成员对各种社会支持项目实施效果的评价和意见反馈，从而不断调整、磨合社会支持服务供给方和社区社会成员之间的供需关系，以此达到理想的契合状态，从而不断提高社会支持服务的水平。具体地说，需要在以下几方面予以加强。

一是强化社区的服务功能。社会成员聚居于社区，因而社区的服务功能越强，其效率越高。在老龄化社会中，社区需要提升居家养老服务的能力，在不排除营利性养老服务的同时，适度发展由社区直接提供的居家养老服务，鼓励在社区设立老年文化体育活动机构、日间照料机构乃至小型养老机构，巩固和加强居家养老的基础性地位。为适应托幼事业发展的需要，需要增强社区的托幼服务能力，开办托幼设施。此外，要把提升社区成员健康素养和健康水平放在重要的位置上，充分发挥签约医师和社会工作者的作用，开展健康教育和心理咨询，发展入宅医疗、照护和康复服务。

二是注重培育养老育儿能力。在社会化、专业化的背景下，许多中青年人在家庭照护服务方面的能力有所下降，意识也有所减弱。为此，社区应当采用有效的方法，如经验交流分享、专题介绍等方式，为本居住区范围的社会成员提供普及性培训服务，以提高他们在养老育儿方面的能力。具体地说，应提供对老年人，特别是失能失智老年人的照护服务；对于年轻父母而言，需要培育其照护养育孩子的能力。

三是营造老年友好环境。在人口老龄化背景下，家庭和社区的生活环境是否适合老年人，是非常重要的事情。因此，要把老年宜居的理念融入公共政策、建筑规划、设计制造、生活服务诸环节，纳入社区治理体系之中，进行整体规划并有效实施。这里包括硬环境和软环境两部分。在硬环境方面，需要在社区规划中充分注意到适老化问题，积极推进居家电梯安装，同时还要推进无障碍设施进家庭。软环境方面，需要强化对中青年人的要求，尤其是对社会支持提供、基本公共服务工作的岗位，应当提出明确的要求。此外，还要逐步破除老年人的数字鸿沟。

四是提升数字化程度。最近这些年，数字化与老龄化叠加，为我们破解老龄化带来的许多问题提供了新的思路。在社区建设方面，充分利用信息化技术，改进和增强社区的治理与服务能力，成为必然的趋势。为此，可以在加强社区网格机制建设的基础上，充分运用现代信息技术手段，及时、准确地采集社会成员对社会支持的需求，了解他们对社会支持的供给质量、满意程度和改进建议，不断提高社会支持的质量和精准度，从而实现社区治理的智慧化。

五、家庭的职责定位

家庭是社会最基本的单位，是国家发展、民族进步、社会和谐的重要基点，家庭发展是社会发展的重要支撑点和推动力。家庭在应对人口老龄化方面具有不可替代的重要作用。然而，随着社会的变迁，家庭规模正在缩小，家庭的功能正在演变。有关统计资料表明，中华人民共和国成立之前，我国的家庭户规模为 5.5 人，改革开放之初为 4.4 人，目前只有 3 人左右，家庭规模小型化已经成为现实。在这样的背景下，原先我们所理解的许多家庭功能正在失去。有些人结婚时间推迟，甚至不结婚；有些人虽然结婚，但生育孩子的时间推迟，生育孩子的数量也很少，国家虽然允许生育二胎、三胎，但响应者远低于预期，这就意味着家庭生育孩子的功能在下降。同时，家庭照护老年人的能力也在下降。这些情况，对于人口老龄化趋势逐渐加重的国家来说，非常值得重视。如果家庭能够比较有效地承担育儿和养老的职责，则社会化的养老育儿负担就会减轻，问题不至于由分散的家庭集中到社会，而更多地由政府和社会来承担。所以，现在需要把稳定家庭规模，提高家庭功能，尤其是养老育儿功能放到重要的位置上。

一是鼓励支持家庭按政策生育。无论是基于优化人口结构，还是基于保持社会发展的活力，我们都应当把人口生育作为国家重大战略问题来对待，通过有效的社会支持政策，鼓励社会成员按政策生育。为此，既要关注孕产妇和婴幼儿的健康、保健和经济条件等，又要关注家庭发展，在财政、税收、健康服务等方面予以优惠。据此，本书就现行生育保险制度改革、建立覆盖全民的生育津贴制度，以及面向 0～3 岁全体儿童的儿童津贴制度做了专题分析，并建议适时提高标准、扩大保障范围。同时建议对中青年人在应纳税所得额中进一步完善扣除规则，增加对养老和育儿成本的扣除，以减轻他们在个人所得税方面的税负。

二是健全家庭服务体系。无论是对老人还是婴幼儿、青少年，饱含亲情的照护服务是最为重要、最为可贵、最为有效的，甚至是不可替代的。因此，我们要坚定不移地支持和鼓励婴幼儿的家庭养育和老人的居家养老。为此，要制定旨在提增家庭功能的一系列社会支持政策，包括改进征税制度，采用以家庭为基础的计税方法；优化社会保障制度设计，制定以家庭为基础的社会保障政策；发展营利性和非营利性的社会化养老、托育服务，通过老年照护服务补助制度和儿童津贴制度提高家庭购买能力等。积极创造条件，整合社会各方资源，逐步建立满足家庭生命周期各阶段的服务平台，提供育儿、教育、就业、健康咨询、养老服务等方面专业化的基本公共服务。

三是培育家庭发展环境。明确家庭和国家养老育儿的责任，通过发展社会化的居家养老服务和儿童托育服务，通过相应的财政补助制度和社会保障制度，逐步减轻中青年人的养老育儿负担。充分利用数字化技术和手段，提高家庭照护老人和养育孩子的能力，并提高服务效率。积极营造文化氛围，提高中青年社会成员对子女养育和长辈照护的责任心与自觉性。

总之,老龄社会支持体系的多元共治格局是一种多元化的社会支持主体网络，该网络囊括了政府、市场、社会组织、社区、家庭等多元主体。该网络模式内各主体在养老服务供给中积极参与、合理分工、有效协调，能够弥补各自的缺陷与不足，形成权责分明、优势互补和动态平衡的老龄社会支持体系。多元共治的社会支持体系可以降低人口老龄化所带来的风险，提升我国包括老年人在内的全体社会成员的幸福感。

本 章 小 结

未来的社会，老龄化将是一种常态。为了适应这样的社会形态，我们必须构建有效的社会支持体系，而这个体系需要多个主体的参与，并且有清晰的定位、有机的联系和有效的合作，最终形成多元主体协同共治的治理局面。人口老龄化本身没有好坏之分，所谓问题或挑战，那是因为现行的治理机制和社会支持体系难以适应未来的人口变化。这对于理解老龄化、构建老龄社会的治理体系至为重要。老龄社会治理作为国家治理体系中不可或缺的组成部分，多元共治是其核心内涵和必然选择，这是由工具理性向价值理性转变的必由之路，是整体性治理的需要，也是促进向发展型社会政策转变，重新审视家庭功能和责任的必然结果。

建设健康、和谐、有效的老龄社会支持体系是老龄社会治理的重要内容。因而需要厘清社会各主体在老龄社会支持体系中的职责，并通过有效的机制，形成有机的运行体系。

政府有责任提供基本社会支持以确保社会成员的基本权益，同时要为其他各社会主体充分发挥作用创造良好的环境。为此，要依法主导实施基本社会支持政策并恪守“适度性原则”，明确养老育儿既是家庭责任也是国家责任，同时依法组织实施社会支持领域的监管，并向社会支持供给者提供适当的优惠。

老龄社会的多元治理需要充分重视市场的力量和市场机制的利用。市场力量既有益于提高社会支持体系的供给能力，又有益于现代服务业发展。各市场主体要坚持以需求为导向的业务创新，逐步健全行业规范，加强专业化服务队伍建设。

社会组织作为社会支持服务供给的主体之一，它们与营利性组织同样需要服务创新、健全行业规范并注重队伍建设，同时要根据自己非营利的特点，注重公信力培育，加快建立公共信息平台。

社会成员居住在社区，尤其是老年人和婴幼儿，因而社区在老龄社会治理体系中占有重要地位。为此，要提增社区的服务功能，注重培育养老育儿能力，营造老年友好环境，提升数字化程度。

家庭在应对人口老龄化方面具有不可替代的重要作用。然而，随着社会的变迁，家庭规模正在缩小，家庭的功能正在演变。所以，要把稳定家庭规模，提升家庭功能，尤其是养老育儿功能放到重要的位置。要鼓励支持家庭按政策生育，健全家庭服务体系，培育家庭发展环境。

参 考 文 献

白玫. 2016. 智慧养老: 养老体系需要顶层设计. 江苏商论, (3): 33-36.

白重恩, 李宏彬, 吴斌珍. 2012. 医疗保险与消费: 来自新型农村合作医疗的证据. 经济研究, (2): 41-53.

曹冬梅, 辜胜阻, 方浪. 2015. 老龄化背景下我国养老金缺口的对策研究. 统计与决策, 47(10): 63-65.

曹梦琪, 杨芊, 陈树林. 2017. 杭州社区环境下老年人心理需求探究及朋辈支持模型的建立. 第二十届全国心理学学术会议——心理学与国民心理健康摘要集.

曹惟纯, 叶光辉. 2014. 高龄化下的代间关系——台湾民众孝道信念变迁趋势分析(1994-2011). 社会学研究, (2): 116-144, 244.

陈虹霖, 安宁. 2020. 非药可助——认知障碍的多元非药物干预指导手册. 北京: 华龄出版社.

陈虹霖, 安宁, 等. 2020. 十四五规划: 智慧养老场景落地. 上海市民政局 2020 年专项决策咨询课题报告.

陈虹霖, 吴晓薇. 2019. 适老化科技的社会工作回应. 社会工作, (1): 99-108, 112.

陈俊羽, 徐桂华. 2015. 我国社区居家养老模式现状分析及对策. 护理研究, 29(5): 528-530.

陈垦. 2010. 长期护理保险费率研究. 浙江大学硕士学位论文.

陈滔. 2002. 医疗保险精算和风险控制方法. 成都: 西南财经大学出版社.

陈卫, 张玲玲. 2015. 中国近期生育率的再估计. 人口研究, 39 (2): 32-39.

陈雅丽. 2010. 城市社区服务供给体系及问题解析——以福利多元主义理论为视角. 理论导刊, (2): 13-15.

陈彦霏. 2019. 英国儿童福利制度对我国儿童福利制度的启示. 管理观察, (11): 87-88.

陈迎春, 李浩淼, 方鹏骞, 等. 2016. 健康中国背景下构建全民医保制度的策略探析. 中国医院管理, 36(11): 7-10.

陈云凡. 2008. OECD 十国儿童福利财政支出制度安排比较分析. 欧洲研究, (5): 95-108.

陈喆, 徐学俊. 2012. 我国“空巢老人”抑郁现状分析及治疗方案. 湖北第二师范学院学报, (12): 49-51.

陈钟. 2017. 从人工智能本质看未来的发展. 探索与争鸣, (10): 4-7.

程福财. 2012. 家庭、国家与儿童福利供给. 青年研究, (1): 50-56, 95.

戴卫东. 2012. 中国长期护理保险制度构建研究. 北京: 人民出版社.

淡静怡, 姜全保. 2020. 中国女性初婚模式变动趋势研究. 人口学刊, (2): 17-28.

邓大松, 李琳. 2009. 中国社会养老保险的替代率及其敏感性分析. 武汉大学学报(哲学社会科学版), (1): 97-105.

邓大松, 杨红燕. 2006. 政府与农村合作医疗制度. 学习论坛, (2): 39-42.

邓希泉, 风笑天. 2003. 城市居民孝道态度与行为的代际比较. 中国青年研究, (3): 51-55.

丁玎, 洪震. 2013. 老年性痴呆和轻度认知功能障碍的流行病学研究进展. 中国临床神经科学,

(1): 101-108.
东明, 郭亚军, 杨怀东. 2005. 随机利率下社会养老保险隐性债务的精算分析. 系统工程, (5): 55-60.
董朝晖. 2016. 全民医保在健康中国战略中的功能与定位. 中国医疗保险, (10): 23.
董红亚. 2019. 中国养老进入服务新时代. 北京: 中国社会科学出版社.
杜宝贵, 杜雅琼. 2016. 中国儿童福利观的历史演进——基于改革开放以来的儿童福利政策框架. 社会保障研究, (5): 82-88.
杜春林, 臧璐衡. 2020. 从“碎片化运作”到“整体性治理”: 智慧养老服务供给的路径创新研究. 学习与实践, (7): 92-101.
杜鹏, 王永梅. 2018. 改革开放40年我国老龄化的社会治理——成就、问题与现代化路径. 北京行政学院学报, (6): 13-22.
杜鹏, 武超. 2006. 中国老年人的生活自理能力状况与变化. 人口研究, (1): 50-56.
杜选, 高和荣. 2017. 西方未成年人社会福利政策研究. 重庆科技学院学报(社会科学版), (3): 1-4.
段家喜. 2009. 医保基金结余不宜过多. 中国卫生人才, (7): 62-63.
段云奎. 1999. 老年人的渴求: 精神赡养. 价格与市场, (10): 35-37.
房毓菲, 单志广. 2017. 智慧城市顶层设计方法研究及启示. 电子政务, (2): 75-85.
费孝通. 1983. 家庭结构变动中的老年赡养问题——再论中国家庭结构的变动. 北京大学学报(哲学社会科学版), (3): 7-16.
封进, 胡岩. 2008. 中国城镇劳动力提前退休行为的研究. 中国人口科学, (4): 88-94, 96.
封进, 宋铮. 2007. 中国农村医疗保障制度: 一项基于异质性个体决策行为的理论研究. 经济学(季刊), (3): 841-858.
封进. 2014. 社会保险对工资的影响——基于人力资本差异的视角. 金融研究, (7): 109-123.
封进. 2019. 人口老龄化、社会保障及对劳动力市场的影响. 中国经济问题, (5): 15-33.
傅双喜. 2010. 中国老年人心理需求调查报告. 2010年第二届中国老年保健(产业)高峰论坛.
傅双喜, 王婷, 韩布新, 等. 2011. 老年人心理需求状况及其增龄效应. 中国老年学杂志, (11): 2057-2060.
盖根路, 温净, 贺志群. 2014. 精算平衡原则下的企业职工基本养老保险改革研究——基于制度“新人”的单体分析视角. 社会保障研究, (6): 12-27.
顾大男, 曾毅. 2006. 1992～2002年中国老年人生活自理能力变化研究. 人口与经济, (4): 9-13.
郭淑婷. 2017. 基于ILO模型的长期护理保险筹资机制研究. 老龄科学研究, (11): 12-22.
郭馨冉. 2019. 瑞典家庭政策的经验与启示. 社会福利(理论版), (10): 38-43.
韩露, 王冠军. 2013. 不同养老方式老年人心理健康状况及心理需求的比较研究. 精神医学杂志, (1): 52-54.
韩振燕, 郑娜娜. 2011. 空巢老人心理需求与老年社会服务发展探析——基于南京市鼓楼区的调查研究. 西北人口, (2): 102-106.
韩志奎. 2016. 全民健康与全民医保的创建和发展历程研究. 中国医疗保险, (11): 9-12.
何林广. 2007. 长期护理保险定价研究. 西南财经大学硕士学位论文.
何凌云, 肖秋驰, 马青山. 2019. 部分国家促进生育财税政策的经验及借鉴. 税务研究, (12): 60-64.
何平平. 2006. 协整分析与误差修正模型——经济增长、人口老龄化与我国医疗费用增长的实证研究. 工业技术经济, (1): 122-124, 135.
何文炯. 2003. 保险学. 杭州: 浙江大学出版社.
何文炯. 2009. 参保人群能变年轻吗. 中国医疗保险, (8): 33-36.
何文炯. 2014. 老年照护服务补助制度与成本分析. 行政管理改革, (10): 28-33.
何文炯. 2017a. 保障适度与制度可持续. 中国社会保障, (12): 43.
何文炯. 2017b. 论社会保障的互助共济性. 社会保障评论, (1): 43-52.
何文炯. 2019. 中国社会保障: 从快速扩展到高质量发展. 中国人口科学, (1): 2-15, 126.
何文炯. 2020a. 数字化、非正规就业与社会保障制度改革. 社会保障评论, (3): 15-27.
何文炯. 2020b. 新中国 70 年: 国民社会保障权益的进步与展望. 西北大学学报(哲学社会科学版), (1): 120-130.
何文炯, 洪蕾. 2013. 中国老年人失能状态转移规律研究. 社会保障研究, (6): 45-55.
何文炯, 洪蕾, 陈新彦. 2012. 职工基本养老保险待遇调整效应分析, 中国人口科学, (3): 19-30.
何文炯, 王淇尧, 杨一心, 等. 2011. 职工基本医疗保险最低缴费年限研究. 社会保障研究, (6): 32-39.
何文炯, 徐林荣, 傅可昂, 等. 2009. 基本医疗保险“系统老龄化”及其对策研究. 中国人口科学, (2): 74-83, 112.
何文炯, 杨翠迎, 刘晓婷. 2008. 优化配置 加快发展——浙江省机构养老资源配置状况调查分析. 当代社科视野, (1): 29-33.
何文炯, 杨一心. 2020. 失能老人照护服务补助制度研究. 社会政策研究, (2): 26-39.
何文炯, 杨一心, 王璐莎, 等.2014. 中国生育保障制度改革研究. 浙江大学学报(人文社会科学版), (4): 5-18.
何文炯, 张奕. 2002. “老人”历史债务的双随机模型. 浙江大学学报(理学版), (6): 626-631.
何文炯, 张奕. 2004. “中人”历史债务的双随机模型. 管理工程学报, (1): 4-7.
贺丹, 张许颖, 庄亚儿, 等. 2018. 2006-2016年中国生育状况报告——基于2017年全国生育状况抽样调查数据分析. 人口研究, (6): 35-45.
洪秀敏, 朱文婷, 赵思婕. 2020. 青年父母婴幼儿照护支持与养育压力研究——基于全国13个城市的调研数据. 中国青年社会科学, (2): 106-114.
胡安宁. 2017. 老龄化背景下子女对父母的多样化支持: 观念与行为. 中国社会科学, (3): 77-95, 205-206.
胡安宁. 2018. 差序格局, “差”、“序”几何?——针对差序格局经验测量的一项探索性研究. 社会科学, (1): 64-74.
胡安宁, 周怡. 2013. 再议儒家文化对一般信任的负效应——一项基于 2007 年中国居民调查数据的考察. 社会学研究, (2): 28-53.
胡芳肖. 2005. 我国生育保险制度改革探析. 人口学刊, (2): 60-64.
胡海燕, 柳弥, 田小兵. 2020. 60 岁及以上老年体检人群共病率调查及与抑郁的关系分析. 预防医学情报杂志, (10): 1291-1295.
胡宏伟, 李延宇, 张澜. 2015. 中国老年长期护理服务需求评估与预测. 中国人口科学, (3): 79-89, 127.
胡晓义. 2016. 关于建立长期护理保险制度的几点思考. 中国医疗保险, (2): 10-11.
胡晓毅, 詹开明, 何文炯. 2018. 基本医疗保险治理机制及其完善. 学术研究, (1): 99-106, 178.
胡湛, 彭希哲. 2012a. 发展型福利模式下的中国养老制度安排. 公共管理学报, (3): 60-70,

125-126.
胡湛, 彭希哲. 2012b. 家庭变迁背景下的中国家庭政策. 人口研究, (2): 3-10.
胡湛, 彭希哲. 2018. 应对中国人口老龄化的治理选择. 中国社会科学, (12): 134-155, 202.
黄朝晓. 2018. 个人所得税赡养老人专项附加扣除制度建议. 税务研究, (11): 43-48.
黄晨熹. 2020. 老年数字鸿沟的现状、挑战及对策. 人民论坛, (29): 126-128.
黄大体. 2019. 广西社区居家型互助养老模式研究——以孝行天下养老服务中心为例. 广西大学硕士学位论文.
黄枫, 吴纯杰. 2012. 基于转移概率模型的老年人长期护理需求预测分析. 经济研究, (S2): 119-130.
黄剑锋, 章晓懿. 2020. 中国智慧养老产业政策研究——基于政策工具与技术路线图模型. 中国科技论坛, (1): 69-79.
黄匡时, 陆杰华. 2014. 中国老年人平均预期照料时间研究——基于生命表的考察. 中国人口科学, (4): 92-101, 128.
黄晓. 2006. 我国养老保险隐性债务的精算模型. 统计与决策, (24): 63-65.
季晓鹏, 王志红. 2006. 日本养老经验对我国老年服务方式及评估模式的启示. 护理研究(上旬版), (31): 2908-2909.
贾妍, 蓝志勇, 刘润泽. 2020. 精准养老: 大数据驱动的新型养老模式. 公共管理学报, (2): 95-103, 171.
姜浩峰. 2016. 睦邻中心让幸福溢出来. 新民周刊, (42): 28-31.
姜向群. 2006. 人口老龄化对退休金负担影响的量化研究. 人口研究, (2): 51-55.
姜玉梅, 张彦红. 2011. 生育保险制度需进一步完善. 中国社会保障, (3): 42-43.
蒋承, 赵晓军. 2009. 中国老年照料的机会成本研究. 管理世界, (10): 80-87.
金永红. 2007. 医保基金结余率偏高有违基金筹集原则. 中国卫生, (3): 52.
金羽瑶, 刘奕. 2020. 积极老龄化理念下社区互助养老模式多元共建探讨. 社会科学前沿, (6): 905-910.
康春华. 2010. 从人口素质层面完善生育保险政策. 中国医疗保险, (7): 56-57.
拉兹 J. 2006. 自由的道德. 孙晓春译. 长春: 吉林人民出版社.
郎立研. 1995. 关于税收中性和税负公平问题. 财贸研究, (3): 72-73.
李芳. 2012. 老年人精神需求及其社会支持网的构建. 学术交流, (8): 116-119.
李建新. 2007. 老年人口生活质量与社会支持的关系研究. 人口研究, (3): 50-60.
李杰. 2016. 中国老年人长期照护筹资制度研究. 北京: 中国社会科学出版社.
李洁, 徐桂华, 姜荣荣, 等. 2012. 我国养老护理服务人员现状及人才培养展望. 南京中医药大学学报(社会科学版), (4): 236-239.
李沛霖, 王晖, 丁小平, 等. 2017. 对发达地区 0-3 岁儿童托育服务市场的调查与思考——以南京市为例. 南方人口, (2): 71-80.
李实, 邓曲恒. 2004. 中国城镇失业和非正规再就业的经验研究. 中国人口科学, (4): 2-10.
李滔, 王秀峰. 2016. 健康中国的内涵与实现路径. 卫生经济研究, (1): 4-10.
李玮彤, 徐桂华. 2018. 老年人照护需求综合评估研究现状及进展. 中国全科医学, (27): 3290-3295.
李雯, 温小霓. 2006. 人口增长因素对医疗保险基金的影响研究. 西安石油大学学报(社会科学版), (1): 20-24.

李宜航. 2019. 老龄化负担、子女抚养负担与家庭人力资本投资. 西安交通大学学报(社会科学版), (6): 84-97.
李珍, 黄万丁. 2016. 城镇职工基本养老保险个人账户向何处去. 国家行政学院学报, (5): 49-54, 142.
李珍, 王海东. 2013. 养老金替代水平下降的制度因素分析及对策. 中国软科学, (4): 50-59.
李志建. 2010. 美国老年人"社区照顾"调研简报. 中国物业管理, (9): 32-34.
廉如鉴. 2010. "差序格局"概念中三个有待澄清的疑问. 开放时代, (7): 46-57.
廖喜生, 李扬萩, 李彦章. 2019. 基于产业链整合理论的智慧养老产业优化路径研究. 中国软科学, (4): 50-56.
林宝. 2014. 延迟退休年龄对养老金资金平衡的影响. 财经问题研究, (12): 41-46.
林枫. 2005. 参保人员老龄化对医保基金的压力与对策. 中国卫生经济, (4): 22-23.
林卡. 2013. 经济发展的快慢及其社会效应分析. 人民论坛·学术前沿, (20): 76-83.
林卡, 李骅. 2018. 隔代照顾研究述评及其政策讨论. 浙江大学学报(人文社会科学版), (4): 5-13.
林卡, 吕浩然. 2016. 四种老龄化理念及其政策蕴意. 浙江大学学报(人文社会科学版), (4): 136-143.
刘传江, 程建林. 2008. 养老保险"便携性损失"与农民工养老保障制度研究, 中国人口科学, (4): 61-67, 96.
刘佳辰. 2021. 我国"智慧养老"发展不足原因分析. 合作经济与科技, (2): 170-171.
刘军强. 2011. 资源、激励与部门利益: 中国社会保险征缴体制的纵贯研究(1999—2008). 中国社会科学, (3): 139-156, 223.
刘俊升, 林丽玲, 吕媛, 等. 2013. 基本心理需求量表中文版的信、效度初步检验. 中国心理卫生杂志, (10): 791-795.
刘璐瑶. 2018. 日本儿童福利制度对我国的启示. 青少年研究与实践, (3): 100-106.
刘颂. 2004. 城市老年人群精神需求状况的调查与研究. 南京人口管理干部学院学报, (1): 8-13.
刘晓婷. 2018. 老年人长期照护保障制度的建设与发展(第五章)//韩克庆. 中国社会保障学 40 年(1978-2018). 北京: 中国社会科学出版社.
刘晓婷, 陈铂麟. 2020. 中国老年人认知功能状态转移规律及风险因素研究. 人口研究, (4): 18-32.
刘晓婷, 侯雨薇. 2016. 子女经济支持与失能老年人的非正式照料研究——基于 CLHLS 的分析. 浙江大学学报(人文社会科学版), (4): 144-157.
刘易斯. 2017. 人口变动下上海市老年长期护理保险筹资和需求的匹配研究——基于 ILO 筹资模型. 华东师范大学硕士学位论文.
刘志敏, 张岩松. 2020. 积极老龄化视角下发展互助养老的对策研究. 卫生职业教育, (2): 156-158.
柳静虹. 2019. 西欧儿童福利的多元发展趋势及对中国的启示. 社会工作与管理, (4): 21-28.
柳清瑞, 苗红军. 2004. 人口老龄化背景下的推迟退休年龄策略研究. 人口学刊, (4): 3-7.
鲁於, 杨翠迎. 2016. 我国长期护理保险制度构建研究回顾与评述. 社会保障研究, (4): 98-105.
陆碧蕾, 赵学军. 2012. 社区老年人心理需求现状调查结果分析. 实用预防医学, (19): 1911-1912.
陆士桢. 2001. 中国儿童社会福利需求探析. 中国青年政治学院学报, (6): 73-77.
陆士桢. 2017. 建构中国特色的儿童福利体系. 社会保障评论, (3): 70-78.

栾世栋, 戴亦舒, 余艳, 等. 2017. 数字化时代的区域卫生信息平台顶层设计研究. 管理科学, (1): 15-30.
罗家德. 2007. 中国企业的差序格局. 北大商业评论, (6): 130-133.
罗遐, 陈武. 2013. 我国社区居家养老发展存在的问题及对策. 长春大学学报, (3): 279-284.
吕春娟. 2019. 全面二孩视域下国家分担未成年子女养育成本制度建构. 兰州财经大学学报, (4): 75-83.
吕国营, 韩丽. 2014. 中国长期护理保险的制度选择. 财政研究, (8): 69-71.
吕学静. 2010. 生育保险他山石. 中国社会保障, (8): 28-29.
马春华. 2015. 重构国家和青年家庭之间的契约: 儿童养育责任的集体分担. 青年研究, (4): 66-75, 96.
马骏, 张晓蓉, 李治国. 2012. 中国国家资产负债表研究. 北京: 社会科学文献出版社.
马戎. 2007. "差序格局"——中国传统社会结构和中国人行为的解读. 北京大学学报(哲学社会科学版), (2): 131-142.
马双, 孟宪芮, 甘犁. 2014. 养老保险企业缴费对员工工资、就业的影响分析. 经济学(季刊), (3): 969-1000.
苗元江, 胡敏, 高红英. 2013. 积极老化研究进展. 中国老年学杂志, (19): 4915-4918.
穆光宗. 2004. 老龄人口的精神赡养问题. 中国人民大学学报, (4): 124-129.
牛康. 2003. 依托社区的信息网络化来探讨社区养老模式的可行性. 高科技与产业化, (12): 58-60.
潘杰, 雷晓燕, 刘国恩. 2013. 医疗保险促进健康吗?——基于中国城镇居民基本医疗保险的实证分析. 经济研究, (4): 130-142, 156.
潘金洪, 帅友良, 孙唐水, 等. 2012. 中国老年人口失能率及失能规模分析——基于第六次全国人口普查数据. 南京人口管理干部学院学报, (4): 3-6, 32.
潘锦棠. 2001. 生育保险中的女工利益、企业利益和国家利益. 中国社会保障, (3): 13-15.
潘锦棠. 2010. 生育保障全覆盖的两种设想. 中国社会保障, (8): 20-21.
彭浩然. 2012. 基本养老保险制度对个人退休行为的激励程度研究. 统计研究, (9): 31-36.
彭浩然, 申曙光. 2007. 现收现付制养老保险与经济增长: 理论模型与中国经验. 世界经济, (10): 67-75.
彭华民, 黄叶青. 2006. 福利多元主义: 福利提供从国家到多元部门的转型. 南开学报, (6): 40-48.
彭俊, 宋世斌, 冯羽. 2006. 人口老龄化对社会医疗保险基金影响的实证分析——以广东省珠海市为例. 南方人口, (2): 5-11.
彭荣. 2009. 基于马尔科夫模型的老年人口护理需求分析. 统计与信息论坛, (3): 77-80.
彭希哲, 胡湛. 2011. 公共政策视角下的中国人口老龄化. 中国社会科学, (3): 121-138, 222-223.
祁峰. 2005. 建立具有中国特色的养老新模式——对大连市首创的"居家养老"模式的探讨. 经济问题探索, (2): 57-59.
祁峰. 2010. 英国的社区照顾及启示. 西北人口, (6): 20-24, 28.
乔晓春. 2009. 健康寿命研究的介绍与评述. 人口与发展, (2): 53-66.
邱泽奇. 2020. 社会规制决定数字门槛. 中国老年报, (004).
仇雨临. 2005. 人口老龄化对医疗保险制度的挑战及对策思考. 北京科技大学学报(社会科学版), (1): 27-29.

全国老龄工作委员会办公室总报告起草组，李志宏. 2015. 国家应对人口老龄化战略研究总报告. 老龄科学研究, (3): 4-38.
任际，宋东明. 2019. 老龄化治理理念与多元共治方略. 人民论坛·学术前沿, (5): 84-87.
阮荣平，王兵. 2011. 差序格局下的宗教信仰和信任 基于中国十城市的经验数据. 社会, (4): 195-217.
申曙光. 2017. 新时期我国社会医疗保险体系的改革与发展. 社会保障评论, (2): 40-53.
石珂. 2018. 赋权理论视域下信息技术普及对老年人数字赋权的研究——以北京市夕阳再晨信息技术普及服务为例. 复旦大学硕士学位论文.
世界卫生组织. 2003. 积极老龄化——政策框架. 北京：华龄出版社.
宋健，黄菲. 2011. 中国第一代独生子女与其父母的代际互动——与非独生子女的比较研究. 人口研究, (3): 3-16.
宋健，唐诗萌. 2017. 1995 年以来中国妇女生育模式的特点及变化. 中国人口科学, (4): 15-27, 126.
宋健，张婧文. 2017. 孩次、生育时间与生育水平——基于中日韩妇女平均生育年龄变动与差异的机制研究. 人口研究, (3): 3-14.
宋健敏. 2012. 日本社会保障制度. 上海：上海人民出版社.
粟芳，魏陆. 2010. 瑞典社会保障制度. 上海：上海人民出版社.
孙立平. 1996. “关系”、社会关系与社会结构. 社会学研究, (5): 20-30.
孙树菡，张恩圆. 2002. 都市边缘群体及其社会保障权益. 经济与管理研究, (6): 8-12.
孙艳艳. 2015. 0-3 岁儿童早期发展家庭政策与公共服务探索. 社会科学, (10): 65-72.
孙瑶. 2014. 基于物联网的某三甲医院老年糖尿病患者居家健康管理模式的研究. 南方医科大学硕士学位论文.
覃成菊，张一名. 2011. 我国生育保险制度的演变与政府责任. 中国软科学, (8): 14-20.
汤哲，方向华，项曼君，等. 2004. 北京市老年人卫生服务需求研究. 中华医院管理杂志, (8): 464-469.
唐钧. 2010. 生育保障是全民族的大事. 中国社会保障, (8): 25.
陶纪坤，张鹏飞. 2016. 社会保险缴费对劳动力需求的“挤出效应”. 中国人口科学, (6): 78-87, 127-128.
陶娜，尹平. 2017. 我国中老年人群抑郁发生率的城乡差异及危险因素研究. 中国社会医学杂志, (1): 22-25.
同春芬，汪连杰. 2015. 福利多元主义视角下我国居家养老服务的政府责任体系构建. 西北人口, (1): 73-78, 84.
童星. 2017. 国家治理现代化进程中的社会保障. 社会保障评论, (3): 17-28.
童泽林，黄静，张欣瑞，等. 2015. 企业家公德和私德行为的消费者反应：差序格局的文化影响. 管理世界, (4): 103-111, 125, 188.
万立军，王琳，刘宗波. 2020. 国内外智慧养老平台现状. 中国老年学杂志, (5): 1087-1091.
汪大海，张建伟. 2013. 福利多元主义视角下社会组织参与养老服务问题——“鹤童模式”的经验与瓶颈. 华东经济管理, (2): 118-122.
王嫦娟. 2011. 上海市社区独居老人心理需求与心理健康状况研究. 华东师范大学硕士学位论文.
王东进. 2015. 从完善社会保障体系的战略高度考量构建长期照护保险制度. 中国医疗保险, (6):

5-8.
王东进. 2016. 全民医保在健康中国战略中的制度性功能和基础性作用. 中国医疗保险, (11): 5-8.
王金营, 戈艳霞. 2016. 全面二孩政策实施下的中国人口发展态势. 人口研究, (6): 3-21.
王浦劬. 2014. 国家治理、政府治理和社会治理的含义及其相互关系. 国家行政学院学报, (3): 11-17.
王诗宗. 2009. 治理理论及其中国适用性——基于公共行政学的视角. 浙江大学博士学位论文.
王先益. 2014. 抓好四个环节, 构建国家基本养老服务保障制度. 中国社会报, 002.
王晓慧, 向运华. 2019. 智慧养老发展实践与反思. 广西社会科学, (7): 81-88.
王晓军. 2001. 对城镇职工养老保险制度长期精算平衡状况的分析. 人口与经济, (S1): 39-41.
王晓军, 任文东. 2013. 我国养老保险的财务可持续性研究. 保险研究, (4): 118-127.
王晓军, 赵明. 2015. 寿命延长与延迟退休: 国际比较与我国实证. 数量经济技术经济研究, (3): 111-128.
王晓瑞. 2008. 养老服务机构中老年人心理需求调查. 社会福利, (3): 35-36.
王晓燕, 宋学锋. 2004. 老龄化过程中的医疗保险基金: 对使用现状及平衡能力的分析. 预测, (6): 5-9.
王跃生. 2008. 中国家庭代际关系的理论分析. 人口研究, (4): 13-21.
王珍. 2019. 城市居家养老服务中政府行为研究. 华中科技大学博士学位论文.
王志章, 刘天元. 2017. 生育“二孩”基本成本测算及社会分摊机制研究. 人口学刊, (4): 17-29.
邬沧萍, 彭青云. 2018. 重新诠释“积极老龄化”的科学内涵. 中国社会工作, (17): 28-29.
吴帆. 2016. 欧洲家庭政策与生育率变化——兼论中国低生育率陷阱的风险. 社会学研究, (1): 49-72, 243.
吴飞. 2011. 从丧服制度看“差序格局”——对一个经典概念的再反思. 开放时代, (1): 112-122.
吴鹏飞, 刘金晶. 2016. 适度普惠型福利模式下我国儿童津贴制度之构建. 社会保障研究, (2): 91-96.
吴旭东, 孙哲. 2012. 我国个人所得税费用扣除的再思考. 财经问题研究, (1): 82-88.
吴旭东, 王晓佳, 宋文. 2019. 个人所得税专项附加扣除研究. 财经问题研究, (2), 79-86.
吴玉韶. 2014. 养老服务热中的冷思考. 北京社会科学, (1): 40-45.
吴玉韶. 2019. 构建以照护为重点的养老服务体系. 清华养老论坛.
吴振云, 许淑莲, 吴志平, 等. 2003. 北京地区老年人心理需求状况及其相关因素. 中国心理卫生杂志, (11): 734-736, 733.
向运华, 王晓慧. 2020. 人工智能时代老年健康管理的重塑与聚合. 武汉大学学报(哲学社会科学版), (2): 101-112.
肖云, 杨光辉. 2013. 我国社区居家养老服务人员队伍结构优化研究——以 564 名社区居家养老服务人员为例. 西北人口, (6): 95-99, 105.
谢琼. 2015-06-15. 养老机构: 一床难求还是床位空置率高. 光明日报, 011.
熊万胜. 2011. 市场里的差序格局——对我国粮食购销市场秩序的本土化说明. 社会学研究, (5): 31-54, 243.
修宏方. 2013. 社区服务支持下的居家养老服务研究——以黑龙江省哈尔滨市为例. 南开大学博士学位论文.
徐凤亮, 王梦媛. 2019. 国内外智慧养老比较与发展趋势的研究. 劳动保障世界, (27): 17-18.

徐倩. 2017. 发展型社会政策与社会养老服务之逻辑契合性辨析. 江苏社会科学, (4): 48-56.
徐妍. 2020. 个人所得税赡养老人专项附加扣除制度法律问题研究. 学习与探索, (1):67-73.
许琪. 2017. 扶上马再送一程: 父母的帮助及其对子女赡养行为的影响. 社会, (2): 216-240.
闫晴. 2020. 家庭生育的税收激励: 理念跃升与制度优化. 人文杂志, (6): 50-59.
阎明. 2016. "差序格局"探源. 社会学研究, (5): 189-214, 245.
阳慧. 2020. 积极老龄化视角下城市社区互助养老问题研究——以合肥市S社区为例. 安徽财经大学硕士学位论文.
阳义南, 曾燕, 瞿婷婷. 2014. 推迟退休会减少职工个人的养老金财富吗?. 金融研究, (1): 58-70.
杨春榕. 2004. 现状与出路——我国城市社区居家养老模式探析.吉林大学硕士学位论文.
杨菊华. 2018. 理论基础、现实依据与改革思路: 中国3岁以下婴幼儿托育服务发展研究. 社会科学, (9): 89-100.
杨菊华. 2019. 智慧康养: 概念、挑战与对策. 社会科学辑刊, (5): 102-111.
杨宜音. 1999. "自己人": 信任建构过程的个案研究. 社会学研究, (2): 38-52.
杨中芳. 2001. 中国人的人际关系、情感与信任: 一个人际交往的观点. 台北: 远流出版事业有限公司.
姚远. 2003. 非正式支持理论与研究综述. 中国人口科学, (1): 67-72.
尹文耀, 叶宁. 2009. 中国灵活就业人口发展及对社会养老保险的影响. 浙江大学学报(人文社会科学版)预印本, (4): 63-71.
尤吾兵. 2015. 中国老年人口精神慰藉的现实矛盾及支持系统构建. 中国老年学杂志, (12): 3479-3482.
于佳煖.2017. 广场舞参与者的品位分层研究——以上海市中心城区广场舞群体为例. 中国研究, (22): 37-57.
余桔云. 2014. 延迟退休与养老金财富关系的定量考察. 人口与经济, (4): 74-81.
余立人. 2012. 延长退休年龄能提高社会养老保险基金的支付能力吗?. 南方经济, (6): 74-84.
袁磊. 2014. 延迟退休能解决养老保险资金缺口问题吗?——72种假设下三种延迟方案的模拟. 人口与经济, (4): 82-93.
袁妙彧, 方爱清. 2018. 积极老龄化视角下的新型社区养老院模式构建. 学习与实践, (2): 109-116.
原新, 万能. 2006. 缓解老龄化压力, 推迟退休有效吗? 人口研究, (4): 47-54.
岳经纶, 范昕. 2018. 中国儿童照顾政策体系: 回顾、反思与重构. 中国社会科学, (9): 92-111, 206.
曾毅, 陈华帅, 王正联. 2012. 21世纪上半叶老年家庭照料需求成本变动趋势分析. 经济研究, 47(10): 134-149.
曾毅, 冯秋石, Therese Hesketh, 等. 2017. 中国高龄老人健康状况和死亡率变动趋势. 人口研究, 41(4): 22-32.
翟学伟. 2009. 再论"差序格局"的贡献、局限与理论遗产. 中国社会科学, (3): 152-158.
翟振武, 刘雯莉. 2019. 人口老龄化: 现状、趋势与应对. 河南教育学院学报(哲学社会科学版), (6): 15-22.
詹明娟. 2009. 中高龄学习者休闲态度与活跃老化之关系研究. 暨南大学成人与继续教育研究所学位论文.
张波. 2013. 中国居家养老典型实践模式的比较研究. 江汉学术, (4): 14-18.

张江华. 2010. 卡里斯玛、公共性与中国社会 有关“差序格局”的再思考. 社会, (5): 1-24.
张雷, 韩永乐. 2017. 当前我国智慧养老的主要模式、存在问题与对策. 社会保障研究, (2): 30-37.
张明妍, 王大华, Mick Power, 等. 2011. 老年人重要社会支持的特点及其与老化态度的关系. 心理科学, (2): 441-446.
张泉, 李辉. 2019. 从“何以可能”到“何以可行”——国外智慧养老研究进展与启示. 学习与实践, (2): 109-118.
张思锋, 张泽滈. 2018-03-06. 将养老服务推向高质量发展阶段. 中国科学报, 8.
张文娟, 杜鹏. 2009. 中国老年人健康预期寿命变化的地区差异: 扩张还是压缩? 人口研究, (5): 68-76.
张文娟, 魏蒙. 2015. 中国老年人的失能水平到底有多高?——多个数据来源的比较. 人口研究, (3): 34-47.
张文显. 2020. 新时代中国社会治理的理论、制度和实践创新. 法商研究, (2): 3-17.
张翔, 林腾. 2012. 补“砖头”、补“床头”还是补“人头”——基于浙江省某县养老机构的个案调查. 社会保障研究, (4): 39-48.
张晓华. 2014. 关于老年人精神赡养问题的研究综述. 管理学家, (10): 732.
张兴, 陈金保. 2014. 日医学馆高端养老计划. 商界(评论), (10): 140-142.
张秀兰. 2007. 中国发展型社会政策论纲. 北京: 中国劳动社会保障出版社.
张秀兰, 徐月宾. 2003. 建构中国的发展型家庭政策. 中国社会科学, (6): 84-96, 206-207.
张学成. 2019. 从补缺到适度普惠: 中国儿童津贴制度构建的设想. 社会福利(理论版), (9): 24-29.
张熠. 2011. 延迟退休年龄与养老保险收支余额: 作用机制及政策效应. 财经研究, (7): 4-16.
张震. 2004. 子女生活照料对老年人健康的影响: 促进还是选择. 中国人口科学, (S1): 9.
赵艾凤, 姚震. 2020. 进一步完善我国个人所得税扣除制度的构想. 税务研究, (9): 41-45.
赵德余. 2017. 社区睦邻中心: 基层公共服务供给的杨浦模式(POD). 上海: 上海交通大学出版社.
赵德余. 2019. 政策系统动力学. 北京: 社会科学文献出版社.
赵德余, 葛敏, 江苹. 2016. 发展与提升中的家庭医生制度: 长宁模式的新探索. 上海: 上海交通大学出版社.
赵德余, 徐超. 2015. 没有围墙的养老家园: 海阳居家养老模式研究. 上海: 复旦大学出版社.
赵宁, 张健. 2020. 国外智慧养老发展模式的经验与启示. 社会科学动态, (8): 67-71.
赵绍阳, 臧文斌, 尹庆双. 2015. 医疗保障水平的福利效果. 经济研究, (8): 130-145.
赵亚男. 2012. 护理保险制度财务可行性研究. 浙江大学硕士学位论文.
浙江省老龄事业发展战略研究课题组. 2013. 发展中的老年保障事业: 制度与政策(浙江省老龄事业发展战略研究报告). 杭州: 浙江大学出版社.
郑秉文. 2009. 中国社会保障制度 60 年: 成就与教训. 中国人口科学, (5): 2-18, 111.
郑秉文. 2014. 中国养老金发展报告 2014: 向名义账户制转型. 北京: 经济管理出版社.
郑秉文. 2017. “健康中国”的解读: 从理念精髓到中国国情——学习习近平总书记在全国卫生与健康大会上讲话的体会. 中国医疗保险, (3): 18-19.
郑春荣. 2012. 英国社会保障制度. 上海: 上海人民出版社.
郑功成. 2017. 全民医保在健康中国建设中应有新作为. 中国医疗保险, (3): 3-5.

郑功成. 2018. 中国社会保障发展报告 2017. 北京: 中国劳动社会保障出版社.
郑功成. 2019. 从饥寒交迫走向美好生活——中国民生 70 年(1949—2019). 长沙: 湖南教育出版社.
郑功成. 2020. 实施积极应对人口老龄化的国家战略. 人民论坛 · 学术前沿, (22): 19-27.
郑功成, 郭林. 2017. 中国社会保障推进国家治理现代化的基本思路与主要方向. 社会保障评论, (3): 3-16.
郑伟, 陈凯, 林山君. 2013. 中国养老保险制度中长期测算及改革思路探讨. 第五届中国社会保障论坛文集.
中国老龄科学研究中心课题组. 2011. 全国城乡失能老年人状况研究. 残疾人研究, (2): 11-16.
周成刚. 2015. 延迟退休年龄对养老保险基金影响的精算分析. 统计与决策, (14): 94-97.
周飞舟. 2015. 差序格局和伦理本位 从丧服制度看中国社会结构的基本原则. 社会, (1): 26-48.
周其仁. 2007. 关注医改: 医疗服务的资源动员. "CCER 中国经济观察"第 8 次报告会.
周绍斌. 2005. 老年人的精神需求及其社会政策意义. 市场与人口分析, (6): 68-72.
周怡. 2018. "大家在一起": 上海广场舞群体的"亚文化"实践——表意、拼贴与同构. 社会学研究, (5): 40-65, 243.
周元鹏, 张抚秀. 2012. 上海市社区居家养老服务发展的背景、需求趋势及其思考. 人口与发展, (2): 82-90.
朱国琳. 2007. 生育保险制度的改革与完善. 中国社会保障, (6): 42, 47.
朱铭来, 贾清显. 2009. 我国老年长期护理需求测算及保障模式选择. 中国卫生政策研究, (7): 32-38.
朱文华. 2004. 医保基金预测预警和监控机制的思考. 中国社会保障, (4): 42, 43.
竺乾威. 2008. 从新公共管理到整体性治理. 中国行政管理, (10): 52-58.
祝欢, 周鹭燕, 汪妍冰. 2019. 积极老龄化下社区互助养老模式发展及其路径探究. 改革与开放, (14): 80-82.
庄绪荣, 张丽萍. 2016. 失能老人养老状况分析. 人口学刊, (3): 47-57.
左菁. 2020. 供给侧改革视角下机构养老制度的理性检讨与改革路径. 法制与社会, (7): 31-33, 36.
Abbott C. 2007. Defining assistive technologies-a discussion. Journal of Assistive Technologies, (1): 6-9.
Addis M E, Martell C R. 2004. Overcoming Depression One Step at A Time: the New Behavioral Activation Approach to Getting your Life Back. Oakland: New Harbinger Publications, Incorporated.
Alzheimer's Disease international. 2015. World Alzheimer Report 2015: The Global Impact of Dementia London. Retrieved from https://www.alz.co.uk/research/world-report-2015.
Beck A T. 1979. Cognitive Therapy of Depression. North Carolina: Guilford Press.
Becker G S. 1962. Investment in human capital: a theoretical analysis. Journal of Political Economy, (5): 9-49.
Becker G S. 1993. A Treatise on the Family. Cambridge: Harvard University Press.
Becker G S. 2007. Health as human capital: synthesis and extensions. Oxford Economic Papers, (3): 379-410.
Beydoun M A, Beydoun H A, Gamaldo A A, et al. 2014. Epidemiologic studies of modifiable factors associated with cognition and dementia: systematic review and meta-analysis. BMC Public Health, 14(1): 643.

Blazer D G. 2003. Depression in late life: review and commentary. The Journals of Gerontology Series A: Biological Sciences, (32): 49-65.

Blomqvist Å G , Carter R A. 1997. Is health care really a luxury?. Journal of Health Economics, 16(2): 207-229.

Bowling A. 2008. Enhancing later life: how older people perceive active ageing?. Aging and Mental Health, (3): 293-301.

Bruce M L. 2002. Psychosocial risk factors for depressive disorders in late life. Biological Psychiatry, (3): 175-184.

Cai F, Giles J, O'Keefe P, et al. 2012. The Elderly and Old Age Support in Rural China: Challenges and Prospects. Washington D C: World Bank Publications.

Chao Y Y, Zha P, Yang K, et al. 2020. Association between physical function and perceived stress among US Chinese older adults. American Journal of Aging Science Research, (1): 12-19.

Chapman S A, Keating N, Eales J. 2003. Client-centred, community-based care for frail seniors. Health Social Care in the Community, (3): 253-261.

Chen S, Conwell Y, Vanorden K, et al. 2012. Prevalence and natural course of late-life depression in China primary care: a population-based study from an urban community. Journal of Affective Disorders, (1): 86-93.

Cheung C K, Kwan Y H. 2009. The Erosion of Filial Piety by Modernization in Chinese Cities. Ageing and Society, (2): 179-198.

Coleman K A. 1995. The Value of Productive Activities of Older Americans. New Haven: Yale University Press.

Cremer H, Lozachmeur J, Pestieau P. 2004. Social security, retirement age and optimal income taxation. Journal of Public Economics, (11): 2259-2281.

Cremer H, Pestieau P. 2003. The double dividend of postponing retirement. International Tax and Public Finance, (10): 419-434.

Cumming E, Henry W E. 1961. Growing old: the process of disengagement. Journal of Health Human Behavior, (1): 99-100.

Cusack S. 2006. Third-age education in Canada and Japan: attitudes toward aging and participation in learning. Educational Gerontology, (6): 463-481.

Deci E L, Ryan R M. 1985. Conceptualizations of intrinsic motivation and self-determination. Intrinsic Motivation and Self-determination in Human Behavior. Springer: 11-40.

Deci E L, Ryan R M. 2000. The "what" and "why" of goal pursuits: human needs and the self-determination of behavior. Psychological Inquiry, (4): 227-268.

Deutsch F M. 2006. Filial piety, patrilineality, and China's one-child policy. Journal of Family Issues, (3): 366-389.

Eichneri M J. 1998. The demand and for medical care: what people pay does matter. American Economic Review, 5: 117-121.

Engström M, Wadensten B, Häggström E. 2010. Caregivers' job satisfaction and empowerment before and after an intervention focused on caregiver empowerment. Journal of Nursing Management, (1): 14-23.

Esping-Anderson G. 2009. The Incomplete Revolution: Adapting to Women' s New Poles. Cambridge:

Polity Press.

Evers A. 1994. Payments for Care: A Comparative Overview. Aldershot: Avebury.

Feldman R, Dowd B. 1991. A new estimation of the welfare loss of excess health insurance. American Economic Review, (1): 297-301.

Feldstein M. 1973. Welfare loss of excess health insurance. Journal of Political Economy, (2): 251-280.

Feldstein, M. 1974. Social security, induced retirement, and aggregate capital accumulation. Journal of Political Economy, 82(5): 905-926.

Fenge R, Werding M. 2005. Ageing and the tax implied in public pension schemes: simulations for selected OECD countries. Fiscal Studies, (2): 159-200.

Fnnzs J F. 1980. Aging, natural death, and the compression of morbidity. The New England Journal of Medicine, (3): 130-135.

Fries J F. 2002. Aging, natural death, and the compression of morbidity. Bull. World Health Organ, 80(3): 245-250.

Fries J F, Crapo L M. 1981. Vitality and Aging. San Francisco: W. H. Freeman.

Galasso V. 2008. Postponing retirement: the political effect of aging. Journal of Public Economics, (10-11): 2157-2169.

Gariepy G, Honkaniemi H, Quesnel-Vallee A. 2016. Social support and protection from depression: systematic review of current findings in Western countries. British Journal of Psychiatry, 209 (4): 1-10.

Geeraerts K, Tynjälä P, Heikkinen H, et al. 2018. Intergenerational learning of teachers: what and how do teachers learn from older and younger colleagues?. European Journal of Teacher Education, (3): 1-17.

Giordano A, Scalvini S, Zanelli E, et al. 2009. Multicenter randomised trial on home-based telemanagement to prevent hospital readmission of patients with chronic heart failure. International Journal of Cardiology, (s1): 57.

Gottlieb B H. 1983. Social support as a focus for integrative research in psychology. American Psychologist, (3): 278-287.

Grossman M. 1972. On the concept of health capital and the demand for health. Journal of Political Economy, (2): 223-255.

Gustman A, Steinmeier T. 2005. The social security early entitlement age in a structural model of retirement and wealth. Journal of Public Economics, (2): 441-463.

Haberman S. 1983. Decrement tables and the measurement of morbidity. Journal of the Institute of Actuaries (1886-1994), (2): 361-381.

Hamaaki J, Iwamoto Y. 2010. A reappraisal of the incidence of employer contributions to social security in Japan. The Japanese Economic Review, (3): 427-441.

Hank K. 2011. How “successful” do older Europeans age? Findings from SHARE. Journals of Gerontology, 66 (2): 230.

Harding F L. 1995. Family, State and Social Policy. New York: Palgrave Macmillan.

Helms F, Czado C, Gschlößl S. 2005. Calculation of LTC premiums based on direct estimates of transition probabilities. Astin Bulletin, (2): 455-469.

Ilardi B C, Leone D, Kasser T, et al. 1993. Employee and supervisor ratings of motivation: main effects and discrepancies associated with job satisfaction and adjustment in a factory setting 1. Journal of Applied Social Psychology, (21): 1789-1805.

Jenkens R, Thomas W, Barber V. 2012. Can community-based services thrive in a licensed nursing home?. Generations, (11): 25-30.

Johnson N. 1999. Mixed economies of welfare: A comparative perspective Routledge. Upper Saddle River: Prentice Hall Europe.

Kenner C, Ruby M, Jessel J, et al. 2008. Intergenerational learning events around the computer: a site for linguistic and cultural exchange. Language and Education, (4): 298-319.

Lagos F, Lacomba J A. 2010. Postponing the legal retirement age. Journal of the Spanish Economic Association, (3): 357-369.

Laidlaw K, Power M J, Schmidt S. 2007. The Attitudes to Ageing Questionnaire (AAQ): development and psychometric properties. International Journal of Geriatric Psychiatry, (4): 367-379.

Lee C. 2014. Adoption of smart technology among older adults: challenges and issues. Public Policy & Aging Report, (1): 14-17.

Lee G S, Cho S J. 2019. Effects of self-leadership and psychological empowerment of care workers for the elderly on job performance. Asia Life Sciences, (2): 891-898.

Leeraphong A, Papasratorn B, Chongsuphajaisiddhi V. 2015. A study on factors influencing elderly intention to use smart home in Thailand: a pilot study. The 10th International Conference on e-Business, Bangkok, Thailand.

Lejuez C W, Hopko D R, Hopko S D. 2001. A brief behavioral activation treatment for depression: treatment manual. Behavior Modification, (2): 255-286.

Li N, Pang L, Chen G, et al. 2011. Risk factors for depression in older adults in Beijing. Canadian Journal of Psychiatry, 56 (8): 466-473.

Liam F, Alan W. 2015. Active and successful aging: a European policy perspective. The Gerontologist, (1): 83-90.

Liu J, Chen G, Song X, et al. 2009. Trends in disability-free life expectancy among Chinese older adults. Journal of Aging and Health, (2): 266-285.

Lu B, Liu X, Lim J, et al. 2019. Changes in the morbidity prevalence and morbidity-free life expectancy of the elderly population in China from 2000 to 2010. Journal of the Economics of Ageing, (13): 113-121.

Lu B, Liu X, Yang M. 2017. A budget proposal for China's public long-term care policy. Journal of Aging & Social Policy, (1): 84-103.

Lucas R E. 1988. On the mechanics of economic development. Journal of Monetary Economics, (1): 3-42.

Manton K G. 1982. Changing concepts of morbidity and mortality in the elderly population. Journal Article, (2): 183-244.

Martell C R, Addis M E, Jacobson N S. 2001. Depression in Context: Strategies for Guided Action. New York: WW Norton & Co.

Martell C R, Dimidjian S, Herman-Dunn R. 2010. Behavioral Activation for Depression. Surrey

County: Guilford Press.
Maslow A H. 1954. The instinctoid nature of basic needs. Journal of Personality, (3): 326-347.
Maslow A,Frager R,Fadiman J. 1987. Motivation and Personality. New York: Pearson.
Meehl P E. 1992. Needs and state-variables. Psychological Reports, (2): 407-450.
Min J, Ailshire J, Crimmins E M. 2016. Social engagement and depressive symptoms: do baseline depression status and type of social activities make a difference?. Age Ageing, (6): 838-843.
Mincer J. 1958. Investment in human capital and personal income distribution. Journal of Political Economy, (66): 281.
Murata A, Iwase H. 2005. Usability of touch-panel interfaces for older adults. Human Factors, (4): 767-776.
Murray H A. 1938. Explorations in personality: a clinical and experimental study of fifty men of college age. American Journal of Sociology, (4): 576-587.
Ng K D, Mehdizadeh S, Iaboni A, et al. 2020. Measuring gait variables using computer vision to assess mobility and fall risk in older adults with dementia. IEEE Journal of Translational Engineering in Health and Medicine, (8): 1-9.
O'Reilly P, Caro F G. 1994. Productive aging: an overview of the literature. Journal of Aging and Social Policy, (3): 39-71.
Ong A D, Uchino B N, Wethington E. 2015. Loneliness and health in older adults: a mini-review and synthesis. Gerontology, (4): 443-449.
Pei J J, Giron M S T, Jia J, et al. 2014. Dementia studies in Chinese populations. Neuroscience Bulletin, (2): 207-216.
Peinado P, Serrano F. 2012. A dynamic analysis of the effects on pensioners' welfare of social security reforms. Journal of Pension Economics and Finance, 11(1): 71-87.
Robinson J. 2002. A Long-term-care status transition model. The Old-Age Crisis-Actuarial Opportunities, (4): 72-79.
Rowe J W, Kahn R L. 1987. Human aging: usual and successful. Science, (4811): 143-149.
Rudzicz F, Wang R, Begum M, et al. 2015. Speech interaction with personal assistive robots supporting aging at home for individuals with Alzheimer's disease. Acm Transactions on Accessible Computing, (2): 1-22.
Ryan R M, Deci E L. 2000. Self-determination theory and the facilitation of intrinsic motivation, social development, and well-being. American Psychologist, (1): 68-78.
Sak G, Rothenfluh F, Schulz P J. 2017. Assessing the predictive power of psychological empowerment and health literacy for older patients' participation in health care: a cross-sectional population-based study. BMC Geriatrics, (1): 1-15.
Sanchez M, Whitehouse P, Johnston L. 2018. Intergenerational learning and education in schools and beyond. Journal of Intergenerational Relationships, (16): 1-4.
Schmitter-Edgecombe M, Howard J T, Pavawalla S P, et al. 2008. Multidyad memory notebook intervention for very mild dementia: a pilot study. American Journal of Alzheimer's Disease & Other Dementias, (5): 477-487.
Sen A. 1982. Rights and agency. Philosophy and Public Affairs, 11(1): 3-39.
Shea S, Weinstock R S, Starren J, et al. 2006. A randomized trial comparing telemedicine case

management with usual care in older, ethnically diverse, medically underserved patients with diabetes mellitus. Journal of the American Medical Informatics Association, (1): 40-51.

Sheri B, Kumari P, Siddiqui I F, et al. 2020. Artificial Intelligence Based Memory Stash Alzheimer's Aid. In 2020 International Conference on Information Science and Communication Technology (ICISCT): 1-5.

Shi L. 2009. Little quilted vests to warm parents' hearts: redefining the gendered practice of filial piety in rural north-eastern China. China Quarterly London, 198: 348-363.

Sin Y. 2005. China-pension liabilities and reform options for old age insurance. World Bank Working Paper.

Song Z, Storesletten K, Wang Y, et al. 2012. Sharing High Growth across Generations: Pensions and Demographic Transition in China. American Economic Journal: Macroeconomics, (2): 1-39.

Spreitzer G M. 1995. Psychological empowerment in the workplace: dimensions, measurement, and validation. Academy of Management Journal, (5): 1442-1465.

Stenner P, Mcfarquhar T, Bowling A. 2011. Older people and "active ageing": subjective aspects of ageing actively. Journal of Health Psychology, (34): 467-477.

Sutin A R, Stephan Y, Luchetti M, et al. 2018. Loneliness and risk of dementia. The Journals of Gerontology Series B Psychological, (7): 1414-1422.

Theeke L A, Goins R T, Moore J, et al. 2012. Loneliness, depression, social support, and quality of life in older chronically ill appalachians. Journal of Psychology, (1-2): 155-171.

Vannieuwenborg F, Auwermeulen T V D, Ooteghem J V, et al. 2016. Evaluating the economic impact of smart care platforms: qualitative and quantitative results of a case study. JMIR Med Inform, (4): 33.

Vargo S L, Lusch R F. 2004. Evolving to a new dominant logic for marketing. Journal of Marketing, (1): 1-17.

Vargo S L, Lusch R F. 2008. Service-dominant logic: continuing the evolution. Journal of the Academy of Marketing Science, (36): 1-10.

Walsh K, Callan A. 2011. Perceptions, preferences, and acceptance of information and communication technologies in older-adult community care settings in Ireland: a case-study and ranked-care program analysis. Ageing International, (36): 102-122.

Wang J, Jiang X, Jiang Y, et al. 2020. Mediating effects of depressive symptoms on social support and quality of life among rural older Chinese. Health and Quality of Life Outcomes, (1): 1-8.

Wang L F, Shi Y J. 2008. The investigation on psychological pressure of urban emptynest elderly. Chinese Journal of Gerontology, (14): 41-59.

Wang L, Beland D, Zhang S. 2014. Pension financing in China: is there a looming crisis. China Economic Review, (30): 143-154.

West S P, Lagua C, Trief P M, et al. 2010. Goal setting using telemedicine in rural underserved older adults with diabetes: experiences from the informatics for diabetes education and telemedicine project. Telemedicine and E-Health, (4): 405-416.

Xue J, Chen S, Bogner H R, et al. 2017. The prevalence of depressive symptoms among older patients with hypertension in rural China. International Journal of Geriatric Psychiatry, (12): 1411-1417.

Yeh K H, Bedford O. 2003. A test of the dual filial piety model. Asian Journal of Social Psychology,

(3): 215-228.

Zeng L, Shen H, Liu L, et al. 2012. Identifying major depression using whole-brain functional connectivity: a multivariate pattern analysis. Brain A Journal of Neurology, (1): 1498-1507.

Zeng Y, George L K. 2010. Population Aging and Old-age Care in China. Sage Handbook of Social Gerontology. Thousand Oaks: Sage Publications: 420-429.

Zhu T, Xue J, Jiang Y, et al. 2019. Social support and depression related to older adults' hypertension control in rural China. The American Journal of Geriatric Psychiatry, (11): 1268-1276.

Zon A, Muysken J. 2001. Health and endogenous growth. Journal of Health Economics, (2): 169-185.

Zweifel P, Felder S, Meiers M. 1999. Ageing of population and health care expenditure: a red herring?. Health Economics, 8(6): 485-496.